地方自治の深化

日本地方自治研究学会 編

清文社

はしがき

　1990年代以降の日本経済の長期低迷、少子高齢化やグローバル化の一層の進展など、我が国が抱える構造的課題は山積している。こうした中で、都道府県・市町村の役割の拡充なしに打開策は無いように思える。すなわち、国中心の行財政システムではこれらの課題に対応するには限界があり、地方自治の本旨の実現に向けて地方分権を一層推進する必要がある。

　第1次地方分権改革は1993年の地方分権の推進に関する国会決議により緒に就き、1995年に地方分権を総合的かつ計画的に推進することを目的とする「地方分権推進法」が成立した。1999年には「地方分権の推進を図るための関係法律の整備等に関する法律」（地方分権一括法）の成立により、機関委任事務制度の廃止と事務の再構成、国の地方に対する関与の新しいルールの確立、権限の移譲等がなされた。

　三位一体の改革を経て、第2次地方分権改革は2006年に開始され、同年12月に地方分権改革を総合的かつ計画的に推進することを目的とする「地方分権改革推進法」が成立した。2011年に「国と地方の協議の場に関する法律」、及び「地域の自主性及び自立性を高めるための改革の推進を図るための関係法律の整備に関する法律」の第1次・第2次一括法が成立し、義務付け・枠付けの見直し等がなされた。2013年に第3次一括法が成立すると共に権限の移譲等の見直し方針が閣議決定され、2014年5月には、第2次地方分権改革の集大成とされる第4次一括法が成立し、国から地方への事務・権限の移譲等、都道府県から市町村への事務・権限の移譲等に関する改正が行われた。

　このように、第1次、第2次地方分権改革により、概ね、法的枠組みは整備され、地方自治体の権限の強化が図られたが、住民意識や財源の問題が新たなステージの俎上にのぼる。地方自治の本旨の実現に向けて、地方自治体と住民は協働者として認識して、住民自らの責任において行政サービスを選択し、財

源の裏打ち等を主体的に考える必要がある。

　日本地方自治研究学会は、地方自治の科学化、近代化、民主化のための理論及び政策等の調査研究を進め、その発展に寄与することを目的として1984年に創立された学際的組織である。地方自治の研究は多くの学問分野からの接近が不可欠であるが、本学会も、多様な専門分野の研究者、実務家等から構成されている。創設以来、本学会は、研究報告会、講演会、シンポジウム、学会誌、図書の出版などを通して研究成果を発信してきた。

　これまで、『地方自治の先端理論』（勁草書房、1998年）、及び『地方自治の最前線』（清文社、2009年）を上梓した。本書『地方自治の深化』は、学会創立30周年を記念して編纂されたものであり、内容は「地域経営」と「地方自治の深化に向けて」に大別される。

　「地域経営」の第１部は地域政治である。小西秀樹氏は我が国における戦後の国土政策による中央・地方関係及び地域政治の変容を論じ、有馬晋作氏は首長の変遷から戦後の地域政治を歴史的に考察している。岸秀隆氏は地方自治体が経営する各事業の経営成績と財政状態の開示に関わる諸制度の改革の必要性を提言している。

　「地域経営」第２部の地域経済は５本の論文から構成されている。まず、小川長氏は地域経済の活性化と地域企業について検討している。田中英式氏は愛媛県今治市のタオル産業の集積を事例に産業集積優位性の維持に関するダイナミズムを分析し、安田信之助氏は情報通信産業と沖縄県経済の発展について論じている。永井真也氏は徳島市の応神ふれあいバスの事例から地域公共交通について考察し、丸山佳久氏は地方自治体におけるメソ会計の構築を試みている。

　「地域経営」第３部の地域社会は３論文である。まず、畑正夫氏は市民主体の地域コミュニティ再構築の際に企業家精神を地域再生に生かす多種体協働について考察している。八木裕之氏は地域社会におけるバイオマス事業の展開とバイオマス環境会計が果たす機能を情報のリンクの観点から明らかにしている。初谷勇氏は、地域分権の分析枠組、制度設計及び３自治体の地域分権の事例について論じた後、地域分権の行程選択を分析している。

　「地方自治の深化に向けて」第４部の公会計は３論文から構成されている。林

昌彦氏は、現行の行財政システムを批判的に検討し、成果志向のマネジメントに関して論じている。金子邦博氏は地方自治体の行財政運営の現状を徴税コストの実証分析により明らかにし、行政コストの改善に関して検討している。石田晴美氏は補助金等による固定資産の取得に関する公営企業会計制度及び地方独法会計基準を批判的に考察している。

「地方自治の深化に向けて」第5部は東日本大震災の復旧・復興に関する4論文である。比嘉正茂氏は東日本大震災の復興政策が地域経済に与える影響に関して東北地域産業連関表を用いて分析している。米田正巳氏は災害時における人命救助活動等を担う地方自治体の消防組織の現状と課題について考察し、染谷好寛氏は基礎自治体における担税力と公会計の視点から地域防災と地域経営の有機的連携性について論じている。筆谷勇氏は東日本大震災の復旧・復興財源に関して世代間の公平性等の観点から論じている。

以上、掲載論文は18本であり、地方自治に関わる理論、歴史、制度、政策などに関して多方面から論じている。本書が地方自治や地方分権をめぐる課題解決のヒントを提供することができれば幸いである。研究者や実務家のみならず、学生、一般の方々に広く読まれることを期待するものである。

最後に、厳しい出版事情の中、本書の出版を快く引き受けていただいた清文社及び出版に当たりご尽力をいただいた同社の中山誠二郎氏に深く感謝申し上げる次第である。

2014年9月

日本地方自治研究学会

会長　池宮城　秀正

目次

〈Ⅰ〉 地域経営

第1部　地域政治

第1章　国土政策と地方自治
　　　　──全国総合開発計画と地域政治社会の変容──　……小西秀樹　3
第2章　首長の変遷からみる地域政治の変貌
　　　　──改革派首長の系譜──　………………………………有馬晋作　31
第3章　企業体としての地方公共団体の財政開示改革の提言
　　　　………………………………………………………………岸　秀隆　49

第2部　地域経済

第4章　地域経済を支える地域企業の活性化
　　　　──コモディティ化を越えて──　………………………小川　長　65
第5章　地域産業集積における優位性維持の
　　　　ダイナミズムとセンスメーキング
　　　　──今治タオル産業集積のケース──　…………………田中英式　83
第6章　地域経済の発展と沖縄の情報通信産業　………安田信之助　101
第7章　地方における地域公共交通の現状と課題
　　　　──応神ふれあいバスの事例から──　…………………永井真也　121
第8章　地方自治体におけるメソ会計の構築　…………丸山佳久　137

第3部　地域社会

第9章　市民主体の社会イノベーションの進展
　　　　──多主体協働の形成期を事例に考える──　…………畑　正夫　157
第10章　地域におけるバイオマス事業の展開と
　　　　バイオマス環境会計の機能　……………………………八木裕之　175
第11章　地域分権の制度設計と行程選択　……………………初谷　勇　189

〈Ⅱ〉 地方自治の深化に向けて

第4部　公会計

第12章　行財政システム改革と自治体会計………………林　昌彦　211
第13章　地方公共団体における規模拡大とコスト構造の変化
　　　　──徴税費を事例にした実証分析──………………金子邦博　227
第14章　地方公営企業会計制度及び
　　　　地方独立行政法人会計基準（公営企業型）の見直し論点
　　　　──補助金等による固定資産取得の会計処理を中心に──
　　　　…………………………………………………………石田晴美　243

第5部　東日本大震災の復旧・復興

第15章　東日本大震災における復興政策が地域経済に与える影響
　　　　──東北地域産業連関表を用いた分析──……………比嘉正茂　267
第16章　地方公共団体における消防組織の現状と課題…米田正巳　281
第17章　地域防災と地域経営との有機的連携性
　　　　──担税力と公会計の視点からみる基礎自治体の役割──
　　　　…………………………………………………………染谷好寛　299
第18章　東日本大震災復旧・復興財源に関しての基本的考え方
　　　　…………………………………………………………筆谷　勇　317

索　引　355

〈Ⅰ〉
地域経営

第**1**部

地域政治

第1章

国土政策と地方自治
—— 全国総合開発計画と地域政治社会の変容 ——

小西　秀樹
(関西大学政策創造学部教授)

第1節　国土政策の政治過程

　地方分権の推進、地域活性化、地域コミュニティの再生が歴代内閣や自治体の重要政策として位置づけられて久しいが、戦後日本政治において、中央と対比される意味での地方はどのような位置づけを与えられてきたのか。中央・地方関係の変化と展望を考察することは地方自治研究の重要なテーマである。

　中央で決定される法律、予算配分や行政サービスに地方が与るという構図を強調すれば、常に地方は中央に関心を向け、中央によって色づけされてきたといえる。しかし、国会議員、特に選挙区選出議員は、まさしく選挙区という一定地域によって正当性を付与されることを考えれば、常に中央は、地方の動向に留意し、地方が望むことをもって自らの使命とし、地方利益のために行動してきたともいえよう[1]。いずれにしても戦後の国家的課題に経済、社会の復興が設定されて以降、中央は地方の構造変革に介入し、地方も自らの生活基盤確立のため、中央の支援を欲し、両者の関係が形成されることになった。そして具体的な関係軸の1つとなったのが国土政策の策定と実行、地域社会に対する影響である。

　日本は1945年8月にポツダム宣言を受諾して終戦を迎え、工業化にはきびしい制約が加えられた。しかし、冷戦に伴う占領政策の変化によって、国土政策が本格的に策定され、さまざまな事業計画が実行されはじめた。戦後、国土政策に関わった著名な政治家といえば田中角栄 (1918年–1993年) である。田中は国土総合開発法をはじめ、多くの国土政策関連の立法に携わった[2]。

　田中は首相就任前、「日本列島改造の青写真」(1968年) において述べている。「政治とは何か？　むずかしく、ひねって考える必要はない。それは国民の生き

ていく基盤を整備することである。少なくとも、二十世紀後半から二十一世紀へと向かう日本における政治とは、総合的・長期的な国土計画そのものである。私はズバリそう考える」[3]。「都市改造と地方開発は、いってみれば一枚の銅貨のオモテとウラのような関係にある。(中略)もはや東京、大阪など太平洋沿岸中心の投資方式は、日本を混乱させるだけで、なんのプラスも今後期待できない。経済成長の中心は、なんといっても二次産業である。その二次産業に欠くことのできない土地、水、労働力の補給、さらには公害の問題を考え合わせてみれば、日本全体を地域的にバランスのとれた形にしないかぎり、経済成長は望めない」[4]。

　田中にとって、中央と地方の関係は検討課題ではなく、どのように統合し、日本を再構成する施策を実行するのか、すぐれて実践的な課題であり、政治的な使命であった。田中だけの問題ではないが、やはり彼が象徴的政治家でもある戦後の国土政策は、工業化、近代化を推進し、功罪含めて現在の日本社会、人びとの生活構造を形成したのである。

　具体的な国土計画について、御厨は次のように類型化している[5]。まずは、「完全に政治的イデオロギーを背景に国土計画として自立するタイプ(政治理念型)」、「石炭・電力・鉄など個々の事業計画や物動計画をまとめて集大成するタイプ(事業推進型)」、「経済計画と同じレベルの議論を展開するタイプ(経済計画型)」の３類型である。「政治理念型」の典型は、昭和初期に「大東亜共栄圏」構想の一環として展開されたもので、「事業推進型」のそれは戦後の復興計画である。「経済計画型」は、鳩山一郎内閣、岸信介内閣の経済計画路線の一部に包摂された国土計画の諸事業にあてはまる。そして池田勇人内閣期に、国民所得倍増計画が既存の都市部、工業地帯重視であると批判された結果、新たに生み出されたのが第４類型である。政権内外から、「『太平洋ベルト地帯構想』への対抗という政治的圧力が働いたために、『全国計画』のとるべきスタンスが容赦なく決まってしまう」[6]ことになり、非工業地帯へのテコ入れ策が国土計画の重要課題となったのである。すなわち、「経済計画をあくまでも前提に、それを補完する形で相対的に独立したフィジカルプランを作成するタイプ(経済計画前提型)」の国土計画である。

本章では、戦後の国土政策、具体的には全国総合開発計画を取り上げ、開発事業の特色と展開、それがもたらした中央・地方関係、地域政治の変容を概観する。全国総合開発計画とは、1950年公布の国土総合開発法において設定された計画で、本章では特に高度経済成長期に策定された第1次全国総合開発計画（1962年）と新全国総合開発計画（1969年）を取り上げる。それらが現在の地方自治、地域社会のありように最も影響を与えたと考えられるからである。

　ところで、戦後の国土政策については、政治構造そのものに地方への公共事業を重視させる要素があったことも考慮すべきである。アメリカの政治学者カルダーは次のように指摘している。「日本の地域行政を、補助金志向、利益誘導志向の強いものへと変えていったのは、保守系同士の候補が地元の票を争う国政選挙の中選挙区制度であり、さらに戦後も初期のころから実施された知事選をはじめとする地方選挙だった。戦後の日本では、地元の国会議員と並んで、知事の強さも地域の強さに不可欠とされるようになったが、その強さが、地域への利益誘導をはかるものであったことはいうまでもない。一方、中央の保守政権から地元への利益誘導は、地方における左派の進出を押さえる手段としても使われた」[7]。1993年7月の衆院選までつづいた中選挙区制は、特に農村選挙区での保守系候補の競合と複数当選を可能とし、自民党政権を長期化させる作用をもたらした。そして、この自民党長期政権のもと、特に保守系あるいは相乗り型の首長は、中央との関係強化を図ったのである。

　現在、国土政策の主たる所轄官庁は国土交通省（国交省）である。国交省は2001年、建設省、運輸省、国土庁、北海道開発庁を統合し、設置された。国交省には8つの地方整備局があり、これは建設省の地方建設局と運輸省の港湾建設局を統合したものである。このような出先機関の存在は長年にわたり、官僚人事上、重要な役割を果たしてきた。例えば建設省時代の人事は、本省と地方（地方公共団体や特殊法人も含む）の往来をくりかえす点に特徴があった。すなわち「社会の要求に応えるために、各人が本省のみ地方のみに特化するのではなく、双方の立場を経験するところから生まれるダイナミズムによって組織が活性化することを、組織が選択し」[8]たものであり、ここには、地方の現場対応と中央での国家的方針の策定とをリンクさせる企図がうかがえよう。

第2節　国土総合開発法と地域開発
1．戦後復興と国土政策
(1) 国土政策のデザイン

　カルダーは以下のように述べている。「戦後の日本政治は、国土を、補助金や助成金の網の目で手厚く覆ってきた。農業補助金や公共事業はむろんのこと、大型工業団地の建設も、研究開発機関の設立も、半導体や高度通信情報産業のような先端部門の誘致も、どれもこれもが、いってみれば広域に分配された補助金や助成策のかたちをかえた姿だったといってもいいだろう。六〇年代後半から七〇年代に入り、国内の農業部門が後退するにつれて、政府は、工業誘致によって農村の再建をはかる政策を強化したが、これはとりもなおさず、自民党政権の基盤の再強化につながり、同時に経済の構造転換をも促進して、日本の国際競争力向上にも役立った」[9]。この「網の目で手厚く」国土政策を展開する構図は、大正期の政党政治、日中戦争や太平洋戦争の時期に遡り、さらには明治期の富国強兵、殖産興業政策も含めて考察すべきではあるが、本章では1945年の終戦後から概観する[10]。

　戦後復興期の国土政策については、内務省国土局が「国土計画基本方針」（1945年9月）や「復興国土計画要綱」（1946年9月）などを策定し、戦災都市の復興、新興工業都市の育成を構想した。その後、内務省は解体され、国土局と戦災復興院（1945年11月設置）を統合して1948年1月、建設院が設置された。この建設院が1949年に建設省となった。一方、経済政策の企画、立案等を行う機関として1946年8月に設置されたのが、首相を総裁とする経済安定本部である。経済安定本部は、1952年に経済審議庁、1955年に経済企画庁に改組され、全国総合開発計画のとりまとめを担当した。

　この建設省と経済安定本部、のちの経済企画庁が、戦後国土政策の2つのデザインをそれぞれ代表するのである。すなわち「経済安定本部は、経済計画を全国計画とし、それにもとづき8ブロックの地方計画を策定するという経済計画重視の方針を打ち出し」、「建設省は、都府県計画の積み上げが全国計画であるという立場」[11]をとった。経済企画庁が、全国レベルの経済計画のもとでの資源開発型の計画策定を志向したのに対し、建設省は、地方要求への対応を中央

が集約し、実施するという志向であった。戦後長く国土政策に関わった下河辺淳（国土庁元事務次官）の直截的表現によれば、「建設省にくると公共事業的ですが、安本へくると産業政策的」[12]ということである。国土庁出身の川上征雄は、国土政策における「効率主義」と「衡平主義」の対峙を挙げている[13]。前者が経済的効率性、経済成長、都市部の開発を重視し、後者が社会的平等、社会福祉、非都市部の開発を重視しようとする立場である。このように、国土政策には大きく2つのデザインを読み取ることができるが、両者は決して排他的ではなく、実際には交差し比重を変え、具体的な計画を正当化してきた。また国土政策において、あくまでも「計画の客体は『地域』」[14]であり、国が全体的観点から諸事業を整理して予算の配分を決め、事業執行を統括すべきという点は共通している。

　いずれにせよ、戦後直後は、連合国軍最高司令官総司令部（GHQ／SCAP）の占領方針に制約を受けつつも、戦災都市や産業の復旧復興、食糧増産、エネルギー確保、相次いだ自然災害への対応が政権急務の課題であった。

(2)　国土総合開発法の制定

　吉田茂内閣期の1950年5月、国土政策の基本法として国土総合開発法が公布された。米ソの冷戦対立が深刻化し、翌月には朝鮮戦争が勃発するこの時期、GHQ／SCAPは、当初消極的であった日本の工業化推進へと方針を転換していた。本格的な国土政策の実施を前に、枠組みづくりが必要とされたのである。

　この法律の目的は、「国土の自然的条件を考慮して、経済、社会、文化等に関する施策の総合的見地から、国土を総合的に利用し、開発し、及び保全し、並びに産業立地の適正化を図り、あわせて社会福祉の向上に資すること」（同法第1条）とされた。国土総合開発計画は「国又は地方公共団体の施策の総合的且つ基本的な計画」（同法第2条）と定義され、その種類として、全国総合開発計画（全総）、都府県総合開発計画、地方総合開発計画（複数の都府県間が協議、決定）、特定地域総合開発計画（資源開発が不十分な地域、特に災害防除の点で特別の建設や整備を必要とする都府県を国が指定）が設定された。しかし全総が策定されたうえで、他の計画が動き出したわけではない。これら4計画のう

ち、1950年代から60年代、実際に先行したのは特定地域総合開発計画の諸事業である。これは、アメリカ、ニューディール期のテネシー渓谷開発公社をモデルに、河川総合開発を中心に電源開発、食糧増産などを図ろうとするもので、効果を十分に予測して地域指定を行う必要があった。1952年には国土総合開発法が改正され、特定地域総合開発事業の財政措置など、条件整備が行われ、政府と9電力会社が出資する電源開発株式会社も設立された。これは、電源開発の柱としてダム建設を推進する特殊法人（2003年民営化）である[15]。

ところが、特定地域総合開発計画事業には全国51の地域が名乗りをあげ、最終的には21地域が指定される事態となった。河川改修、ダム建設など、地元への事業誘致競争を国会議員や地方首長などが展開し、効果を予測した地域指定が困難となったのである。北上川や只見川の流域開発など、特定地域総合開発事業は、前述の御厨の類型化によれば「石炭・電力・鉄など個々の事業計画や物動計画をまとめて集大成するタイプ（事業推進型）」である。しかし指定地域が多数にのぼり、しかも多くの事業が「多目的ダムの建設によって流域の水資源を確保し、これを有効に利用することによって流域の総合的な開発を行うという目的とはかけはなれ、実際には電源開発に重点が置かれた」[16]。

さらに、「担当する省庁が非常に複雑になって、建設省河川局関係もあるけれども、通産の水力・工業用水もあるし、農林省の農業用水・農地開発もあるし、厚生省の水道用水の開発もあるしということで多省庁間の調整」[17]も必要となった。各種事業をめぐる省庁間調整の必要性は、省庁と地元選挙区、利益団体とをつなぐ族議員が台頭する素地の1つにもなった。結局、「体系的な国土計画を立てることをそっちのけにして、特定地域の方が国土総合開発法のメインの仕事になっていく」[18]状況が生じたのである。

2．一全総と地域社会

(1) 一全総の策定

特定地域への開発計画、事業が先行するなか、1954年9月に経済審議庁が「総合開発の構想（案）」を策定した。戦後10年近くが経過し、ようやく国土総合開発法における全総の決定に向け、具体的な動きが活発化したのである。1955年

11月には自民党が結成され、経済計画に積極的な鳩山一郎内閣は日本民主党政権から自民党政権に衣替えした。自民党は、その綱領に「個人の創意と企業の自由を基底とする経済の総合計画を策定実施し、民生の安定と福祉国家の完成を期する」と謳い、鳩山内閣は1955年12月に経済自立５カ年計画を閣議決定している。つづいて1956年３月に日本道路公団法、1957年３月に特定多目的ダム法公布（建設省が建設する多目的ダムについて、建設省が水利権を一元管理するもの）、同年４月に国土開発縦貫自動車道建設法、1961年11月に水資源開発促進法など、国土政策関連の法律が公布された。ダム建設に関してみれば、水没地域の立ち退き反対運動や補償金額交渉の難航など、地域社会内の摩擦、国と地元関係者の対立も発生した。筑後川水系でのダム建設をめぐり、1958年から十数年にわたった「蜂の巣城事件」は、その一例である。政府は補償額の抑制や土地収用の早期化を図る一方、1964年には新河川法を制定して建設大臣の権限を強化した。一級河川は、その水系ごと国が管理することになり、知事の権限は縮小されて、「『水系主義』という名の河川管理の『中央集権化（官治行政化）』が達成されたのである」[19]。

　これら一連の動きのなかで、第１次全国総合開発計画（一全総）が1962年10月、池田内閣によって閣議決定されたのである。一全総に直接的な影響を与えたのは、同じく池田内閣によって1960年12月に閣議決定された国民所得倍増計画である。この国民所得倍増計画は、政府の計画色を抑えたものであったが、経済合理性の観点から太平洋ベルト地帯を中心に工業基盤整備を図る内容を含んでいた。このため、計画の策定段階で、太平洋ベルト地帯から離れた地域、農村地域の政治家や自治体などから反発が生じた。結果、国民所得倍増計画には、例えば以下のような地方対策が明示されることになった。「後進性の強い地域（南九州、西九州、山陰、四国南部等を含む。）の開発促進ならびに所得格差是正のため、速やかに国土総合開発計画を策定し、その資源の開発につとめる。さらに、税制金融、公共投資補助率等について特段の措置を講ずるとともに所要の立法を検討し、それら地域に適合した工業等の分散をはかり、以つて地域住民の福祉向上とその地域の後進性克服を達成するものとする」。戦後、1960年代にかけて、太平洋ベルト地帯への企業や人口の集中傾向が顕著になり、そう

ではない農村、非都市部との経済的、生活的な格差が問題化していた。すなわち、エネルギー資源や原材料の輸入と製品輸出に至便な臨海部に企業、工場が多く集中し、あわせて労働力が移入するようになったのである。こうして都市部の過密化、地方の過疎化への対応が国土政策の主要課題に位置づけられることになったのである。

しかし、一全総の閣議決定には、なお2年近くを要した。「社会資本の各省の縄張り争いということもあったけれども、経済合理性を考えるのか、社会的な安定性を考えるのかということが論争点になり」、「財界の人とか学者の人は、どちらかというと経済合理性に向いて発言するし、農村基盤の自民党はもっぱら社会的な安定性、国土の均衡ある発展論の方を強調するということで、なかなか調整がつかず」[20]、いわば膠着状態がつづいたのである。

一全総の目標は、「都市の過大化の防止と地域格差の縮小を配慮しながら、わが国に賦存する自然資源の有効な利用および資本、労働、技術等諸資源の適切な地域配分を通じて、地域間の均衡ある発展をはかること」である。戦後国土政策の理念ともいえる「国土の均衡ある発展」論は、一全総において「地域間の均衡ある発展」などの具体的表現で記されたのである[21]。

(2) 一全総の展開

一全総の計画は拠点開発方式と呼ばれ、太平洋ベルト地帯以外も含めて開発拠点を指定し、主として工業基盤の整備を図るものである。具体的には、新産業都市（1962年5月の新産業都市建設促進法）と工業整備特別地域（1964年7月の工業整備特別地域整備促進法）の指定が行われた。新産業都市は、過密都市から離れた地域に開発拠点を定め、工業都市を建設、育成しようとするもので、申請44地域のうち、最終的には15地域が指定された。北海道の道央地区、八戸地区、秋田湾地区、仙台湾地区、常磐郡山地区、新潟地区、松本諏訪地区、富山高岡地区、岡山県南地区、中海地区、徳島地区、東予地区、大分地区、日向延岡地区、不知火有明大牟田地区である。工業整備特別地域は、「新産業都市の指定をうけなかった地域から不満が出た」[22]ために議員立法によって導入され、投資効率の優れた太平洋ベルト地帯における開発地域として設定された。

具体的には鹿島地区、東駿河湾地区、東三河地区、播磨地区、備後地区、周南地区の６地域が指定された。

　これら新産業都市や工業整備特別地域をめぐっては、計画を立てた地域、各自治体からの指定競争、陳情が活発に行われ、結局、絞り込むことができず、拡散して指定されることになった。御厨は冒頭に示した国土計画の４類型に加え、「政治基準設定型」を挙げている[23]。官僚たちは省庁間で計画理念や主導権の争いを演じつつも、「国土計画に対する政治による恣意的介入をさけるために、政治的社会的合理性にのっとった理論的基準を作ることにより、国土計画の自立性を確保しようと試みた」[24]。すなわち、政治介入をあらかじめ見込んだうえで、最初はあえて厳しく絞り込んでおくという「政治基準設定型」である。官僚は新産業都市をそのように選定し、一全総の目的を達成しようとしたが、工業整備特別地域の制度導入によって果たせなかった。それは、地域の代弁者としての国会議員による圧力活動の結果であった。関係省庁も従来事業との関連も含め、それぞれ地域の要望を担って競合していた。自治体行政は、事業の指定、補助金獲得をめざすうえで、自民党や中央省庁との関係強化を志向するようになった。下河辺によれば、自治体に「国の人が行けば国とつながりやすいというので、国も希望したし、地元も熱望して、部長を国の人にすると中央とつながりやすい。その頃から自民党が、『中央と直結する政治』というようなこともテーマにしだして、戦後の行政がそこでちょっと変化する」[25]状況になったのである。自治体首長のうち、知事の経歴についていえば、中央省庁出身者が多数を占める傾向がつづいた[26]。

　一全総は、策定の背景、内容からして、また実際の展開からしても、「国全体の投資効率の向上を目指すというよりは、後進地域の底上げを意図したという意味から、この計画の基調は『衡平主義』に根差したものであった」[27]。中央・地方関係でみても、一全総では「国主導的色彩がかなり強く、地方公共団体の役割は非常に限定され」[28]、地方が国の政策動向をふまえ、行動する傾向を強めたといえよう。高度経済成長期、工業が国の基幹産業に成長していくにつれて、太平洋ベルト地帯から離れた自治体にとっては特に、工業基地、企業を誘致し、社会資本を整備していくことが重視されるようになった。地域の工業化によっ

て人口と税収が増加すれば、農業対策、教育や福祉に予算を回すことが可能になるという期待であり、それが国の支援によって実現するならば、手を挙げないわけにはいかない。そうした地域の期待を反映し、また強めたのが一全総であった。「工場誘致は地域の発展をもたらす起爆剤でもあり、打ち出の小槌でもあるかのように考えられ」[29]、工業化は住民福祉の充実にも寄与するものと期待され、説明されたのである。

戦後復興期から地域開発先行で進められた国土政策は一全総に至って、日本の政治社会の特徴を形成する要因となった。それは、一全総が目的を達成したからではなく、そうではなかったからこそ、地域社会の期待を強め、国土政策の新段階を設定する契機となったという意味においてである。本間は一全総について、「日本列島の国土構造を、公害をばらまきつつ大きく変えた」[30]と総括しているが、工業化については「新産業都市の岡山県南や大分、工業整備地区別地域の鹿島など2、3の地区をのぞくと、いずれも期待通りの開発効果を上げることができなかった」[31]。企業誘致の失敗、工場用地の売れ残り以上に深刻なのは、公害の拡大、農林漁業の衰退、生活基盤の未整備といった問題である。水俣病は1950年代に発生が確認されていたが、一全総の時期と重なったのは四日市ぜんそく、阿賀野川流域の有機水銀中毒などである。そして太平洋ベルト地帯を中心に、既存の工業地域に工場や人口が集中する傾向がつづいた。

戦後日本における都市圏への人口移動は、戦前のそれと異なる様相を示した[32]。戦前型は、農村における過剰人口や貧困のゆえに流出するが、出稼ぎなど、故郷への還流もありうる「紐帯」をもつ移動であった。これに対して、戦後の高度経済成長期には、まず都市部に単身で移動してきた人びとが、次に結婚や出産によって世帯をもち、郊外に定住するという傾向がみられるようになった。工業化が進む都市部は、若年層に就職と定住の機会を与え、第2次、第3次産業の就業者を増大させていったのである。すなわち、高度経済成長期には「出生地に『紐帯』を残した移動ではなく、大都市圏での定住が進み、その結果日本の人口構造と地域社会の構成そのものを変えていくことになった」[33]。そして工業都市の周辺には衛星都市が形成された。家電製品が全国的に普及し、モータリゼーションも手伝って、人びとは従来以上に余暇の時間を獲得するよ

うになったのである。
　しかし、全国的にみれば過密と過疎の問題は深刻さを増した。都市部では公害、生活基盤問題への人びとの不満が高まり、それは住民運動の増加、革新自治体誕生の流れを形成した。こうして、後述する新全総は一全総の策定時期と比較すれば、より難しい社会的現実に直面することになった。高度経済成長の只中にあって国土政策は、一方では工業化、近代化への期待を強くもつ農村部と、他方では工業化への期待と疑念、反発が交錯する都市部という、地域社会の相反する要素を同時に引き受ける必要が生じたのである。

第3節　新全総と日本社会
1．新全総の策定
(1)　自民党「都市政策大綱」
　高度経済成長期の人口移動は、伝統的な共同体的秩序から解放され、工業に従事して生活し、しかも教育や福祉を含め、外的、公共的な制度に依存せざるをえない個人を生み出した。土山は、そのような人びとの生活を「都市型生活様式」[34]と呼び、以下のように指摘する。「工業化によって、個人の生活は、社会化また政治化していくのである。個人の生活は、社会における生活基盤の整備、つまり社会資本、社会保障、社会保健の政策・制度ネットワークの整備なしには成立しえない。そのとき、政治は『天下国家』の遠いできごとではなく、個人の生活を支える政策・制度ネットワーク整備のための議論と調整の場として機能する。これを『生活条件の政治化』ということができるだろう。このとき『都市政策』は、都市型生活様式のための政策・制度ネットワークとして必要とされ、高度成長期に『生活の必要としての政治』という領域を生み出した」[35]。過密の工業地域、そして過疎の農村地域においても、政治の役割に依存し、期待を明示し、あるいは異議を申し立てながら生活する社会への本格的移行である。こうした条件変化に、どのように国土政策は対応したのだろうか。
　1964年4月、日本は国際通貨基金（IMF）8条国に移行した。同年10月には東海道新幹線（東京－新大阪間）が開業し、東京オリンピックが開催された。これは戦後復興、近代化を世界に印象づける大イベントであったが、池田首相

が病気で退陣し、11月に佐藤栄作内閣が発足したのである。佐藤内閣は、前内閣の高度経済成長路線、国民所得倍増論との差別化を図って社会開発論を提唱した[36]。それは、経済の安定成長路線のもと、工業基盤の整備優先から生活基盤の整備優先を謳うものであった。そして人口が1億人を突破したことが発表された1966年、政府内で一全総の改定作業が本格化した。1967年1月の衆院選で自民党は勝利したが、得票率が初めて50％を切った。同年3月、自民党は都市政策調査会を設置し、会長には前幹事長の田中角栄が就任した。この事務局には田中の秘書や下河辺らの官僚が加わり、財界人や知事、学者なども交え、検討を重ねた。深刻化する公害問題、都市部での支持の不振、革新自治体の誕生などを受け、自民党は過疎対策と並んで、都市政策の本格的な推進に着手したのである。そして4月には東京都知事選挙で、社会党と共産党が推薦する美濃部亮吉が当選した。革新自治体が誕生した要因は、「高度成長の成功のゆえの、広汎な人々のあいだでの生産力主義、物質主義のへの見直しの始まり」、「脱政党的『無党派革新』的心情の広がり」、「生活に直結する地方政治の重要性への認識の広がり」[37]などである。工業基盤の整備優先、工業化に伴う公害問題、生活環境や福祉政策の立ち遅れが広く認識されるようになり、「生活条件の政治化」現象への対応を国、自治体ともに迫られることになったのである。

　1967年8月、公害対策基本法案が公布され、9月には四日市ぜんそくの患者が石油コンビナート会社6社を提訴した。このような状況下の1968年1月に田中角栄は「日本列島改造の青写真」を発表したのである。そして5月、自民党は「都市政策大綱」を決定した。これは策定中の新全総を先取りし、その骨格をふまえながら政党カラーを打ち出したものである。「大綱」の前文はいう。「都市政策は単に過密、過疎にたいして、一時的な対症療法に奔命するものであってはならない。いま必要なのは、日本がかつて経験したことのない経済、社会構造の急速な変動のなかで、21世紀をめざし、子孫にひきつぐべき豊かな国土のあり方について、政治が明確な回答を与えることである。（中略）われわれの都市政策は、20年、30年先を展望する長期の視点に立って、都市化の巨大なエネルギーを活用して、国土全体の可能性を最大限に追求し、都市の秩序ある発展と、都市と農村の共栄をはかるものである。この都市政策は日本列島全体

を改造して、高能率で均衡のとれた、ひとつの広域都市圏に発展させることをめざす」[38]。ここにいう「政治」とは、都市と農村の共栄、均衡を図るための、つまりは地方を庇護するための、国すなわち自民党政権の積極的な取り組みのことである。

　「大綱」の基本的内容をみてみよう[39]。まず「都市の住人は工業や機械ではなく、人間そのもの」という発想に立ち、「公益優先の基本理念をうちたて」、「土地の私権は公共の福祉のために道をゆずらなければならない」と宣言された。本章テーマとの関連で注目すべきは、田中の「列島改造の青写真」に示されている内容とも通じるが、「大都市改造と地方開発を同時にすすめる」、「日本列島を一体化し、その時間距離を短縮するため、北海道より九州まで結ぶ鉄道新幹線など基幹交通・通信体系を建設する」、「地域社会の発展にともなう水需要の増大に対応して、水資源の開発を積極的にすすめる」といった点である。確かに人間尊重の理念、生活重視、公益重視を強調している点は革新的である[40]。しかし、一全総からの継続的課題である過密と過疎への対応、すでに進行中の新幹線など交通網の整備、ダム建設の事業を掲げている点は現実的、保守的である。また「地方行政の広域化を進め、市町村の権限を強化する」と記され、地方自治への配慮も示されてはいる。ただし一方で、縦割り行政の弊害を是正するため、「国の開発体制の一元化をはかり、新しく強力な中央行政機構を設置する」とも記されており、注意が必要である。

　1968年7月の参院選で自民党は勝利を収め、10月、政府主催で明治百年記念式典が日本武道館で挙行された。そして、東名高速道路（東京－小牧間）が全線開通した1969年5月、佐藤内閣は新全国総合開発計画（新全総）を閣議決定したのである。

(2)　新全総の特徴

　1968年は明治改元から100年目にあたり、政府や自治体などが「明治百年記念」の諸行事を開催した。この「明治百年」論は、新全総の正当化理由となり、国土計画に歴史的意味を付与するものとなった。すなわち、それは「明治百年と日本の近代化という長い歴史的射程距離に着目する。そしてこれまで日本の

近代化に役立ってきた明治維新以来のインフラストラクチュアのすべてが老朽化したために、今こそとりかえる時期が到来したという議論を展開する。言い換えれば明治以来の日本の骨格の再編成という政治論を前面に押し出すことによって、拠点開発が遂にのがれられなかった市場性重視の経済論を克服する。それは同時に経済計画前提型国土計画はおろか、政治基準設定型国土計画についても、新全総が絶縁することを意味していた」[41]。明治維新からの近代化の過程に新全総を位置づけ、未来社会を構築する国土政策を展開しようという意図である。「明治百年」論によって、地方に対する国の積極的役割が歴史的空間のなかに位置づけられ、さらなる工業化、近代化への政治的意志が示されたといえよう。

　新全総は現状の問題点として、国土の偏在的利用を挙げている。「市街地は全国土の1.2％に過ぎない。この狭い地域に人口の48％が集中しているが、このうち58％が東京、大阪、名古屋とその周辺の50キロメートル圏内に集中し、最近5か年間における市街地人口の増加分の74％がこれらの圏内に集中するという現状にある」。そのうえで、「過密・過疎現象を基本的に解決し、経済社会の飛躍的発展を図るためには、現在進められている種種の対策の成果を踏まえつつ、国土利用の硬直性を打破し、新しい社会へ積極的に対応し、新しい環境を形成するという観点から、国土利用の抜本的な再編成を図る」としている。この「新しい社会」形成のための国土計画は「国民の創意、工夫のもとに国民の欲求を十分反映して策定されるべき」であり、事業実施には「地域住民の合意と協力」が必要と記されている。将来展望としては、科学技術の発展、急速な時間距離の短縮による国際間の人、技術、資本、情報の交流緊密化などが挙げられ、特に情報化社会への対応が強調されている。すなわち、「いかなる地域にあっても任意に最新の情報を収集分配しうる体制を確立」するため、通信網の整備、情報産業の育成を図るべきとされている。

　新全総の特徴は、経済成長の過程で生じた公害や都市環境の悪化をふまえ、自然環境や人間生活の重視を謳っている点である。「豊かさを目ざして革新をつづける社会では、物質的な豊かさにまして、社会的、生活的な豊かさが求められ、個人に対しては自立的人間形成が要求されるとともに、社会的には広い連

帯感が醸成されなければならない。同時に、生活においては余暇時間が増大し、余暇が生活の重要な目標になる。このような新しい生活中心の価値観に対応する、よりよい社会環境の形成を図る必要がある」。新全総は経済成長の重要性を説き、そのうえでの、あるいはそれへの反発でもある質的な豊かさへの期待に応答しようとしているのである。

　自民党の「大綱」、新全総ともに、いわば日本の国土全体をひとつの都市とみなして発展を図り、豊かな生活を実現する方策を示しているが、これは「大都市圏においても、農村地域においても、都市型生活様式の一般化とそれぞれの地域個性をふまえた『政策・制度のネットワーク』としての『都市政策』が必要とされるようになった」[42]ことを示している。「物質的な豊かさ」と「社会的、生活的な豊かさ」、あるいは「経済成長、開発」と「自然環境、余暇」という観点を包摂することで、国土政策における理念の摩擦が強まったともいえるが、新全総は「生活」をキーワードに押し出し、ひとまず理念の調和を図っている。都市も農村も「生活」のためにこそ、政治の積極的な役割、開発政策、公共事業が必要という論理の展開である。「大都市からの遠隔の地であっても経済開発の遅れた地域においても、開発の可能性を確保しうるよう、それらの地域と大都市を結ぶ新交通通信体系を整備するなどにより、国土の均衡ある開発の基礎条件をつくり上げることが、地域格差問題に対する新たな課題である」。このように説いて新全総は、過密、過疎への対応をつづけることが「明治百年」の歩みを無にしないことであると宣言したのである。

2．列島改造論と地域社会
(1) 大規模開発プロジェクト

　新全総の計画構想は、「明治百年」論による正当化からも理解できるように、従来の事業を継承し、新機軸も含めた展開を企図したものである。一全総の拠点開発方式による諸事業を引き継ぎ、過疎対策も推進しようという場合、都市と農村、拠点と拠点をつなげる一大ネットワークを構築するのが有効であると考えられた。ネットワーク化構想のなかで、進行中の高速道路や新幹線、空港の建設も、積極的な意義を与えられることになった。新全総は、国土の硬直的

利用を改善するためにも、「中枢管理機能の集積と物的流通の機構とを広域的に体系化する新ネットワークの建設により、開発可能性を日本列島全域に拡大する必要がある」と指摘したのである。

ただし新全総は、「均衡ある発展」を標榜しているが、平等、同質の開発を全国的に進めようというものではない。一全総が「工業化の遅れた地域からの不満にもとづく政治的な圧力によって、過密地域からの分散をはかるという、実現の可能性の少ない方向で計画をまとめねばならなかったといわれるのに対して、新全総は東京などの中枢的な役割の下で各地域の位置づけを行い、全国的にネットワークを張り巡らすという、『本音の計画』と言われる特質を備えていた」[43]。具体的には、人口、企業の集中する首都圏と近畿圏は「大都市圏」、中部圏は「大都市圏－大都市中間圏」として中心的機能を担う一方、東北圏と中四国圏は「地方圏－大都市周辺圏」、北海道圏と九州圏は「地方圏」、そのうえで北海道と東北と九州の３圏は「食料供給基地」と位置づけられ、開発事業を展開するとされたのである。

新全総の計画方式は大規模開発プロジェクトである。新全総は、これを「新しい技術を駆使して地域開発の始動条件を創出し、国土を有効に利用するための事業計画」とし、３タイプを設定した。第１は「日本列島の全域にその効果が及ぶ新ネットワークを形成する全国的な通信網、航空網、高速幹線鉄道網、高速道路網、港湾等の建設、整備」で、「国土の空間構造の基礎を形成し、国の地域開発政策のうちもっとも重要の戦略手段となる」。第２は「新ネットワークの形成と関連しながら展開する大規模産業開発プロジェクトで、大規模な農業開発基地、工業基地、流通基地、観光開発基地等の建設、整備」である。第３は「環境保全の観点から推進されるもので、自然および歴史的環境の保護、保存、国土の保全および水資源の開発、住宅の建設および居住環境施設の整備、地方都市の環境保全、農山漁村の環境保全ならびに大都市の環境保全」である。

大規模工業基地としては、太平洋ベルト地帯の既存工業基地からは離れた地域として、苫小牧東部、むつ小川原、周防灘から志布志にかけての臨海部が候補となり、開発が進められた。しかし、やがて経済低成長期に移行し、不況や産業構造の変化なども影響して企業、工場の誘致は困難となった。新全総に前

後して1966年には国土開発幹線自動車道建設法、1970年には全国新幹線鉄道整備法が公布された。高規格幹線道路や整備新幹線の建設は、新全総の時期に構想、計画が拡大されて勢いを得て、工事凍結や見直しを経ながらも現在進行中である。直接的な過疎対策としては、1970年に過疎地域対策緊急措置法が10年間の時限立法として公布され、指定された自治体への支援が講じられた。本法は延長をくりかえし、現在は過疎地域自立促進特別措置法となっている。1971年には農村地域工業導入促進法が公布されたが、1988年、卸売業や倉庫業などを含めて「工業等」とする主な理由から、農村地域工業等導入促進法に改正された。1972年には工業再配置促進法が公布され、過密都市からの工業移転、過疎地域への再配置が図られた。工業再配置促進法は小泉純一郎内閣期の2006年に廃止されている。

　新全総は「均衡ある発展」を謳いながらも、地域ごとの役割、開発方向性を明確にし、特に東京、首都圏の中心的役割を基軸とした計画を構想している。また、人間の尊重、生活の重視を強調しながらも、まずは高度経済成長の持続を前提に「開発可能性を日本列島全域に拡大」するとしている。この点を考えれば、「『効率主義』の所得倍増計画から『衡平主義』の一全総へと振れた計画思想の振り子は、新全総で再び『効率主義』へと重心を移した」[44]のである。しかし地域の役割を差別化するからこそ、壮大なネットワーク化構想を必要とした。ネットワーク化は、道路にしても鉄道にしても、発展を望む個々の地域からみれば誘致すべき事業となる。すなわち、具体的な事業の決定主体や展開をみるならば、「公共投資による工業再配置としての地域開発という一全総の発想を踏襲しつつ、巨大化した『大規模プロジェクト構想』を、国政府の強い主導により実行しようとしたところに」[45]新全総の本質はある。一全総と同じく、国による「地域指定、事業指定方式をとっており、また高度経済成長のいっそうの進展も加わって、中央集権的な傾向がみなぎったことも否定できない」[46]という評価もできよう。

　自治体や国会議員からの開発政治の要求と、広く人びとの価値観の変化という要素とを「生活」というキーワードで包摂、両立させようとしたことが、結局は新全総の展開のなかで、大規模開発プロジェクトで地方の工業化を進めつ

つ、自然環境重視をも謳うことの矛盾を顕在化させた。しかも、過密と過疎への対策、自然環境の保護は、その後も大きな課題として残りつづけ、今日に至っている。新全総の時代に新たな段階を迎えた公共事業には現在継続中のものもあり、これに伴う自治体の財政負担や住民合意の問題などは重要な政治的争点となっている。

(2) 列島改造政策の意義

　新全総の時代、日本はアメリカに次ぐ経済大国となり、1970年3月、「人類の進歩と調和」を掲げて大阪万博が開催された。しかし公害、都市問題に対する人びとの不満は止まず、1970年12月には公害対策基本法が改正され、「経済の健全な発展との調和」条項が削除された。1971年4月には美濃部東京都知事が再選され、大阪府知事選挙では社会党、共産党推薦の黒田了一が現職を破って当選した。黒田のスローガンは「公害知事よ、さようなら」であった。そして、佐藤首相の退陣表明が間近となった1972年6月、田中角栄通産相は『日本列島改造論』を刊行したのである。表紙の帯には「太陽と緑と人間と……公害と過密を完全に解消し国民が安心して暮らせる住みよい豊かな日本をどうしてつくるか‼」とある。

　佐藤後継をめざす田中の決起宣言でもある『日本列島改造論』は、自民党の「都市政策大綱」、新全総とつづいた「国土の均衡ある発展」論の延長、到達点といえる。しかし、本書の「主役はむしろ『大綱』の脇役であった人口流出地域つまり地方」[47]であり、地域の役割分担を基軸に開発計画を立てた新全総以上に、過疎対策としての工業再配置、住環境の整備（職住近接化）の必要性、交通ネットワークの拡充（列島主要地域の1日行動圏化）を強調したのである。

　田中は力説している。「この『日本列島改造論』は、人口と産業の地方分散によって過密と過疎の同時解消をはかろうとするものであり、その処方箋を実行に移すための行動計画である。私は衰退しつつある地方や農村に再生のためのダイナモをまわしたい。公害のない工場を大都市から地方に移し、地方都市を新しい発展の中核とし、高い所得の機会をつくる。（中略）地方も大都市も、ともに人間らしい生活が送れる状態につくりかえられてこそ、人びとは自分の住

む町や村に誇りをもち、連帯と協調の地域社会を実現できる。日本中どこに住んでいても、同じ便益と発展の可能性を見出す限り、人びとの郷土愛は確乎たるものとして自らを支え、祖国・日本への限りない結びつきが育っていく」[48]。さらに、「成長追求型」から「成長活用型」の経済運営に転換し、「未来の世代の負担をも考慮した積極的な財政政策」で生活関連資本、福祉を充実させるべきであり、「成長活用型の経済運営は『福祉が成長を生み、成長が福祉を約束する』という好循環をつくる」[49]としている。地方自治関連では、「日本列島が将来、一日交通圏、一日経済圏として再編成されるためには行政の広域化が促進されるべき」[50]で、府県制度を見直して広域地方団体などを設置し、国の機関委任事務や出先機関を吸収させてはどうかと、田中は提案している。この点は先取的ではあるが、あくまでも国主導の開発政策の展開、地域生活の底上げが前提である。過疎地への新幹線新駅建設、国鉄赤字線の存続活用、列島縦貫のみならず列島輪切り型の横断道路、本州四国連絡橋の建設、ダム建設の推進を、田中は訴えたのである。

　1972年7月、自民党総裁選で田中は福田赳夫外相らを破って当選し、田中内閣が発足した。『日本列島改造論』はベストセラーとなったが、土地投機、地価上昇の「列島改造ブーム」が発生した。インフレは結果的に開発事業の推進を困難にし、国民の生活負担感も高まって田中人気は急速に萎んだ。朝日新聞の調査によれば、内閣発足時の支持率は当時としては過去最高の62％であったが、1973年4月には27％に急落している[51]。1972年10月、国土総合開発審議会が「新全国総合開発計画の総点検」を開始した。これは、公害などの環境問題の深刻化、都市の過密化に対する国民の不満を反映したものであった。1973年10月にはオイルショックが発生して高度経済成長は終焉へと向かい、経済成長を前提とする新全総、列島改造論の計画は影響を避けられなかった。また同月、神戸市長選挙で野党推薦の宮崎辰雄市長が再選され、6大都市（東京都、横浜市、名古屋市、京都市、大阪市、神戸市）の首長がすべて革新系となったのである。11月の内閣改造では福田赳夫が蔵相に就任し、緊縮財政への転換が図られた。1974年6月、国土利用計画法が公布され、国土庁も設置された。翌7月の参院選で自民党は大敗し、田中の政治手法を批判して三木武夫副総理、福田蔵相が

閣外へ去った。結局1974年12月、田中は「金脈疑惑」の追及を受け、首相を退いたのである。

　田中は首相就任時、『日本列島改造論』のベストセラー化を危惧していたという。インフレ、公害に対する人びとの不満を恐れたのである。下河辺は回想している。「総理になったとたんに、列島改造論に水をかけることしか私には言いませんでした。何とか火を消さなければだめと言うのですね。しかし、世の中の新聞は、いよいよ田中角栄が出番で、列島改造をやるよとなっているものだから、田中さんは新聞を見るたびに怒っていました」[52]。これは、地方の弱さも強さも知りつくし、「生活」というキーワードに鋭敏であった田中の本音であったのだろう。的確な予見は、田中の政治家としての鋭さといえるが、繊細さのゆえでもある。日本の地域社会は、一全総、新全総、列島改造政策を通じて、あるいは田中という象徴的人物を通じて、一定の豊かな生活を享受した一方、解決困難な課題を多く背負い込むことになったのである。「一全総がいわば『点』的に公共事業を展開したのに対し、二全総は『線』的、『面』的な公共事業を繰り広げた。新幹線、高速道路が『線』、国際空港、同港湾、大規模工業基地などが『面』にあたる」[53]。ただし、開発を是とするのか非とするのか、実際の政治過程では容易には単純化できない。「生活」問題に関わるからである。『日本列島改造論』は地域生活を誰が守るのかという点で、地方自治のあり方に対し、今なお自らの是非を問いつづけているといえよう[54]。

第4節　21世紀の国土政策

　1975年4月、国土総合開発審議会は新全総の改定を決定した。過密と過疎、地価高騰、環境問題の深刻化などを受け、「21世紀においてわが国人口は静止状態になることが予想され、その段階における国民と国土のかかわりあいを展望しつつ、安定した均衡ある国土の利用を確保する必要」[55]が生じたというのである。1977年11月、福田越夫内閣は第3次全国総合開発計画（三全総）を閣議決定した。三全総では、「国民一人ひとりの価値観や要求は多様化し、多元化してきており、生活の安全性や安定性の確保など生活の質的充実、うるおいのある生活環境が強く求められている」として、脱工業社会の到来を意識した国土政

策の位置づけがなされている。「限られた国土資源を前提として、地域特性を生かし」、定住圏の開発、整備を行うものとされた。

　第4次全国総合開発計画（四全総）は、輸出依存型から内需拡大型経済構造への転換が図られるなか、1987年6月に中曽根康弘内閣によって閣議決定された。四全総の策定はバブル景気の時代であり、「地域活性化のため工業の開発ばかりでなく、多様な産業振興施策の展開」と、「いまだ完成していない地方主要都市を連絡する全国的なネットワークを早期に完成させる必要」など、新全総期の構想継続が挙げられた。各地域の役割、個性を活かした「交流」による「多極分散型国土の構築」が目標とされたのである。「近年の東京を中心とした世界都市機能の集中や本格的な国際化の進展に適切に対処していく必要」をふまえつつも、「引き続き国土の均衡ある発展を図ること」が基本とされた。四全総は、「三全総ではとり入れなかった全国網羅的なブロック別の記述を復活させ、『上からの計画』であることを明確にした。四全総は、再び『効率主義』を前面に出した計画」[56]であり、そのうえで地域開発を推進しようとする内容であった。具体的には、四全総決定の同時期に総合保養地域整備法（リゾート法）が公布され、各地で関連施設の建設がすすめられた。国土開発幹線自動車道建設法も1987年9月に改正され、高規格幹線道路網の整備目標が拡大された。東京一極集中への対策としては、多極分散型国土形成促進法が1988年に公布されている。

　しかし1990年代、バブル景気が崩壊して不況期に入り、政治的にも55年体制が崩壊して選挙制度改革が行われ、政界再編、政党競争が激しさを増すなか、国土政策、開発事業のあり方が大きく問われるようになった。これには、国と自治体の財政悪化、公共事業に関わる刑事事件の続発、リゾート開発からの企業の撤退、政策評価や情報公開制度の拡充、地球環境への関心の高まり、開発や公共施設建設に対する住民投票の実施など、さまざまな要因が挙げられよう。1998年3月、橋本龍太郎内閣によって閣議決定された「21世紀の国土のグランドデザイン─地域の自立の促進と美しい国土の創造」は、あえて「第5次全国総合開発計画」（五全総）とは名づけられなかった。これは、国土政策のイメージ刷新を図ったものといえるが、「残念なところは、どんな装いをこらしたとし

ても、結局はそれらは公共事業推進の役割を果たすうえでのエクスキューズとしか受け取られないことである」[57]。「五全総」は「多軸型国土構造形成の基礎づくり」を目標とし、多様な主体の「参加」、多様な地域の「連携」を開発のキーワードに掲げている。全総としては、この「五全総」が最後となった。

　国土政策は、自治体にとって計画の準拠枠となってきた。全総が策定されるごとに「県や市町村ではそれまでの計画に修正を加え、全国の方向に合わせようと努めてきた。そこにはこの間に進められてきた開発が、基本的には上から、地域外から進められてきたものであることが現れている。今後地方分権の方向が進められるとしても、少なくとも今日までこうした計画の流れの構図が生き続けている」[58]。戦後直後からの地域開発、一全総、新全総、関連する諸事業は、自治体間の連携と競争を引き起こしてきた。国からの予算投下を期待して動き、しかも過密や過疎が解消に向かわないから、次なる計画を求めて動きつづける。地域の工業化も功罪両面があり、第１次産業や自然環境への影響はもとより、不況になれば自治体税収や雇用は縮減してしまう。地域経済が悪化すれば、自治体や国会議員は次なる景気刺激策を求め、さらに国の事業に期待を寄せる。その場合、国主導の全国の交通ネットワーク化計画は魅力的であり、一部を誘致したいというのは無理もない。土山は、経済成長をめざす国の主導で地域の工業開発をすすめる一全総、新全総に典型的な開発構想、方式を「全総型地域開発」と呼んでいる[59]。一全総と新全総は結果として失敗したが、地域社会には「国土の均衡ある発展」、開発への期待をあたえつづけた。つまり「工業基盤整備を観光基盤整備におきかえた、一九八〇年代後半のリゾート開発ブームにいたるまで、あるいは二一世紀のこんにちにいたっても、全総型地域開発は、日本全国の地域開発の典型でありつづけたのである」[60]。

　現代日本において都市生活の環境改善、過疎対策は依然重要であるが、国主導事業への依存を深めることは確かにリスクを伴う。「国や企業の進める活動のための空間としてたまたま当該の地域が選ばれたに過ぎない。それだけに、企業や国の事情によって活動が縮小されたり変更されたりする可能性が大きい」[61]のである。国は政権や財源の事情で、企業は経営戦略の観点で動く。今は２大政党競争や改革派を称する新党の出現もあって、公共事業誘致を主張して票を

獲得できる時代というよりは、公共事業を批判して票を伸ばせる時代である。ただし、国の役割が不要ということはない。安心と安全、防災への対策も含め、地域生活をどう維持するのか、自治体や住民が主体的に議論、決定を行い、国と地方の役割を精査していくべきであろう。

　2001年3月、新産業都市建設促進法、工業整備特別地域整備促進法が廃止された。翌月には小泉内閣が発足し、2005年7月、国土総合開発法が国土形成計画法に改正されたのである。国土形成計画法では、国土総合開発計画に代えて国土形成計画（全国計画、広域地方計画）が策定されることになった。新たに「計画の基本理念」条項も設けられ、総合的な国土形成計画は、実施においては「地方公共団体の主体的な取組を尊重しつつ」、「国が本来果たすべき役割を踏まえ、国の責務が全うされる」よう定めるとされた。国土形成計画（全国計画）は2008年7月、福田康夫内閣によって閣議決定された。ここでは、「国土の均衡ある発展」論にもとづく施策が地域間の所得格差縮小など「一定の成果を上げた」ものの、「画一的な資源配分や地域の個性の喪失を招いた面もある」と評価されている。そのうえで、「自立的で特徴の異なる複数の広域ブロックからなる国土構造」の構築が「これからの時代にふさわしい国土の均衡ある発展を実現することにもつながっていく」と明記されたのである。また、「地域づくりにおける行政の役割は、工場誘致など自ら行う取組を中心としたものから民間主体の発意やビジネスマインドを誘導・サポートすることを重視する方向に切り替わる」という。

　21世紀、国土政策は制度改革の途上にある。地域社会における生活充実が地方自治のもと、どう具体的に図られていくのか。一全総の時代から半世紀が過ぎ、その道程がもたらした現実と課題に、なお地方自治研究は向き合う必要があるだろう。

（注1）中央・地方関係論における国会議員の位置づけについては、田中　滋（1991）、218-223頁参照。

(注2) 米田、27-66頁参照。苅部によれば、「田中角栄の人生が表しているのは、戦前・戦後を通じての高度な産業化の時代に、『地方』を足場としてのしあがった政治家の、栄光と悲哀とにほかならない」(苅部　直「田中角栄」、御厨、2013、40頁)。
(注3) 田中角栄(1968)、120頁。
(注4) 田中角栄(1968)、126頁。
(注5) 御厨(1995)、58-59頁参照。
(注6) 御厨(1995)、59頁。
(注7) カルダー、233頁。
(注8) 城山ほか、151頁(天野雄介・城山英明執筆担当)。
(注9) カルダー、218-219頁。
(注10) 戦後の国土政策、とりわけ全国総合開発計画の意義と展開、効果については、本間(1992)と同(1999)が詳細である。そのほか川上、34-65頁、中藤、117-152頁、蓮見、134-147頁、および山﨑、169-210頁参照。
(注11) 山﨑、171頁。
(注12) 下河辺、45頁。
(注13) 川上、10-11頁参照。戦前と「政治体制が全く異なった戦後にも、再び全体からのアプローチをする安本と個別事業からの広がりを実践する建設省という二つの系統が並立、対峙した。それは換言するならば、『中央計画』対『地方計画』、『総合開発』対『国土開発』、『上からの計画』対『下からの計画』、あるいは『機能的・効率的』対『空間的・衡平的』という二分法的構図を反映し、継続してきた」(同書、45頁)。
(注14) 川上、8頁。
(注15) なお、国土総合開発法の制定と電源開発政策については、御厨(1996)、159-202頁参照。
(注16) 中藤、120頁。
(注17) 下河辺、43頁。
(注18) 下河辺、42頁。
(注19) 田中滋(2000)、146頁。公共事業、特にダム建設をめぐる問題については同書、143-146頁参照。
(注20) 下河辺、69-71頁。
(注21) 国土政策における「国土の均衡ある発展」論については、その歴史と文言の検証も含め、特に伊藤(2003)の研究が詳しい。
(注22) 中藤、123頁。
(注23) 御厨(1995)、60-62頁参照。
(注24) 御厨(1995)、61-62頁。戦後復興期の地域開発の指定競争も含め、「各地から噴出する地方利益欲求と開発熱を、一定の枠組みの設定を前提にコントロールするのはかなり困難であることを、開発官僚はあらためて認識させられた」(同書、62頁)。1960年代は、自民党政務調査会の部会や調査会と関係省庁の関係が強まり、内閣の方針や法案に関する与党事前審査制が定着する時期である。
(注25) 下河辺、86頁。升味によれば、新産業都市の立法と地域指定をめぐって「史上最大の陳情合戦」が展開された。省庁が競って計画構想を打ち出し、「それぞれ候補地をもち、そ

の地域的利害と緊密に結びついていた」（升味、290頁）。例えば、常磐（通産省）、郡山（自治省）、仙台市の大仙台将来構想（自治省）、宮城県の大仙台圏確立構想（通産省）、鹿島（建設省）などである。また周南（佐藤栄作）、大垣（大野伴睦）、東予（河野一郎）、徳島（三木武夫）など、自民党内の派閥闘争も絡み、指定競争が展開されたという（同書、290-293頁参照）。
(注26)　詳しくは田村、151-156頁参照。もちろん、これは経歴についてのことであり、保革対立といった党派性の問題、革新首長には学者が多かったこと、各党相乗り型では党派色が薄いがゆえに官僚が擁立される傾向にあったことなど、総合的に理解する必要がある。
(注27)　川上、54頁。
(注28)　植田・米澤、68頁（赤岩弘智執筆担当）。もちろん、本稿で扱う国土開発の諸事業も含め、55年体制期、広く国の補助金政策が地方自治体の活動を制約、統制したと結論づけることには慎重を要しよう。村松は、自治体幹部への調査結果等をもとに、例えば以下のように述べている。「中央から供給される補助金は、元来、地方政府からのヒアリングの結果設けられた事業が多く、地方政府は、不要なものを押しつけられているとは考えないのではないか。だから、補助金は自主性を害しないし、それがなくなっても地方は継続すべきだと考える傾向がある。筆者は、地方政府の行政当事者の『自主性』を強調する回答を、そのまま受け入れてみようと思う」（159頁）。この点について加茂は、自民党「一党支配のもとでの政権党政治家の介入は、膨大な個別補助金とその配分機能が中央にあることを前提に成り立つものであり、その配分への影響力（利益還元力）が政権党政治家の有力な政治資源になってきたことを重視する必要があろう」（143頁）と述べ、「公共事業・農林補助金・非都市圏向け補助金には、中央統制・政権維持機能がいまもかなり強くはたらいている」（144頁）としている。
(注29)　蓮見、135頁。工場誘致を推進する自治体は当時、「工場誘致にかけた費用はいずれ工場が操業を始めれば地域経済が発展し、税収の伸びとなって取り返すことができるものであるのに対して、地場産業や住民の生活や福祉に関わる費用は取り返すあてが不明確なものや費消してしまうものであり、これらの関係者にはしばらく待ってもらいたい」（蓮見、136頁）という趣旨の説明を行っていたという。工業化、経済成長のうえでの所得再配分の論理強調である。この点は、宮本、198頁参照。
(注30)　本間（1999）、46頁。
(注31)　中藤、123頁。
(注32)　土山、14-20頁参照。
(注33)　土山、19頁。
(注34)　土山、24-25頁参照。
(注35)　土山、28頁。
(注36)　佐藤の側近だった竹下登は回顧している。1964年1月15日、「来るべき『佐藤政権の政策づくり』をめざすプロジェクト・チームが派内で発足、愛知揆一先生を中心に新聞記者、若手官僚、学者などが参加して秘密裡に会合を重ね、五ヵ月後には全文二万字にのぼる第一次報告書をまとめた。『社会開発』をはじめ『人間尊重』『歩行者優先』などを内容とするもので」、「『社会開発』とは、当時、国連の経済社会委員会における討議の中で初めて出てきた『ソーシャル・プランニング』という考え方を下敷きにしたものであった」（竹

(注37) 山口、135頁。革新自治体叢生の条件として山口は、農村から都市部への巨大な人口流入、都市生活環境の急速な劣悪化、新興住宅地の急増とそこでの新たな秩序づくり、保守基盤の地域社会から離脱した「新住民」の大量発生、生活利害に関わる市民、住民運動の大量発生、左翼活動家の地域政治への関与、政治学者を中心とした「市民参加」論、「参加民主主義」論の提起なども挙げている（同書、135-136頁参照）。
(注38) 自由民主党都市政策調査会、1-2頁。
(注39) 自由民主党都市政策調査会、5-19頁参照。
(注40) 当時、「都市政策大綱」決定を報じたマス・メディアも概ね高く評価している。例えば日本経済新聞（1968年5月27日朝刊）は社説で「飛躍と勇気に富む諸提案」と述べ、朝日新聞（1968年5月28日朝刊）は「自民党都市政策に期待する」とのタイトルで社説を掲げた。ただし公益優先、土地の私権制限という点は田中角栄の発想ではなく、秘書たちが田中の反発を押し切って書き入れたという（下河辺、248-250頁、および御厨（1995）、73頁参照）。
(注41) 御厨（1995）、67頁。
(注42) 土山、31頁。
(注43) 蓮見、142-143頁。
(注44) 川上、56-57頁。伊藤は、一全総と新全総の「均衡ある発展」論の厳密な差異について着目している。すなわち、一全総では「地域間の均衡ある発展」が目標とされているが、新全総では「国土利用の均衡」という表現に変化している。一全総では『拠点開発構想→国土の均衡ある発展』という図式が想定されていたのに対し、新全総の場合には『新ネットワーク構想→国土利用の均衡→国土の均衡ある発展』というように、『国土利用の均衡』があいだに挿入されていることが分かる。政策目標とその達成手段という観点からみれば、後者のほうがより現実的に思われる」（伊藤、9頁）。
(注45) 土山、104頁。下河辺は次のように述べている。新全総では「国土計画はオーバーオールなものではなくて、国家のやるべきことを明らかにすることが任務だというふうに仕上げたわけです。そのために誤解が出た。住民のやることはどうしたんだとか、生活はどうだと非難されたわけです」（下河辺、118頁）。
(注46) 植田・米澤、70頁（赤岩弘智執筆担当）。
(注47) 土山、124-125頁。
(注48) 田中（1972）、216-218頁。
(注49) 田中（1972）、72頁。
(注50) 田中（1972）、8頁。
(注51) 朝日新聞社、67-68頁参照。1973年4月調査で支持率急落とはいえ、地域別にみた場合、10大都市では支持25％、不支持50％であるのに対し、町村部では支持31％、不支持38％である。
(注52) 下河辺、124頁。
(注53) 本間（1999）、72頁。
(注54) 田中の側近であった小沢一郎は『日本列島改造論』から約20年後に刊行した『日本改造計画』で、東京一極集中、経済効率主義を批判し、地方への産業移転と雇用対策、交通

ネットワークの完成、遷都論など、過疎と過密の解消論を展開し、特に地方分権など統治機構改革と一体で行うべきと主張している（小沢、特に188-205頁参照）。田中の衣鉢を継いだともいえるが、徹底した地方分権の主張は特徴的である。1990年代以降、小沢もその中心人物の１人となって地方分権の政治過程が展開されていくが、地域の生活という観点でいえば、分権後より発展しうる自治体と、むしろ自立困難になる自治体の対立問題が現実問題として絡んでくることになった。地方分権をただ進めてよいのか、いわゆる分権後を想定した都市対地方の対立問題が重なる状況である。

(注55) 国土庁計画・調整局、110頁。
(注56) 川上、63頁。
(注57) 本間（1999）、138頁。
(注58) 蓮見、147頁。
(注59) 土山、121-123頁参照。
(注60) 土山、122頁。
(注61) 蓮見、163頁。および土山、128-138頁参照。

【引用・参考文献】
朝日新聞社世論調査室 編（1976）『日本人の政治意識 朝日新聞世論調査の30年』朝日新聞社。
伊藤敏安（2003）「地方にとって「国土の均衡ある発展」とは何であったか」、広島大学地域経済システム研究センター『地域経済研究』第14号。
植田 浩・米澤 健 編『地方自治総合講座14 地域振興』ぎょうせい。
岡田一郎（2010）「リゾート法と地域社会」、東京成徳大学人文学部・応用心理学部『研究紀要』第17号、135-143頁。
小沢一郎（1993）『日本改造計画』講談社。
梶田孝道（1988）『現代社会学叢書15 テクノクラシーと社会運動』東京大学出版会。
金澤史男 編（2002）『現代の公共事業』日本経済評論社。
加茂利男（1993）『日本型政治システム』有斐閣。
栢原英郎（2008）『日本人の国土観』ウェイツ。
川上征雄（2008）『国土計画の変遷』鹿島出版会。
河野康子（2002）『日本の歴史24 戦後と高度成長の終焉』講談社。
国土交通省国土計画局 編（2009）『国土形成計画（全国計画）の解説』時事通信社。
国土総合開発資料研究会 編（1973）『国土総合開発資料便覧』第一法規。
国土庁計画・調整局 編（1978）『第三次全国総合開発計画 第１巻』国土計画協会。
下河辺淳（1994）『戦後国土計画への証言』日本経済評論社。
下村太一（2011）『田中角栄と自民党政治』有志舎。
自由民主党都市政策調査会 編（1968）『都市政策大綱（中間報告）』自由民主党。
自由民主党国土強靭化総合調査会 編（2012）『国土強靭化 日本を強くしなやかに』国土強靭化総合研究所、相模書房。
城山英明・鈴木寛・細野助博 編（1999）『中央省庁の政策形成過程』中央大学出版部。
総合研究開発機構 編（1996）『戦後国土政策の検証（上）、（下）』。
高橋勇悦（1984）『都市化社会の生活様式』学文社。
竹下 登（1987）「佐藤総裁誕生まで」、自由民主党 編『自由民主党党史 証言・写真編』。

田中角栄（1968）「日本列島改造の青写真」、『文藝春秋』1968年2月号。
田中角栄（1972）『日本列島改造論』日刊工業社。
田中　滋（1991）「中央－地方関係論再考」、青木康容・中道　實編『戦後日本政治の社会学』昭和堂。
田中　滋（2000）「政治的争点と社会的勢力の展開」、間場寿一編『講座社会学9　政治』東京大学出版会。
田村　秀（2005）「様々なタイプの首長達」、西尾　勝編『自治体改革　第5巻　自治体デモクラシー改革』ぎょうせい。
土山希美枝（2007）『高度成長期「都市政策」の政治過程』日本評論社。
中藤康俊（1999）『戦後日本の国土政策』地人書房。
永山利和編（2010）『公共事業再生』自治体研究社。
日経ビジネス（2003）『藤井治芳伝』日経BP社。
蓮見音彦（2007）「開発と地域社会の変動」、蓮見音彦編『講座社会学3　村落と地域』東京大学出版会。
長谷川淳一（2003～2004）「1940年代の国土計画に関する一考察(1)～(6)」、大阪市立大学『経済学雑誌』104巻2号、104巻3号、104巻4号、105巻1号、105巻2号、105巻3号。
早野　透（2012）『田中角栄』中央公論新社。
舩橋晴俊ほか（2001）『「政府の失敗」の社会学』ハーベスト社。
保阪正康（2010）『田中角栄の昭和』朝日新聞出版。
本間義人（1992）『国土計画の思想』日本経済評論社。
本間義人（1999）『国土計画を考える』中央公論新社。
升味準之輔（1988）『日本政治史4　占領改革、自民党支配』東京大学出版会。
町村敬志（2006）『開発の時間　開発の空間』東京大学出版会。
町村敬志（2011）『開発主義の構造と心性』御茶の水書房。
御厨　貴（1995）「国土計画と開発政治」、日本政治学会『年報政治学1995　現代日本政官関係の形成過程』岩波書店。
御厨　貴（1996）『政策の総合と権力』東京大学出版会。
御厨　貴編（2013）『歴代首相物語』（増補新版）新書館。
三田妃路佳（2010）『公共事業改革の政治過程』慶應義塾大学出版会。
三菱総合研究所事業戦略研究室編（1986）『整備新幹線とは何か』清文社。
宮本憲一（1969）『日本の都市問題』筑摩書房。
村松岐夫（1988）『現代政治学叢書15　地方自治』東京大学出版会。
森地　茂編（2005）『国土の未来』日本経済新聞社。
山口　定（1985）「戦後日本の政治体制と政治過程」、三宅一郎ほか編『日本政治の座標』有斐閣。
山﨑　朗（1998）『日本の国土計画と地域開発』東洋経済新報社。
山崎幹根（2006）『国土開発の時代』東京大学出版会。
米田雅子（2003）『田中角栄と国土建設』中央公論新社。

　その他、政府の国土計画に関する資料、全国総合開発計画については国土交通省HP（インターネットでみる国土計画）掲載のものを引用、参照した。

第2章

首長の変遷からみる地域政治の変貌
—— 改革派首長の系譜 ——

有馬　晋作
（宮崎公立大学人文学部教授）

第1節　はじめに——本章の視点——

　政治学における地方政治、本稿でいう「地域政治」[1]の研究は、かつては、それほど重要視されていない分野で、研究も盛んとはいえなかった。その理由は、我が国は依然として中央集権的で地域は中央の統制に服しているため研究の範囲は狭く、また、いわゆる「しがらみ」に支配され科学的分析になじまないという考えがあったからである。しかし、1980年代後半以降、地域政治の独自性を強調する研究が出始め、馬渡剛（2010）によると、現在、地域政治研究は、①中央・地方政府関係の研究、②自治体の政治構造・政策過程の研究、③知事の研究、④選挙・投票行動の研究、⑤政党・代議士の研究と大別されるという[2]。

　本章は、首長の変遷から戦後の地域政治の状況を歴史的に考察するものであるが、前述の中の③知事の研究すなわち「首長研究」に該当する。これは、当然、首長が地域政治や自治体政策を決める主要で重要なアクターであるという認識があり、地域政治研究の中でも自治体の独自性を特に強調する研究でもある。また次節で述べるように、首長の変遷については、その党派性から通説ともいえる見解がすでにあり、特に高度経済成長期後半の革新首長の時代の研究は進んでいる。ただ、その後の状況については必ずしも十分といえず、系統的に把握されていないともいえる[3]。本稿は、首長の特色を歴史的・系統的に把握し、地域政治の状況の変化を説明する試みでもある。

第2節　戦後地域政治における首長の特色と変遷

　ここでは、まず、戦後地域政治における首長の特色と変遷について、その全体像をみてみたい。

我が国の地方自治制度は、知事は官選で市町村長は議会から選出される戦前の仕組みから、戦後は、アメリカの大統領制の影響を受け、国政の議院内閣制と違って、首長も議会議員も住民が直接選挙する二元代表制を採用されることになった。また、首長の任期は4年と安定的であり、自治体全域を選挙区とする小選挙区によって選出されるため、首長は自治体全域の政治的代表者としての性格を持つといえる。

　次に、首長の経歴をみると多彩であることが分かる。自治体の首長は、いわば「一国一城の主」で、政治家として魅力ある地位であるため、多様な経歴を持つ者が立候補する傾向がある。多様な経歴を前職でみると、副知事や助役を含む地方公務員、旧自治省等の国家公務員、都道府県議会や市区町村議会の議員、国会議員、企業経営者や各種団体代表者、学者、文化人、タレント、市民活動家などである。ただし知事についてみると、2004年1月現在、約6割が行政職員（特に国家公務員）出身で、2割弱が議員（国会・自治体議会議員）出身と、行政・議員経験者が多いといえる。

　ただし、このような多彩な首長も、その党派性からみると、時代による一定の変化すなわち変遷がみられる。伊藤正次（2011）によると、戦後から1960年代までは保守系無所属が多かったが、高度経済成長期の1960年代後半から1970年代にかけて、都市部の自治体を中心に社会党などが公認・支持する革新首長が登場した。その後、1980年代には各党の相乗り候補が多数当選することになり、1990年代に入ると、特に都道府県・政令指定都市の首長選挙では、政党の推薦や支持をあえて受けない無党派が増え、現在は無党派・改革派であることを前面に打ち出す傾向が強くなっているとされる[4]。

　このように戦後の首長には、「保守⇒革新⇒相乗り⇒無党派⇒無党派・改革派」という変遷がみられ、近年、無党派と改革派は重なり合っているといえる。ただ農村部であったり自治体の規模が小さければ、首長や議員の党派性が薄くなり、いわゆる保守系無所属が多くなるので、この変遷が、全ての自治体にも当てはまるとは限らない。

第3節　保守から革新首長の時代——1960〜70年代——

1．高度経済成長時代と革新首長の台頭

　国政における55年体制以後の長期保守政権の背景には、地域における強固な保守優位があったといわれるように、戦後、長くにわたって地域政治では保守優位が続いた。しかし、1960年に池田勇人内閣が所得倍増計画を掲げて高度経済成長の時代に入ると、時が経つにつれ高度成長の弊害によって地域政治の状況も変化する[5]。

　急速な工業化・都市化によって都市部では公害・過密による生活環境の悪化、また地方では過疎などの諸問題が噴出する。そのため、各地で公害対策や環境改善を求める住民運動が活発化するとともに、国民は幅広い意味で社会福祉の充実を求めるようになる。これに対して、自民党は有効な政策を打ち出すことができなかった。一方、革新系（社会・民主・共産）候補は、有効な代替案を提示することになる。たとえば、市民参加を重視するとともに、生活者重視の視点から乳児や老人医療費の無料化や児童手当の支給などの福祉政策に重点を置き、公害防止協定、宅地開発規制等の環境重視の都市政策を推進しようとした。

　その結果、1963年の統一地方選で、横浜市、大阪市など都市部に革新首長が誕生する。翌年には全国革新市長会が設立され、1973年頃には130市を超える会員となりピークを迎える。また知事についてみると、1967年の統一地方選で初の「革新都政」すなわち社会・共産推薦による美濃部亮吉東京都知事が誕生する。このとき革新知事は、千田正岩手県知事、蜷川虎三京都府知事、木下郁大分県知事の計4人しかいなかったが、8年後の1975年の統一地方選では、革新知事は47都道府県のうち10人にも達することになる[6]。

　このような革新首長の台頭をみると、工業化・都市化による諸問題の発生と勤労者の増加、所得の増加によって、都市部を中心に、勤労者や労働組合を基盤とする革新勢力が確実に伸びてきていたという政治状況の変化を読み取ることができる。また、革新自治体が、諸問題に適切に対応したのも大きかった。一方、農村部では、自民党は公共事業などをめぐる利益誘導型政治によって、その勢力を維持していた。

なお、これら革新首長の当選は、戦後の地方自治制度が首長公選制を採用したことも大きく影響している。戦前と違って住民が選挙で直接選ぶので、議会で多数を占めなくても革新政党が魅力ある候補者を擁立することで首長を送り込むことができたからである。実際、戦後間もない頃から革新首長が登場していた[7]。

２．代表的な革新知事

　ここでは代表的な革新知事として、蜷川虎三京都府知事（50～78年）と前述の美濃部亮吉東京都知事（67～79年）をみてみたい。

　蜷川虎三は、1950年に社会党公認で京都府知事選に初当選を果たし、7期28年の長期にわたって府政を担った。蜷川知事は一貫して護憲を提唱し、「憲法を暮らしの中に生かそう」の垂れ幕を府庁舎に掲げた。「15の春は泣かせない」というスローガンのもと高校の小学校区・総合選抜入試を行い、高齢者の医療費助成制度創設などに取り組んだ。一方、公害対策の意味合いもあって高速道路建設や大規模公共事業には消極的だった。また地場産業保護や観光にも力を入れ、京都ブランドを積極的に進めた。反面、府政にイデオロギー色が持ち込まれるとか高校の学力低下などへの批判もあった。

　美濃部亮吉は、天皇機関説で著名な憲法学者の美濃部達吉の長男で、東京教育大学の経済学の教授でテレビにもよく出演し人気を博していた。1967年の東京都知事選に初当選し、3期12年務め、最初のタレント知事ともいえ、革新知事のスター的存在でもあった。政策面をみると、歩行者天国の実施、都主催の公営ギャンブル廃止、都電の撤去、老人医療費の無料化、公害条例の制定など、先進的な施策を推進した。しかし、任期終わりには多額の財政赤字を残すことになる[8]。

第4節　「地方の時代」の到来――1980年代――

１．「地方の時代」の状況と背景――相乗り・実務型首長の登場――

　革新自治体の時代は、1970年代後半まで続いたものの、やがて終焉を迎える。73年の第一次オイルショックを契機に、その後の低成長経済の中で財政が厳し

くなり、いつまでも福祉の大盤振舞いを続けることができなくなったのが原因とされる[9]。たとえば宮本憲一（2005）は、革新首長の主張するシビル・ミニマム論には財政政策と産業政策が抜け落ちていたという弱点があったからだとし、それに円熟した市民参加を実現できなかったのも原因だとする。すなわち革新首長は、高度経済成長を批判しつつも、それがもたらす財源に依存していたため、高度成長の終焉とともにその政策を維持できず、またこの実情を市民に理解してもらえずに、「バラマキ福祉」と批判されて消えていくことになる。

ただ「バラマキ福祉」批判は、保守側の意図的なものであるという見方もある。たとえば、森脇俊雅（2013）は、革新自治体衰退の原因は、革新側において個性的な革新首長を受け継ぐ人材の欠如したこと、福祉・公害防止などの政策が国の政策として取り込まれたため独自性や新たな対立軸を打ち出せなかったことが大きいと指摘する。

国においても財政が厳しくなり、鈴木善幸政権の下、臨時行政調査会（第二臨調）が1981年に設置され、その後の中曽根康弘政権（82〜87年）の下で、増税なき財政再建を訴え三公社の民営化すなわち行政改革に乗り出すことになる。これは、我が国における新自由主義のスタートであった。このとき、自治体の行政改革もまた重要なテーマとなる。そのため、この時期、自治体財政を立て直す人材として官僚出身の知事など実務型首長が増えることになる。また、各党の相乗り型、たとえば「自民・公明・民社」さらに「自民・社会・公明・民社」の政党が議会与党となって、これら実務に詳しい首長を支えた。すなわち相乗り・実務型首長が多く登場することになる[10]。

このときの地域政治の状況は、相乗りが多くなった理由から明らかにできる。高度経済成長を経て国民が豊かになったこと、また行政改革が改革のシンボルとなり労働組合を基盤とする革新勢力にとって不利になったことにより革新勢力が衰退し、革新勢力のみで当選する候補者擁立が困難になったことが大きな原因である。その結果、当選有望な候補者を与党と一緒に事前に支持する相乗りが生じたといえよう。これは、自治体議会の議員も、それぞれ一定の支持基盤を持っており、その支持基盤の要望実現には予算編成権を持つ首長と良好な関係を保ちたいという理由があるからである[11]。

前述のように自治体行政において行政改革の必要性が強くなる一方で、1980年代は「地方の時代」ともいわれた。まず1979年の統一地方選において「地方の時代」というスローガンが全国で広く使われた[12]。このスローガンは、中央集権のもとで成長を求めてきたこれまでの路線から、地方の発想によって地域の発展と住民生活の向上を図っていこうという考えで、自治体政策としては、市民自治充実、地域経済自立、地域文化創造を目指すものだった[13]。本稿では、これを地域の発想に基づく地域活性化策と呼びたい。

　このように「地方の時代」といわれた1980年代は、1985年のプラザ合意後の円高不況そして内需拡大策と推移し、自治体財政はいったん一息をつくことになるが、この時代多く登場した相乗り・実務型首長の中には、地域の発想に基づく地域活性化を目指す首長が出てきた。これが「地方の時代」を代表する首長として、注目されることになる。

2．「地方の時代」の代表的な知事

　この「地方の時代」における代表的知事としては、「地方の時代」の提唱者であって最後の革新知事でもある長洲一二神奈川県知事（75～95年）、一村一品など地域おこしで有名な平松守彦大分県知事（79～03年）、「くまもと日本一づくり」「くまもとアートポリス」運動で元気な地域を目指し後に55年体制以後初の政権交代の首相となった細川護煕熊本県知事（83～91年）のほか、有リン合成洗剤禁止の「琵琶湖条例」で有名になった武村正義滋賀県知事（74～86年）などがあげられる[14]。ただ、前述の革新知事に比べると、それほど多くないといえる。次に、この時代の代表的な2人の知事の県政をみてみたい。

(1)　長洲一二神奈川県知事

　神奈川県では保守県政が続いたのち、1975年、横浜国立大学教授で革新系の長洲一二が、官僚出身の対立候補を50万票近い大差で破って当選する。長洲知事は、後述する改革的な政策を進めると同時に政治力にもすぐれ、2期目からは自民党の支持、3期目は共産党も含めたオール与党と、無風選挙で任期を更新すなわち相乗りとなっていく。長洲県政では、普通高校増設、法人県民税・

法人事業税の超過課税のほか厚木基地の完全撤廃要求など革新知事らしい活動もしたが、財政が厳しいという認識の下、市町村や出先機関への権限移譲、公共料金の値上げなども進め、後の自治体で一般的になる行政改革を「システム改革」の名で先取りした。また民際外交を標榜し、湘南国際村の構想を民活路線で進めた[15]。

ところで、次にみる平松大分県知事など「地方の時代」の代表的知事の多くが、地域の発想に基づく地域活性化策が注目されたのに比べると、長洲知事は後述するように行財政改革を含め幅広い分野にわたって問題提起し、現在の改革派首長の問題意識を先取りする面があったことに注目したい。

(2) 平松守彦大分県知事[16]

平松知事は、通商産業省出身の官僚で、すでに前知事のときから副知事として出向しており、1979年の知事選では共産党候補のみを相手に、すなわち各党相乗り候補として勝利する。知事に就任すると、県民との対話に努めるとともに持ち前の行動力で大分県のセールスマンとして特産品の売り込みや企業誘致に積極的に取り組み、新しい知事のスタイルとして全国的に注目された。地元資源を磨き付加価値の高いものを作るをコンセプトにした「一村一品運動」は一斉を風靡し、平松知事は「地方の時代」の看板的存在となった。なお、この一村一品運動は、同じ手法が東南アジア諸国などの地域振興策として取り入れられ、1995年には平松知事がアジアのノーベル賞とされるマグサイサイ賞を受賞しローカル外交にも発展している。また、テクノポリス構想は大分空港周辺のIC産業など付加価値の高い企業の誘致につながったが、意欲的に取り組んだ高速道路の整備については、九州自体が歴史的に鉄道・道路整備が他地域より遅れ気味とあって必ずしも順調とはいえなかった。さらに、退任前、サッカー・ワールドカップ誘致のため多額の資金をかけて競技場を建設したが、これが財政悪化の原因となった。

3.「地方の時代」の問題提起――改革派首長の源流――

ここでは、長洲神奈川県知事が「地方の時代」を提唱した経緯と、その幅広

い問題提起をみてみたい。

　長洲知事が、はじめて「地方の時代」という言葉を使ったのは、1977年4月の職員向けの月例談話とされる。同年12月には、東京都、埼玉、神奈川県の知事と横浜、川崎の市長からなる首都圏地方自治研究会を発足し、その成果発表会として78年に横浜市で「地方の時代」シンポジウムが開催される。長洲知事のブレーンとされる後藤仁（2009）は、このシンポジウム開催の背景には、単に革新自治体の転換期でなく時代の転換期として、背後に大きな世界的変化が起き、それを受け身や逃げたりするのでなく真正面から受け止め自己変革すべきとの問題意識があったとする[17]。

　また「地方の時代」が一般的に意味することは、地方の発想による地域の発展と住民生活の向上と述べたが、新藤宗幸（2010）によると、「地方の時代」という言葉は単に時代の名称でなくより深い意味があり、広いパースペクティブで政治・経済・科学・技術・文化のあり方を問い、新たな文明モデルの構築と、それに向けての時代の変革を求める思想と運動を表現する言葉であったという。

　先ほどの「地方の時代」シンポジウムは、長洲知事退任の前年94年まで17回も開催され、毎年のテーマも「地域経済」「国際交流」「高度情報社会」「人生80年時代」「男女共同社会」「文明と環境」「地方分権」など幅広いものだった。その後に登場する改革派首長による問題提起の多くが、この時点ですでに認識・議論されていたといえる。後述するように改革派首長のルーツは一般的に橋本大二郎高知県知事とされるが、以上のことより、改革派首長の源流を長洲知事に求めることができよう。

第5節　改革派首長の時代──1990年代以降──

1. 無党派・改革派首長の登場

　1991年のバブル経済崩壊のあと、国政にも地域政治にも変化が訪れつつあった。制度改革すなわち地方分権化の時代となり、この分権は改革派首長の登場を促すという意味で大きかった。一方、国政では55年体制後の初の政権交代がおきた。1993年に成立した非自民の細川護煕政権は、初の知事出身総理という点でも画期的で、地方分権を規制緩和と並ぶ行政改革の2本柱とした。さらに、

1989年のリクルート事件など「政治とカネ」の問題が続いたため、1994年には政治改革として衆議院に小選挙区比例代表並立制の導入が決まる。また1990年代は、91年のバブル経済崩壊後の景気対策として国債や地方債を財源とする積極的な公共事業の時代であったが、それは景気回復にはつながらず「失われた10年」と呼ばれ、現在の苦しい財政を招く原因ともなった[18]。

このようななか、まず無党派首長が登場し始める。知事についてみると、1991年に高知県に橋本大二郎知事（91〜07年）、1995年に東京都で青島幸男知事（95〜99年）、大阪府では横山ノック知事（95〜99年）が、政党の推薦を受けることなく政党推薦候補を破って当選したのが、全国的に注目された。また、浅野史郎宮城県知事（93〜05年）、田中康夫長野県知事（00〜06年）などが、無党派として当選し改革派と称された。また政党推薦や支持を受けても、その新しい行政・政治手法によって改革派と呼ばれる知事、たとえば北川正恭三重県知事（95〜03年）、増田寛也岩手県知事（95〜07年）、片山義博鳥取県知事（99〜07年）、松沢成文神奈川県知事（03〜11年）などが登場する[19]。

砂原庸介（2012）によると、前述した「相乗り」知事は、1980年代から増加を始めて99年には全体の6割を超えるまでとなり、「無党派」知事も特に2000年以降急速に増加しているという。そして、「無党派・改革派」が登場する。

以上のような改革派首長について、山口二郎は、「バブル経済崩壊後、国主導の地域開発や経済振興策が失敗を重ねる中で、地方の総意工夫による政策作りが必要となるとともに1990年代に各地で登場した新しいタイプの知事、市長村長」と定義し、「選挙基盤において政党や有力な団体に縛られず、政治手法において情報公開を徹底して旧来の行政における矛盾や無駄を暴露した上で、改革を目指すという共通点を持っている」（「知恵蔵」2014年版）としている。

また岩井奉信（2011）によると、改革派首長は、革新首長に比べ単に党派的なイデオロギーが薄まっただけでなく、独自の政策や政治手法で中央に反旗を翻し、地方の主体的な自治を目指しているという。そして、これら改革派知事を含め改革派首長のルーツは、一般的には、無党派知事の先駆的存在で前例にとらわれない市民感覚の県政運営を行った橋本高知県知事とされる。さらに砂原庸介（2012）は、首長の改革で重要な理論的支柱となったのは、税金を無駄

なく有効に使うという「納税者の論理」だとする。

　本稿では、改革派首長について、「市民・民間感覚の新たな政治・行政手法を積極的に導入しようとする首長」と、いったん整理したい。では、このような改革派首長の登場する地域政治の状況は、どのようなものであろうか。まずあげられるのは、無党派層の増加である。これは、「政治とカネ」の問題のほか選挙制度改革によって政党の離合集散が繰り返され、さらに長期不況に対して政府が有効な対策を打ち出すことができないなどの要因で、国民に政党と政治への不信感が広がったからである[20]。また、厳しい財政状況と長期の不況もあって、政治・行政の分野において改革を求める住民が多くなっていき、無党派であって改革を求める住民が増えていったといえよう。

2．代表的な改革派知事

　ここでは、改革派首長のルーツとされる橋本高知県知事を含む、代表的な2人の改革派知事の県政をみてみたい。

(1)　橋本大二郎高知県知事

　橋本大二郎は、後に首相になる橋本龍太郎の弟であって、NHKで社会部記者を経てニュース・キャスターとして活躍していたため全国的にも知名度が高かった。橋本は、高知県への勤務経験も地縁・血縁もなかったが、市民グループなどの出馬要請を受け、1991年、無所属で知事選に立候補する。知名度も功を奏し、44歳の全国最年少で、自民公認の前知事の後継者を破り当選する。

　橋本知事は、無党派ということもあって、しがらみのなさを武器に、また記者出身らしい市民感覚で前例を見直し新たな政策を打ち出すことになる。たとえば、当時、全国で予算獲得などのため一般的に行われていた「官官接待」を廃止し、知事交際費公開など情報公開に積極的に取り組む。また開催県が優勝するという国民体育大会のあり方を見直した。政策面では、減反政策に反対したり、森林環境税の創設、公設民営の高知工科大学新設など新たな政策を行って、「改革派知事」の名声を獲得していく。ただし2001年には副知事による違法な多額融資事件が発覚するなど、4期16年にも及ぶ長期政権は必ずしも順調と

いえない面もあった[21]。

このような新しい政治スタイルや前例にとらわれない政策は、のちに登場する北川三重県知事など改革派知事の県政運営へも大きく影響したといえよう。

(2) 北川正恭三重県知事[22]

1995年の三重県知事選は、自民・社会両党による副知事擁立に対し、中央で野党として自民と対峙する新進党による衆議院議員の北川正恭の擁立と、さながら中央政界の代理戦争の観を呈した。その結果は、僅差で北川が勝利し、2期目は無所属として出馬している。

北川は知事就任後、早速、「生活者起点」と称し、市民・民間感覚を取り入れた改革に取り組み、県庁職員からは「宇宙人」、「黒船襲来」と言われることになる。その改革は幅広く、事務事業評価システムの導入、予算編成改革、発生主義会計導入などNPM（新公共経営）に基づくトータルな行政システム改革であって、森脇俊稚（2013）は、北川知事の改革は単なる行政改革でなく県政改革であり全国の自治体に大きな影響を与えたと評価している。

また北川知事はマニフェストを導入した選挙を提唱し、2003年の知事退任後もマニフェストの普及とともに、マニフェストを軸とした計画的な行政運営を提唱している。周知のように、選挙でのマニフェスト提示は国政レベルまで広がっていく。

3．改革派首長の普及度——2000年以降——

無党派首長が増えることは、地域政治において無党派の住民が増えていることを意味し、その傾向は確かなものとなっている。では、改革派首長は全国にどのぐらい誕生しているのだろうか。革新首長のように、選挙時の公認・推薦・支持で判断できないので、正確な状況を把握するのは難しい。

ただ、本稿で取り上げた「地方の時代」の代表的知事や改革派首長のルーツとされる橋本高知県知事が、地方の発想による地域活性化策や市民目線の新たな政策を指向していたのに対し、北川知事以降の改革派は、行政改革やNPMなど新たな行政運営の積極的な導入が特色である。たとえば、橋下大阪市長を高

く評価する上山信一（2009）は、従来の改革派知事は、行政改革や情報公開、政策評価、マニフェストなど新しい行政運営がメインだと指摘していた。本稿でも前述のとおり改革派首長を「市民・民間感覚の新たな政治・行政手法を積極的に導入しようとする首長」としたわけであるが、行政改革やNPM導入状況によって改革派首長の普及度の把握が可能といえる。実は国の指導もあって行政改革は多くの自治体が取り組むようなっており、2000年以降は、情報公開をはじめNPMの行政手法、たとえば行政評価、指定管理者制度、独立行政法人やマニフェストを多くの自治体で導入しているのが実態で、改革派首長の普及度は高いといえる[23]。

　ただし、これらのことが首長のリーダーシップによって導入されたのか分からない。本稿があくまで首長の特性から、その県政・市政が変化するということを主張するのであれば、ここでは、2003年から始まった首長選挙でのマニフェスト提示を契機に、NPMの核心的要素とされるPDCAサイクルを導入した計画的な行政運営、すなわち筆者が呼ぶ「マニフェスト型行政」〔有馬晋作2009〕を、どれだけの首長が導入したかで、測定する方法があることを指摘したい。なぜなら、マニフェストは、選挙で提示するという首長の最初の決断すなわちリーダーシップがあるからである。そして2007年時点、九州の各県知事の場合でも7県のうち4県と半数以上の知事がマニフェスト型行政を導入している[24]。このことから、マスメディアに大きく取り上げられなくても、現時点で全国に多くの改革派知事が誕生していることが推測できる。

第6節　改革派としてのポピュリズム的首長の登場──劇場型首長の登場──

　1990年代から始まる無党派の時代は、すでに20年以上も続いている。また、2000年には地方分権一括法が施行され問題の機関委任事務が廃止され、平成の大合併も進んだ。その中で、代表的な改革派知事のように発信力がある改革派首長が登場してきたわけであるが、2000年に入り違うパターンの改革派首長が登場するようになった。

　そのきっかけは、2001年4月に発足した小泉政権である。小泉政権は、郵政

解散選挙に代表されるようにメディアを巧みに使い「小泉劇場」とまで呼ばれ、日本の政治に大きなインパクトを与えた。これに影響を受けるように登場した改革派知事として、山口二郎（2010）は、東国原英夫宮崎県知事（07～10年）と橋下徹大阪府知事（08～11年）を、ポピュリズム的な知事ととらえ、既存の政治や行政に対する外部者であることを最大の財産とし、メディアを使ってアマチュアの視点から役所の常識を変革することを訴えて支持を獲得しているとする。また同じく2人の知事のほか河村たかし名古屋市長（09年～）、竹原信一阿久根市長（08～11年）も取り上げ、岩井奉信（2011）は「行動派首長」と呼び、メディアを巧みに利用して自らの主張をアピールする独自の政治スタイルを取っているとする。さらに筆者（2011）は、田中長野県知事のほか東国原、橋下、河村、竹原の5人の首長を取り上げ「劇場型首長」と呼び「一般の人々にとって分かりやすく劇的にみせる政治手法を用いて、自分の政治目的を実現しようとする首長」としている。

　ここでは最も注目された橋下徹大阪府知事（08～11年、現在、大阪市長）を、みてみたい。橋下知事は、就任早々、メディアを巻き込んで、不適切な財政運営をしていた府の財政再建を強力に進め成果を出すとともに、学力テスト公開で教育委員会と対決したり、府庁移転問題で府議会とも対決した。その政治スタイルは、メディアを巧みに利用し敵を設定して戦うスタイルであるといえ、その府政は効率重視の改革的なもので、多くの府民の支持を集めた。さらに、府議会での過半数確保のため自ら代表となって地域政党「大阪維新の会」を立ち上げ、国政進出も果たしている。2011年末、橋下知事は、大阪再生のため大阪市を廃止し府を都とする「大阪都構想」実現のために知事職を辞任し、大阪市長選に出馬する前代未聞の行動に出た。市長選に見事当選して、現在は大阪市長として大阪都構想実現を目指している[25]。

　これらポピュリズム的首長いわゆる劇場型首長とは、メディアを巧みに利用し政治や政策を劇的に発信し幅広い支持を獲得しようとする首長である。支持の背景には、小泉政権での構造改革による格差拡大や地域社会の閉塞感のほか、テレポリティクス（テレビ政治）の進展もある。ただ、幅広い支持獲得には、首長が劇的な政治手法やメディア利用に巧みかどうかにも大きく左右される。

したがって、前述の改革派首長に比べ全国に広がるとは必ずしもいえず、ひとつの時代を作るかどうかの判断は難しい。ここでは、あくまで改革派首長のひとつの形態として取り上げる。

第7節　おわりに——地域政治の変貌と今後——

「政治」という言葉が「利害・価値の調整」を意味するとすれば、地域政治における利害・価値の代表機能や調整機能は首長、議会が担い、またこの2つのアクターを住民が選挙を通じて選び、さらに、これら3つのアクターに対し政党、団体、国、国会議員、メディアが影響を与えるという分析の枠組みを設定することができる。

「ジバン、カンバン、カバン」（支持基盤、名声、選挙資金）と呼ばれるように、かつては、政党、団体や個人後援会などの組織をいかに固めるかが選挙の勝敗の分かれ目と言われていた。そこで、先ほどの分析枠組みを参考に、近年の「無党派・改革派首長」における地域政治を現わすとすれば、「政党・団体の住民への影響力低下の状況での、改革を求める住民の増大」している状況といえ、以前に比べ大きく変貌している。ここでは、従来の利益誘導型政治で大きな役割を果たした国や政党・国会議員の影響力の低下が著しい。また、ポピュリズム的首長すなわち劇場型首長の場合は、先ほどの状況に加え、メディアが大きな影響力を発揮し、住民がより改革を求めるようになっている。なお、これらのことについて、本稿では選挙の先行研究を用いた実証作業を十分できなかったが、これは今後の課題としたい。

また本稿では、タイトルの副題である改革派首長の系譜も明らかにし、その源流を長洲神奈川県知事に求める新たな見解を示すとともに、近年、劇場型首長など違うパターンの改革派が登場していることも示した。では、改革派首長の時代の次に来るのは、どのような首長の時代であろうか。これを予測するのは難しい。行政における新たなイノベーションが何であろうかも、ひとつのヒントである。たとえば、公立図書館のツタヤへの民間委託などで有名になった佐賀県の樋渡啓祐武雄市長のように、劇場型の要素も持ちつつフェイスブックなどSNSを駆使した新たな市政に取り組んでいる首長などがみられる。特に

SNSは、新たな住民参加の充実強化につながる可能性が大きい。もしくは西尾勝主張のように、今後は改革というより地方分権の成果をじっくり活かす自治充実の時代が到来するのかもしれない[26]。いずれにしても、今後どのような特色を持つ首長が、ひとつの時代を作るかが注目される。

(注1) 本稿では、一般的に用いられる「地方政治」でなく「地域政治」という言葉を用いているが、その理由は、「地方」という言葉が「中央」との対比で従属的、周辺的な意味が出やすいからである。
(注2) 地域政治すなわち地方政治の研究状況は、森脇俊雅（2013）pp.7～14、曽我・待鳥（2007）p.23～33、馬渡剛（2010）pp.15～20が詳しい。
(注3) 首長の変遷に関する分析は、その政策を含め長期にわたる変遷を系統的に説明する研究は少なく、むしろルポ風のものが目立つ。ただ最近、曽我・待鳥（2007）が、財政データ分析と政策の推移も含めた戦後の知事研究を本格的に行っている。
(注4) 以上、本節は伊藤正次（2011）を主に参照した。なお知事の出身のデータは田村秀（2005）参照。
(注5) 森脇俊雅（2013）p.103、村松岐夫（2006）p30、橋本行史（2010）p.15。
(注6) 以上の革新首長の状況は、村松岐夫（2006）p.31,32、橋本行史（2010）p.15,16、石川真澄（2004）p.114、大矢野修（2010）p.194参照。
(注7) 革新首長当選には戦後の公選制が大きく貢献した点は、松村岐夫（2006）p31。
(注8) 以下は、森川俊雄（2013）pp.127～129。
(注9) 村松岐夫（2006）p.34。
(注10) 村松岐夫（2006）p.34。石川真澄（2004）は、この「行政改革」が、このあと長く続く政治シンボルとしての「改革」のはしりだったと指摘する。
(注11) すなわち、首長と議員の関係で、首長の方が相対的に強くなっているということである。もともと首長には条例や予算の提出権もあり、首長優位の二元代表制であるとされていた。
(注12) 地方自治のテキストでは、80年代は「行政改革と地方の時代」という区分が一般的である（たとえば『改訂版・ホーンブック地方自治』）。本稿では「地方の時代」を前面に出し、「地方の時代」にふさわしい政策展開しようとした首長を代表的首長とした。つまり行革のみでは代表的首長とはならない。ただ前述（注3）の曽我・待鳥（2007）は、80年代を「保守回帰の時代」と位置づけている。
(注13) 八幡和郎（2007）p.140参照。「地方の時代」の自治体政策の特色は、伊藤正次（2011）p32。
(注14) ここであげた代表的知事は、八幡和郎（2007）p.167参照。なお、武村知事については曽我・待鳥（2007）が保守回帰の知事として詳しく分析している。
(注15) 八幡和郎（2007）p.140。毎日新聞の長洲県政特集も参照。

（注16）ここは、八幡和郎（2007）p.403、豊田・後藤・飯沼・末廣（1997）pp.342～344。なお後者は歴史学者のよる県史である。
（注17）以上と、このあとのシンポジウム開催状況とテーマは、後藤仁2009参照。
（注18）村松岐夫（2006）p.36、橋本行史（2010）p.18。
（注19）村松岐夫（2006）p.37、森脇俊雄（2013）p.176。
（注20）さらに国際的にみると、曽我・待鳥（2007）は91年のソ連解体で冷戦が終了し左派イデオロギーが色あせ、革新政党が有権者の不満を吸収できなかったのが大きいとする。
（注21）以上、岩井奉信（2011）p.237,238、八幡和郎（2007）p.364。なお2014年3月に高知県庁・高知県立大学を調査訪問し、高知新聞年鑑、毎日新聞（橋本知事特集）も参照。
（注22）ここの北川知事に関しては、森脇俊稚（2013）p.175、有馬晋作（2009）p.19。
（注23）石原庸介は、NPMによる行政改革が進み、2007年以降、改革の動きは停滞していると指摘〔石原（2012）p.127〕しており、筆者と同様な見解である。
（注24）有馬晋作（2009）p.23。有馬によって九州各県を調査。
（注25）有馬晋作（2011）参照。
（注26）国の地方分権推進委員会委員を務めた西尾勝は、改革、改革と叫ぶより、市民に地方分権の成果が分かるような「自治充実の時代」に入るべきと提言している〔日本自治学会シンポジウムの報告『ガバナンス』2013年8月号、ぎょうせいpp.39～41〕。

【参考文献】

有馬晋作（2009）『東国原知事は宮崎をどう変えたか——マニフェスト型行政の挑戦』ミネルヴァ書房

有馬晋作（2011）『劇場型首長の戦略と功罪』ミネルヴァ書房。

石川真澄（2004）『戦後政治史・新版』岩波書店。

伊藤正次（2011）「自治体の政治機構」、磯崎初仁・金井利之・伊藤正次『改訂版・ホーンブック地方自治』北樹出版。

岩井奉信（2011）「地方政治から日本を変える？——挑戦する首長たち」佐々木信夫・外山公美・牛山久仁彦・土居史郎・岩井奉信『現代地方自治の課題』学陽書房。

大矢野修（2010）「革新自治体の時代」東京市政調査会編『当事者たちの証言・地方自治史を掘る』東京市政調査会。

上山信一（2009）『自治体改革の突破口』日経BP社。

樺島秀吉（2004）『採点・47都道府県政』平凡社。

後藤　仁（2009）「地方の時代」東京市政調査会編『当事者たちの証言・地方自治史を掘る』東京市政調査会。

塩田　潮（2007）『首長』講談社。

新藤宗幸（2010）「地方の時代30年を総括する」地方の時代映像祭実行委員会編『映像が語る「地方の時代」30年』岩波書店。

曽我謙悟・待鳥聡史（2007）『日本の地方政治』名古屋大学出版会。

砂原庸介（2012）『大阪——大都市は国家を超えるか』中央公論新社。

田村　秀（2005）「総説・様々なタイプの首長達」西尾勝編『自治体改革5・自治体デモクラシー改革——住民・首長・議会』ぎょうせい。

豊田寛三・後藤宗俊・飯沼賢司・末廣利人（1997）『大分県の歴史』山川出版。

橋本行史（2010）『現代地方自治論』ミネルヴァ書房。
畑山敏夫・平井一臣編（2007）『新・実践の政治学』法律文化社。
馬渡剛（2010）『戦後日本の地方議会』ミネルヴァ書房。
宮本憲一（2005）『日本の地方政治――その歴史と未来』自治体研究社。
村松岐夫（2006）『テキストブック地方自治』東洋経済新報社。
森脇俊雅（2013）『日本の地方政治――展開と課題』芦書房。
八幡和郎（2007）『歴代知事300人』光文社。
山口二郎（2010）『ポピュリズムの反撃』角川書店。

第3章
企業体としての地方公共団体の財政開示改革の提言

岸　秀隆
(公認会計士・奈良県監査委員)

第1節　はじめに

　一般通念では地方公共団体は行政体であると考えられており、その関連諸制度も、それが行政体であることを前提に設計されている。しかし、現代の地方公共団体は単なる行政体ではなく、多様な事業を経営する複雑な企業体でもある。しかも、地方公共団体が経営する各事業には多額の税金が投入されているので、地方公共団体には、自身が経営する各事業を効率的に経営する責任[1]及び事業ポートフォリオの構成を適正化する責任[2]（受託責任）があるとともに[3]、当該受託責任を適切に果たしているかどうかについて納税者に説明する責任（Accountability）があるはずだ。

　本稿の目的は、このような「現代の地方公共団体は多様な事業を経営する企業体でもある」という見方を提案し、そのイメージを「事業別セグメント情報」というスタイルで提示することによって、「地方公共団体は行政体である」という前提で設計されている現行諸制度の改革、少なくとも、地方公共団体が経営する各事業の経営成績と財政状態の開示に関わる諸制度の改革（開示を義務づける）の必要性を提言することである。

　当該目的を達成するために、大阪市が開示している「連結財務書類の団体区分別内訳表」を組み替えて、大阪市の「連結会計セグメント情報」を作成してみた[4]。「連結会計セグメント情報」を見ると、大阪市は単なる行政体ではなく多様な事業を経営する企業体でもあることがわかるとともに、大阪市が経営する各事業セグメントの経営成績と財政状態を大まかに知ることができる。

　しかし、本稿で作成した「連結会計セグメント情報」は、外部者である私が様々な推定を行って作成したものなので、当然のことながら不十分なものであ

る。「連結会計セグメント情報」は、地方公共団体自らの説明責任の一環として作成・開示されることが望まれる。

　なお、本稿における意見、主張等は私見であり、私が所属する諸団体とは関係がない。

第2節　大阪市が開示している連結財務書類の内訳表

　図表1は、大阪市が開示している連結財務書類4表（連結貸借対照表、連結行政コスト計算書、連結純資産変動計算書、連結資金収支計算書）の団体区分別内訳表（平成23年度）を一つの表にまとめたものである。図表1をみると、大阪市の外郭団体を含めた連結財政状態とその変動及びその団体区分別内訳の概要を大まかに知ることができる。

　たとえば、大阪市は市外部に地方独立行政法人（市立大学等）、地方公社（住宅供給公社と道路公社）、第三セクター等があり、これらを含む連結会計の規模は普通会計（一般会計）に対して資産合計で1.4倍、純資産で1.2倍、経常行政コスト合計で1.9倍、純経常行政コストで1.2倍、純資産変動額合計で4.9倍、純資産額で1.2倍である[5]。

　図表1をみるかぎりは、大阪市には外郭団体等があるもののそれらの規模はそれほど大きいものではなく、一般会計（普通会計）が基本的に重要であり、連結会計をみなくても一般会計（普通会計）をみれば大阪市の財政状況を大過なく判断できるようにも見える。言い換えると、「大阪市は行政体」というイメージである。

　しかし、「付表：大阪市の公営事業及び被連結団体のリスト」（以下、付表という）にみるように、大阪市は市内部においても大阪市営地下鉄、水道、下水道等の公営企業と国民健康保険等の社会保険事業を経営しており、それらの経営規模はかなりの大きさのはずである。しかも、これらの公営事業は、その経費を主として顧客から料金を徴収することにより賄っている。したがって、「大阪市は行政体」というイメージで表現されている図表1は、大阪市の実態を適切に表現しているとは必ずしも言えないのではないだろうか？

　すなわち、図表1には以下のような問題があるので、企業体（経営体）とし

第3章 企業体としての地方公共団体の財政開示改革の提言

図表1 大阪市連結財務書類4表の団体別内訳表
(単位：億円)

(平成23年度)	市内部 普通会計(A)	市内部 全会計(B)	市外部 地方独立行政法人	市外部 事務組合広域連合	市外部 地方三公社	市外部 第三セクタ等	相殺消去等	連結(C)	連単倍率 C/A	連単倍率 C/B
(資産の部)										
公共資産	69,514	102,822	1,041	2	1,160	1,280	237	106,542	1.5	1.0
投資等	11,640	7,084	32	26	13	852	-2,311	5,696	0.5	0.8
流動資産	4,205	8,337	151	19	113	835	-19	9,436	2.2	1.1
繰延勘定	0	3	0	0	0	0	0	3		1.0
資産合計	85,359	118,246	1,224	47	1,286	2,967	-2,093	121,677	1.4	1.0
(負債・純資産の部)										
負債	34,336	56,154	237	1	1,157	2,452	-1,721	58,280	1.7	1.0
純資産	51,023	62,092	987	46	129	515	-372	63,397	1.2	1.0
(経常行政コスト)										
人件費	2,342	3,540	266	4	18	237	0	4,065	1.7	1.1
物件費	2,829	4,812	260	16	170	413	0	5,671	2	1.2
移転支出	7,524	11,105	0	2,594	0	23	-524	13,198	1.8	1.2
その他	498	1,131	1	2	30	701	-115	1,750	3.5	1.5
経常行政コスト合計	13,193	20,588	527	2,616	218	1,374	-639	24,684	1.9	1.2
(経常収益)										
使用料・手数料	552	552	0	0	0	0	0	552	1	1.0
分担金・負担金・寄付金	103	1,771	10	1,570	0	1	-228	3,124	30	1.8
保険料	0	1,144	0	0	0	0	0	1,144		1.0
事業収益	0	3,209	342	0	208	1,345	-151	4,953		1.5
その他	0	149	157	2	17	36	-145	216		1.4
経常収益合計	655	6,825	509	1,572	225	1,382	-524	9,989	15	1.5
純経常行政コスト	12,538	13,763	18	1,044	-7	-8	-115	14,695	1.2	1.1
(純資産変動計算書)										
純経常行政コスト	-12,538	-13,763	-18	-1,044	7	8	115	-14,695	1.2	1.1
一般財源	8,645	8,615	0	0	0	0	-115	8,500	1	1.0
補助金等受入	3,953	5,882	4	1,052	2	1	0	6,941	1.8	1.2
臨時損益	127	80	0	0	-2	16	-54	40	0.3	0.5
出資の受入・新規設立	0	0	0	0	0	350	-201	149		
資産評価替え	32	-243	0	0	0	4	0	-239	-7	1.0
その他	-100	-98	2	0	0	-221	207	-110	1.1	1.1
純資産変動額合計	119	473	-12	8	7	158	-48	586	4.9	1.2
期首純資産額	50,904	61,619	999	37	122	357	-274	62,860	1.2	1.0
期末純資産額	51,023	62,092	987	45	129	515	-322	63,446	1.2	1.0
(連結資金収支計算書)										
期首資金残高	14	1,326	78	3	113	833	-405	1,948	139	1.5
資金増減	-1	-35	16	16	-13	-99	404	289		
経常的収支	2,157	3,406	41	9	40	39	-3	3,532	1.6	1.0
公共資産整備収支	-272	-364	-24	24	-7	-30	4	-397	1.5	1.1
投資・財務的収支	-1,886	-3,003	-1	-17	-47	-108	403	-2,773	1.5	0.9
その他の増減額	0	-74	0	1	0	0	0	-73		1.0
期末資金残高	13	1,291	94	19	100	734	-1	2,237	172	1.7

(注) 大阪市の連結財務書類4表の団体区分別内訳表は、「大阪市は行政体である」というイメージで作成されている。
普通会計以外で開示されている主要な事業セグメントは地方独立行政法人（市立大学）、公社、第三セクタのみで、それらは純経常行政コストでみても、純資産でみても、連結財務書類にそれほど大きな影響を及ぼしているようには見えない。

(出所) 大阪市政 平成23年度バランスシート等財務諸表（連結財務書類4表）に基づいて作成

ての大阪市を財務分析するための資料としては不十分ではないかと思われる。

①大阪市は、市内部においても、公営企業会計や社会保険事業会計等の相当な財政規模を有する公営事業会計を有しているが、図表1には、これらの市内部で経営されている公営事業会計の財政状況が開示されていない。

②図表1では、公営企業会計(「市内部」に含まれている)及び市外部にある第三セクター、地方独立行政法人、地方三公社のそれぞれの経常収益と経常費用との差額が「純経常行政コスト」と表示されている。
　しかし、これらの公営事業については、事業経費は原則として料金収入(事業収益)によって賄われるべきものと思われるので[6]、事業収益と事業費用との差額は「事業損益」と表示されるのが適切であり、費用が収益を大幅に超過することを当然視するかのように「純経常行政コスト」と表示されているのは適切であるとは思えない。

第3節　大阪市の連結会計セグメント情報

　図表2は、第2節①、②の問題をできるだけ克服しようと図表1を組替えることにより、連結財務書類4表の事業別内訳を表示しようとしたものである。これは、民間企業が有価証券報告書や決算短信等で開示している「事業の種類別セグメント情報」に倣ったものである。このような事業セグメント別の情報は、多様な事業を経営する多角化された経営体の財政状況を把握するためには不可欠である。なお、図表1を組替えるに際しては、大阪市の連結財務書類4表(平成23年度)の注記、大阪市の財務書類4表(平成23年度、全会計)の会計別内訳等を利用した。図表2を見ると、次のようなことがわかる。

①大阪市の公営事業の事業収益(料金収入)合計は8,478億円で、地方税収入6,458億円の約1.3倍、一般財源(地方税、地方交付税等の合計8,500億円)と概ね同額だ。
②純資産の構成割合では公営事業は30%弱だが、純資産増加の構成割合では公

営事業が95％である。

③公営企業（地下鉄、上下水道等を含む）の規模は大きいので、その経営状況の良否は大阪市の財政状況に重要な影響を及ぼすはずだ。

④第三セクター（株式会社組織が多い）には、経営破綻して特定調停により大阪市がその損失を負担した会社が含まれているが、その事業収益は1,000億円を超えている。

⑤国民健康保険会計等の社会保険会計も毎年5,000億円弱の保険給付支出があり、それは少子高齢化に伴って増大することが予想されるので、将来の大阪市の財政状況に重大な影響を及ぼすだろう。

⑥一般会計等行政コスト１兆2,000億円強から人件費等の事務費5,000億円を除いた残額の主要な使途は社会保障費・移転支出等7,500億円強である（地方税収の117％、一般財源の87％、一般財源と補助金受入額野合計の60％）。これを見ると、大阪市の諸活動のうち事業経営以外のもので財政負担が大きいのは、主として社会福祉的な再分配活動であるように思われる。

すなわち、大阪市は単なる行政体ではなく、都市交通（地下鉄、バス）等の公営企業、第三セクター（株式会社等）、大阪市立大学、公社（大阪市住宅供給公社等）及び社会保険事業（国民健康保険等）を経営する複雑な企業体であることがわかる。そして、大阪市が経営する事業には多額の税金が投入されているので、大阪市が経営する事業の経営が非効率ならば、納税者が納付した税金が無駄になる。したがって、大阪市には大阪市が経営する各事業を効率的に経営する責任及び事業ポートフォリオの構成を適正化する責任（受託責任）があるとともに、大阪市が当該受託責任を適切に果たしているかどうかを納税者に説明する責任があるはずだ。それでは、大阪市が当該受託責任を果たしているかどうかを、「連結会計セグメント情報」から読み取れるだろうか？

図表2　大阪市の連結会計セグメント情報

(単位：億円)

(平成23年度)	公営企業会計	第三セクター等	独立行政法人(市立大学等)	住宅供給公社&道路公社	社会保険会計	公営事業会計合計	一般会計等(普通会計)	内部取引相殺	連結会計	
事業収益	3,673	1,381	366	225	4,277	9,922		-485	9,437	*1
営業収益	3,498	1,345	342	208		5,393		-440	4,953	
保険料収入					1,144	1,144			1,144	
分担金・負担金収入					3,124	3,124			3,124	
その他収益	175	36	24	17	9	261		-45	216	
事業費用	3,599	1,351	527	218	5,248	10,943		0	10,943	
社会保険給付					4,973	4,973			4,973	
人件費	1,134	237	266	18	64	1,719			1,719	
物件費	1,882	413	260	170	113	2,838			2,838	
その他のコスト	583	701	1	30	98	1,413			1,413	
事業損益	74	30	-161	7	-971	-1,021		-485	-1,506	*5
一般会計等事務費合計							-5,691	175	-5,516	
使用料・手数料等							662		662	
他会計補助金等	358		133		772	1,263		-1,274	-11	
社会保障・移転支出・寄付金等	6	-22	10			-6	-7,531	-688	-8,225	*7
純資産額の変動										
公営事業のセグメント利益	438	8	-18	7		435			435	*4、*5
社会保険会計収支					-199	-199			-199	*4
一般会計等行政コスト							-12,560	22	-12,538	*4
地方税							6,458		6,458	*1
地方交付税							542		542	*1
その他行政コスト充当(一般)財源							1,615	-115	1,500	*1
補助金等受入	203	1	4	2	1,727	1,937	3,953	1,051	6,941	
その他の純資産増減	-272	149	2	-2	0	-123	59	-96	-160	
純資産増減	369	158	-12	7	1,528	2,050	67	862	2,979	*2、*6
資産	38,760	2,967	1,224	1,286	103	44,340	85,374	-8,037	121,677	
公共資産	33,307	1,280	1,041	1,160	1	36,789	69,514	239	106,542	
投資等(繰延勘定含)	1,732	852	32	13	66	2,695	11,666	-8,662	5,699	
流動資産	3,721	835	151	113	36	4,856	4,194	386	9,436	
負債	22,531	2,452	236	1,158	182	26,559	34,336	-2,665	58,230	
固定負債(借入資本金を含む)	19,850	2,074	138	1,093	0	23,155	32,616	-2,458	53,313	*6
流動負債	2,681	378	98	65	182	3,404	1,720	-207	4,917	
純資産	16,229	515	988	128	-79	17,781	51,038	-5,372	63,447	*2
(連結資金収支計算書)										
期首資金残高	1,039	833	78	113	14	2,077	2,204	-2,333	1,948	
資金増減	-187	-99	16	-13	2	-281	-292	862	289	*3
経常的収支	1,260	39	41	40	75	1,455	1,570	507	3,532	
公共資産整備収支	-99	-30	-24	-7	0	-160	-167	-70	-397	
投資・財務的収支	-1,347	-108	-1	-47	0	-1,503	-1,550	280	-2,773	
その他の増減額	0	0	0	0	-74	-74	-148	149	-73	
期末資金残高	13	734	94	100	15	956	1,071	210	2,237	*3
セグメント利益/純資産	2.7%	1.6%	-1.8%	5.5%		2.4%				
事業利益/(純資産+固定負債)	0.2%	1.2%	-14.3%	0.6%		1.1%				
負債/純資産	139%	476%	24%	905%						

(注) 大阪市の連結財務書類の内訳表に計上されていた事務組合広域連合について、事務組合広域連合の移転支出2,594億円のうち2,587億円は後期高齢者医療広域連合における社会保証給付であり、それに対応する市町村負担金等が1,565億円、分担金、負担金に計上されている。また、その財源として、国及び大阪府から補助金を受け入れている。したがって本表においては、これらの収支は社会保険会計に計上し、事務組合広域連合のそれ以外の収支は一般会計等に計上している。

(出所) 大阪市政　平成23年度バランスシート等財務諸表(全会計財務書類4表)の会計別内訳表及び連結財務書類4表(平成23年度)の団体区分別内訳表を組み替えて作成

54

＜図表１と図表２の主要な相違点＞

・図表１をみると大阪市は行政体のイメージだが、図表２をみると多様な事業を経営する経営体のイメージだ。

＊１ ・大阪市では、公営事業の事業収益合計は8,478億円で、地方税収入6,458億円の約1.3倍であり、一般財源（地方税、地方交付税等の合計）と概ね同額である。

＊２ ・純資産の構成割合では公営事業は30％弱だが、純資産増加の構成割合では公営事業は95％である。

＊３ ・資金残高及び資金増減でみると、公営事業会計の合計と一般会計等は概ね同じぐらいの規模である。

＊４ ・図表１の連結純経常行政コスト14,695億円の内訳は、

一般会計等行政コスト	13,436億円
社会保険会計収支	1,694
公営事業のセグメント利益	－435
合計	14,695

このように本表をみると、大阪市は単なる行政体ではなく、むしろ、多様な事業を経営する経営体としての性格が強いことがわかる。

＜大阪市の各セグメントの経営状況＞

＊５ ・公営企業会計、第三セクタ、地方公社の平成23年度損益は、それぞれ全体としては黒字である。しかし、収益性はかなり低い。

＊５ ・大阪市立大学の平成23年度損益は、一般会計から133億円の補助金（運営交付金）をもらっているにもかかわらず、赤字である。

＊６ ・社会保険会計は、補助金の受入もあり平成23年度は純資産が増加しているが、期末貸借対照表は負債超過である。しかも、少子高齢化に伴い将来給付の増大が予想されるので、固定負債（責任準備金）が計上されていないことが懸念される。

＊７ ・一般会計等の経常コストで最も大きいのは、社会保障費・移転支出等である。

第4節　大阪市の各公営事業の経営状況

「大阪市の連結会計セグメント情報」(図表2)(それは、大阪市の財務書類4表(全会計)の会計別内訳及び連結財務書類4表の団体別内訳を組み替えて作成された)から、大阪市が経営する各公営事業セグメントの経営状況がどれだけわかるだろうか？

1．公営企業

　平成23年度の大阪市の公営企業セグメントの事業収益合計は3,673億円、事業費用合計は3,599億円、事業利益は74億円である。事業利益を総資本(純資産＋固定負債)で除した総資本の収益性は0.2％にすぎず、有利子負債の利子率を下回っているのではないかと懸念される。しかし、事業収益以外に他会計からの補助金358億円[7]等があるので、公営企業セグメントのセグメント利益は438億円(純資産の2.7％)である。但し、他会計補助金以外の補助金受入(損益取引外の純資産の増加)が203億円、損益取引外の純資産の減少が272億円あるので、平成23年度の公営企業セグメントの純資産の増加は369億円(純資産の2.3％)になっている。

　公営企業は原則として独立採算で経営されなければならないが(地方公営企業法第17条の2第2項)、付表にリストされている大阪市の各公営企業が独立採算で経営されているかどうかは、大阪市の財務書類4表(全会計)の会計別内訳及び連結財務書類4表の団体別内訳をみてもわからない。これを知るためには大阪市のホームページから各公営企業の決算書を検索して一々確認する必要があるが、かなり手数がかかる。

　平成23年度末の公営企業セグメントの負債は22,531億円で、純資産の139％である。したがって、大阪市の公営企業セグメントの財政状態は、今のところ悪くはない。

2．第三セクター等

　平成23年度の大阪市の第三セクター等セグメントの事業収益合計は1,381億円、事業費用合計は1,351億円で、事業利益は30億円(純資産の1.6％)である。

但し、損益取引以外の純資産の増加が150億円あるので、純資産の増加は158億円である。第三セクター等セグメントの純資産の収益性（セグメント利益／純資産）は1.6％で公営企業よりも劣るが、総資本の収益性は1.2％で公営企業よりも高い。

　平成23年度末の第三セクター等セグメントの負債は2,452億円で、純資産の476％である。これは必ずしも低いとは言えない数字である。平成23年度末の公営企業セグメントの負債／純資産倍率は139％なので、財政状態は第三セクター等セグメントの方が公営企業セグメントよりも悪いと言える。

　大阪市の第三セクター等セグメントには、過去に経営破綻して特定調停によりその損失の一部を大阪市が負担した団体（アジア太平洋トレードセンター等）が含まれている。大阪市の第三セクター等セグメントの財政状態が悪いのは、これらの団体の影響があるのかもしれない。しかし、大阪市の財務書類4表及び連結財務書類4表には、これらの団体について、経営破綻してその損失の一部を大阪市が負担したことについての説明はない。

3．地方独立行政法人（大阪市立大学）

　大阪市の地方独立行政法人には、大阪市立大学と大阪市立工業研究所がある。しかし、大阪市立工業研究所の規模は小さいので、「大阪市の連結会計セグメント情報」（図表2）における地方独立行政法人セグメントは、概ね大阪市立大学であるとみても大過はない。

　平成23年度の大阪市の地方独立行政法人セグメントの事業収益は366億円、事業費用は527億円で、事業損益はマイナス161億円（161億円の損失）である。但し、他会計補助金（運営交付金）が133億円、寄付金の受け入れが10億円、損益取引以外の純資産の増加が6億円あるので、純資産の減少は12億円である。

　平成23年度末の地方独立行政法人セグメントの負債は236億円で、純資産の24％である。すなわち、地方独立行政法人セグメントの負債／純資産倍率は、第三セクターセグメントや公営企業セグメントよりもはるかに低い。したがって、大阪市の地方独立行政法人セグメント（大阪市立大学）は、事業損益は赤字だが財政状態は今のところ悪くはない。

4．公社

　大阪市の公社セグメントは大阪市道路公社（駐車場等経営）と、大阪市住宅供給公社（賃貸住宅供給・管理事業等を経営）により構成されている（土地開発公社は平成22年度末に解散した）。

　平成23年度の大阪市の公社セグメントの事業収益合計は225億円、事業費用合計は218億円で、事業利益は7億円（純資産の5.5％、総資本の0.6％）である。

　平成23年度末の大阪市の公社セグメントの負債合計は1,158億円で、純資産の905％である。すなわち、大阪市の公社セグメントの負債／純資産倍率は、第三セクターセグメントや公営企業セグメントよりもはるかに高い。したがって、大阪市の公社は、収益性はともかくとして、負債／純資産倍率が高く財政状態は要注意である。

5．社会保険事業

　公営企業、第三セクター等、地方独立行政法人及び公社の会計は発生基準で作成されているが、社会保険事業の会計は官庁会計方式で作成されている。それは、社会保険事業の保険料が将来の予想保険給付を賄えるようには設計されていないからだろう。言い換えると、社会保険事業会計には責任準備金（予想将来給付支出が予想将来保険料収入を超過する額の現在価値）が計上されておらず、責任準備金に見合う資産も保有されていない。

　今後、少子高齢化が進展することが予想されているので、現在の給付水準、保険料率を維持したと仮定した場合の予想将来給付支出の現在価値は、予想将来保険料収入の現在価値を大幅に超過しているのではないかと懸念される。したがって、仮に、社会保険事業会計を発生基準で作成しなおすとすれば、その財政状態はかなり悪い（大幅な債務超過）のではないかと懸念される。

　しかし、官庁会計方式で作成されている大阪市の社会保険事業会計からは、大阪市が保険者である社会保険事業の財政状態及び経営成績を読み取ることはできない。

第5節　結びに代えて

　大阪市が開示している「連結財務書類の団体別内訳表」を組み替えて「大阪市の連結セグメント情報」を作成してみると、現代の地方公共団体は単なる行政体ではなく、多様な事業を経営する企業体でもあることがわかる。このような企業体としての地方公共団体は、自身が経営する各事業を効率的に経営する責任及び事業ポートフォリオの構成を適正化する責任からなる受託責任があるとともに、当該受託責任を適切に果たしているかどうかについて納税者に説明する責任があるはずだ。

　大阪市の「連結財務書類の団体別内訳表」は、このような説明責任を十分に果たしているとは言えないだろう。なぜならば、それは「大阪市は行政体」というイメージで作成されており、大阪市が経営する多様な事業の経営成績と財政状態をわかりやすく表示しているとは言えないからだ。

　企業体としての大阪市が説明責任を果たすためには、大阪市の連結財務書類とその付属資料について、少なくとも以下のように改善することが必要だろう。

1．各事業の経営評価を可能にする財務書類を開示する

　大阪市が経営する各事業の経営評価を可能にする資料が開示されるべきだ。そのためには、少なくとも以下のことが必要である。

①市外部の第三セクター、地方独立行政法人、公社のみならず、市内部の公営事業である公営企業及び社会保険事業等の各事業セグメントの経営状況と財政状態を明らかにするために、各事業セグメントの損益、資産、負債、純資産、純資産の増減及びそれらの主要な内訳を表示する。

②公営事業を構成する各事業セグメントの損益については、セグメント損益（包括損益）のみならず各セグメントの事業損益（料金収入－事業経費）を表示する。

③各事業セグメントを構成する各事業のうち、赤字事業の事業損益と赤字要因及び改善策を注記で開示する。

2．発生基準による社会保険事業会計を開示する

 他の会計セグメントについては（一般会計でさえも）発生基準による財務諸表が開示されているのに、社会保険事業のみが資金収支会計で発生基準による財務諸表が開示されていないのは不整合である。社会保険事業の純資産額（積立金から責任準備金を控除した金額）及び純資産の増減額が集計されていない連結純資産額及び連結純資産の増減額は過大表示または過少表示されているはずなので、連結財務書類が適正に作成されているとは言えないのではないだろうか？

 社会保険事業会計については、財務諸表そのものは資金収支会計によって作成し、社会保険事業の負債（責任準備金）に関する情報を注記によって開示するという実務も行われている[8]。社会保険事業の財務諸表を発生基準で作成しないのならば、少なくとも、社会保険事業の負債（責任準備金）に関する情報を注記によって開示すべきだろう。

(注1) たとえば、地方公営企業には独立採算原則がある（地方公営企業法第17条の2、地方財政法第6条）。また、地方自治法第2条第14項は、「地方公共団体は、その事務を処理するにあたっては、住民の福祉の増進に努めるとともに、最少の経費で最大の効果を挙げるようにしなければならない。」と規定している。

(注2) 地方自治法第2条第14項は、「地方公共団体は、常にその組織及び運営の合理化に努めるとともに、他の地方公共団体の協力を求めてその規模の適正化を図らなければならない。」と規定している。

(注3) stewardship（受託責任）は、accountability（説明責任）とならぶ地方公共団体の長が果たすべき責任であり、民主主義を支える車の両輪である。

(注4) 大阪市をケーススタディの題材にする理由は、大阪市が基礎的自治体（市町村）のうちで最も大きい自治体のひとつであり、基礎的自治体（市町村）を代表するにふさわしいからである。

(注5) 連結期末資金残高は、一般会計の期末資金残高の172倍である。連結期末資金残高が一般会計の期末資金残高の172倍と大きいのは、期末に一般会計の現金残高が瞬間的に少なくなっているためだろう。

(注6) 特別会計は、「普通地方公共団体が特定の事業をおこなう場合、その他特定の歳入をもって特定の歳出に充て一般の歳入歳出と区分して経理する必要がある場合において、条例でこれを設置」（地方自治法第209条第2項）したものである。特別会計のうち公営企業

は、地方公営企業法あるいは地方財政法によって、原則として独立採算で経営されるべきものとされている（地方公営企業法第17条の2、地方財政法第6条）。また、市外部の第三セクター（株式会社）や地方独立行政法人も、独立採算で経営されることが期待されているものと思われる。

（注7）地方公営企業への他会計からの補助金は、地方公営企業法施行令第八条の五に限定列挙されたもの以外は許容されていない（地方公営企業法第17条の2）。

（注8）アメリカの連邦政府の年次報告書は、老齢年金及び高齢者の医療保険に係る債務（保険数理に基づく推定値）をオフバランスの注記で開示している。また、わが国の財務省が作成している「国の財務書類」においては、公的年金債務をオフバランスの注記で開示している。

【参考文献】
大阪市　連結財務書類4表（平成23年度）及び団体別内訳表
大阪市　財務書類4表（平成23年度）及び会計別内訳表
財務省主計局　「国の財務書類」平成18年度
拙稿　「財政赤字概念に関する考察」地方自治研究Vol.23, No.1 2008年3月
拙稿　「市町村の医療保険等の将来給付についての引当の開示」地方自治研究Vol.25, No.2 2010年8月
United States Government "*Annual Financial Report of the United States Government*" 2007
United States Government "*The Nation by the Numbers: A Citizen's Guide（A Summary of theFY2007Financial Report of the U.S. Government）*" 2007
United States Government Accountability Office "*Understanding the Primary Components of the Annual Financial Report of the United States Government*" 2005

【付表：大阪市の公営事業及び被連結団体のリスト】
1．市内部で特別会計が設置されて経営されている事業
(1) 公営企業
　高速鉄道事業（大阪市営地下鉄）、自動車運送事業（大阪市バス）、水道事業、工業用水道事業、下水道事業、市民病院事業、中央卸売市場事業、港営事業、食肉市場事業、市街地再開発事業、駐車場事業、有料道路事業、介護サービス事業
(2) その他の公営事業
　国民健康保険事業、後期高齢者医療事業、介護保険事業

2．市外部の被連結団体
(1) 地方独立行政法人（2団体）
　大阪市立大学、大阪市立工業研究所
(2) 一部事務組合・広域連合（4団体）
　水防事務組合（淀川、大和川等）、大阪府後期高齢者医療広域連合
(3) 地方三公社（3団体）
　大阪市土地開発公社、大阪市道路公社（駐車場経営等）、大阪市住宅供給公社（賃貸住宅供給・管理事業等）。但し、大阪市土地開発公社は平成22年度末に解散したようである。

(4) 第三セクター等（34団体）
　〈出資比率50％以上の株式会社〉
　　アジア太平洋トレードセンター、大阪地下街、クリスタ長堀、大阪港トランスポートシステム等14団体。アジア太平洋トレードセンターやクリスタ長堀は過去に経営破綻し、特定調停により債務の一部を免除された会社である。
　〈出資比率50％以上の（公益）財団法人〉
　　大阪国際交流センター、大阪市スポーツみどり振興協会、大阪市教育振興協会等16団体。
　〈出資比率50％未満だが、財政支援、役員派遣等により大阪市が主導している団体〉
　　大阪市信用保証協会、大阪市市街地開発株式会社

〈Ⅰ〉
地 域 経 営

第2部
地 域 経 済

第4章

地域経済を支える地域企業の活性化
―― コモディティ化を越えて ――

小川　長
(尾道市立大学経済情報学部准教授)

第1節　はじめに
1．地方自治における経済的課題

　地方自治の進展について議論しようとする場合、その土台となる地域の経済に関する課題についてもしっかりとした検討が必要である。実際には、地方自治に関する議論において経済的な課題が取り上げられる場合、政治的なガバナンスの視点から地方財政についての議論が先行することが多いというのが現状である。つまり、どのような政策を誰に対して、どう施せばよいかといった見地から、どれだけの資金が必要であり、それをどの政策に対して、どう振り分けるべきかといったような、地方財政面で言えば歳出面からの議論が優先されることが多い。この背景には、基本的に徴税に関して、課税の公平性の面から国がイニシアティブを持っており、地方の裁量の余地が小さいためと考えられるが、国の財政はもとより地方財政が危機的な状況にまで逼迫している昨今、地方財政の歳入面についても、これまで以上に真摯な議論が必要な時期が来ていると考えられる。さらに今後、地方分権に具体的に着手しようとするのであれば、尚更であると言えよう。

2．地方財政歳入の現状

　地方財政の歳入の現状を見ると、図表1に示した帯グラフの左端から順に、地方税から地方交付金までの「一般財源」と言われる金額の合計が、全体の97.5兆円のうち54.0兆円（55.3％）と半分以上を占めているが、これを地方公共団体が自らの権限で徴収する「自主財源」と、国を通して配分される「依存財源」という基準で区分けをすると、前者は地方税の部分である34.3兆円（35.2％）に

図表1　平成22年度の地方財政の歳入内訳（単位：兆円）

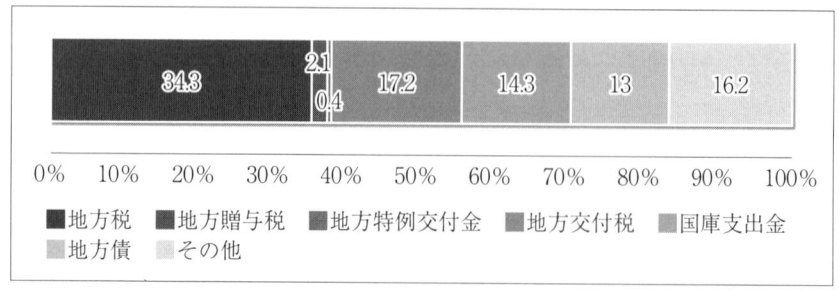

| 地方税 34.3 | 地方贈与税 0.4 | 地方特例交付金 2.1 | 地方交付税 17.2 | 国庫支出金 14.3 | 地方債 13 | その他 16.2 |

（出所）「平成24年度地方財政白書」を参考に作成

止まり、およそ3分の1となってしまう。もちろん、こうした比率は個々の地方公共団体で、かなりの相違があるだろうが、地方自治の見地に立てば、多くの自治体が財政収入の大半を依存財源に頼っているという現状は、決して望ましい状態だとは言えず、本来、自主財源を増やすということは、どの地方公共団体にしても重要な課題であろう（単に、税率を上げるということではない）。また、このことが延いては、真に自立した地方自治実現の経済的な裏付けとなることは言うまでもない。

そこで、地方税の内訳を調べてみると[1]、市町村税の安定的な財源である固定資産税（23.8%）を別にすれば、個人住民税（23.1%）と法人住民税及び事業税（18.4%）の2つの税が柱だと言える。また、それらの税額は基本的に個人及び法人の所得にスライドする仕組みになっているため、地域の住民や地域企業の所得の増減が地方税収を左右する大きな要因であると言っても過言ではない。また、これらの税に次いで地方消費税（7.4%）も地方税収入に貢献しているが、消費税収の増加をもたらす要因も元を正せば所得の増加であり、さらに遡れば、法人所得は言うまでもなく、地域住民の個人所得も小規模事業者を含む地域企業の活性化がその源泉であると考えられるので、地域企業の活性化が地方財政の健全化には欠かせないと言えよう。もちろん、税収の増加と合わせて、そもそも地域企業の活性化が地域の雇用を創出し、地域における民間需要を生み出すことに鑑みれば、現実的には地域企業が地域の経済を支えているとも言える。そこで、本章では地域企業に焦点を当て、その活性化の方策について検討して

いきたい[2]。

第2節　地域企業

1．地域企業の現状

　中小企業庁が発表している「経済センサス－活動調査」の速報（2013年12月）によると、わが国においては2012年2月時点で、中小企業・小規模事業者（以下、中小企業等）の数は385万者と企業全体の99.7％を占めており、そのうち小規模事業者は334万者、割合にして86.5％の割合となっている（図表2）。また、これを従業員ベースで見ると、わが国の全従業員の7割程度が中小企業等で働いているとされている。

　これに、大企業の多くの本社が東京を始めとする都市部に集中しているという実態を考え合わせると、ほとんどの地域企業は中小企業等であり、地域企業に従事する人の大半は中小企業等の従業員や小規模事業者であると言えよう。それゆえに、国の行政機関には、経済産業省の下に中小企業庁という中小企業政策を専門に統括する庁が設けられており、都道府県や市町村などの地方公共団体には、商工課や産業振興課などといった名称で地域企業の振興を促すための部署が設けられている。また、全国津々浦々をカバーする商工会議所や商工

図表2　中小企業・小規模事業者の数（2012年2月時点）

	2009年 （全体に占める割合）	2012年 （全体に占める割合）	増減数（率）
中小企業・小規模事業者 （全産業）	420万者 （99.7％）	385万者 （99.7％）	－35万者（－8.3％）
うち小規模事業者	366万者 （87.0％）	334万者 （86.5％）	－32万者（－8.8％）
全規模（大企業と中小企業・小規模事業者の合計、全産業）	421万者	386万者	－35万者（－8.3％）

（出所）2013年12月26日に経済産業省中小企業庁から発表されたニュース・リリースをもとに作成

会、中小企業団体中央会といった小規模な地域企業の支援機関が活動しており、中小企業診断士という中小企業等のコンサルティング支援の専門家を認定する国家資格も存在する。このような体制のもとで、中小企業等の支援と、その支援を通じた地域経済振興のための施策が毎年度実施されているのである。

　しかし、これらの施策が国策として、これまで全国一律的に行われてきたという面を見落としてはならない。特に、戦後一貫して採られてきた経済成長最重視の政策運営が、中小企業政策にも大きな影響を与えてきたのである。つまり、戦後の経済復興と欧米経済のキャッチアップを掲げた、中央主導の挙国一致的な政策構想における仕組みの下で、大企業と中小企業それぞれのポジションが決まり、系列や下請関係などを通して棲み分けがなされた反面、それによって発生する両者間の様々な格差は不可避となる。そこで、この「産業の二重構造」と呼ばれる両者間の賃金や生産性の格差を解消あるいは縮小させること、強いて言えば、この問題の表出化を防ぐことが、経済成長という一貫した目的実現のため復興期からバブル崩壊に至るまでの長い期間、中小企業政策の中心的な政策課題となった。確かに、その間のわが国の経済成長の実績を見る限り、こうした政策方針が見事に功を奏したものと評価できよう。

　しかし、1990年代初頭のバブル崩壊をきっかけに、わが国の経済成長が停滞する中で、グローバリゼーションの進展や新興国の台頭に伴って、国際的な経済環境が大きく変化する。これにより、わが国の産業構造は大きな変革を強いられることとなり、中小企業政策も根本的に変更せざるを得ない状況となった。つまり、わが国の中小企業政策は、戦後から続いた包括的、一律的な政策運営から、やる気のある中小企業の自主的な経営努力に対して、個別重点的に支援を行う政策運営、いわゆる「選択と集中」の政策方針へと方向転換されたのである[3]。しかし、このことが功を奏したという実感は乏しく、例えば、中小企業庁が四半期ごとに実施している「中小企業景況調査」における業況判断DIは、すでに10年以上にわたってマイナスの領域で推移している（図表3）。つまり、多くの中小企業、言い換えれば、多くの地域企業は長期間にわたって苦境に喘いでいるというのが実態であり、その結果として、地域経済の長期低迷が続いていると考えられるのである。

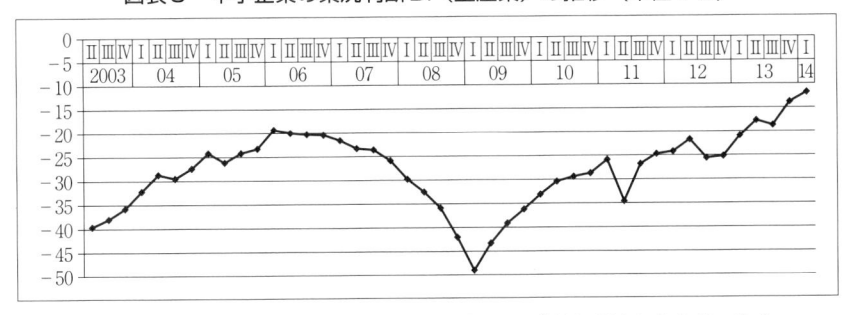

図表3　中小企業の業況判断DI（全産業）の推移（単位：％）

(出所) 中小企業庁・(独) 中小企業基盤整備機構「中小企業景況調査」を参考に作成

2．地域企業の課題

　では、こうした状況を打開するためにはどうすればよいのだろうか。現状のように、債務残高が過去最高となるほど悪化した財政状況の下では、バブル以前のように補助金や助成金を使った中央主導の包括的、一律的な中小企業政策を採用するわけにはいかないであろうし、もし採用したとしても、その効果が疑わしいことは、バブル崩壊以降の内需振興策が奏功しなかった実情を振り返ってみれば容易に予想がつく。それだからと言って、グローバリゼーションに対応するためだとして、いきなり競争原理を地域企業に強いたり、海外展開を推奨したりしても、それが有効に機能するとは考えにくい。戦後の中央集権型の中小企業政策は経済成長という功績を残した反面、多くの地域企業に補助金や助成金などへの過度の依存体質と、画一的で他律的な（すなわち、官主導や親会社主導の）経営姿勢を植え付けてきたという弊害をも残したのである。ゆえに、根本的には、こうした体質から脱却し、自らが自律的に苦境に立ち向かうという姿勢を多くの地域企業自身が持たなければ、いくら「選択と集中」だと掛け声をかけても、地域経済の活性化は難しいだろう。

　そこで、次節では、現在の企業を取り巻く経営環境の根底にある「コモディティ化」というパラダイムの概念を提示した上で、それを前提に地域企業が、地域に存在する企業ならではの利点を生かして活性化を図る戦略について検討していきたい。

第3節　コモディティ化
1．コモディティ化とは何か
　経営学の研究論文やテキストを始め、最近ではビジネス雑誌等においても「コモディティ化（commoditization）」という言葉を見掛けるようになった。しかし、この言葉が、まだ明確に定義されている訳ではないとして、小川（2011）はコモディティ化という言葉の定義を試みているが、それに先駆けて、コモディティ化に関連する約30編の先行研究をレビューした内容を整理している[4]。コモディティ化の定義には各々の先行研究でかなりのばらつきがあり、それらを最大公約数的に解釈すると「商品やサービスの価格低下によって企業の収益が圧縮されるということ」になるが、これではあまりにも漠然とし過ぎているとして、次のように検討している。まず、英語のcommoditizationという言葉の語幹であるcommodityは本来、われわれが一般に使う日本語の「製品」や「商品」というような広義のニュアンスで使われている一方、狭義に、商品取引所の取引対象商品を指して使われることがある。それは、例えばcommodity exchange（商品取引所）やcommodity futures（商品先物取引）といった複合語に見られるような、価格と量だけを指定すれば大量な取引が可能となるように品質などが統一化、標準化された市況商品を指す場合である。そこで、後者の解釈をもとに、コモディティ化とは「製品やサービスの間に価格以外の違いがない、または違いがあっても買い手にとっては同等と見なしても問題ない市況商品のような状況に製品やサービスが陥ってしまうこと」だと定義している。本章においてもコモディティ化を、このように定義したい。

2．なぜコモディティ化は起きるのか
　それでは、なぜ製品やサービス（以下、単に「製品」と表記する）はコモディティ化するのだろうか。これについて、小川（2011）が先行研究サーベイから、深い洞察を行っていたと指摘しているClayton M. ChristensenとYoungme Moonの見解を紹介しよう[5]。

(1) Christensenの見解

　Christensen（1997）はディスク・ドライブ市場を事例に挙げ、「競争地盤が変化し、複数の製品がすべての性能指標に対する市場の需要を完全に満たすと、製品は市況商品のようになる」として、製品は一般に機能（functionality）、信頼性（reliability）、利便性（convenience）、価格（price）という順番で、4段階のサイクルを経るとするウィンダミア・アソシエーツの「購買階層」という製品進化モデルを引用している。つまり、最初に「機能」という階層で差別化競争が行われ、それが競合企業間で同質化すると、次の「信頼性」という階層で差別化競争が繰り広げられる。それが競合企業の間で同質化すると、次に「利便性」という階層で差別化競争が繰り広げられる。同様に階層が進み、最後に「価格」に行き着く。そこで製品は市況商品化し、製品間の違いが価格以外に認識されなくなって、熾烈な価格競争が展開される。こうした状況がコモディティ化であると指摘している。

　一方、「技術」とはエンジニアリングや製造に止まらず、マーケティングや投資、マネジメントなどのプロセスを幅広く包括する概念であり、「イノベーション（innovation）」とはこうした様々な技術の変化を意味するものだとした上で、技術を「持続的技術（sustainable technologies）」と「破壊的技術（disruptive technologies）」に分類している。そして、前者は漸進的であれ不連続であれ、主要な顧客が既存製品の「性能」を指標に新しい製品を評価する場合、既存製品よりも高い性能をもたらしている技術のことを言い、通常「新しい技術」と呼ばれるものはこの技術のことを指すとしている。それに対して、後者は短期的には製品の性能を引き下げることになる技術でありながら、現時点では主要な顧客ではない新しい顧客（例えば、製品ライフサイクル仮説における「レイト・マジョリティ（後期的追随者）」や「ラガード（採用遅滞者）」など）に、低価格、シンプル、小型で使い勝手がよいなどという理由によって評価される、従来の価値基準を破壊するような技術を指す。

　一般に、企業は持続的技術によって競争相手の企業よりも性能が優れた製品を供給することによって製品の価格を上げ、利益を増やそうと努力するが、時にその努力によって生み出された性能が、市場が求める水準を超えてしまうこ

とがある。そこに、破壊的技術が功を奏する機会が生まれ「破壊的イノベーション」が実現し、既存製品に取って代わることになる。それにもかかわらず、これまで熾烈な競争を勝ち抜いてきた企業が、持続的技術にこだわり続け、その成功法則に固執するがゆえに、破壊的イノベーションに失敗することを「イノベーターのジレンマ」と名付けている[6]。

さらに、Christensen・Raynor（2003）では、前著の「破壊的イノベーション」を「ローエンド破壊的イノベーション（low-end disruption）」と呼び替え、新たに、新しいカテゴリーに向かう破壊的イノベーションを「新市場破壊的イノベーション（new-market disruption）」として提示している。また、これらを説明している第6章の章題が「How to Avoid Commoditization」とされ、ここで明確に、commoditizationという言葉が使われている。特に印象深いのは、「どれほど驚異的なイノベーションも、いつか必ず"コモディティ化"される運命にある、と観念している経営者は多い。」という、この章の書き出しである。そして、こうして経営者を悩ませるコモディティ化の原因が、「オーバーシューティング（overshooting）」と「モジュール化（modularization）」にあると指摘する。

前者は、前述のように持続的技術による性能向上競争によって、顧客がすでに十分だと考えている性能水準を越してしまうと、それ以上の性能には高い代価を支払わないということであるが、後者は、性能向上の競争圧力によって統合型リーダー企業（部品のバイサイド）は製品の漸進的進化が要求されるので、製品設計方法は本来の独自設計からモジュール型設計へと変化する。なぜなら、企業は性能向上競争において、常に他者よりも早く対応しなければならないという時間的制約を受けることとなり、特化型企業（部品のセルサイド）からの部品供給を受けることによって、個々のサブシステムの性能を高めるために全体を設計し直す手間を省き、新製品をいち早く市場に出そうとするからである（これを「モジュール化」と呼んでいる）。しかし、この仕組みによって各企業が提供する製品の性能の均一化、標準化が早められてしまうと指摘している。

(2) Moonの見解

一方、Moon（2005）は、Dean（1950）が提示した「製品ライフサイクル（product life cycle）」という概念を前提に、Levitt（1965）が提唱したポジショニング戦略が、今でもマーケティング戦略の中心に位置づけられ、活用されていることが同質性を生む一つの原因ではないかと指摘する。このモデルを活用するマーケターの多くは、すべての製品が必ず、導入期、成長期、成熟期、衰退期を示す放物線上をたどると画一的に思い描いてしまうため、ライフサイクルの各段階を通じて、どの企業も製品について同じようなポジショニングを採用してしまう傾向があると主張する。

それゆえに、製品が成熟するにつれて、その価値を高める必要があるため、必然的に過当競争が生じ、製品の差別化、活性化をたえず図り続けなければならない。こうした果てしない応酬の中で、マーケターは陳腐化した特長の上に新たな特長を塗り重ねていくことになる。しかし、ひとたび製品の価値を高めることができても、時の経過とともにそれは当たり前の価値となってしまうので、競争力を維持するためには、再度それ以上の価値を創り出さなければならないというイタチごっこに陥る。このように、マーケターが製品ライフサイクルのパラダイムを信奉するがゆえに必要以上に製品を成熟させたり、衰退させたりしようとすること自体が製品の画一化を招き、コモディティ化をもたらすのである。

また、Moon（2010）は、競争の激しい市場においては、相互に競合他社が何を行っているか感知する「感知機能（a sensory apparatus）」と、他社の製品が顧客から評価されると、素早くそれに反応するための「反応性（a predisposition to make the necessary adjustment）」が機能するため、「有機的共謀（organic collusion）」が生じると説明する。これは、カテゴリー内の競争が激化するにつれて、競い合う企業が次第に群れとなり、ともに同じ方向を目指して同じ行動を取るようになることを指し、こうして各々の企業が差別化に懸命に取り組めば取り組むほど、顧客にとってその違いは小さくなっていく。さらに、差別化を意図して各企業が行う「製品の拡張（product augmentation）」を、「付加型の拡張（augmentation-by-addition）」と「増殖型の拡張（augmentation-bymultiplication）」の2種類に分けている。前者は、製品の改善によって便益がますます強化されることを意味し、後者は、企業が顧客の好みは千差万別だと考え、それを満たそうとする結果、多くの種類の製品が生まれてくることを意味する。しかし、こうして企業が、「価値提案（value proposition）」の数を増やせば増やすほど、顧客は選択肢に無関心になっていく。

このように「製品の拡張」に向かって、企業が市場セグメントを細かく切り刻んでいく状況を「異質的同質性（heterogeneous homogeneity）」と呼び、その進展とともにセグメントは徐々に有名無実となり、そのカテゴリーは「選択肢の激増」と「意味ある違いの縮小」という最悪の状況に転落していくと言う。こうした変化は、今や急速かつ無節操に進展しており、本来の目的を見失ったカテゴリーの状態を「過度の成熟（hyper-maturity）」と名付け、過度のセグメント化、過度の拡張、過度の競争の結果、こうした変化さえもコモディティ化するとして、それを「進歩の逆説（the paradox of progress）」と呼んでいる。

第4節　コモディティ化市場における戦略

コモディティ化市場における有力な戦略として、Christensen・Raynor（2003）は2つイノベーション戦略を示している。また、Moon（2010）も3つのポジショニング戦略を提示している。内容的に、後者は前者を包括しているので、本節ではMoonの戦略を中心に検討を加えていきたい。これらは、地域企業にも大いに参考となるものと考えられる。

1．リバーサル（reversal）戦略

Moonが示す第1の戦略は、製品の選択肢が膨れ上がると顧客は混乱してしまうので、製品の一部のメリットやオプションを思いきって外し、顧客にわかりやすく、シンプルかつ意外性の高いサービスを提供するという「リバーサル戦略」である。これは、あえて価値向上の循環を絶ち、同業他社がこだわり続けている属性を切り捨て、余分な機能を削ぎ落とした上で、高度化、複雑化した属性の中から1つか2つを慎重に選択して、それのみを製品に付け加える戦略である。換言すれば、製品情報が複雑化して製品間の差異が判別できない状

態に陥っている顧客に対して、余分な情報を削ぎ落とし、重要な情報だけに絞り込んだ上で、わかりやすく簡潔な製品情報を提供する戦略である。これにより、製品は既存カテゴリー内で新たなポジションを獲得し、成熟段階から成長段階へと製品ライフサイクル曲線上を逆行させることができるとしている。これは、Christensen が提示している「ローエンド破壊的イノベーターの戦略」と同様の論理である。

2．ホスティリティ（hostility）戦略

　第2の戦略である「ホスティリティ（敵対）戦略」は、通常のマーケティング理論に背を向け、アンチ・マーケットを貫く戦略である。具体的には、自社製品の欠点を堂々と語ったり、製品が容易に手に入らないようにしたり、ある顧客を魅了する反面、別の顧客には嫌悪感を抱かせるようなメッセージを発信したり、心地よいプロモーションを拒否したりする。また、顧客に手間を掛けさせることや、顧客からそっぽを向かれることを恐れず、妥協したり大衆に迎合したりしない。周りが顧客は神様だと思い込んでいる時代に、こうした傲慢さを差別化のポイントにする戦略である。つまり、多くの企業がお互いに他社の情報を感知し、相互に影響し合う構図に背を向け、そうした情報に影響されることなく自らの方針を貫く戦略と言える。この戦略は良かれ悪しかれ、他と摩擦が生じるほど差別化を行っており、それが分裂を生む一方で不思議な連帯感をも生み出すと主張する。

3．ブレイクアウェイ（breakaway）戦略

　第3の戦略である「ブレイクアウェイ戦略」は、「リバーサル戦略」が同じカテゴリーで展開する戦略であったのに対して、製品をあえて他のカテゴリーと結び付け、従来のカテゴリーから新しいカテゴリーへと移動させる戦略である。すなわち、顧客が製品の分類のために利用しているマーケティング・ミックスの各要素からの情報シグナルを巧みに操り、顧客の描く分類の枠組みを変えることによって、顧客に製品を別の価値を持つ製品と認識させる戦略である。この戦略によってブレイクアウェイした製品は、本来のカテゴリーから別のカテ

ゴリーへ移動し、新しい競争関係を生み出すため、成熟段階から成長段階へと製品ライフサイクル曲線上を逆行することになるとしている。これは、Christensenの「新市場破壊的イノベーター」の戦略とほぼ同様の論理である。

第５節　地域企業の戦略

１．Moonの戦略の適用

　以上、Moonが示している３つの戦略は、これまでの品質競争、価格競争とは違った視点を提供してくれる。つまり、多くの企業が同じ方向に向かって、最先端の技術力や規模の大きさ、力の論理によって市場シェア争いを繰り広げるという、これまでの画一的な競争戦略とは異なり、目新しい技術や最新の流行を無暗に追い掛ける構図から脱し、企業が自らの長所やこだわり、製品の特長などを活かし、そこに生じる「偏り」を差別化の武器として付加価値を生み出すという発想を礎にした視点である。それゆえに、相対的に規模が小さく、資金や設備といった経営資源には乏しいながらも個性的な特徴を持ち、小回りの利く地域企業にとって、これらの戦略は非常に魅力的であると考えられる。

　言い方を変えれば、コモディティ化という現実を真摯に受け止めた上で、これまでの一律的で、他律的なやり方は通用しないということを自覚し、今までとは違った発想で自ら戦略を考えていくことの重要性を理解し、その戦略を着実に実践できるならば、逆説的だが、コモディティ化は地域企業にとって一種の好機であると言うことさえできよう。

２．Moonの戦略の限界

　しかし、あらゆる戦略と同様、Moonの戦略も決して万能ではないことを肝に銘じておかねばならない。小川・本田（2014）は、Moonの示したコモディティ市場に関する見解の妥当性と戦略の有効性を確かめるため、「感知機能」と「反応性」を持ち合わせたプレイヤー（企業）のモデルをコンピュータ上で設計し、それを用いてシミュレーション分析を試みている。その結果、市場に参加するプレイヤー数（企業数）の多寡に関わらず、コモディティ化が発生したとしている[7]。さらに、Moonの提示した３つの戦略を採るプレイヤー（企業）の

モデルを設計し、それらを通常のプレイヤーの中に加えた場合の市場の変化を確かめるシミュレーションを試みている。その結果、有効性は認められた（収束までのステップ数が増えた）ものの、リバーサル戦略とホスティリティ戦略では、最終的にコモディティ化してしまう（収束してしまう）一方、ブレイクアウェイ戦略では、プレイヤーの数が少ない場合、非常に有効性は高い結果となったが、プレイヤー数が増えると徐々に有効性が薄れていき、コモディティ化する（収束する）確率が逓増したとしている[8]。

　実は、Moon（2010）のあとがきには、「これまでの研究の過程で学んだことは、人間の行動に関して真実はとらえどころがないということだった」、「研究すればするほど、すべてに関して断定的になれなくなる自分がいる」と、正直で、誠実な胸の内が記されている。また、それゆえに提示した3つの戦略は厳密な区分ではなく、思索を深めるためのヒューリスティクスであり、最も重要なことは一目でわかる「違い（difference）」を出せるかどうかであるとも述べられている。

3．Moonの戦略が内包する意味

　そこで、この「提示した3つの戦略は厳密な区分ではなく、思索を深めるためのヒューリスティクスだ」というMoonの言葉を頼りに、4P（product、price、place、promotion）及び3C（customer、competitor、company）を切り口に3つの戦略の意味解釈を試みると、各々の戦略ごとの特徴とともに、それらが拠って立つコンセプトと、その共通点が浮かび上がってくる（図表4）。あえて3つの戦略を要約すれば、リバーサル戦略は原点に立ち帰り製品の持つ存在意義を再検討し、顧客に対して分かりやすい製品を提供する戦略であると言えよう。また、ブレイクアウェイ戦略は自社製品の特長を改めて捉え直し、これまでとは異なった価値観の軸で製品を定義し直す戦略であり、ホスティリティ戦略は安易に世の中の流れに迎合せず、原点を見失うことなく、自社製品の持つ本来の良さをしっかりと認識した上で、抵抗を恐れず堂々とそれを前面に打ち出していく戦略であると言える。

　また、これらの戦略のコンセプトの共通点を探ると、徒らに流行や最新の技

図表4　Moon（およびChristensen）の戦略の整理

		リバース	ブレイクアウェイ	ホスティリティ
4P	製品・サービス	過剰な機能の切り捨てと基本機能への回帰	意味付けの変更	安易な迎合の拒否とイニシアティブの掌握
	価格	付加価値を単純化、通常は価格を下げて提供	同カテゴリー内での競争を回避し、価格を維持	単純なシェア拡大を否定し、価格を維持
	流通	大きな変化はないが、効率を重視	新しいカテゴリーに合わせて形態を変化	ブランド維持を主眼としたチェーンを確立
	プロモーション	ローエンド顧客層に向けて分かりやすく訴求	再定義した商品の価値を強調した訴求	特長の強調および安易な妥協を拒否する姿勢
3P	顧客	こだわりを持たないローエンドの顧客	新カテゴリーの顧客	ロイヤルティの高い顧客、その囲い込み
	競合	同業者	新カテゴリーの競合者	同業者
	自社	高機能化の中断とシンプル性への志向	製品のイメージチェンジを志向	全社的に企業および製品イメージを形成
コンセプト		原点に立ち返り、製品の存在意義からシンプルさを再考する。	製品を捉え直し、創造的な視点で、新カテゴリーにおいて再定義する。	安易に世の中の流れに迎合せず、本来の自社製品の特長を活かす。
共通点		原点・本質への回帰、再定義、再構築、拡大志向のシェア争いからの脱却		

（出所）筆者作成

　術を追い掛ける拡大志向とシェア争いの呪縛から逃れ、自社及び自社製品の原点・本質に立ち返り、その意味を再認識し、時には再定義・再構築することによって「違い」を生み出し、それを武器として、コモディティ化市場の中で付加価値を創造するということになるであろう。

第6節　まとめ

　例えば、「いい地域をつくる主体は地域住民である」という見解や、「地域を活性化させる主体は地域住民である」という見解に異議を唱える人はいるだろ

うか。もし、いい地域をつくり、地域を活性化させる主体が地域住民でないならば、地方自治という言葉そのものが色褪せるだろう。また、地域住民にそうした自覚や自負がなければ、真の地方自治など実現することはなく、地方分権に関する議論も文字通りの空論となってしまうであろう。

　それでは、「地域経済を支えるのは地域企業である」という見解についてはどうであろうか。もし、これを否定するならば、地域経済を支えるのは誰なのだろうか。それが、国や、大企業や、その他外部の者だというのであれば、やはり地方自治という言葉は有名無実となり、地方分権など絵空事と化してしまうのではないだろうか。それでは翻って、はたしてどれだけの地域企業や事業主が、自らの地域経済を支えるのは自分たちだという自覚と自負を持っているのだろうか。この点に関して、残念ながら楽観的には考えにくい。

　その原因は、前述した一律的、包括的な中小企業政策を含む国策としての経済優先政策によって、経済成長がもたらされたという過去の成功体験にあるのではないかと考えられる。つまり、そうした経済成長の下で地域経済が潤ったという過去の体験から、一部の地域企業や事業主には未だに補助金や助成金、国策的な需要創出などへの過度の依存体質が残り、他律的な経営姿勢から抜け出せていない面があるのではないかと考えられるのである。もちろん、その要因が地域企業の側ばかりにあるとは言えないが、いずれにしても、まず地域企業がこうした体質から脱却し、自律的に苦境に立ち向かうという自助努力が根底になければ、真に地域経済が好転することは望めないであろうし、そうした経済的な土台を欠いたままでは、真の地方自治は実現しないだろう。

　周りを見渡せば、どの地域にも必ず生き生きと活躍している地域企業がある[9]。そうした地域企業の姿を、再度、前節の図表4を用いて検討した内容に照らし合わせながら、思い起こしていただきたい。活性化している地域企業の多くは、総じて自律的であり、個性的であり、地域経済の活性化に対する自覚と自負をもった企業なのではないだろうか。

（注1）本段落の数値は、総務省が発表している「平成25年度地方財政計画額」をもとに、都道府県民税と市町村民税を合算したものを基準に算出している。
（注2）小川（2013）では、地域活性化など頻繁に目にする「活性化」という言葉の概念について詳細な検討を行い、それが「経済的な活性化」と「社会的な活性化」に区別できることを示しているが、本章ではおよそ前者の意味で使っている。
（注3）この点について、例えば福島（2007）では、中小企業政策は、戦後の「民主的な中小企業政策」から「近代化・構造改革・知識集約政策」という構造政策を経て、市場原理に基づく産業政策としての「産業創出政策・個別経営政策」へと大転換したと論じられている。
（注4）小川（2011）では、（当時の）辞書や辞典には「コモディティ化」という言葉が見当たらないとされていた。しかし、『現代用語の基礎知識』（自由国民社）には2014年版で初めて「コモディティ」の項目に、それが「日用品。商品。商品取引所の取引対象商品のこと。」と説明された後、「コモディティ化とは、競争商品の差がなくなり、大差ない製品が流通すること。大衆化。」と併載されている。また、『デジタル大辞泉』にも「類似の商品の機能・品質の差がなくなり、どれを買っても同じだから安い方がよいという状態になること」と掲載されており、徐々にコモディティ化という言葉が浸透している傾向がうかがえる。
（注5）小川（2011）は約30編の先行研究のサーベイし、コモディティ化市場と戦略について詳細な検討を行った結果、コモディティ化はなぜ起きるのかという点、及びコモディティ化市場における戦略について、この両者の主張が最も説得力のある深い洞察であったと指摘している。因みに当時、両者ともハーバード・ビジネス・スクール教授であった。
（注6）Christensenによって「イノベーターのジレンマ」と名付けられた、過去の成功体験がイノベーションの足かせとなってしまう現象について、小川（2012b）は、企業がなぜ成功体験を成功法則だと思い込むのか、また、その有効性が低下してもなぜ成功法則に固執し続けるのかなどの点を、ゲーム理論を用いて説明している。
（注7）プレイヤー数（企業数）が増えれば増えるほど、収束（コモディティ化）までのステップ数が増える（時間が掛かる）ものの、ステップ数の増加率は徐々に逓減したとしている。
（注8）小川・本田（2014）では、プレイヤーの数が20まではほとんど収束しないものの、プレイヤー数が増えるに従って収束する確率が上がり、プレイヤー数が100になると逆に、ほとんど収束するという結果が示されている。このことから、プレイヤー数が多くなるとブレイクアウェイ戦略を採っても、市場の注目を得にくくなると解釈できるとしている。
（注9）小川（2012a）では、岡山県内の3社の企業の事例が取り上げられ、自律的な戦略によって生き生きと活性化している姿が紹介されている。

【参考文献】

小川長（2011）「コモディティ化と経営戦略」『尾道大学経済情報論集』Vol.11 No.1、177-209頁。

小川長（2012a）「コモディティ化と地域企業の戦略」『尾道市立大学経済情報論集』Vol.12, No.1、83-96頁。

小川長（2012b）「コモディティ化市場における企業の行動と戦略」『尾道市立大学経済情報論集』Vol.12, No.2、87-128頁。

小川長（2013）「地域活性化とは何か」『地方自治研究』Vol.28, No.1、42-53頁。
小川長・本田治（2014）「コモディティ化市場における差別化と同質化」『尾道市立大学経済情報論集』Vol.14, No.1、69-84頁。
福島久一（2007）「経済政策論の基礎」勁草書房。
Christensen Clayton M.（1997）"*The Innovator's Dilemma*" Harvard Business School Publishing Corporation（伊豆原弓（2000）「イノベーションのジレンマ」翔泳社）
Christensen Clayton M. and Michael E. Raynor（2003）"*The Innovator's Solution*" Harvard Business School Publishing Corporation（櫻井祐子訳（2005）『イノベーションへの解』翔泳社）
Dean Joel（1950）"*Pricing Policies for New Products*" Harvard Business Review Vol.28, November- December 1950, p.45-53
Levitt Theodore（1965）"*Exploit The Product Life Cycle*" Harvard Business Review Vol.43, November- December 1965, p.81-94
Moon Youngme（2005）"*Break Free from The Product Life Cycle*" Harvard Business Review Vol.83, May 2005, p.86-94
Moon Youngme（2010）"*Different : Escaping the Competitive Herd*" Crown Business（北川知子訳（2010）『ビジネスで一番、大切なこと』ダイヤモンド社）

第5章

地域産業集積における優位性維持の
ダイナミズムとセンスメーキング
――今治タオル産業集積のケース――

田中　英式
(愛知大学経営学部教授)

第1節　はじめに

　1990年代以降、経済のグローバル化の進展、新興工業国の台頭といったドラスティックな環境変化を受け、国内需要の低迷、安価な海外製品との競争から、国内産業集積の縮小・衰退が指摘されてきた。従来、産業集積研究は、集積固有の優位性の解明に主眼が置かれてきたが、近年の産業集積研究では、そのような環境変化に対応し、いかに集積固有の優位性を維持していくかという問題に注目が集まっている。これまでの研究では、優位性の維持の大きな要因の一つとして、国内外を問わず新たな市場を見出し、集積と結びつける企業の存在が指摘されている。ただし、既存研究では、産業集積が、こうした企業を中心とした形へとどのように変化していくかという産業集積全体としての優位性維持のダイナミズムについて必ずしも明らかにはなっていない。以上の問題意識から、本稿では産業集積全体の変化のプロセスに焦点を当て、産業集積の優位性の維持に関するダイナミズムについて分析する。本稿が研究対象として取り上げるのは、愛媛県今治市のタオル産業集積のケースである。同集積は、海外の安価なタオルとの競争、国内需要の低迷という大きな環境変化を経験しながら、現在でもその優位性を維持している。92年以降、大幅な低下傾向にあった同集積の生産量は、ここ3年で増加傾向に転じている。従来、同集積では主に問屋取引を通じたOEM生産が主流であったが、近年では、OEM生産に加え、集積独自の「今治タオル」ブランドに基づく自社ブランド製品や小売店への直販といった従来とは異なるビジネスを展開する企業群によってその優位性を維持している。同集積では、なぜこうした変化を実現できたのだろうか。

本稿では、主にWeick（1995）、Porac, et al.（1989）のセンスメーキングの枠組みを援用し、同集積における優位性維持のダイナミズムについて分析する。本稿の構成は以下の通りである。まず第2節では、既存研究サーベイを通じて、本稿の問題意識を明らかにした上で、分析枠組み、ならびに研究方法について提示する。続く第3節は、調査結果に基づく分析とディスカッションである。最後に第4節で本稿の結論を要約し、含意を述べる。

第2節　既存研究サーベイと本稿の分析枠組み
1．国内産業集積論とその課題
(1)　産業集積固有の優位性とその発生メカニズム
　従来、産業集積研究は、集積固有の優位性の解明に主眼を置いてきた。Marshall（1890）を嚆矢とする産業集積研究は、Piore and Sabel（1984）によって現代的な課題の中で復活したが、そこで指摘された集積固有の優位性は、「柔軟な専門化」であり、それはすなわち、大量生産工場に対して、産業集積が、集積内部の企業の総体として、より効率的なバリューチェーンを達成し得るということであった。その後、Saxenian（1994）、Poter（1998）は、集積固有の優位性として、イノベーションや新規事業の創出を明示した。
　では、そうした、柔軟な専門化、イノベーション、新規事業の創出といった優位性を生み出す産業集積のメカニズムとはどのようなものか。上記の研究の多くでは、産業集積のメカニズムとして、多かれ少なかれ産業集積内ネットワークについて言及されてきた。典型的な研究は、シリコンバレーとルート128のパフォーマンスの違いを、集積内の職業ネットワークや技術ネットワークの違いに求めたSaxenian（1994）である。またPiore and Sabel（1984）のプラトのケースでは小さな作業所のネットワークの調整役としてのインパナトーレの重要性を指摘しており、伊丹・松島・橘川（編）（1998）もリンケージ企業（需要運搬企業）として同様の議論を展開している。さらに、Poter（1998）もクラスターが生み出す効果はネットワークによるものだと述べている。以上のように、産業集積は、集積内ネットワークを通じて、柔軟な専門化、イノベーション、新規事業の創出といった固有の優位性を生み出している。

(2) 優位性の維持と産業集積のダイナミズム

　他方で、1990年代以降、経済のグローバル化に伴う国内産業の空洞化、中国をはじめとする新興工業国の台頭などの環境変化を受け、国内需要の低迷、安価な海外製品との競争から国内産業集積の縮小・衰退も指摘されてきた。近年の産業集積研究においては、このようなドラスティックな環境変化の中での産業集積の存続やその優位性の維持に関して、上記の集積内ネットワークの中でも特に新たなマーケットとのリンケージを担う企業の役割が重要視されている。

　例えば、遠山（2010）は、産業集積のライフサイクルという概念を導入し、その衰退期に「経路破壊・経路創造」を行う企業によって産業集積が進化すると論じている。その上で同書は日本の鯖江、およびイタリアのベッルーノという眼鏡産業集積において、経路破壊・経路創造を行った企業のケースを紹介している。具体的には、「グローバル市場における市場開拓や流通網の構築、ブランド資源の活用と独自構築、企業買収、新しいタイプの企業の開設など」が指摘されている。また額田・岸本・粂野・松嶋（2010）は、「諏訪地域は、なぜバブル崩壊後も競争優位を維持できたのか」という研究課題を設定した上で、同地域の機械産業集積における広範、かつ詳細なフィールド調査を行っている。同書では、「一定レベル以上の技術蓄積とマーケットとの関係構築能力」を持ったコア企業の存在が、同集積の環境変化への対応と競争力維持の要因であったと結論付けている。さらに田中（2010）は、岡山ジーンズ産業集積と対象に、集積内ネットワークが柔軟な専門化という優位性をもたらすメカニズムを実証的に分析した上で、新たな市場と集積とを結びつける「商人的リンケージ企業」の内生的発展が産業集積存続の要因であると指摘している。

　「経路破壊・経路創造」、「マーケットとの関係構築」、あるいは「商人的」と用語は異なるが、国内需要の低迷、安価な外国製品との競争というドラスティックな環境変化の下で、産業集積が上記の柔軟な専門化やイノベーションといった、その固有の優位性を維持していくためには、集積内ネットワークの中で、国内外を問わず新たな市場を見出し、集積内部に蓄積された技術と結びつける企業の存在が重要であるという見解は共通している。しかしながら、既存研究では、こうした企業の重要性は指摘されてはいても、産業集積が、こうした企

業を中心とした形へと変化していくプロセスについて十分に明らかにはされていない。すなわち、産業集積それ自体の有機的存在としての優位性維持のダイナミズムが十分分析されていない。本稿の課題は、こうした産業集積それ自体のダイナミズムを明らかにし、産業集積の優位性の維持についての含意を導き出すことにある。

2．分析枠組み

　産業集積それ自体のダイナミズムについての分析枠組みとして、本稿が援用するのは、Weick（1995）、およびPorac, et al.（1989）のセンスメーキングの枠組みである。Weick（1995）によれば、センスメーキングとは、文字通り意味を形成するプロセスのことを指すが、それは「解釈」とは異なる。センスメーキングは、「自分たちの解釈するものを自分たちが生成する」という特徴を持っており、以下の7つの特性を有するプロセスである。すなわち、①アイデンティティ構築に根づいた、②回顧的、③有意味な環境をイナクトする、④社会的、⑤進行中の、⑥抽出された手掛かりが焦点となる、⑦正確性よりももっともらしさ主導のプロセスである。そしてWeick（1995）が、センスメーキングのこの7つの特性の例証として取り上げているのが、Porac, et al.（1989）のニットウェア企業集団の分析である。Porac, et al.（1989）の分析では、確かに上記7つの特性の全てに触れられているが、より本質的には、アイデンティティの社会化という側面に主眼が置かれている。Porac, et al.（1989）は、Weick（1979）のイナクトメントの概念に基づき、スコットランドのホーウィク地方のニットウェア企業17社の経営者35人へのインタビュー調査から、集団のメンタルモデルを分析した。この研究のメインテーマは、いかにして戦略グループが形成されるかという点にある。同地域においては、各ニットウェア企業が環境をそれぞれ主観的にイナクトし、それぞれの「アイデンティティ」としてのメンタルモデルを形成していった。個別企業のメンタルモデルは、経営者同士の交流、および素材部門や販売先などの取引先との相互作用を通じて、「社会的」にホーウィック地方の集団的なメンタルモデルへと変化していった。その結果、他の地域の業者とは異なるホーウィック地方独自の戦略グループが形成された

のである。このようにPorac, et al.（1989）では、個別企業のイナクトメントを通じたセンスメーキングが社会化され、戦略グループ全体のアイデンティティの形成につながるプロセスを描いている。

　本稿では、以上のWeick（1995）、Porac, et al.（1989）を参照し、産業集積の優位性維持のダイナミズムを、集積内部の各企業のセンスメーキングの社会化を通じて新たなアイデンティティが構築されるプロセスとして捉える。ただし、加藤（2011）が指摘するように、Porac, et al.（1989）のモデルは、「自己強化的な過程に基本的な関心が寄せられている」（p.101）という問題点がある。産業集積のダイナミズムを分析するためには、ある特定のアイデンティティの形成過程のみでなく、さらに時間軸を広げて、アイデンティティの変化の側面に焦点を当てる必要がある。

　以上を踏まえた上で、本稿では、集積内の各企業のセンスメーキングに関する２つの分析項目、および集積全体の変化に関する２段階のフェーズを設定し、産業集積のダイナミズムを分析する。まず前者に関して、本稿では、各企業のセンスメーキングの結果として①アイデンティティ、および②ビジネスモデルの２つを設定する。ここに言うアイデンティティとは、各企業が自社のビジネスやその優位性をどのように認識しているかということである。そしてビジネスモデルとは、アイデンティティの具現化であり、どのような形態で、どのような製品を生産・販売しているかを指している。次に後者に関して、本稿では次のような２段階のフェーズを設定する。フェーズ１は、環境変化の前段階であり、これまでのセンスメーキングを通じて、集積内部のアイデンティティとビジネスモデルが社会化されている段階である。フェーズ２は、環境変化を受け、新たなアイデンティティとビジネスモデルが社会化されていく段階である。まず環境変化によって、従来社会化されたアイデンティティとビジネスモデルの有効性が薄れていく。ここで、集積内部の各企業はそれぞれ環境をイナクトしセンスメークを行う。各企業のセンスメーキングは、集積内部での相互作用を通じて収斂し、産業集積全体として新たなアイデンティティとビジネスモデルが社会化されていく。

3．研究方法と調査の概要

　研究方法はインタビュー調査結果、および二次資料に基づく実証分析である。まず前者に関して、本研究では、今治市のタオル関連企業13社、および業界団体でインタビュー調査を行った。図表1は調査対象の概要と調査の概要を示したものである。調査対象企業13社のうち、10社はタオルメーカーである。これ

図表1　調査対象企業と調査の概要

分類	企業名	創業年（設立年）	従業員数	資本金：万円	売上高（年）	調査日	インタビュイーの役職
タオルメーカー	オリム	1971年（1986年）	33	1,000	4億1,400万（2010年）	2011年8月30日	営業部長
	A社	(2000年)	15	300	約2億円（2010年）	2011年8月30日	代表取締役
	織鶴タオル	(1976年)	4	300	1,800万（2010年）	2011年8月31日	経営者
	今井タオル	1899年（1951年）	80	1,000	約11億円（2010年）	2011年9月2日	代表取締役
	池内タオル	1953年（1969年）	25	8,700	約4億円（2009年）	2011年9月2日	代表取締役
	七福タオル	1959年（1985年）	58	1,000	11億2,000万（2011年）	2012年8月27日	代表取締役
	城南織物	1914年（1948年）	48	2,000	3億8,000万（2011年）	2012年8月30日	代表取締役
	コンテックス	1934年（1952年）	95	1,000	約12億円（2011年）	2012年8月31日	代表取締役会長
	楠橋紋織	1931年（1951年）	80	5,000	約30億円（2012年）	2013年2月26日	取締役
	B社	1929年（1967年）	149	2,000	25億9,089万（2012年）	2013年2月27日	代表取締役社長
専門企業	C社	1968年	6	－	3,600万（2011年）	2012年8月27日	経営者
	黒田工藝	1961年（1971年）	31	1,000	2億8,000万（2011年）	2012年8月28日	代表取締役
	大和染工	(1956年)	89	1,900	約14億（2011年）	2012年8月29日	代表取締役社長
その他	四国タオル工業組合	(1952年)				2011年9月1日	専務理事

（出所）筆者作成

らのタオルメーカーは、産業集積と市場とをつなぐリンケージ企業であり、集積内ネットワークの頂点となる企業である。また専門企業3社については、C社は撚糸業、黒田工藝は捺染（プリント）業、大和染工は染色業である。調査は2011年8〜9月、2012年8月、2013年2月と3段階に分けて実施し、各企業で現在のビジネスモデルと優位性、およびその歴史的変遷等について質問した。インタビュイーは11社については経営者であり、残りの2社についても全社的な取引・業務内容を把握している人物である。また四国タオル工業組合のインタビュイーは専務理事である。次に後者に関して、本研究では、雑誌のインタビュー記事等におけるタオル企業経営者の発言を二次資料として使用している。

第3節　産業集積のダイナミズムとセンスメーキング
1．今治タオル産業の概要とその変遷
　まずは今治タオル産業集積の概要を確認した上で、生産量の時系列変化から上記2つのフェーズを設定しておこう。

(1)　今治タオル産業集積の概要

　愛媛県今治市は、奈良時代からの伝統的な綿産地であり、古くから繊維業が発展してきた。同地域でタオル生産が開始されたのは明治27（1884）年である[1]。現在、今治市は日本を代表するタオル産業集積地を形成しており、2012年の国内生産額のシェアは52.7％で全国1位である。同集積はタオルメーカーを中心に、染色業、捺染業、撚糸業などの専門企業から構成されている。それぞれに工業組合があり、2012年時点における企業数は、タオルメーカー118社、染色業者9社、捺染業者18社、撚糸業者3社である。

(2)　生産量の変化から見た集積変化のフェーズ

　図表2は、今治タオル産業集積の生産量の推移を示したものである。70年代から80年代にかけて生産量は右肩上がりに増加していき、1991年に50,456トンとピークを迎える。この期間が上記のフェーズ1に該当する。その後生産量は急激に低下し、2009年には、9,381トンと全盛期の20％以下の水準にまで落ち込

図表2　生産量の時系列推移

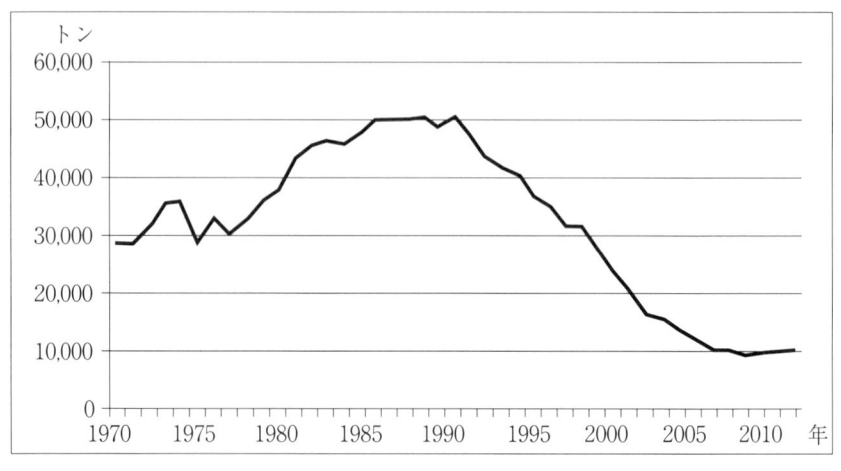

(出所）四国タオル工業組合のデータから作成

んだ。しかし、2010年から2012年までは、3年連続で生産量が増加している。90年代初頭は、バブル経済崩壊後の需要低迷、中国をはじめとする安価な海外製タオルの輸入急増といった大きな環境変化の時期であり、92年から現在までの期間がフェーズ2に該当する。

2．フェーズ1：下請けとしてのアイデンティティと問屋依存のOEM生産
(1)　問屋依存とOEM生産

1970年代初頭における各タオルメーカーのセンスメーキングについての詳細は不明であるが、インタビュー結果や各種資料によると、90年代初頭までに集積内で社会化されたビジネスモデルとアイデンティティは以下のように描くことができる。

四国タオル工業組合でのインタビューによると、昭和40年代（1965-74年）から同集積においてライセンスブランドのOEM生産が始まり、40年代後半にピークを迎えたとのことである。それ以前は、各タオルメーカーが独自のブランドを持ち、タオルメーカー側で企画した製品を問屋に卸す形態が一般的であった。今治のタオルメーカーの中で、海外ブランドのライセンス生産の嚆矢は、

B社である。B社は1972年にヨーロッパのタオルブランドと提携し、ライセンス生産を開始した。この前後に問屋側も独自に海外ブランドのライセンスを取得し、今治のタオルメーカーに生産を委託するようになった。具体的にはミッソーニ、ランバン、ディオール等欧米のハイブランドである。こうしたハイブランドのタオルのライセンス生産は昭和50年代になって沈静化するが、その後も企業の販売促進用のタオルやコンサート等の販売グッズとしてのタオルなど問屋側が企画したタオルのOEMが一般化していった。この期間は、調査対象のタオルメーカー10社のうち、以下のコンテックスと七福タオルを除くすべてのタオルメーカーが、問屋取引を通じたOEM生産を主要なビジネスモデルとしていた。そして当時のタオルメーカーのアイデンティティとしては、基本的に自分達は下請けであり、①問屋側の要求への対応を第一義的な目標とし、独自の製品企画・開発は行わない、②コストを抑えるためにある程度品質を犠牲にするというものであった[2]。さらにこうしたビジネスモデルとアイデンティティは、タオルメーカーだけでなく、取引先である専門企業との相互作用を通じて集積全体で社会化されていった。例えば、捺染業の黒田工藝は当初は自社のデザイン部門で独自のデザインを企画していたが、問屋側の企画に合わせた加工が主流になったため、その後デザイン部門は徐々に縮小していった。

(2) 自社ブランド型の萌芽～コンテックスと七福タオルのケース

ただし、この時期、コンテックスが自社ブランド、および代理店方式という独自の経営を行っていたことは注目に値する。同社は1951年から自社ブランド「コンテックス」を創設し、代理店を通じて販売するという方式を開始した。当時の経営者の近藤憲司氏は次のように述べている[3]。

> 私はこの仕事を始める前に松下電器に勤めていた経験があり、松下電器で学んだ合理精神から目方売りを排して、近藤繊維の製品にコンテックスというブランドを付けて、一枚、一枚売る方式を採っているんです。
> 産地の我々に、リーダーシップが採れるような形に、需給関係の構造を改革する努力をしないといかんですね。(中略) タオルだけで見ますと、メーカー上位三十社

の売上高が四百億円ほどなのに、専業問屋の上位三十社の売上高は八百九十億円にもなっている。こういう数字を見ても、タオル製造業者にとって、マーケッティングがいかに大切かということが判る筈です。

　さらに七福タオルも問屋OEM全盛期のころに自社ブランド方式と小売直販を開始した先駆的な企業である。七福タオルの経営者である川北泰三氏が家業を継いだのは1985年のことであった。当時の同社は大手問屋1社に依存した形でほぼ100％OEM生産を行っているという状態であった。特に安価なギフト用タオルのOEM生産が主流であったが、川北氏は以下のように当時のビジネスに不満を持っていた[4]。

　安価なギフトっていうのは、箱の見栄えはいいし、箱づらも見栄えはいいんだけども、開けてみると薄っぺらくて、「何か、こんなタオルは使いたくないみたいな、こんな商品みたいな」って。それに、「なぜうちは自分で使いたくないタオルをつくっているんだろうみたいな」、そういうのが悶々とあって。
　今治は、完成品までできる。なぜ、それなのに、パリスだ、ロンドンだ、つけるんだみたいな。なぜ「今治」という言葉はおろか、「七福タオル」の名前なんかも全然、メーカー名にすらしないのかっていうのが、ずっと悶々とあって。

　同社が新たな市場をつかむ契機は、以下のようなものであった。川北氏は大学在学中、落語研究会に所属していた。1987年、プロの落語家になった先輩が二つ目に昇進した際、似顔絵入りのタオルを20本ほどプレゼントした。そのタオルが雑誌に取り上げられ評判となった。この評判を聞きつけた東急ハンズが同社に連絡を取り、そこからオリジナル企画のタオルを直販するビジネスが開始された。
　このように、コンテックスや七福タオルなど一部の企業では、この時期に独自のセンスメーキングを行い、「主導権を持つメーカー」、「自分が使いたいタオルを作る」というアイデンティティと「自社ブランド方式」というビジネスモデルを構築していた。

3．フェーズ2：環境変化とタオル企業のセンスメーキング

(1) 新たなビジネスモデル

　90年代に入ると、バブル崩壊による需要低迷、安価な海外製タオルとの競争から、従来の問屋取引を通じたOEM生産というビジネスモデルは大きな打撃を受けるようになった。図表3は、自社ブランドとOEMの比率、販売形態、および海外生産比率から調査対象企業の現在のビジネスモデルを分類したものである。上記のように、フェーズ1においては、コンテックスと七福タオルを除くすべての企業が、問屋取引を通じたOEM生産であったが、現在の各企業のビジネスモデルは、以下のように基本的に3つに分類することができる。

　第1は、国内生産によって自社ブランド販売を行っている「自社ブランド型」である。ただし、タオルマフラーをはじめとする新用途製品の展開に力を入れてきたオリムや、環境をキーワードとした製品を軸とする池内タオルなど、各企業の自社ブランドの製品展開は様々である。同様に、四国タオル工業組合が展開する今治タオルショップを中心に製品を販売している織鶴タオルや、全国

図表3　調査対象企業のビジネスモデルの分類

企業名	自社ブランド：OEM比率	販売形態	海外生産比率
自社ブランド型			
オリム	70% ： 30%	直販54%、　問屋取引46%	0％
織鶴タオル	100% ： 0％	直販主体	0％
池内タオル	98% ： 2％	直販主体	0％
七福タオル	98% ： 2％	直販主体	0％
コンテックス	99% ： 1％	直販主体	0％
OEM維持・国内生産型			
A社	30% ： 70%	直販主体	0％
今井タオル	10% ： 90%	問屋取引主体	0％
城南織物	2％ ： 98%	問屋取引主体	0％
B社	15% ： 85%	問屋取引主体	0％
OEM維持・海外生産型			
楠橋紋織	5％ ： 95%	問屋取引主体	75%

（出所）インタビューより筆者作成

の小売店に製品を直販している七福タオルなど、販売形態も多様である。

　第2はOEM生産を維持しながらも、国内生産を行っている「OEM維持・国内生産型」である。このタイプの企業にも多様性が見られる。全ての企業はOEM生産を維持しながらも、一部自社ブランドビジネスも展開しているが、その比率は企業によって様々である。また、例えばA社は従来の問屋取引を通じたOEM生産ではなく、全国の雑貨店等の小売店にOEM製品を提供している。

　最後に第3は、同じくOEM生産を維持しながらも、海外生産を行っている企業である。今回の調査対象企業のうち、このタイプに当てはまるのは、楠橋紋織だけであるが、今治産業集積全体としては、90年代初頭を中心に最大6社が海外展開をした。

　以下、ここでは代表的なケースとして、自社ブランド型の池内タオル、OEM維持・国内生産型の今井タオル、海外生産の楠橋紋織を取り上げ、各企業のセンスメーキングについて見ていこう。

(2)　倒産の危機から自社ブランド型へ〜池内タオルのケース

　池内タオルの経営者である池内計司氏が家業を継いで社長となったのは1983年のことであった。当時はほぼ100％が問屋取引のOEM生産であった。同社は1999年に自社ブランドを立ち上げ、安全性の高い素材を使用し、環境負荷の少ない生産設備と風力発電の電力によって生産するタオルを導入した。同社のタオルは、2000年代初頭までに、海外展示会での受賞やマスコミで大きく取り上げられるなど大きな話題となった。ただし、同社はジャガード織のタオルハンカチのOEM生産で利益を得ていたため、こうした環境や安全に配慮した自社ブランドのタオルは「社長の趣味みたいなもの」[5]という位置づけであった。実際、当時の自社ブランド比率は1％ほどであり、同社にとっては、問屋取引を通じたOEMが主なビジネス形態であった。転機が訪れたのは2003年であった。2003年に同社の売上の約70％を占めていた問屋が倒産し、同社は民事再生法を申請した。池内氏は会社再生に当たって、以下のように、従来のOEM生産を止め、自社ブランド一本に絞ることにした[6]。

OEM先に言われるままの製造を続けていても、中国や東南アジアで生産される安価なタオルとの競争に巻き込まれるだけ。価値観の違うタオルを作らないと生き残れない。そう痛感していた。

　同社のアイデンティティは、環境をキーワードに他社とは違う価値観のタオルを製造するというものであり、ビジネスモデルは自社ブランド方式であった。製品コンセプトは異なるが、他社には生産できない、あるいは他産地には生産できない独自のタオルを生産するメーカーというアイデンティティは、自社ブランド型のタオルメーカーに共通するものである。

(3)　問屋OEMを維持しながら自社ブランドを開拓〜今井タオルのケース

　次に従来からのOEM生産を維持しながら、一部自社ブランド事業を開拓している今井タオルについて見ていこう。今井タオルの創業は明治32年であり、今治タオル産業集積の中でも代表的な老舗タオルメーカーの一つである。同社はタオルケット生産の先駆的な企業であり、従来からタオルケットのOEMを主要なビジネスモデルとしてきた。上記フェーズ1においては、問屋OEMがほぼ業務の100%を占めていた。ただし、同社のアイデンティティは上記のように、自社を単なる下請けとして認識するというものではなかった。同社では、伝統的に「難しいものは今井に」[7]と言われるように、OEM先に対する企画力・提案力が自社の優位性であると認識していた。同社の売上は最盛期の1994年には約30億円程度だったが、その後減少し、現在では約3分の1程度となっている。フェーズ2における同社のセンスメークは以下のように描くことができる。同社では、従来からの企画・提案力を自社のアイデンティティとし、中国では生産できない製品を中心にOEM生産を継続した。現経営者の今井秀樹氏によると、「中国に持って行かさないための企画力」であり、それは次のようなものである。

　絵に描いた1枚の図案を、タオルに瞬時に置き換える能力とか、もっとこうしたら売れるよとか、この柄表現はタオル上できないですよっていうのが瞬時にできる。

「色数が多すぎますよ」「これやったらプリントのほうがいいですよ」「プリントじゃ無理ですよ」、瞬時に解釈して向こうに提案する能力っていうのが企画力なんですよ。

　他方で、2004年からは、一部自社ブランドビジネスも開拓している。現在金額ベースで見た売上の約10%が自社ブランド製品であり、東京の直営店で自社ブランド製品を販売している。
　従来の下請けとしてのアイデンティティではなく、企画力・提案力、さらにはそれを支える技術力を持ったメーカーというアイデンティティは、OEM維持・国内生産型のタオルメーカーに共通するものである。

⑷　海外展開のケース～楠橋紋織のケース
　楠橋紋織の創業は1931年であり、今治を代表するタオルメーカーの一つである。同社はフェーズ１の時期に、当初から欧米高級ブランドの問屋ライセンスのOEMを手掛け、その後も問屋OEMを主要なビジネスモデルとしていた。最盛期の売上高は約80億円程度あった。フェーズ２において同社は、OEM生産を中国生産によって維持するというビジネスモデルを確立した。同社は、1995年から中国生産を開始したが、２年後には日本と中国の生産比率は逆転し、以後中国生産がメインとなった。金額ベースでみた現在の海外生産比率は国内生産約25%、中国生産約75%である。上記のように、現在でもOEM生産を続けている企業は、自社を単なる下請けとは認識していない。同社の場合も「商品開発力」が自社の競争優位性であると認識している。すなわち、「デザインをどう表現するか」、「表現できるかどうか」を問屋側に提案する。また、東京と大阪にある出張所でフェース・トゥ・フェースの話し合いを行えることも同社の強みである。さらに中国進出の動機はコスト削減であり、コスト面でも問屋側の要望に応えることができる。
　他方で、同社も一部自社ブランドビジネスも開拓してきた。2004年からは「kusu」という自社ブランド製品の販売を開始し、さらにフェーズ１のOEM生産以前に使用していた自社ブランド「ダブルスター」も復活させた。

(5) 小括

　ここでフェーズ2における各社のセンスメーキングに関する分析結果を要約しておこう。上で見てきたように、現在のタオルメーカーのビジネスモデルは、「自社ブランド型」、「OEM維持・国内生産型」、「OEM維持・海外生産型」の3つに分類できる。ただし、後二者は、いずれも従来の問屋依存型のOEM生産とは異なり、企画・提案力や商品開発力といったアイデンティティに基づいているため、「提案型OEM」というビジネスモデルとして一つにまとめることもできる。ここで特に指摘しておきたい点は、フェーズ2におけるこれらのビジネスモデルの背後にあるアイデンティティには共通性があるということである。自社ブランドにおける「他社や他産地には生産できないタオル」、提案型OEMにおける「企画・提案力」、「商品開発力」といったアイデンティティは、いずれも一貫生産可能なものづくり産地としての競争力の再認識に基づいている。

4．アイデンティティとビジネスモデルの社会化と業界団体の役割

　以上のアイデンティティとビジネスモデルは、タオル企業同士の相互作用を通じて社会化されていった。その際、大きな役割を果たしたのが四国タオル工業組合だったと考えられる。例えば四国タオル工業組合では、2001年に「消費者視点に立ったタオル業界の再生に向けて」をキーワードとして、タオル業界構造改革ビジョンのアクションプランを策定した。その4本柱は、①タオルの新製品・新用途を開発し、脱ギフトを進める、②問屋任せ、問屋依存の流通を改革し、消費者と直接つながる、③海外を含めたマーケット開拓に積極的に取り組む、④IT技術も取り入れながら、今治タオルの伝統を継承する人材育成に努めるであった。

　このアクションプランの背景には、コンテックスや七福タオル等の先駆的な自社ブランド企業の取組が影響しているものと考えられる。同様に、今井タオルや楠橋紋織等、企画・提案力によってOEM注文を確保し続けてきた企業の取組も影響を与えていたであろう。

　さらに同組合は、2006年度からは、国の「JAPANブランド育成支援事業」の援助を受け、「今治タオルプロジェクト」をスタートし、同年に「今治ブラン

ド」のマーク・ロゴを制作した。その際、吸水性をはじめとする厳格な品質基準を設け、マーク・ロゴの使用の認定条件とした。こうした取組は、上記の集積全体のアイデンティティを自己強化する効果を持っていたと考えられる。

　これらのアイデンティティとビジネスモデルによって、現在、今治タオル産業集積はその優位性を維持している。すなわち、従来からのOEM市場、さらには新たな小売市場に向けて高付加価値タオルを生産することにより、2010年から生産量が増加している。

第4節　結論と含意

　以上、本稿では、今治タオル産業集積を対象として、センスメーキングの枠組みを援用し、アイデンティティとビジネスモデルの変化という観点から、産業集積の優位性の維持に関するダイナミズムを分析してきた。同集積では、環境変化に対応し、従来とは異なる新たなアイデンティティとビジネスモデルを社会化することで、集積の優位性を維持してきた。

　最後に、産業集積の優位性の維持に対する本稿の含意を述べる。上記のように、現在では、新たに社会化された「他では作れないタオルを作る」というアイデンティティと「自社ブランド生産」というビジネスモデルが今治タオル産業集積の優位性の軸の一つとなっている。今治タオル産業集積のケースで注目すべき点は、同集積では、フェーズ1において、下請けとしてのアイデンティティと問屋依存のOEM生産というビジネスモデルが社会化されている期間においても、コンテックスや七福タオルのように独自のアイデンティティに基づく自社ブランド生産を行う企業が存在していたという点である。このように、環境変化の前のフェーズにおいて、既に社会化されているアイデンティティとビジネスモデルとは異なる独自のアイデンティティとビジネスモデルが産業集積内部に確保されていたことは、同集積の環境変化への対応にとって非常に重要であったと考えられる。もっとも集積内で、こうした独自性を阻害するような声がないわけではなかった。例えば、七福タオルが自社ブランドを始めたときには、他から「もっと問屋さんを大事にするように」と釘を刺されることがあった。にもかかわらず同集積では、特定のアイデンティティとビジネスモデ

ルに完全に拘束されることはなかった。結果としては、フェーズ1において、いわばマイナーであったアイデンティティとビジネスモデルが、フェーズ2においてはメジャーなそれに取って代わった。その意味で、集積内部におけるアイデンティティとビジネスモデルの一定の多様性の確保が、環境変化への対応の一つの鍵であると言える。ただし、多様性の確保のみで環境変化に対応できるわけではない。環境変化に対応して優位性を維持していくためには、産業集積全体として、相互作用を通じて、適切なアイデンティティとビジネスモデルを選択し、社会化する必要がある。同集積の場合、適切なアイデンティティとビジネスモデルを効率的に選択・社会化する上で、四国タオル工業組合が大きな役割を果たした。

　以上のように、産業集積の優位性の維持のためには、集積内部でアイデンティティとビジネスモデルの多様性を確保し、さらに適切なアイデンティティとビジネスモデルを選択する仕組みが求められる。

(注1) 今治市の繊維業、およびタオル産業集積の歴史については、今治郷土史編さん委員会（1990）、阿部（1998）を参照。
(注2) 例えば2008年時点の四国タオル工業組合の理事長である藤高豊文氏は、今治タオルが追いつめられた要因を述べた中で、「流通業者を通すため下代が抑えられ、品質が悪くなってしまったこと」、「タオルづくりを問屋の要求に対応することに偏重し、自らのブランドとして売れる商品づくりへ努力する自助努力が不足していたこと」を指摘している（藤高、2008）。
(注3) 三品（1986）。
(注4) インタビューより。以下、出所を明記していない引用は全てインタビューによるものである。
(注5) 藤沢（2009）、p.37
(注6) 江守（2010）。
(注7) 阿部（2006）。

【参考文献】
阿部克行（1998）「今治タオル百年物語」『今治史談』No.4、113-128頁。
阿部克行（2006）「戦後復興の麒麟児　今井茂樹（クローズアップタオル人）」『テキスタイル・レポート今治』Vol.8、1-2頁。

伊丹敬之・松島茂・橘川武郎（編著）(1998)『産業集積の本質：柔軟な分業・集積の条件』有斐閣

今治郷土史編さん委員会（1990)『今治郷土史　現代の今治（地誌　近・現代 4)』今治市役所

江守英哲(2010)「現場力　池内タオル　脱OEMで倒産から再建」『NIKKEI BUSINESS』2010年 5 月 3 日号、52-54頁。

加藤俊彦(2011)『技術システムの構造と革新――方法論的視座に基づく経営学の探求』白桃書房

田中英式(2010)「産業集積内ネットワークのメカニズム――岡山ジーンズ産業集積のケース」『組織科学』第43巻 4 号、73-86頁。

遠山恭司(2010)「産業集積地域における持続的発展のための経路破壊・経路創造――日本とイタリアにおける眼鏡産業集積比較研究」植田浩史・粂野博行・駒形哲哉（編著）『日本中小企業研究の到達点：下請制、社会的分業構造、産業集積、東アジア化』同友館、91-123頁。

額田春華・岸本太一・粂野博行・松嶋一成（2010)『平成21年度ナレッジリサーチ事業　技術とマーケットの相互作用が生み出す産業集積のダイナミズム：諏訪地域では、なぜ競争力維持が可能だったのか』中小企業基盤整備機構経営支援情報センター

藤沢久美(2009)「時代を拓く力：世界で売れた"エコ"タオル：池内計司氏」『Voice』2009年 6 月号、32-41頁。

藤高豊文（2008)「今治タオルプロジェクト」『インタビュー』Vol.33、41-52頁。

三品一起（1986)『三品一起のトップ対談』愛媛経済レポート出版事業部

Marshall, A. (1890) *Principal of Economics*. The Macmillan Press.（馬場哲之助訳（1966)『経済学原理Ⅱ』東洋経済新報社）

Piore, M.J. and Sable, C.F.（1984）*The second industrial divide*. Basic books.（山之内靖・永易浩一・石田あつみ訳（1993)『第二の産業分水嶺』筑摩書房）

Porac, J. F., Thomas, H., and Barden-Fuller, C.（1989）"Competitive Groups as Cognitive Communities: The Case of Scottish Knitwear Manufacturers", *Journal of Management Studies*, Vol.26:4, pp.397-416

Porter, M.E.（1998), *On Completion*. Harvard Business School Press.（竹内弘高訳（1999)『競争戦略論Ⅱ』ダイヤモンド社）

Saxenian, A.（1994）*Regional advantage*. Harvard business school press.（大前研一訳（1995)『現代の二都物語：なぜシリコンバレーは復活し、ボストン・ルート128は沈んだか』講談社）

Weick, K. E.（1979）*The Social Psychology of Organizing 2 nd Edition*. McGraw-Hill.（遠田雄志訳（1997)『組織化の社会心理学（第 2 版)』文眞堂）

Weick, K. E.（1995）*Sensemaking in Organizations*. Sage Publications.（遠田雄志・西本直人訳（2001)『センスメーキング　イン　オーガニゼーションズ』文眞堂）

第6章
地域経済の発展と沖縄の情報通信産業

安田　信之助
（城西大学経済学部教授）

はじめに

　沖縄県は1998年10月に「沖縄県マルチメディアアイランド構想」を策定した。この構想は国際都市形成計画の基幹産業政策となる①自由貿易地域、②国際観光拠点形成による振興、③情報通信関連産業振興の3つの施策を柱としている。情報通信関連産業の振興においては1997年の約6,000人の情報関連産業の従事者数を2010年には24,500人までに拡大することを目標とした。この構想の実現に向けて沖縄県は国の支援をバックに1999年の沖縄振興開発特別処置法の改正などによる情報通信産業への投資減税制度の導入、本土と沖縄間の高速通信料金の削減のための情報通信コスト低減支援政策、新規雇用に対する沖縄県若年者雇用開発助成金制度などの税制優遇やその他の優遇措置、雇用支援を強化し情報産業の県内誘致活動を強化してきた。1999年6月に沖縄経済振興の新たな政策ビジョンとなる「沖縄経済振興21世紀プラン」のその中間報告は自立経済の構築を目標に産業振興を柱として①加工広域型産業の振興、②観光リゾート産業の新たな展開、③国際的なネットワークを目指す情報通信産業の育成、④農林水産業の新たな展開の4つの分野を中心とする47の具体的なプロジェクトが提示された。その他に研究開発の促進や人材育成、環境共生の形成など創業支援のための33の事業が盛り込まれた。情報通信産業では沖縄をアジア太平洋の情報通信ハブ基地とする「沖縄国際情報特区」の構想が打ち出され、那覇市、名護市、沖縄市、嘉手納町などを情報通信振興地域に指定し、情報通信分野の研究開発施設の整備・強化が図られてきた。本稿では沖縄経済と情報特区構想について考察し、次いで沖縄の情報産業の現況について分析し、最後に今後の課題と展望について論ずる。

第1節　沖縄経済の現状と情報特区構想

　沖縄県の現状について分析すると、一人当たり県民所得は約200万円で東京都の半分程度の水準でこの10年間推移している。県別の年齢構成では沖縄県は2010年のデータでみると東京都43.6歳、神奈川県43.4歳、滋賀県43.1歳、愛知県42.9歳などに比べると3歳以上も低い40.7歳となっている（図表1）。また、2013年のデータで沖縄県の年齢別人口を見ると、35～39歳の人口が7.4%と最大の比重を占め、次いで40～44歳の人口が7.2%を占める。ちなみに15歳から44歳までの人口が約55万人で沖縄の全人口に占める比率は39%である（図表2参照）。

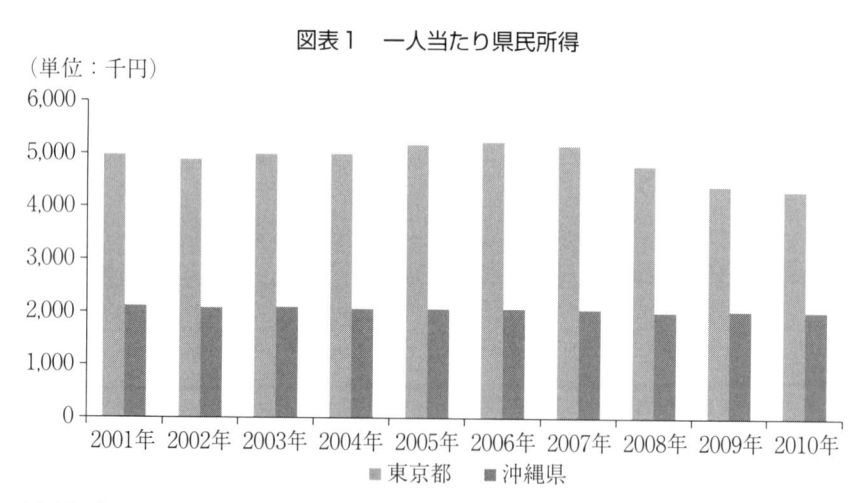

図表1　一人当たり県民所得

（単位：千円）

年	東京都	沖縄県
2001年	約4,950	約2,100
2002年	約4,850	約2,050
2003年	約4,950	約2,050
2004年	約4,950	約2,000
2005年	約5,100	約2,000
2006年	約5,150	約2,000
2007年	約5,100	約1,950
2008年	約4,700	約1,900
2009年	約4,300	約1,900
2010年	約4,200	約1,900

（出所）内閣府県民経済計算（2001年度-2010年度）に基づき作成
　　　http://www.esri.cao.go.jp/jp/sna/data/data_list/kenmin/files/contents/main_h22.htm

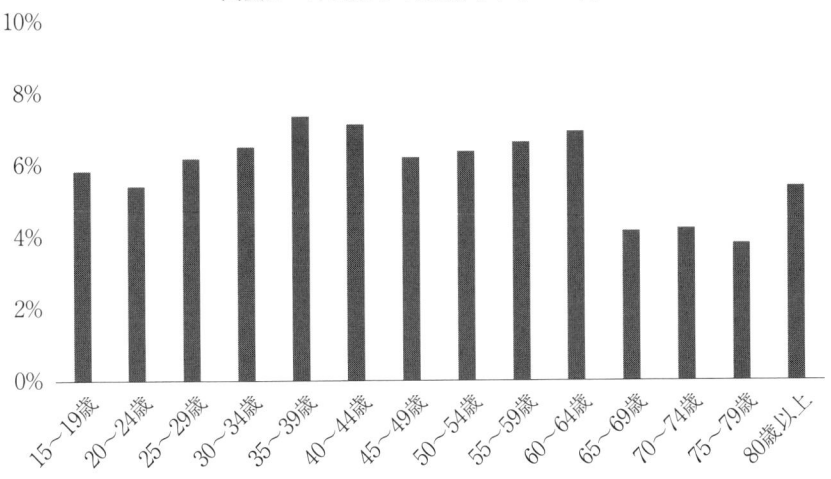

図表2 沖縄県の年齢別人口（2013年）

（出所）沖縄県住民基本台帳年齢別人口に基づき作成
　　　　http://www.pref.okinawa.lg.jp/site/kikaku/shichoson/2422.html

　次に人口の増加率であるが、2011年11月1日現在で沖縄県の人口増加率は0.59％と非常に高く、全国一の増加率を示している。ちなみに第2位の東京都は0.28％、第3位の滋賀県は約0.19％、第4位の埼玉県は0.17％、第5位の福岡県は0.14％である（図表3参照）。

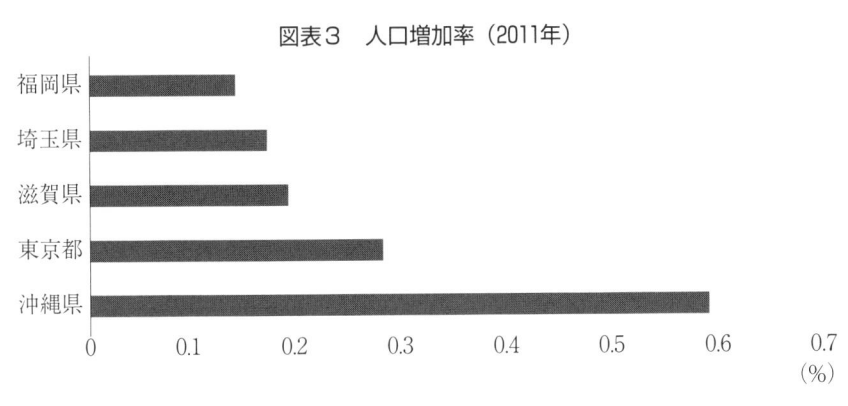

図表3 人口増加率（2011年）

（出所）総務省統計局人口推計（2011年10月1日現在）に基づき作成
　　　　http://www.stat.go.jp/data/jinsui/2011np/

次に沖縄の産業構造の推移についてみると第3次産業が約90％近い高い比率を占め、第1次、第2次産業は1990年から2010年でみてもそれぞれ約3％、約5％程度で推移している（図表4参照）。

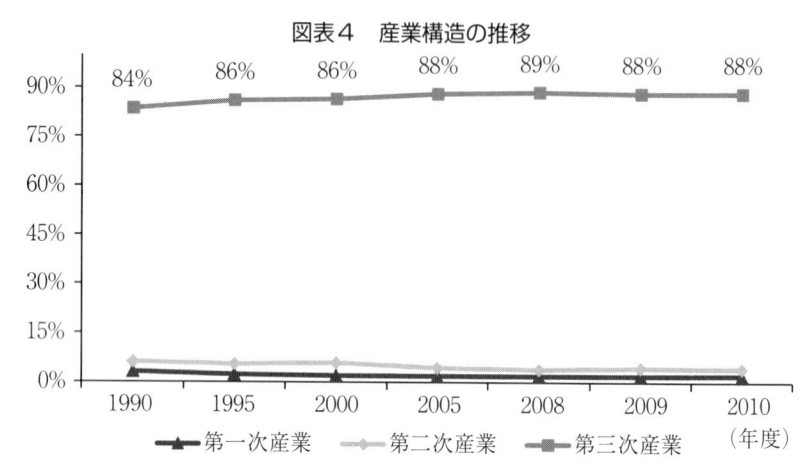

図表4　産業構造の推移

年度	1990	1995	2000	2005	2008	2009	2010
第三次産業	84%	86%	86%	88%	89%	88%	88%

凡例：第一次産業、第二次産業、第三次産業

（出所）内閣府沖縄総合事務局「沖縄県経済の概況（2014年3月）」P16に基づき作成

　また、沖縄県の自主財源の比率は低く、47都道府県中45位と低い水準で推移している。

　沖縄経済の自立的な経済発展を促進するためには他の地域よりも豊富に存在する生産労働力を有効に活用することが重要となる。経済の自立を促進し、自主財源比率を高めるためにも競争力のある産業の育成が不可欠である（図表5参照）。豊富な若年労働者を有効に活用するための一つの政策として沖縄県のコールセンターを中心とする情報通信産業の育成は有効な政策となる。また、アベノミクスの第3の矢として2014年3月に指定された国家戦略特区として日本全国で6か所の地域が指定された。沖縄県は国際観光拠点として地域指定されたので今後の観光業の更なる発展が期待される。

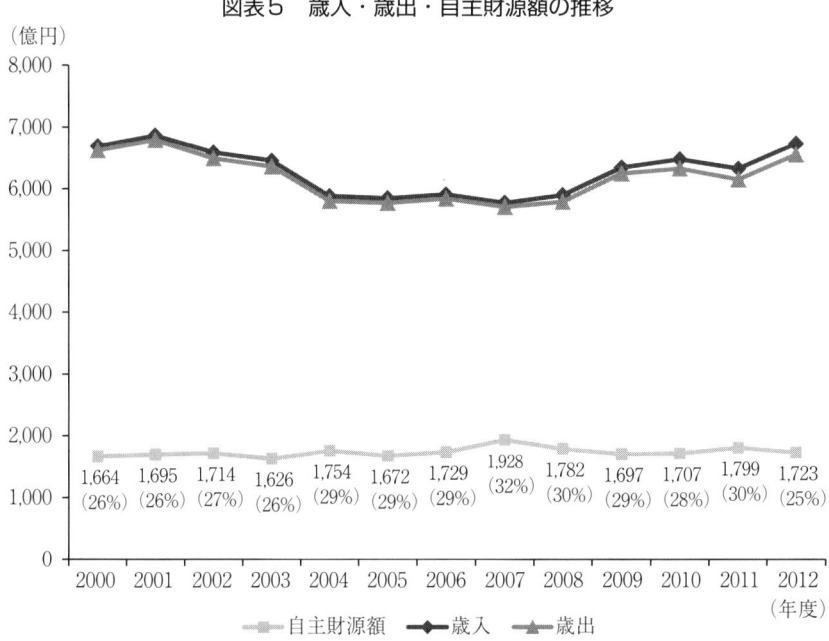

図表5　歳入・歳出・自主財源額の推移

(出所）沖縄県「沖縄県の財政2013」、P5に基づき作成

　情報通信産業の振興においては既述したように1999年の6,000人の従事者数を2010年には24,500人まで拡大することを目標としていた。その後の沖縄県の情報通信産業の強化策によって沖縄県へのコールセンターの集積は大きく進展し、2013年7月現在で沖縄県は日本で最多の93の拠点数を実現するに至っている。第2位が北海道の76件で、以下福岡市・北九州市38件、宮城県36件、宮崎県21、長崎県19件となっている。このようにコールセンター産業の立地における沖縄県の比較優位が明らかとなっている。これは沖縄県の1）若い生産年齢人口が多いこと、2）沖縄県の賃金水準が低いことなどが大きな要因となっている。ちなみに、エリア別のコールセンター業の賃金水準をみると、沖縄県が賃金水準で他の地域と比べて競争上優位にあることがわかる（図表6、7参照）。

図表6　コールセンター拠点数

1	沖縄県	93（うち那覇市55）
2	北海道	76（うち札幌市62）
3	福岡市 北九州市	38（福岡市28、北九州市10）
4	宮城県	36（仙台市31）
5	宮崎県	21（うち宮崎市14）
6	長崎県	19（うち長崎市9）
7	青森県	17（うち青森市5）
7	愛媛県	14（うち松山市8）
9	新潟県	11（うち新潟市9）
10	佐賀県	10（うち佐賀市6）

（注）沖縄県は2011年度までの進出状況を集計
　　　宮城県は仙台市を含む県下の進出状況を集計
（出所）『月刊コンピューターテレフォニー』2013年10月号

図表7　地域別コールセンター業の賃金（時給）の推移

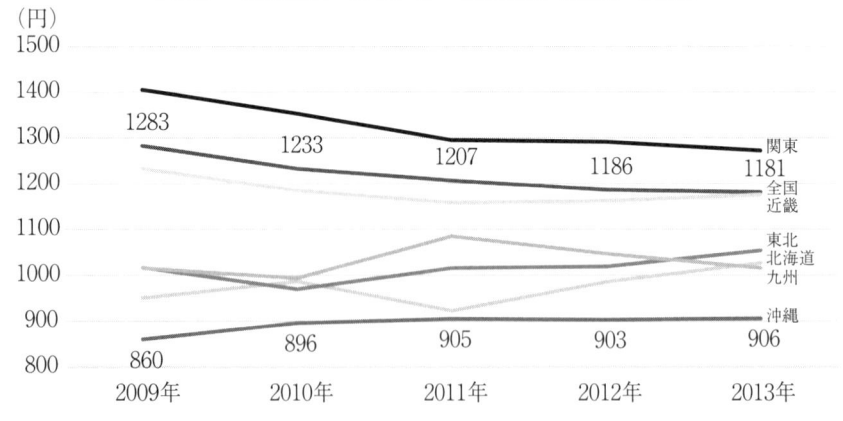

(円)

関東：1283, 1233, 1207, 1186, 1181
沖縄：860, 896, 905, 903, 906
（全国／近畿／東北／北海道／九州）
2009年　2010年　2011年　2012年　2013年

（出所）コンピューターテレフォニー編集部編（2013）『コールセンター白書2013』P21をもとに作成

　既述した沖縄マルチメディアアイランド構想の基本シナリオは図8の通りである。2012年現在で、売上高総額3,482億円、雇用者数23,741人となっており情報通信産業の集積が大きな役割を果たしていることがわかる。

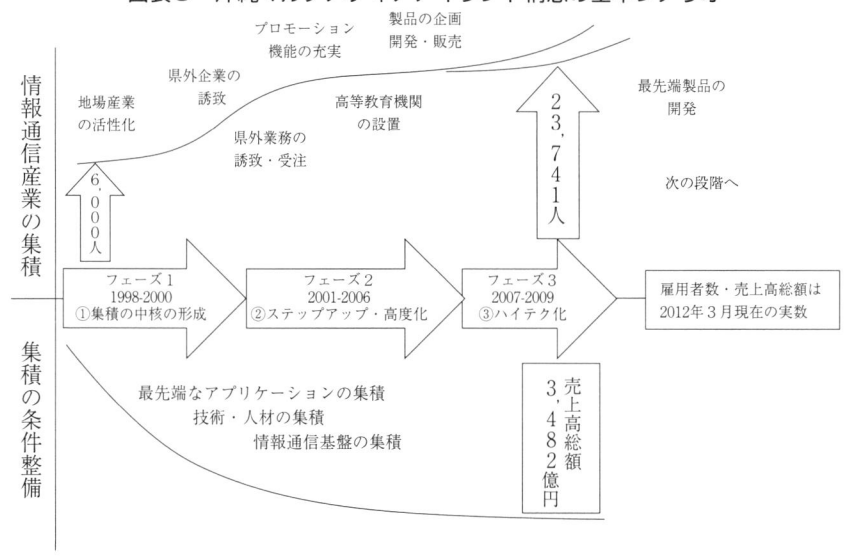

図表8　沖縄マルチメディアアイランド構想の基本シナリオ

情報通信産業の集積
- 地場産業の活性化
- 県外企業の誘致
- プロモーション機能の充実
- 県外業務の誘致・受注
- 製品の企画開発・販売
- 高等教育機関の設置
- 最先端製品の開発
- 次の段階へ

6,000人 → 23,741人

フェーズ1　1998-2000　①集積の中核の形成
フェーズ2　2001-2006　②ステップアップ・高度化
フェーズ3　2007-2009　③ハイテク化
雇用者数・売上高総額は2012年3月現在の実数

集積の条件整備
- 最先端なアプリケーションの集積
- 技術・人材の集積
- 情報通信基盤の集積

売上高総額 3,482億円

(出所) 沖縄県「沖縄県マルチメディアアイランド構想」1998年を、沖縄県商工労働部情報産業振興「2013-2014情報通信産業立地ガイド」2013年、「新沖縄県情報通信産業振興計画（仮称）策定調査事業報告書」2012年3月などより作成

第2節　沖縄情報特区の現況

　これまでの沖縄の情報通信産業育成策は着実な効果を示し、情報通信産業特別地区である那覇・浦添地区、うるま地区、名護・宜野座地区と情報通信産業振興指定地域（那覇市、うるま市、宜野湾市、宮古島市、石垣氏、浦添氏、名護市、糸満市、沖縄市、本部町、読谷村、嘉手納町、北谷町、北中城村、中城村、西原町、豊見城氏、八重瀬町、与那原町、南風原町、宜野座村、南城市、恩納村、金武町、24市町村）に進出した企業が263社で、2011年で23,741人の新規雇用を生み出すに至った。沖縄県商工労働部情報産業振興課「2013-2014 情報通信産業立地ガイド」によれば、その内訳はコールセンターが79社、雇用者数17,140人、ソフトウェア開発70社、雇用者1,434人、情報サービス、企業数61者、雇用者数4,211人、コンテンツ22社、雇用者数は3,190人などである。

図表9　沖縄の制度の概要

	情報通信産業振興地域	情報通信産業特別地区
地域指定方法	地域指定権限を沖縄県知事へ移譲 （情報通信産業振興計画を沖縄知事が策定）	
対象地域 指定状況	2014年9月末までの経過措置の間に沖縄県知事が指定	
対象業種・施設	① 情報通信産業 　　情報記録物の製造業 　　電気通信業 　　映画・ビデオ制作業 　　放送業 　　ソフトウェア業 　　情報処理・提供サービス業 　　※①には下記の特定情報通信事業を含む ② 情報通信技術利用事業 　　小売業・製造業などのコールセンター、クラウド（インターネット付随サービス業）、ビジネス・プロセス・アウトソージング（BPO）	特定情報通信事業 左記①のうち、情報通信産業の集積を特に促進する事業 データセンター、インターネット・イクスチェンジ、インターネット・サービス・プロバイダー、バックアップセンター、セキュリティデータセンターに情報通信機器相互接続検証事業を追加
税制措置	(1) 投資税額控除（建物等8％、機械等15％） ※機械等の取得価額要件を100万円越えに緩和（現行1,000万円超） (2) 地方税の課税免税に伴う減収補てん措置	(1) 投資税額控除（建物等8％、機械等15％） ※機械等の取得価額要件を100万円超に緩和（現行1,000万円超） (2) 所得控除（40％、10年間） ※事業認定権限を沖縄県知事へ移譲 (3) 地方税の課税免除に伴う減収補てん措置）

（出所）沖縄県企画部「新たな沖縄振興の枠組みと展開について」2014年2月

　ちなみに沖縄県のコールセンター支援制度・助成促進費の対象は以下の通りである。

　1）沖縄県に事業所を置き3年間で20人以上の一般人材、又は高度な専門知識を有する10人以上の人材の新規雇用が見込める情報通信関連企業

2）沖縄県で新たに事業を開始・拡大するために事業所の設置・整備を行う事業主であり、また、沖縄県の区域内に移住する35歳未満の求職者を継続して3人以上雇い入れる事業者（雇用数は正社員を含む常用労働者とし、パートは含めない）

　助成内容は公募により選定された企業の通信回線をトロピカルテクノセンター（2014月4月よりNPO法人フロム沖縄推進機構に情報通信費低減化支援事業が引き継がれた。）が安価で調達し、さらにその回線使用料（通信費）の2分の1（離島地域は3分の2～10分の9）の一部を県が補助する。その他にも沖縄県は該当する事業者にその事業者が35歳未満の労働者に支払った賃金に相当する額の4分の1（中小企業については3分の1）を助成する。限度額は1人につき年間120万円で、支給対象期間は原則1年間である。沖縄労働局長が認める事業主については2年間である。

　人材育成に対する支援策については、リモート開発業務を行う際に、中核となるプロジェクトマネージャー、ブリッジSEなどを実地で育成（県外OJT）する経費の一部を助成し、さらに、リモート開発業務を行う際に必要な技術講座（集合教育）を行い、プロジェクトを推進する人材を効果的に育成する。また、業務発注を前提とした各人材育成講座、事業密着型講座を受講する前に、技術要素全般を取得するための講座を実施する、などである。

図表10　沖縄のコールセンター集積状況

■県内地元企業　■県外進出企業　2013年1月現在

■浦添市

	会社名	立地年
1	㈱アックス 那覇開発センター	2007
2	㈱NTTマーケティングアウト 沖縄116センタ/沖縄Pコールセンタ	2006
3	㈱OCSお客様サービス部	1999
4	㈱外資どっとコム	2005
5	㈱ジュアルディ	2008
6	㈱ヤマダ電機 沖縄コールセンター	2005

■宜野湾市

	会社名	立地年
1	㈱SGシステム株式会社 沖縄コールセンター	2002
2	㈱USEN 宜野湾サテライト	2005
3	㈱クロスライブ 宜野湾営業所	2012

■那覇市

	会社名	立地年
1	あいおいニッセイ同和損保あんしん24㈱ 沖縄コンタクトセンター	2010
2	アメリカンホーム株式会社	2000
3	㈱安心ダイヤル 沖縄コールセンター	2001
4	㈱インデックス沖縄	2007
5	ウィプロ・ジャパン株式会社	2010
6	㈱ウイング 沖縄コールセンター	2006
7	AU保険会社 沖縄コールセンター	2000
8	㈱エコシステム 沖縄	2006
9	エス・シー・エス債権管理回収株式会社	2007
10	㈱NTTマーケティングアクト 沖縄104センタ	1996
11	㈱エブコ	2005
12	オリックス・コールセンター㈱ 那覇事業所(本社)	1999
13	㈱KDDIエボルバ沖縄 那覇第一センター	1999
14	㈱KDDIエボルバ沖縄 那覇第二ニュールセンター	2003
15	㈲コーディアル・コミュニケーションズ 沖縄コールセンター	2003
16	コールセンター沖縄株式会社	2002
17	㈱CSKサービスウェア沖縄事業所	1998
18	シティカードジャパン㈱	2004
19	シティバンク銀行㈱(沖縄出張所)	1999
20	㈱すかいらーく 第三テレホンセンター	2006
21	CLOVERS㈱沖縄支店	2011
22	JPMC光サポートセンター	2012
23	オリックス・コールセンター㈱ おもろまち事業所(本社)	2012
24	グラウン・スミスクライン㈱カスタマーケア・センター おもろまち	2011
25	㈱アンソンネット(あうんコミュニケーション)	2012
26	㈱エイチ・アイ・エス 沖縄メディア予約センター	2011
27	㈱クラスト 沖縄サポートセンター	2011
28	㈱サージェリー	2011
29	㈱	2012
30	㈱ライズエージェンシー 沖縄支社	2011
31	琉球レカム・リール㈱	2011

■那覇市

	会社名	立地年
32	SMBO日興証券㈱ お客様サービスセンター 沖縄案-第二第三コンタクトセンター	2002, 2003 2004
33	トランスコスモス・シー・アール・エム沖縄㈱ MCMセンター那覇	2004
34	トランスコスモス・シー・アール・エム沖縄㈱ MCMセンター那覇豊川	2006
35	㈱日産クリエイティブサービス 沖縄支社	2006
36	㈱日産クリエイティブサービス 沖縄技術情報センター	2009
37	日本アイビー・エム・ビジネスサービス㈱	1999
38	日本アイビー・エム・イーコミュニケーションズ㈱	2003
39	㈱日本メガシステム 沖縄支店	2008
40	野村證券㈱コンタクトセンター沖縄那覇センター	2003
41	野村年金サポート&サービス㈱ 那覇コールセンター	1999
42	㈱ビーファイル (品川近視クリニック 沖縄受付センター)	2007
43	ファーストライディングテクノロジー㈱	2001
44	株式会社フィナンシャル・エージェンシー	2010
45	㈱フジモト	2008
46	プランニングヴィレッジ㈱	2003
47	㈱保険見直し本舗 沖縄コールセンター	2007
48	㈱星野リゾート予約センター	2007
49	㈱ホット・コミュニケーション	2002
50	㈱もしもしホットライン 沖縄支社	2002
51	㈱もしもしホットライン 沖縄支社	2005
52	㈱JPMC光 ムービータイム	2005
53	㈱メテオン コールセンター (トランスコスモス沖縄内)	2008
54	理想科学工業㈱ 沖縄コンタクトセンター	2008
55	株式会社WOWOWコミュニケーションズ	2003

■豊見城市

	会社名	立地年
1	沖縄ツーリスト株式会社 コールセンター	2005
2	ソフトバンクテレコム㈱	2008
3	BBコール株式会社 スタボ豊見城	2008

（出所）沖縄県「情報通信産業立地ガイド」2013年 P.6に基づき作成

110

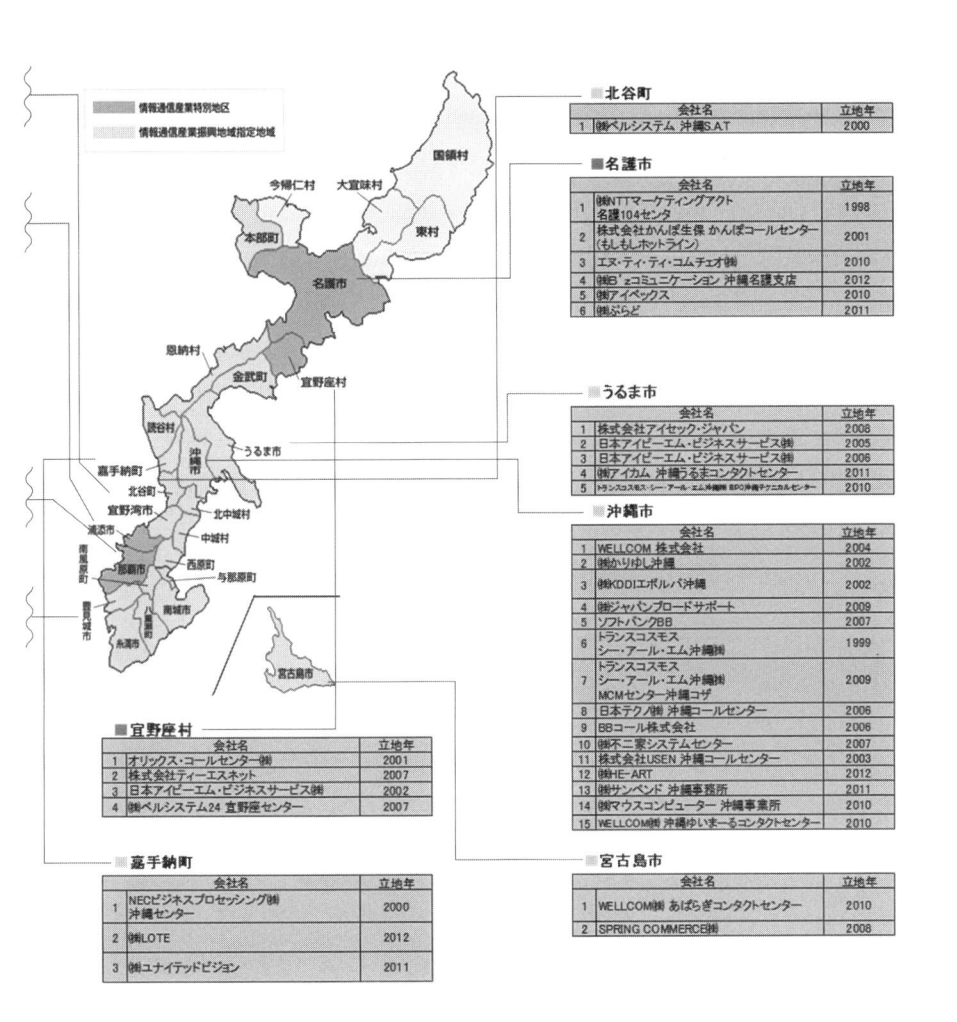

第6章　地域経済の発展と沖縄の情報通信産業

■北谷町

	会社名	立地年
1	㈱ベルシステム 沖縄S.A.T	2000

■名護市

	会社名	立地年
1	㈱NTTマーケティングアクト 名護104センタ	1998
2	株式会社かんぽ生保 かんぽコールセンター（もしもしホットライン）	2001
3	エヌ・ティ・ティ・コムチェオ㈱	2010
4	㈱B'zコミュニケーション 沖縄名護支店	2012
5	㈱アイベックス	2010
6	㈱ぷらど	2011

■うるま市

	会社名	立地年
1	株式会社アイセック・ジャパン	2008
2	日本アイ・ビー・エム・ビジネスサービス㈱	2005
3	日本アイ・ビー・エム・ビジネスサービス㈱	2006
4	㈱アイカム 沖縄うるまコンタクトセンター	2011
5	トランスコスモス・シー・アール・エム沖縄㈱ BPO沖縄テクニカルセンター	2010

■沖縄市

	会社名	立地年
1	WELLCOM 株式会社	2004
2	㈱かりゆし沖縄	2002
3	㈱KDDIエボルバ沖縄	2002
4	㈱ジャパンブロードサポート	2009
5	ソフトバンクBB	2007
6	トランスコスモス シー・アール・エム沖縄㈱	1999
7	トランスコスモス シー・アール・エム沖縄㈱ MCMセンター沖縄コザ	2009
8	日本テク㈱ 沖縄コールセンター	2006
9	BBコール株式会社	2006
10	㈱不二家システムセンター	2007
11	株式会社USEN 沖縄コールセンター	2003
12	㈱HE-ART	2012
13	㈱サンベンド 沖縄事務所	2011
14	㈱マウスコンピューター 沖縄事業所	2010
15	WELLCOM㈱ 沖縄ゆいまーるコンタクトセンター	2010

■宜野座村

	会社名	立地年
1	オリックス・コールセンター㈱	2001
2	株式会社ティーエスネット	2007
3	日本アイ・ビー・エム・ビジネスサービス㈱	2002
4	㈱ベルシステム24 宜野座センター	2007

■嘉手納町

	会社名	立地年
1	NECビジネスプロセッシング㈱ 沖縄センター	2000
2	㈱LOTE	2012
3	㈱ユナイテッドビジョン	2011

■宮古島市

	会社名	立地年
1	WELLCOM㈱ あばらぎコンタクトセンター	2010
2	SPRING COMMERCE㈱	2008

111

第3節　沖縄情報産業の課題と展望

　以上これまで論じたように沖縄県の情報通信産業の集積は順調に推移しており、着実な発展を示している。この沖縄情報特区構想を更に強化・進展するための施策として、沖縄県は「沖縄21世紀ビジョン基本計画（計画期間2012年〜2021年）」において沖縄情報通信産業の更なる発展を目指して、「おきなわSmartHub構想」を策定した。おきなわSmartHub構想の実施計画によれば、情報通信関連産業の生産額を2011年の3,482億円を5年後（2016年）には4,600億円、10年後（2021年）には5,800億円へ、情報通信関連企業の進出数は2011年の237社を5年後の2016年には340社、10年後の2021年には440社に増加させる計画である。県内関連産業の雇用者数も2011年の31,845人を2016年には43,500人、2021年には55,000人まで増やすことが計画されている。

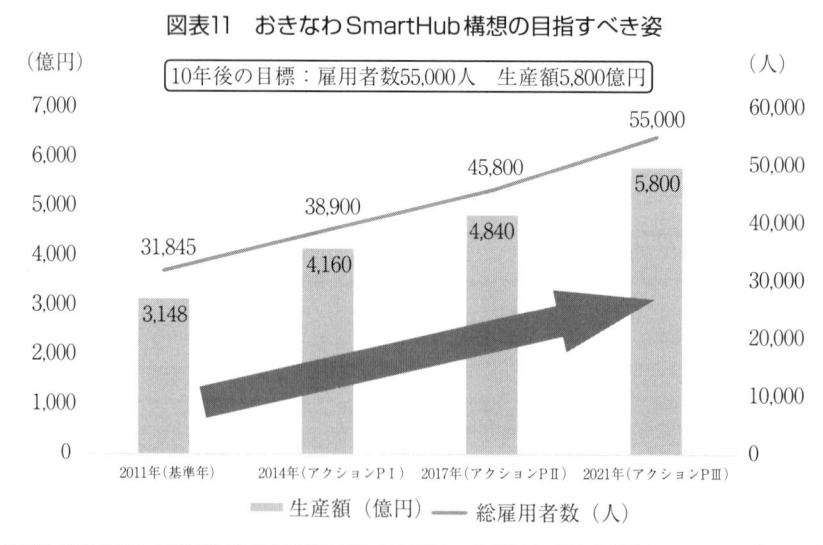

図表11　おきなわSmartHub構想の目指すべき姿

年	生産額（億円）	総雇用者数（人）
2011年（基準年）	3,148	31,845
2014年（アクションPⅠ）	4,160	38,900
2017年（アクションPⅡ）	4,840	45,800
2021年（アクションPⅢ）	5,800	55,000

10年後の目標：雇用者数55,000人　生産額5,800億円

（出所）沖縄県商工労働部　情報産業振興課「沖縄県の情報通信関連産業振興について」2013年5月24日　P6の図を参考に作成

　図表12からわかるように沖縄は地理的にアジアゲートウェイとして最適な地理的条件を有している。沖縄がアジア有数の国際情報通信ハブとして今後重要な役割を担うことが期待されている。

経済のグローバル化の進展によって、我が国企業の海外展開が加速しているのは周知のとおりである。それに伴って、グローバルITソリューションへのニーズも急速に高まっている。例えば農業生産管理システムや医療情報システムなどのモデルシステムをつくり、アジアで展開することも求められてくる。このような業界のグローバル化の進展をサポートするためにも沖縄の産官学連携による国際情報通信ハブの形成は高い目標をもって大きな役割を果たすことが期待される。

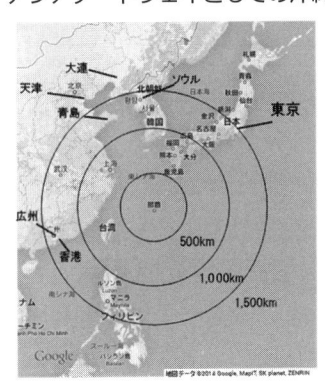

図表12　アジアゲートウェイとしての沖縄の立地

（出所）Google Mapより沖縄周辺を抜粋し、加筆・修正

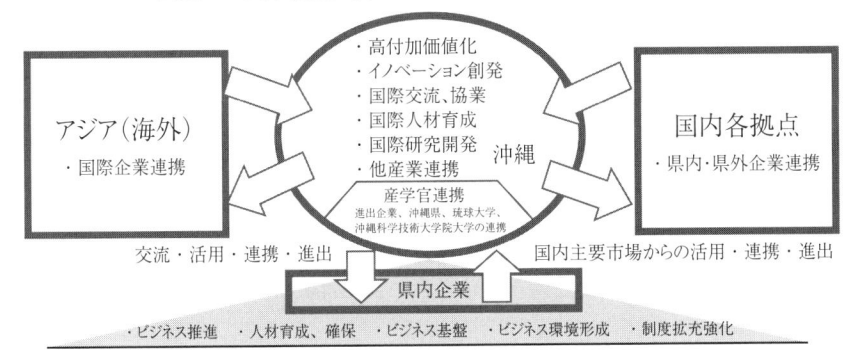

図表13　国際情報通信ハブ形成（おきなわSmart Hub）

（出所）沖縄県商工労働部 情報産業振興課「沖縄県の情報通信関連産業振興について」2013年5月24日 P7の図を参考に加筆して作成

図表14　沖縄の情報通信企業に対するアンケート調査（1部抜粋）

企業名	沖縄に進出した動機	立地後に感じた問題
CGCGスタジオ株式会社	沖縄の振興	人材確保の困難（技術者など）
コミックリズ株式会社	労働力の安さ 沖縄の振興 アジアの国々との懸け橋になるため	人材確保の困難（技術者など） コスト削減が困難
沖縄テクノス株式会社	労働力の安さ 若い人材の確保 アジアの国々との懸け橋になるため	人材確保の困難（技術者など） 県内の技術水準の低さ コスト削減が困難 特に物価が廉価なわけではない。反対に耐久消費財関連は高額
株式会社PASCO SPACE MAPPING TECHNOLOGY	労働力の安さ アジアの国々との懸け橋になるため 人工衛星地球局（受信施設）のための立地	人材確保の困難（技術者など）
株式会社SAL	労働力の安さ 会社の運営コストを抑えるため 単調な仕事を行うwebデザイナーの採用にむいていると考えたため	ビジネスを行う上での環境の悪さ 給与に対する不満
株式会社アイセックジャパン	豊富な労働力 若い人材の確保 沖縄の振興 会社の運営コストを抑えるため	特になし
株式会社サウス・ウインド・システム	地元企業	特になし
株式会社シーポイント	事業拡大 沖縄の振興 アジアの国々との懸け橋になるため	人材確保の困難（技術者など） インフラの弱さ 県内の技術水準の低さ
日本デジコム株式会社	労働力の安さ 採用のしやすさ	離職に抵抗がない 長期勤められる女性が少ない
株式会社タップ	交流の地として最適なため	台風によるトラブルが多い
株式会社ティーエスネット	労働力の安さ 自治体からの支援の期待	人材確保の困難（技術者など） インフラの弱さ コスト削減が困難 労働者の仕事に対する責任感と向上心の欠如
野村證券	豊富な労働力 労働力の安さ	特になし
沖縄セルラー電話株式会社	沖縄の振興	特になし
SGシステム株式会社	労働力の安さ 豊富な労働力 補助金制度の存在	特になし
株式会社サステイナブル・インベスター	沖縄の振興	特になし
株式会社外為どっとコム	豊富な労働力 震災対策	コスト削減が困難 沖縄県内で開催されるセミナー等が少ない
トランスコスモス株式会社	労働力の安さ 若い人材の確保 会社の運営コストを抑えるため	本土と比べてITリテラシーが低い 駐車場の確保が困難

（出所）筆者によるアンケート調査（現在実施中）より一部抜粋

県や国への要望	沖縄情報特区構想の将来性について	現在の従業員数	業種
人材の育成強化 雇用促進政策や教育研究助成金の実現	コールセンター及び現行事業の限界 今後は①アジアの人材教育②アジアの人材採用③日本のデジタルコンテンツの拠点	100人~	映像の企画・製作
国や県などからの助成の継続 インフラの更なる整備	無回答	1-10人	生活関連サービス業、娯楽業
人材の育成強化 雇用促進政策や教育研究助成金の実現 その他(学生への就業意識向上の策)	ハード追加ではなく、コンテンツを明確にした政策が必要	20-50人	情報通信業(コールセンター以外)
人材の育成強化 インフラの更なる整備	無回答	100人~	情報通信業(コールセンター以外)
雇用促進政策や教育研究助成金の実現	下請け仕事ではなく、自社のサービスを展開する際にメンバーを沖縄で募っていくという方向性はあり 中国と沖縄の関係上で仕事が展開されていく可能性	20-50人	情報通信業(コールセンター以外) 宿泊業、飲食サービス業 サービス業
雇用促進政策や教育研究助成金の実現 国や県などからの助成の継続 ベンチャー企業育成支援	あり	50-100人	情報通信業(コールセンター以外)
人材の育成強化 雇用促進政策や教育研究助成金の実現 国や県などからの助成の継続 ベンチャー企業育成支援	あり	50-100人	情報通信業(コールセンター以外)
大胆な規制緩和 インフラの更なる整備	無回答	20-50人	情報通信業(コールセンター以外)
給与の補助 賃借料の支援 長期雇用の奨励制度 子供の育児支援	お金の有効活用	20-50人	サービス業
特になし	特になし	20-50人	情報通信業(コールセンター以外)
インフラの更なる整備 台風などの災害時の対応を強化 宿泊設備の配備	本社が沖縄県外の場合は特区の恩恵を感じられない	50-100人	情報通信業(コールセンター含む)
特になし	沖縄県内でコールセンター新設の話が多くなっており、有効求人倍率も上昇傾向である。特区構想が県の経済発展に寄与し始めてきた。	100人~(コールセンターのみ)	情報通信業(コールセンター含む)
インフラの更なる整備	実情を考慮した上での制度設計を望む	100人~	情報通信業(コールセンター含む)
特になし	すでに進出した企業については恩恵があるよう期待する	100人~	情報通信業(コールセンター含む)
日本語が通じる観点から東京では展開しにくい金融を沖縄で特化して支援すべき	県が国家に相当する動きができる沖縄ならではの政策を期待	10-20人	金融業、保険業
コスト削減に対する支援 インフラの更なる整備 人材の育成強化	企業が進出するために必要な環境や保守できる関連企業について幅広く考慮するべきである	100人~	金融業、保険業
コールセンター産業に対する正しい知識を広めてほしい	多くの産業を集積すべき。高度な産業やハブ空港を活かした物流拠点等。外国からも誘致できるように英語のレベルアップも必要である。	100人~	情報通信業(コールセンター含む)

筆者は現在、沖縄進出情報通信企業に対して、沖縄に進出した動機や国際情報通信ハブ形成に必要な国や県の追加的政策の必要性についてアンケート調査を行っている。現在までに集計した状況においては、沖縄進出の動機は既述した通り、第１位が労働力の安さ、第２位が沖縄の振興政策、第３位がアジアの国々との懸け橋になるため、豊富な労働力がある、などが大きな比重を占めている。それに続くのが若い人材の確保、会社の運営コストを抑えるためなどとなっている。また、国や県への要望については、１番多いのがインフラの更なる整備で次いで雇用促進政策や教育研究助成金の実現、人材の強化、そしてベンチャー企業育成支援、大胆な規制緩和の順となっている。

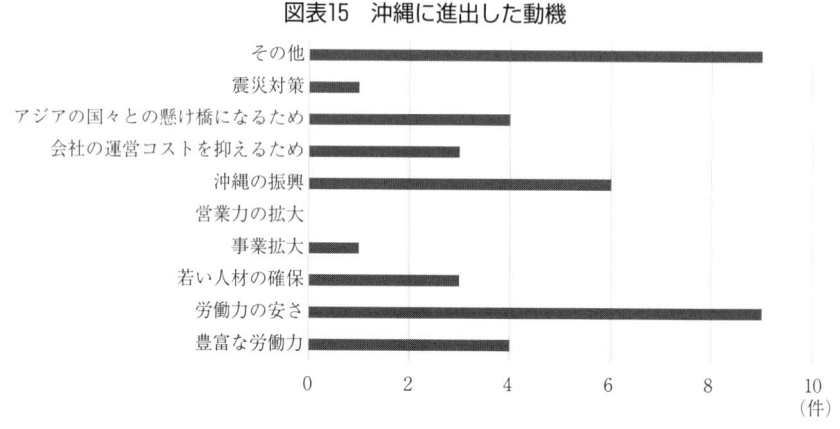

図表15　沖縄に進出した動機

項目	件数
その他	9
震災対策	1
アジアの国々との懸け橋になるため	4
会社の運営コストを抑えるため	3
沖縄の振興	6
営業力の拡大	0
事業拡大	1
若い人材の確保	3
労働力の安さ	9
豊富な労働力	4

（出所）筆者によるアンケート調査（現在実施中）図表14に基づき作成

図表16 県や国への要望

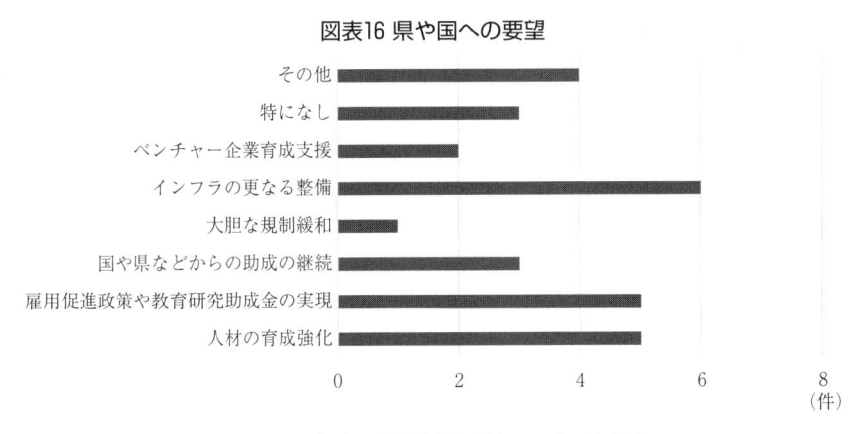

項目	件数
その他	4
特になし	3
ベンチャー企業育成支援	2
インフラの更なる整備	6
大胆な規制緩和	1
国や県などからの助成の継続	3
雇用促進政策や教育研究助成金の実現	5
人材の育成強化	5

(出所) 筆者によるアンケート調査（現在実施中）図表14に基づき作成

おわりに

　以上、これまで沖縄経済の現状と情報特区構想について考察し、次いで沖縄情報特区の現況について分析し、最後に沖縄情報産業の課題と展望について論じた。

　今後、沖縄の情報通信産業の更なる発展のためには、情報通信インフラの整備はもちろんのことだが、何よりも重要なことは、それに対応した人材の育成が着実に行われるかどうかである。小・中・高等学校における他地域に先じた徹底した情報教育（インターネット活用型教育）の推進、専門学校、大学レベルでのネットワークの構築と人材育成プログラムの実施、さらにはアジア地域の核となる大学院レベルの連携も重要である。2011年11月に開学した45の研究ユニットを有し、教員研究者合わせて200人を要する沖縄科学技術大学院大学や琉球大学等の県内の大学との産官学の一層の連携が沖縄情報通信産業の更なる発展には不可欠である。

図表17　情報通信産業の高度化モデル

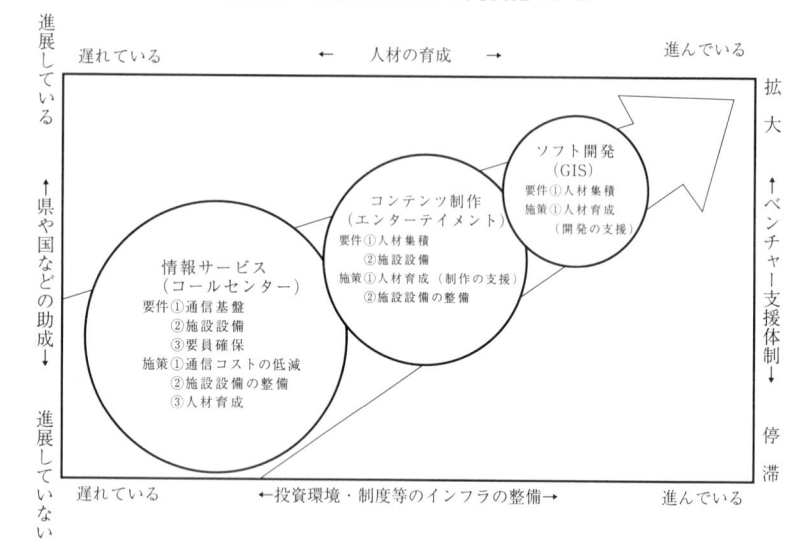

```
進展している ←                          → 進んでいる
             遅れている    ← 人材の育成 →
↑                                                        ↑
県                                     ソフト開発         拡
や                                      (GIS)            大
国                              コンテンツ制作              ↑
な                             (エンターテイメント)          ベ
ど                                                       ン
の        情報サービス                                     チ
助       （コールセンター）                                  ャ
成        要件①通信基盤                                    ー
          ②施設設備                                       支
          ③要員確保                                       援
         施策①通信コストの低減                              体
          ②施設設備の整備                                  制
          ③人材育成                                       ↓
↓                                                       停
進展していない                                             滞
             遅れている  ←投資環境・制度等のインフラの整備→  進んでいる
```

コンテンツ制作：要件①人材集積　②施設設備　施策①人材育成（制作の支援）②施設設備の整備

ソフト開発(GIS)：要件①人材集積　施策①人材育成（開発の支援）

出所：筆者作成

　結局のところ、コールセンターからエンターテイメントへの高度化、そしてソフト開発への進展といった誘導政策が適切に行われるとともに（図15参照）、こうした進展に附随する専門的な教育の拡充と人材の育成ができるかどうかが、沖縄情報通信産業の更なる発展のカギを握っているのである。

【参考文献】
一般社団法人 情報サービス産業協会（2014）『情報サービス産業白書2014』日経BP社　2014年1月
伊藤白（2011）「総合特区構想の概要と論点──諸外国の経済特区・差構造改革特区との比較から──」『調査と情報第698号』2011年2月
沖縄県企画部（2014）「新たな沖縄振興の枠組みと展開について」2014年2月7日
高坂晶子（2013）「「総合特区」の実効性向上に向けて」『JRIレビュー2013』Vol 5, Vol 6
コンピューターテレフォニー編集部（2013）『コールセンター白書2013』リックテレコム 2013年8月
富川盛武（2009）『沖縄の発展とソフトパワー』沖縄タイムス社 2009年10月 第5章
内閣府沖縄情報事務局経済産業部（2010）「沖縄地域経済産業ビジョン ──中間報告──」

2010年3月
内閣府（2012）「改正 沖縄振興特別措置法のあらまし」
那覇市「那覇市企業立地ガイド」http://www.city.naha.okinawa.jp/kigyouricchi/01-02-yuuguuseido.htm
ぶぎん地域経済研究所（2012）「沖縄県にみる企業誘致戦略」『ぶぎんレポートNo.160』2012年11月
松井一彦（2012）「沖縄振興の課題と今後の振興策の在り方」『立法と調査』参議院事務局企画調整室2012年1月
安田信之助（2000）「地域経済の発展と沖縄マルチメディアアイランド構想」池宮城秀正 編著『地域の発展と財政』八千代出版 第3節 2000年4月
安田信之助（2001）「情報通信産業の国際競争力と沖縄情報特区構想」『城西大学国際文化研究所紀要』2001年10月
安田信之助（2012）「地域発展の経済政策――日本経済の再生と構造改革――」『地域発展の経済政策』創成社 第7章 2012年10月
Yasuda Shinnosuke "Hollowing-out Japanese Industry and Inward Investment Promotion Policies," Noboru Kita, Fumitaka Nakamura, Shinnosuke Yasuda, Kouichi Iwano, *Regional Development and The Government Role in Japan*, Nihon Keizai Hyouronsha Publishing Co., Ltd. 1997.

第7章
地方における地域公共交通の現状と課題
―― 応神ふれあいバスの事例から ――

永井　真也
（室蘭工業大学大学院工学研究科准教授）

第1節　はじめに

　わが国では民間事業者を事業主体とする交通政策が実施されており、運輸省は運輸事業者の市場参入を許可制度によって調整していた。多くの事業者が市場参入している状況では、規制による公共交通の質のコントロールが求められていた。国の管理による需給調整規制下では過度な競争もなく、バス事業者は安定した経営環境にあり、バス事業者に対する基本的な方針は自助努力での運行であった。

　本稿が対象としているバス交通では、バスの利用者数が1968年のピークには101億4,300万人あったが、2000年には半分以下の48億300万人にまで減少し、バス離れが進んでいる。人口減少社会・高齢化社会といわれる今日では、地域公共交通は利用者の減少による採算性の悪化からその存続が危惧されている。近年、バス路線の減便・廃止が地域の問題となり、住民の足であるバス路線の維持対策が必要となっている。公共交通を社会資本として考えれば、政府は公共財の過少供給への対策を行わなくてはならない。

　公共交通の衰退は、広い住宅を求めて郊外へと市街地が拡大したことや、郊外の大型ショッピング・センターの開業など、郊外の発展とともに進んだモータリゼーションが原因である。さらにモータリゼーションによる郊外の発展が中心地の衰退を引き起こし、中心地の商店は客を奪われ活気を失い、ますます人が集まらなくなった。中心地の集客の減少は公共交通の減便へとつながり、さらに公共交通は不便になるという悪循環である。すでに地方の公共交通の利用者の多くは、車に乗れない学生と高齢者である。モータリゼーション・スパイラルといって、中心地の衰退が公共交通の衰退へと波及して相乗効果で深刻

化することから、中心地の活性化問題も公共交通に関わる課題である。

　高齢化が進行しているにもかかわらず、バス離れのためにバス路線の利便性は悪化し、バス交通に依存している高齢者は日常的な移動に不自由を感じている。中心地の衰退は、スーパーなど小売店の閉店によって発生する買い物難民とよばれる交通手段を持たない高齢者の生活の問題へとつながる。そして、日常の買い物に困難を生じている高齢者の救済方法のひとつは、コミュニティバス等の移動手段の提供による高齢者の日常の移動の確保である。

　本稿は、地域公共交通の問題への自治体の対応について整理をした上で、筆者がアドバイザーとして参加した応神ふれあいバスの事例から地域公共交通の課題について検討を行うものである。

第2節　交通政策と地域社会

1．国の交通政策の転換

　道路運送法は1951年の施行以来の大改正が2000年と2002年に行われ、わが国の交通政策は大きく転換した。この改正では、バス市場での参入退出が自由にできるよう規制緩和が行われた。それまでの需給調整規制は運送事業者を対象とした政策であったため、公共交通の利用者の利便性といった利用者側のニーズは考慮されていなかった。

　バス市場では、道路運送法の変更による貸切バスの規制緩和が2000年2月に行われ、同様に乗合バスとタクシーの規制緩和が2002年2月に行われた。前者は都市間を結ぶ高速バス市場、後者は路線バス市場である。特に後者によって、市場からの撤退が容易になったために、民間事業者であるバス会社は採算割れの路線からの撤退を検討しはじめた。だが、バス路線の廃止は利用者の生活に関わる問題であるので、地元自治体はバス路線の存続に向けた対応を求められたのである。寺田一薫（2005）には「貸切バス事業と乗合バス事業の間におかれた2年という時間差は、地方住民の最終的な足という乗合バス事業に特有の問題を整理するための猶予」であり、乗合バスへの新規参入の規制緩和が最も困難であったと述べている。

　規制緩和までの赤字路線対策は、同一バス会社内での内部補助と呼ばれる黒

字路線から赤字路線への補てんで、赤字路線を支えることであった。近年では高速バス部門の黒字から路線バス部門への赤字補てんが行われている。路線バスのあるバス事業者では、路線バス部門の赤字の縮小努力にくわえて、新規事業の高速バス部門からの黒字で路線バス部門を支えることが、バス事業者の自助努力であった。

しかし、改正後にツアーバス会社等が高速バス市場に新規参入をはじめると、既存のバス事業者は価格競争によって高速バス部門の黒字が減少し、内部補助が機能しなくなった。特に休日の高速道路乗り放題1,000円が始まってからは、自動車利用の増加で高速バスの利用者が減少し、高速バス部門から路線バス部門への補てんが困難となり、路線バス部門の存続問題へと波及した。

図表1で規制緩和の影響を確認すると、貸切バスの事業者数は規制緩和より少し前の1996年あたりから増加し、前年の1999年の2,336社から2009年の4,302社と約2,000社の増加し、多くの事業者が貸切バス事業に参入したことがわかる。高速バスの事業者数は、同じく日本バス協会（2012）で2009年の153社から2009年には約2倍の295社に増加した。

図表2の貸切バスの車両台数と運転者数を見ると、1990年では車両29,858台、運転者28,072人、2008年では車両44,617台、運転者42,323人とほぼ等しい数字で推移している。しかし、2009年にはバス事故の影響で規制が厳しくなり、運転者が52,530人と1年で1万人近く増加した。

乗合バスでは、図表1の事業者数はほぼ横ばいであるが、2006年に急増したのは道路交通法の改正でコミュニティバスが乗合バスに算入されたからである。図表2からは乗合バスの車両台数も運手者数も徐々に減っている状況である。

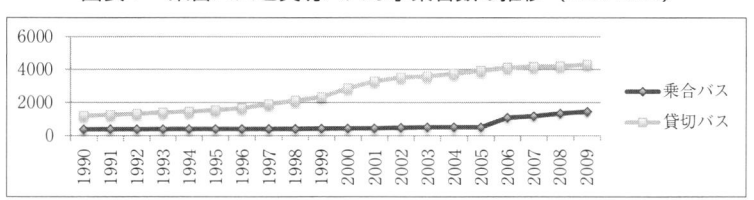

図表1　乗合バスと貸切バスの事業者数の推移（1990-2009）

（出所）2012年版　日本のバス事業

図表2　乗合バスと貸切バスの車両台数と運転者数（1990-2009）

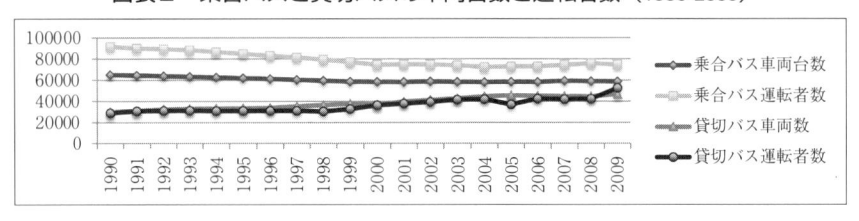

（出所）2012年版　日本のバス事業

2．規制緩和による自治体への影響

　規制緩和によってバス路線が許可制から届出制になったために、容易にバス事業者が不採算路線から撤退できるようになった。路線バスから撤退を表明する事業者が出はじめると、地域公共交通の存続が地域社会の問題として浮き彫りになった。地域の交通政策を担っていた国と都道府県は生活路線に対して補助制度を設けてきたが、規制緩和の際に国の補助制度は最小限の関与へと改正され、国も都道府県も関与しない市町村内の公共交通への支援が市町村の新しい政策課題となった。

　バス路線の廃止は地域社会に大きく影響するので、地元自治体はバス事業者に対して存続を要請するのだが、民間事業者であるバス事業者では赤字路線の引き受けはできないので、地元自治体が不採算路線の赤字補てんを引き受ける条件で存続となることが多い。バス事業者は、規制緩和によって強い交渉力を得たことで、赤字路線廃止や事業撤退を交渉のカードとして、地元自治体への赤字の押し付けを行うようになったのである。

　撤退にいたる場合には、自治体は代替案としてコミュニティバスの運行など次善の策を模索するが、民間事業者が撤退した路線に自治体が参入しても赤字経営であることは変わらず、運営にかかる費用は自治体の持ち出しとなる。規制緩和による需給調整規制の廃止は、結果的に自治体に不採算路線の存続問題を押しつけたのである。

　自治体が行っている新しい交通手段の状況は、国土交通省の資料[1]から、2011年のコミュニティバス2,738件、導入市区町村1,165団体である。同じく乗合タクシーでは3,096コース、1,062事業者である。2008年の輸送人員はコミュニティバ

ス7,700万人、乗合タクシー300万人で全輸送人員の0.8%である。コミュニティバスでは、件数も導入した自治体数も増加しており、ワンコイン料金やカラフルな車体など様々な取り組み事例がある。市川嘉一（2013）によると、コミュニティバスの運行主体は、2010年の運行実態調査[2]（複数回答可）で自治体72.4%、（自治体の運行補助を受けている）民間事業者30.6%、地元住民・NPO等5.0%と、自治体が走らせている事例がほとんどである。

　対応を迫られている自治体では、地域公共交通がこれまでの政策対象外であったので、交通政策の担当部署もなく、交通政策に明るいスタッフもおらず、手探りで対応している。図表3に徳島県の自治体ごとの担当セクションの一覧を示したが、多くは総務課や企画課であるが、住民課や振興課というのもあり、民間事業者への対応として商工観光課が担当することもある。上勝町のようにスクールバスを担当する教育委員会が公共交通の窓口という自治体もある。このように担当窓口が統一されていないことが、交通政策が縦割り行政の枠の外

図表3　徳島県内の自治体別担当セクション（平成22年度）

市町村	担当セクション	市町村	担当セクション
徳島市	交通局総務課	佐那河内村	総務企画課
徳島市	交通局営業課	石井町	総務課
徳島市	地域交通課	神山町	住民課
鳴門市	企業局運輸事業課	那賀町	住民課
鳴門市	企画総務部企画広報課交通政策室	牟岐町	総務課
小松島市	運輸部運輸課	美波町	総務企画課
小松島市	市民福祉部市民生活課	海陽町	企画防災課
阿南市	市民部地域支援課	松茂町	総務課
吉野川市	総務課	北島町	総務課
吉野川市	産業経済部商工観光課	藍住町	総務課
阿波市	企画課	板野町	総務課
美馬市	ふるさと振興課	上板町	総務課
三好市	地域振興課	つるぎ町	企画課
勝浦町	総務税務課	東みよし町	企画課
上勝町	教育委員会		

にあることを示している。地域公共交通の問題は住民に近い基礎自治体である市町村がやらざるを得ず行っているのが実状で、自治体によって対応はまちまちである。

3．国の支援の枠組み

規制緩和以前の国の補助制度として、1972年に設けられた地方バス路線維持補助制度[3]では事業者毎に赤字路線の経常欠損額[4]に対して補助制度があった。2002年の改正を前に2001年5月に地方バス路線維持国庫補助金を改め、事業者毎の補助から路線毎の補助へと変更して現行制度になった。新しく補助の対象となる生活交通路線は、複数市町村にまたがり、キロ程が10km以上、1日の輸送量が15～150人、1日の運行回数が3回以上、広域行政圏の中心都市等にアクセスする広域的・幹線的な路線である。改正後の生活交通路線には、都道府県知事が指定した路線に対して、国と都道府県と協調して乗合バス事業者への補助（負担率：国1/2、都道府県1/2）が行われている。

2006年10月の道路運送法の改正では、地域の実情や利用者のニーズに応じた旅客運送サービスの普及を促進するため、ディマンドバスや乗合タクシーの定期路線バス以外の乗合旅客の運送についても乗合事業の許可でサービス提供が可能となって、いわゆるコミュニティバスが法的に認められている。また、市町村バスやNPOによるボランティア有償運送が制度化され、さらに輸送手段の多様化が進められた。

2007年10月に地域公共交通の活性化及び再生に関する法律（以下、活性化再生法という。）が定められ、地域交通分野への政策的な対応が定められた。その中で、市町村は交通政策に対する努力義務（第4条3項）を負うとし、市町村と明記して交通政策の責任の所在を明らかにしたが、国と都道府県が市町村を支援する立場となったことは、交通政策は広域で対応すべき課題であることを考えれば、政策の実行性に疑問が残るものであった。また、交通手段が速やかに連携するよう地域公共交通総合連携計画の策定が可能（第5条）になったこと、そのための協議会（第6条）を開催できることで、関係事業者の合意の上で交通政策を進めるという現在の枠組みができた。

活性化再生法にくわえて、具体的な補助事業として2008年4月に「地域公共交通活性化・再生総合事業」（2010年度で廃止）が実施された。主な内容は、地域公共交通総合連携計画策定に関する調査等に要する経費、協議会開催等の事務費に定額（上限2,000万円）、実証運行の経費補助率1／2補助、車両等購入費1／2補助といったものであった。

　2011年4月から新しく地域公共交通確保維持改善事業が実施され、地域をまたがる幹線交通ネットワークに接続する地域内フィーダー交通に補助が行われるようになった。市町村を越えて運行する鉄道やバス路線などの幹線に、市町村内を運行する交通手段を駅やバス停で接続させてフィーダー（支線）交通とすれば補助の対象となり、コミュニティバス等の地域内の移動手段でも支線とすれば補助の対象となる。補助の条件は、地域が必要としている交通を支えるという意味から、新たに運行するか、または市町村の公的支援を受けるものであること、なおかつ経常赤字が見込まれることがある。

　フィーダー化による交通網の整備が進むと、図表4のように、新規路線も既存路線も、幹線と支線に整備し直される。図表4の左側の図はこれまでのバス路線で、すべての路線が中心地へ向かっている。右側の図は現在取り組まれているフィーダー化の交通政策であり、幹線から支線が伸びて、駅やバス停で支線と幹線の間での乗換が乗換点Aや乗換点Bで行われる。利用者にとって乗換は時間も手間もかかるが、交通ネットワーク全体の路線の距離は短く効率的になる。すなわち、路線のフィーダー化は交通ネットワークの効率化である。

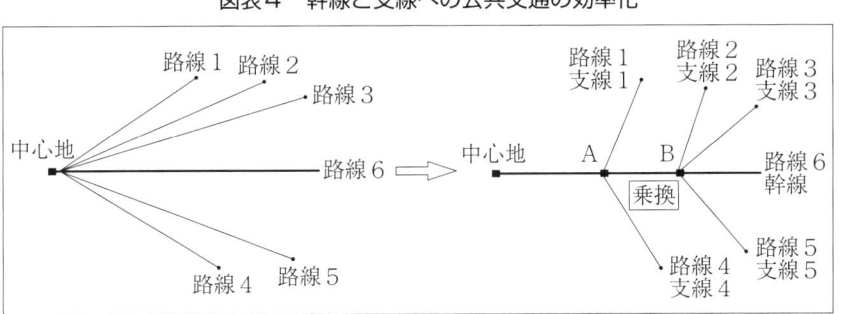

図表4　幹線と支線への公共交通の効率化

だが、新しい支線を整備して地域の交通の利便性の改善を図る場合には、それなりの需要を実証実験で見込んだ上で新しい路線の運行となるのだが、自動車が普及している現在の社会状況では需要も少なく、新しい路線へ取り組むことは難しい。

幹線と支線による効率化策は、中心地とのアクセスを維持するものであり、地域内の交通の改善を目的としたものではないことに留意しなければならない。不便な乗換に利用者の協力を得ながら、既存のバス路線を存続させる方策である。

4．最近の交通政策の動向

その後、民主党政権下では交通基本法が検討されたが継続審議となり、最終的に実らなかった。2013年11月に交通政策基本法が施行されたが、交通基本法で検討されていた移動権[5]には触れていない。

交通基本法では、第8条に国の責務として「交通に関する施策を総合的に策定し、及び実施する責務を有する。」とした上で、第15条に交通政策に関する施策に関する基本的な計画（以下この条において「交通政策基本計画」という。）を定めるとされている。国の計画に基づいて自治体や事業者も共に施策を推進するのである。市町村だけが交通政策を担うのではなく、国の計画として国が交通政策に積極的に関与するようになった点が評価できる。さらに、第13条「政府は、交通に関する施策を実施するため必要な法制上又は財政上の措置その他の措置を講じなければならない。」と支援も盛り込まれている。第9条1項には「地方公共団体は、基本理念にのっとり、交通に関し、国との適切な役割分担をふまえて、公共団体の区域の自然的経済的社会的諸条件に応じた施策を策定し、及び実施する責任を有する。」とあり、国と共に公共交通に対する計画策定とその実施の責任を担うことを明記した上で、地方公共団体である都道府県と市町村に対して責任を持たせている。

交通基本政策法にあわせて2014年2月の活性化再生法が改正となり、実施主体の表記が市町村から地方公共団体へと変更になり、市町村にくわえて都道府県も実施主体になった。計画の名称は地域公共交通総合連携計画から地域公共

交通網形成計画へ変更となり、地域公共交通のネットワーク・サービスの形成を目的とするようになったが、法律上の自治体の努力義務はそのままである。活性化再生法の改正では新しいメニューとして地域公共交通再編実施計画が示されており、計画を策定した自治体に対して財政的な措置が講じられるようになる。

　今回の改正は、中心地の活性化と一体化した公共交通網の効率化を進めることは従前と変わらないが、永井真也（2011a）では今後の公共交通政策の課題として、中心市街地と一体化した交通政策の実施だけでなく、都道府県の広域的な対応の必要性、財政的支援をあげているので、これらの点で盛り込まれたことは評価できる。

第3節　買い物難民の出現

　新しい公共交通の問題として、高齢化が進むなかで買い物難民（買い物弱者）と呼ばれる自動車などの移動手段を持たない高齢者への対応がある。買い物難民は、近所のスーパーの閉鎖等によって、徒歩で買い物に行けず、遠方までバスやタクシーで買い物に行くか、人に買い物を依頼するなど、日常生活で買い物に不便を感じている人たちのことである。最近では、経済産業省の地域生活インフラを支える流通のあり方研究会報告書が、買い物難民の数を600万人[6]と推計して話題になった。

　経済産業省では買い物難民を流通の衰退が招いた結果として支援策を検討している。買い物難民への対応は、国土交通省が移動手段を与える移動の問題として対応する一方で、経済産業省は人ではなく物を移動させる流通の問題として対応しており、省によって対応が異なる。買い物という日常の移動を支援するには、公共交通という大きな枠組みが必要であるが、流通による生活支援は宅配サービス等を利用するので大きな追加の費用はかからない。一人暮らし、共働き世帯、子育て世代など、買い物に行く時間がない人、重い荷物が持てない人等も宅配サービスを利用するので、宅配サービスは高齢者だけではなく社会の広い層のニーズに応えられる。

　経済産業省の主な流通による支援方法として、①宅配サービス（商品を顧客

に届ける）、②移動販売（商品を積載した店舗ごと顧客まで移動する）、③店への移動手段の提供（バスの運行等により顧客が店まで移動するのを促す）、④便利な店舗立地（顧客の近くに商品のある店をつくる）4つがある。

宅配サービスは、主にインターネット通販としてホームページで注文すると宅急便で家まで配達されることが知られているが、生鮮食料品でもその日のうちに配達されるネットスーパーというサービスも普及してきている。他にも、僅かな配達料を払うか一定金額以上購入すれば、近くの店舗で購入しても宅配サービスが受けられるようなサービスには、大手スーパー、コンビニ・チェーン、ドラッグストア・チェーンがすでに取り組んでいる。代金を払って商品を預けておけば、後で家まで配達されるので、高齢者の買い物支援になる。

他にも②移動販売、③店舗への移動手段の提供、④便利な店舗立地があるが、コスト高でまだ普及しておらず、①宅配サービスによる買い物のサポートのほうが進んでいる。交通政策だけでは支えきれない部分に対して、流通政策を活用できれば、より充実した買い物難民の生活支援が行われる。

第4節　応神ふれあいバスの事例

1．応神ふれあいバスの概要

徳島市応神町を走る応神ふれあいバスは2011年12月から運行をはじめた買い物を目的とするコミュニティバスである。応神地区はバスの走っていない交通空白地であったが、ある日突然に地域にあった小さなスーパーが廃業となった。次に最寄りのスーパーまでは3km以上の距離があり、周辺に住んでいた高齢者たちは日常的な買い物が困難になった。廃業したスーパーは四国大学（徳島市）の約200m北に位置して大学生も日常的に利用していたが、大学生は自転車やバイクで次のスーパーまで足を延ばして買い物ができた。

移動手段のない高齢者にとって身近なスーパーの廃業は死活問題であり、コミュニティバスを走らせるため組織「走らせる会」が2009年7月に住民によって結成された[7]。その後、2010年4月に応神地区コミバス運行協議会（以下、運行協議会という。）として自主運営組織[8]を正式に立ち上げ、コミュニティバスの運行を目指して活動を行った。筆者はアドバイザー[9]を務めたので、この

コミュニティバス運行への取り組みを地域公共交通の事例として報告する。

現在の応神ふれあいバスの状況は、実質1年目の2012年度（2012年4月－2013年3月）の運行実績は、利用者4,285人（当初目標6,000人）、運行日数150日、運行便数1,200便、1日当たりの平均利用者数28.56人、1日当たり最大51人、最少10人、1便当たりの平均利用者数3.57人である。9人乗りのジャンボタクシー[10]を利用しているが、定員に対する平均乗車率は39.6%である。2011年12月6日の運行開始から当初1ヵ月の1日当たりの平均利用者数は18.8人と、見込みの40人の半分にも及ばない状況であった。2012年1月実績は20.7人と少ないが、2月24.2人、3月29.8人、4月27.8人、5月34.1人と徐々に増加し、2012年度の通期で28.56人となった。

応神ふれあいバスが他の自治体主導のバスと異なる点は、このコミュニティバスがスーパーを行先としていることである。買い物に困難を抱える高齢者は離れたスーパーに買い物に行きたいのに、そこまでバスが行ってくれないと利用しづらい。にもかかわらず、自治体が主体となって運営しているコミュニティバスは、駅、自治体の本庁舎や支所、病院、図書館など公的な施設の間の移動を目的として設置されている。その理由の一つとして、民間事業者で物品・サービスを購入する買い物のための移動手段を直接的に支援することは、民間事業者に客を連れていくことになり、民間事業者の営業を支援していることになるからである。

応神ふれあいバスのように自主運営組織であれば、公的な組織が行うわけではないので、行きたい場所に自由に行ける手軽さがある。運行ルートは2つあり、火・金曜日に運行されるマルナカ成長店ルートと、水曜日に運行されるキョーエイ北島店ルートである[11]。2つのスーパーに分かれた理由は、それぞれの特売日などのイベントがある日に行くためである。買い物難民の救済のためにコミュニティバスを走らせるならば、自主運営組織で行えばいいわけだが、運行までのハードルは高かった。

2．コミュニティバスの資金繰り

コミュニティバスへの取り組みで最大の問題は、資金をどのように集めるか

である。週3日、1日8便をジャンボタクシーで運行した場合で、タクシー会社の見積もりは年間約322万円であった。運賃設定は1回300円、往復の帰りは半額の150円である。子供は半額だが、大人が同伴の場合は子供無料となる。日常的に利用する人のために定期券を設け、1年間の定期券は9,980円、半年間では5,980円に設定した。仮に年間1,200便すべて満員乗車で運賃300円が払われても324万円しか集まらず、さらに全員が往復割引で乗った場合は270万円しか集まらないので、赤字にしかならない計画である。

　当初から現在の頻度を計画していたわけではなく、走らせる会の段階から応神地区の協賛会員が100名ほど集まったので、まずは試験運行をして実際に乗る人がどの程度いるのか確認作業を行った。マルナカ成長店ルートでの試験運行[12]を2010年5月24日から6月11日までの平日のみ15日間実施し、1日8便延べ577人の利用者があった。1便当たり4.8人の利用があり、試験運行の目標の延べ600人には届かなかったが、まずまずの結果を残すことができた。試験運行は運賃無料で行い、経費は地元企業からの協賛金で全額賄った。物珍しさと無料で買い物に行けることから、実際の運行より多めの数字が出る傾向であることは留意しておかなくてはならない。

　その後、運行開始まで1年以上の時間を要したのは、資金繰りのためである。最終的には、応神地区の協賛会員が100名ほど集まっていることと実証運行の結果からコミュニティバスへの需要を示すことができ、応神地区の市議会議員（当時の市議会議長）が予算の獲得に協力的に働きかけたことが大きく、市長側が年間最大240万円までの赤字を補てんする約束をしたことで資金繰りの目途がついた。徳島市からの予算が付いたことでコミュニティバスの運行は現実味を帯び、2011年8月23日の徳島市地域公共交通会議で運行計画案を示して、承認された。会議では、交通空白地での運行であるため、バスや鉄道の公共交通事業者からの意見もなく、ジャンボタクシーを利用するのでタクシー協会も賛成で、委員から成功させてほしいという意見があった。

　さらに国土交通省の補助金を活用するために、徳島バスのバス路線を幹線としてフィーダー交通として補助金を申請した。計画では国の補助金の見込みは80万円程度であったが2012年度実績で約103万円の補助金がでている。2012年度

の応神ふれあいバスの収入は運賃、定期、協賛金をあわせて約95万円あったので、経費約364万円の不足分166万円が徳島市からの補助で賄われた。

　しかし、当初の課題は年間を通した資金繰りではなく、むしろ月次の資金繰りのほうに問題点があった。タクシー会社との契約は毎月払いの条件なので、補助金が年度末に入るまで、月々の支払いのためのつなぎ資金が必要であった。補助金のウエイトが高い分、資金のやり繰りが難しくなった。徳島市のほうは概算払いで定期的に資金化したが、国の補助金分はまとまった資金を事前に用意しなければならなかった。資金を確保する方法として、地元企業からの協賛金と定期券販売で自前の資金を作り、ある程度の運行を可能にした。

　補助金がでることを前提に融資を受けられないか金融機関にも相談をしたが、法人格がないこと、連帯保証人が必要であること、もし連帯保証人がいても世話人が変わるたびに問題になること、タクシー会社に融資したほうが早く解決することなどを理由に断られた。この点は他のコミュニティビジネスでも課題となるので、後からの補助金ではなく、事前に元手となる資金を出してほしいと感じた次第である。

3．コミュニティバスの取り組みを通じて

　徳島市の予算化によって実行段階へと進み、運行協議会では具体的なコミュニティバスの計画の策定をはじめた。2011年5月には応神地区の高良公民館で集会を開き、23人（ほとんど高齢の女性）が参加して、行先、回数、曜日などを話し合った。集会には地元の市議会議員、徳島市の職員3名、アドバイザーの学識経験者2名も参加した。

　高良公民館での集会では、要望が次々に出てきて、スーパーの特売日、商品の品ぞろえの内容といった現実的な話が多かった。「自分で買い物に行きたい」「スーパーに行って近所の人に会いたい」と、改めてコミュニティバスの必要性を訴える会員もいた。次の集会は2011年7月に応神地区の光栄会館で開かれ、料金、徳島市の補助金が最大240万円であること、収支見通しが確認された。1万円としていた1年間の定期代も9,980円に納まった。

　その後のスケジュールは、8月23日の徳島市の公共交通連絡会議での承認、

11月20日のお披露目式、12月4日の出発式、12月6日の運行開始と続いた。

　コミュニティバスの運行にかかわって、資金と人材の確保が課題であることがわかった。協賛金などは最初だけという企業も多く、これからも資金繰りは不安定である。また、自主運営組織では代表世話人を中心に運営しているが、世話人はすでに地域で多くの役職をこなしている上に、コミュニティバスの仕事も一人に集中するので大変である。運行開始後も課題は解決しておらず、継続的に運行するためには、資金と人材の確保に目途をつけなくてはならない。

第5節　おわりに

　現在の公共交通政策は、中心地の活性化と一体となった公共交通の効率化による既存路線の存続が目的である。フィーダー化で、中心地へのアクセスを確保することも重要である。しかし、買い物難民など地域社会の課題は、高齢化にともない深刻化しており、地域内での使い勝手の良い公共交通が求められている。また、公共交通だけでなく宅配サービスなど、流通面からも高齢者の生活支援は行われている。サービスが便利になることは、高齢者に対してだけでなく、幅広い層にも受け入れられる。

　本稿では、公共交通の改善策としてコミュニティバスを導入した事例を紹介した。高齢者も自分で買い物に行くという今まで通りの日常生活を望んでいるので、移動の問題の解決としてスーパーまでの足を提供した。そのためには自主運営組織として自由に目的地を設定できるようにした。

　しかし、自主運営組織は不安定な運営組織であるのために、資金繰りが課題である。最終的に自治体が赤字補てん枠を設けたことで運行の目途がついたことからも、コミュニティバス事業は資金の問題である。

　買い物難民への対策は人の移動と物の移動として捉えられているが、応神ふれあいバスの集会での「自分で買い物に行きたい」「スーパーに行って近所の人に会いたい」という言葉に、自立した生活を送りたい、人とのつながりたいという高齢者の気持ちが表れていた。実際に、応神ふれあいバスの車中は買い物に行く高齢者の会話で賑やかである。地域公共交通の活性化には、コミュニティへのアクセスという点からも公共交通を検討する必要があるだろう。

(注1) 国土交通省自動車交通局旅客課http://www.mlit.go.jp/jidosha/jidosha_tk3_000014.html （2014年3月25日参照）。
(注2) 2011年7月－9月、全国の全市区（809市区）に郵送送付・回収で実施し、回収率80.8％（631市、23区）である。
(注3) 第1種生活路線（乗車密度16人以上）、第2種生活路線（乗車密度5人以上15人未満、一日の運行回数が10回以下）、第3種生活路線（乗車密度5人未満）のうち、第2種と第3種に対して補助を行っていた。補助対象は、事業者毎で赤字事業者のみを対象とし、知事が指定した路線である。その後の2001年の生活交通路線維持国庫補助金では、第3種生活路線の多くが補助対象から外れている。
(注4) 経常欠損額とは、補助対象路線の経常費用と経常収益の差額。
(注5) 日本国憲法第25条から「移動権」もしくは「交通権」があるという考えがある。福岡市で制定された「公共交通空白地等及び移動制約者に係る生活交通の確保に関する条例」（2010）には、すべての市民に健康で文化的な最低限度の生活を営むために必要な移動を保障すると第1条にある。
(注6) 算出根拠は内閣府「高齢者の住宅と生活環境に関する意識調査結果」（平成17年度）の日常の買い物に不便と答えた16.6％に60歳以上の高齢者数3,717万人を掛けて算出した数字である。出所：地域生活インフラを支える流通のあり方研究会報告書32頁。
(注7) 2009年7月11日に、四国大学の大教室で「走らせる会」結成総会を開催し、220人を超える住民が参加した。ふれあいコミバス試験運行に関する報告書、3頁参照。
(注8) 自主運営組織とは、NPO等の法人格を持たず、住民の集団で運営している組織である。組織には代表世話人がいる。
(注9) アドバイザーの一人として2011年4月から2012月3月末まで務めた。他に名古屋大学の加藤博和准教授が2008年5月の有志による準備会の段階からからアドバイザーを務めている。
(注10) 10人乗りハイエースを利用したジャンボタクシーで運転手1名と乗客9人が乗れるが、運転席横と助手席と後部座席7人をあわせての9人乗りである。高齢者が乗車するには後部の7席しかないと考えたほうがよい。ふれあいバスの運転手はホームヘルパー2級の資格を持っている。
(注11) 当初の運行計画によると、マルナカ生長店ルートは9.9キロ、停留所29カ所、起点：藤田荘、終点：マルナカ成長店で、片道40分である。同じくキョーエイ北島店ルートは10.8キロ、停留所22カ所、起点：藤田荘、終点：キョーエイ北島店で、片道35分である。現在は、キョーエイ北島店ルートが火・木曜日、マルナカ成長店ルートが金曜日である。
(注12) 試験運行の時には、利用者が乗り切れなかったときのために随行車を走らせていた。試験走行では想定外のことが起こるので、随行車によるサポートは必要である。

【参考文献】
応神地区コミバス運行協議会（2010）「ふれあいコミバス試験運行に関する報告書」。
加藤博和・福本雅之（2012）「住民主導型コミュニティ交通の立ち上げに関する実証研究――徳島市応神ふれあいバスの試み」第45回土木計画学研究発表会（春大会）報告論文。
経済産業省（2010）「地域生活インフラを支える流通のあり方研究会報告書」。
寺田一薫（2005）「バス事業への新規参入と規制緩和後に残された制度上の課題」『運輸と経

済』2005年4月号、14-22頁。
永井真也（2011a）「交通政策の展開と今後の改題――徳島県内のバス事業の事例から――」『地方自治研究』Vol.26,No.1、17-28頁。
永井真也（2011b）「交通政策は誰が担うのか――徳島県内の公共交通の動向から――」『四国大学経営情報研究所年報』3-10頁。
日本バス協会（2012）「2012年版日本のバス事業」。
宮崎耕輔（2012）「地方自治体の地域公共交通への取り組みの方向性について」『運輸と経済』2012年8月、56-64頁。
山崎治（2008）「乗合バス路線維持のための方策――国の補助制度を中心とした課題――」『レファレンス』2008年9月、3-60頁。

第8章
地方自治体におけるメソ会計の構築

丸山　佳久
(中央大学経済学部准教授)

第1節　はじめに

　再生可能エネルギーの推進や地球温暖化の抑制、地域活性化等の観点から、バイオマス資源が注目されている。中山間地域では木質系バイオマスが重視されて、ペレット製造施設やペレットボイラー等のバイオマス施設が整備されている。バイオマス施設の整備は、国や地方自治体等による政策・施策（バイオマス事業）と関わる形で実施されている。バイオマスは地域性が高いから、バイオマス事業の分析・評価にあたっては、地域経済の活性化や地域の生態系・自然資源等にどのような影響を与えているのかが重要となる。

　本稿は、木質系バイオマス事業を事例として、それが地域経済の活性化や地域の生態系・自然資源等に与える影響を分析・評価できるメソ会計（meso-accounting）の構築を試みる[1]。マクロ会計及びミクロ会計の分野では、メソ会計が理論的に提起されたり、モデル化されたりしてきたが、国や地方自治体等がバイオマス事業を分析・評価するにあたって、実際に利用されてはいない。

　本稿は、メソ会計の先行研究を調査して、地方自治体等において実際にメソ会計を構築するにあたっての手順を検討する。その手順に基づいて、2000年から「循環型まちづくり」を推進している岩手県紫波町の木質系バイオマス事業を事例として、紫波町がバイオマス事業の分析・評価に用いることを想定し、メソ会計として、地域マテリアル循環フロー図と、SC・クラスター集計表を作成する。なお、本稿におけるメソ会計の構築はあくまで試案・試算であり、今後モデルを改定する可能性がある。

第2節　メソ会計に関する主要なアプローチ
1．マクロ環境会計に基づくメソ環境会計

　小口（1991, 1996）によると、メソ会計は、企業等の組織（経済主体）を対象としたミクロ環境会計と、国家規模を対象としたマクロ環境会計との中間にあるシステムとして、特定の地域というある一定の空間的広がりを会計単位とする[2]。具体的には、地方自治体という行政単位の境界を越えて水系を会計単位として、水利施設（ダム）の資本維持、その開発に係る費用負担の衡平化が取りあげられる（水の会計学）[3]。

　水の会計学を出発点として、メソ会計は、マクロ環境会計の分野において、SNA（Systems of National Accounts）のサテライト勘定等と結びつけ、都道府県を境界として試算が行われている（メソ環境会計）。

　SNAの1993年の改訂において、SEEA（Satellite System for Integrated Environmental and Economic Accounting）がサテライト勘定として導入された（SEEA93）。経済企画庁は1995年に、SEEA93に準拠して環境負荷を貨幣評価する日本版SEEAを試算し公表した。SEEAの枠組みを利用する形でのメソ環境会計には、富山県・北海道等における試算がある。

　SEEAは2003年に改正されたため（SEEA2003）、SEEA2003の提案を踏まえて、内閣府はNAMEA（National Accounting Matrix including Environmental Accounts）の枠組みに基づくハイブリッド統合勘定に取り組み、その試算を2004年に公表した。NAMEAは、オランダ中央統計局で開発された手法で、経済活動を貨幣評価するSNAと、環境負荷を物量表示する環境勘定を一つの行列形式にまとめた統計情報システムである。NAMEAの枠組みを利用する形でのメソ環境会計には、北海道における試算、ハイブリッド統合勘定のパイロット・スタディとなる兵庫県の試算がある。

　また、水資源や森林資源、廃棄物問題等、特定の資源・環境テーマに特化したメソ環境会計がある。このようなメソ環境会計には、北海道廃棄物勘定・農林業SEEA・農林業NAMEAの試算等がある。例えば、北海道廃棄物勘定は、北海道において試算したSEEAから廃棄物・リサイクル関連の計数を抜き出したSEEAのサブ勘定である。

特定の地域や特定の資源・環境テーマを対象としてSEEAやNAMEA等の枠組みをメソ環境会計に適用する場合、その構造は、国内の他地域との取引を加えるだけで、基本的にはかわらない[4]。メソ環境会計は、SEEAやNAMEA等の枠組みに統計データをあてはめて整理し、特定の地域の環境優位性を明らかにしたり、農林業の生産活動に対する特定の資源の投入状況を明らかにしたり、あるいは、持続可能性指標を算出したりしようとする。

2．ミクロ環境会計・管理会計等の手法を用いたメソ会計

　メソ会計には、SEEAやNAMEA等のマクロ環境会計の手法を用いたメソ環境会計の他に、地域的サプライチェーン（SC：Supply Chain）[5]や産業クラスター[6]（SC・クラスターと略す）を対象とした環境会計・管理会計がある。森林・林業やバイオマス事業等は地域性が高いから、SC・クラスターの評価・分析はメソ会計として展開される。

　例えば、八木・丸山・大森（2008）及び金藤・八木（2010）は、バイオマス事業の政策・事業評価システムとしてバイオマス環境会計を概念的に提案する。バイオマス環境会計は、地方自治体・事業者・地域住民が、バイオマスSC（あるいは、バイオマス産業クラスター）にわたるフローとストックのデータをプロセスごとに管理するとともに、データを連動させて地域のバイオマス事業全体を経済・環境・社会の3つの視点から体系的に分析・評価できるようにする。

　金藤（2011, 2013）及び金藤・八木（2012）は、政策・事業評価システムというバイオマス環境会計の基本的な考え方を継承しつつ、ストック・フローモデルにかえて、評価マップ及び意思決定カードというツールを用い、青森県中南地域を事例として、バイオマス事業の分析・評価モデルを提案する。評価マップは、SC・クラスターに属する事業者・組織間における取引（経営資源の変換や交換）に基づいて、地域内外の経済活動を概念的に表わす。意思決定カードは、評価マップにおいて取りまとめた経済・環境・社会のデータを、現状とシナリオに並列表示する形で整理する。

　バイオマス環境会計に対して、高橋（2010, 2011a, 2011b）は、メソ管理会計として、産業クラスターにおける戦略遂行と業績評価にあたって、管理会計の

手法であるBSC（Balanced Scorecard）を用いる。BSCは、「ビジョンと戦略」を実現するために、財務・顧客・業務プロセス・人材と変革という4つの視点から業績評価を行う手法である[7]。業績評価を通じて、ビジョンと戦略を組織全体（メソ管理会計では、SC・クラスター全体及びそこに属する事業者・組織）において共有できるようにして、その組織を経営管理し成功に導く戦略的マネジメント・システムである。

BSCでは、4つの視点ごとに、戦略目標→重要成功要因→業績評価指標→アクションプランが順番に説明される。これらの視点間の因果関係を明示的に記述する手法が戦略マップである。高橋（2012）は、産業クラスターに参加する組織間の戦略目標をカスケード式に結びつけた戦略マップを、産業クラスターに適用する。

また、地方自治体等を対象としたミクロ環境会計の一領域として[8]、地方自治体等が管轄する行政区域における環境負荷の抑制・削減等を推進・支援する活動を管理（地域管理）する地域管理型環境会計がある。埼玉県・神戸市・枚方市等の事例があり、例えば、枚方市は、枚方市環境基本計画に掲げた基本施策について、地域環境施策とそれに要した環境保全コスト、施策による市域の環境保全効果（2000年度を基準年とする環境指標）を集計する[9]。他に、大森（2013）は地域管理という考え方を、PFI（Private Financial Initiative）と結びつける。すなわちPFIは民間が事業を担うが、公共サービスを提供するという事実を重視して、その事業が地域に与える効果や、政策目的の達成を評価しようとする。

第3節　地域活性化に向けたメソ会計の構築

マクロ環境会計に基づくメソ環境会計は、SEEAやNAMEA等の枠組みに統計データをあてはめて整理しようとするアプローチで、産業連関表との親和性は高いものの、そこには、SC・クラスターと結びつけて、地域活性化や事業者・組織の経営改善を図るという発想は存在しない。メソ環境会計に対し、ミクロ会計領域のバイオマス環境会計は、SC・クラスターにおけるマテリアルフローや事業者・組織間の取引関係に基づき、データを収集・整理して、SC・ク

ラスターを分析・評価し、その改善と地域活性化を図ろうとする。メソ管理会計は、SC・クラスター全体の目標と、そこに属する事業者・組織ごとの目標とをBSCを用いて結びつける。メソ管理会計はバイオマス環境会計を補完するように利用できる[10]。

　森林・林業やバイオマス事業等のSC・クラスターは地域経済の活性化や地域の生態系・自然資源の維持・管理と結びついているから、地方自治体等は、地域管理型環境会計としてメソ会計を用いることができる。例えば、森林整備事業・バイオマス事業や地域活性化事業にかかる政策・施策とそのコストを、SC・クラスター全体の経済効果や環境保全効果等と結びつけて分析・評価し、その結果を市民に情報提供することができる。

　マクロ及びミクロベースのメソ会計の先行研究の調査を踏まえ、本稿は、メソ会計を実際に構築するにあたってバイオマス環境会計とメソ管理会計を組み合わせ、以下の事項を順番に検討していく。

① 国や地方自治体等における施策・事業計画を明らかにする。SC・クラスターによっては、自治体等が直接経営に乗り出したり、コーディネータとなっていたりする[11]。

② SC・クラスターにおけるマテリアルフロー（及び必要に応じストック）に基づき、SC・クラスターに属する事業者・組織及びプロセス・活動、そこにおける取引関係を特定し、地域マテリアル循環フロー図を作成する。

③ 事業者・組織からプロセス・活動におけるマテリアルバランスを収集して、取引相手のそれと突き合わせる。

④ 事業者・組織から関連データ（財務的データ及び非財務的データ）を収集し、地域マテリアル循環フロー図及び事業者・組織のマテリアルバランスと組み合わせて、SC・クラスターにおける取引関係に基づき、SC・クラスター集計表を作成する。

⑤ 国や自治体等の施策・事業計画からSC・クラスター全体の目標を特定する。

⑥ BSCを用いて、SC・クラスター全体の目標と、そこに属する事業者・組織ごとの目標を結びつけて調整を図る。事業者・組織の目標を特定する。

⑦　SC・クラスター全体及び事業者・組織の目標に基づいて、将来のシナリオを作成して、シナリオに基づく、将来の地域マテリアル循環フロー図、SC・クラスター集計表を作成する。いくつかのシナリオを設定し、それらを現状と対比させて代替案を検討する。

　①から④はSC・クラスターの現状を明らかにするための手順である。また、⑤から⑦は、SC・クラスターの改善を図るための手順である。地域マテリアル循環フロー図は、SC・クラスターに属する事業者・組織間の取引に基づき、地域内のプロセスの連鎖関係を概念的に表す。また、SC・クラスター集計表は、地域マテリアル循環フロー図に基づき、事業者・組織から収集した関連データを整理する。SC・クラスターによっては、輸送にともなうコストや環境負荷が大きくなるので、輸送距離・輸送方法等に関するデータが必要になる。

　地域マテリアル循環フロー図及びSC・クラスター集計表は、⑤から⑦の手順に基づき、個々の事業者・組織の会計システムと結びつけることによって、SC・クラスター全体と事業者・組織との間で目標設定と事後的な分析・評価を連携させることができるようになる。このような仕組みの継続的な運用によって、メソ会計はPDCAサイクルに基づき戦略を遂行・促進するシステムとして具体化できるようになり、地域活性化や事業者・組織の経営改善に効果を発揮する。

第4節　バイオマス活用推進基本計画とバイオマス事業化戦略

　2002年7月にバイオマス・ニッポン総合戦略が閣議決定されて、2010年度を目途とする具体的な目標が設定された（2006年3月改定）。その目標の実現に向けて、バイオ燃料の製造・利用、未利用バイオマスの活用、バイオマスタウンの構築等の取り組みが日本各地で推進された。2009年9月には、バイオマス活用推進基本法が施行されて、これに基づき、2010年12月にバイオマス活用推進基本計画（基本計画と略す）が閣議決定された。

　基本計画は、2020年を目標年とする数値目標を設定している。具体的には、①炭素量換算で約2,600万トンのバイオマスを活用すること、②全都道府県及び600市町村において、バイオマス活用推進計画を策定すること[12]、そして、③バ

イオマスの利活用によって約5,000億円規模の新産業を創出することを目標としている。

2012年9月には、農林水産省や総務省等の7府省がバイオマス事業化戦略（事業化戦略と略す）を決定した。これは、基本計画の目標達成に向け、事業化において重点的に活用する技術とバイオマスを整理して[13]、地域におけるグリーン産業の創出と自立・分散型エネルギー供給体制の強化を実現していくための指針である。具体的には、基本戦略、技術戦略（技術開発と製造）、出口戦略（需要の創出・拡大）、入口戦略（原料調達）、個別重点戦略、総合支援戦略、海外戦略という7つの戦略と、戦略ごとのロードマップ及び2020年度の目標値が設定されている[14]。

例えば、事業化戦略において、木質系バイオマスは、発生形態によって、未利用間伐材等（未利用の間伐材の他、葉・枝条・端材・末木等を含む）[15]、製材工場等残材（おが粉や端材等の製材廃材）、建設発生木材（建設廃材）に分類される。これらのうち、製材廃材と建設廃材は既に製紙原料や燃料等としてほぼ全て利用されているが、未利用間伐材等は、収集・運搬にコストがかかるため、2011年で利用率が約1％というように、全く利用が進んでいない。そこで、個別重点戦略において、①未利用間伐材等の効率的な収集・運搬システム構築と、②エネルギー利用の一体的・重点的推進が掲げられている。

①未利用間伐材等の効率的な収集・運搬システムの構築は、入口戦略と結びついていて、農林水産省が2009年12月に発表した森林・林業再生プランと、これを踏まえて作成された新たな森林・林業基本計画（2011年7月閣議決定）との連携が強調されている[16]。基本計画は、2020年を目標年として、未利用間伐材等の利用率を約30％まで高めるとしている。

また、②未利用間伐材等のエネルギー利用の一体的・重点的推進は、出口戦略と結びついている。具体的には、再生可能エネルギーの固定価格買い取り制度（FIT：Feed in Tariff）[17]や森林吸収クレジット[18]等の積極的利用、バイオマス関連税制の推進（バイオ燃料、再エネ設備投資）、高付加価値製品を創出する技術の開発・事業化の推進が設定されている。これらの戦略を実現するために、総合支援戦略として、関係府省・自治体・事業者が連携して、原料生産から、

収集・運搬、製造・利用までの事業者の連携を推進する制度（一貫システム）の検討が掲げられている。一貫システムとは、木質系バイオマスのSC・クラスターといえる。

第5節　紫波町の「循環型まちづくり」とバイオマス事業

　岩手県紫波郡紫波町は岩手県のほぼ中央で、盛岡市と花巻市の間に位置している。総面積は239.03km^2、総人口は33,983人（2013年3月末）である[19]。町の総面積のうち57.5%（137.50km^2）を森林（林野面積）が占めるが[20]、木材価格の長期的な低迷等のために林業は衰退していて、人工林を中心に山林の放置が顕著化している。

　紫波町は2000年6月に新世紀未来宣言を発表し、この宣言に基づき、2001年6月に「紫波町循環型まちづくり条例」を制定した。ここで、「今の環境を保全し、百年後の子供達に確実に引き継ぐ」ことを目標として[21]、町民・事業者・行政の協働による「循環型まちづくり」が打ち出された。循環型まちづくりとは、「環境を中心に考えて生活のしかたを見直し、生命と物を大切にしながら、健康で幸福なまちづくりを行うこと」をいう[22]。

　2001年3月策定の紫波町環境・循環基本計画（2001年度～2010年度）では、資源循環・環境創造・環境学習というまちづくりの3つの方針が掲げられた。環境・循環基本計画は、2006年3月に後期計画として改訂されて、交流によるまちづくりという方針が追加された。2011年3月にたてられた新たな計画（2011年度～2020年度）では、資源循環・環境創造・環境学習・交流と協働がまちづくりの4つの方針となっている。

　環境・循環基本計画（2011年度～2020年度）では、資源循環のまちづくりとして、①環境に配慮した有機資源循環を進める、②森林資源の循環を進める、③資源の消費を抑え、環境負荷を減らす、という3つの施策項目が掲げられる。具体的な施策・事業をみると、①は家畜排せつ物等のたい肥化を中心とする循環型農業の推進であり、③は3Rの推進による焼却ごみ20%削減である。木質系バイオマス事業に関係するのは②であり、②は、森林資源の活用と森林再生を施策・行動の方針としている。②として具体的に取りあげられている施策・事

業は、町産木材と未利用間伐材の利用を促進する、森林を整備して多面的機能を発揮させる、森林学習や作業体験を実施する、である。

循環型まちづくり条例や環境・循環基本計画では、バイオマス事業の推進による家畜排せつ物・製材廃材・未利用間伐材等の循環利用が中核となっている。紫波町のバイオマス事業に関する計画としては、2006年2月にたてられた紫波町バイオマスタウン構想（2006年度～2010年度）、2012年3月にたてられた紫波町バイオマス活用推進計画（2012年度～2021年度）がある。バイオマス活用推進計画は農林水産省による基本計画に基づくもので、2010年度実績をもとにバイオマスを利活用する方法が検討、バイオマスの種類毎に2021年度を目標年次とする数値目標が設定されている。

例えば、バイオマス活用推進計画における木質系バイオマスの賦存量・利用状況・活用目標等は図表1の通りである。

紫波町は、循環型まちづくりを推進するために、バイオマス変換施設として、「えこ3センター」を整備してきた。えこ3センターでは、高品質たい肥製造施設（農水省補助事業・2001-2003年度）、間伐材等炭化施設（岩手県補助事業・2002年度）、ペレット製造施設（環境省補助事業・2004年度、農水省交付金・2010年度）の整備が、国や県の補助を利用しつつ進められてきた。えこ3センターのペレット製造施設は、紫波町における木質系バイオマス事業の中核となっている。

えこ3センターが生産したペレットの利用施設として、農水省や環境省等の補助を利用して、虹の保育園や上平沢小学校等、5カ所の公共施設にペレットボイラーが設置されている。近年はチップでのバイオマス利用が重視されてい

図表1　木質系バイオマスの賦存量・利用状況・活用目標等

バイオマス	賦存量 2010年度実績 重量ベース	賦存量 2010年度実績 炭素量ベース	変換・処理方法	仕向量 2010年度実績 重量ベース	仕向量 2010年度実績 炭素量ベース	仕向量 2010年度実績 利用率	仕向量 2021年度目標 重量ベース	仕向量 2021年度目標 炭素量ベース	仕向量 2021年度目標 利用率
廃棄物系バイオマス									
製材廃材	391 t	87 t	燃料、たい肥	376 t	84 t	96.2 %	313 t	70 t	80.0 %
未利用バイオマス									
林地残材	1,297 t	289 t	燃料、土木杭	60 t	13 t	4.6 %	649 t	145 t	50.0 %
剪定枝(果樹)	456 t	102 t	燃料	228 t	51 t	50.0 %	228 t	51 t	50.0 %

（出所）紫波町（2012）『紫波町バイオマス活用推進計画』、pp.5-6, pp19-20.をもとに筆者作成。

て、チップボイラーの設置が進められている。具体的には、2012年にチップボイラーが設置された町営温泉施設（ラ・フランス温泉館）の他、ニュータウン（オガール地区）開設とあわせて、地域熱供給のエネルギーステーション（2014年5月完成予定）としてチップボイラーの整備が進められている。

　ペレットボイラー・チップボイラーの他に、環境・循環PRセンターや紫波中央駅待合施設等、公共施設において6台のペレットストーブが導入されている。また、2004年度から一般住宅に対するペレットストーブ・薪ストーブの購入支援が行われている。ペレットストーブ・薪ストーブの購入支援は、2010年度以降クーポンにて補助が行われている。クーポンとは、「紫波エコbeeクーポン券」のことで、紫波町が発行する商品券である。紫波町内のエコ・ショップ紫波認定店で1ポイント1円として使用できる。

第6節　「循環型まちづくり」に沿ったメソ会計モデル

　えこ3センターを中核とする紫波町のバイオマスフロー（木質系バイオマス）は、図表2のようにまとめられる（地域マテリアル循環フロー図）。紫波町の木質系バイオマス事業は、ペレットSCとチップSCに大別される。現在はペレットの製造・利用が中心となっているから、本稿はペレットSCを中心に、現状を明らかにするためのSC・クラスター集計表の作成を試みる。なお、図表2には、木質系バイオマス事業の中核となっているえこ3センターのペレット製造施設（ペレタイザー）に関して、その概要が挿入されている。

　ペレットSCでは、紫波町が岩手中央森林組合からおが粉を調達し、えこ3センターにてペレット製造し、公共施設のペレットボイラー・ペレットストーブで使用している。また、ペレットの一部は、NPO法人紫波みらい研究所や紫波町農林公社等の販売窓口を通じて一般販売されている。

　えこ3センターが担うペレット製造プロセスのマテリアルバランスは、図表3のようにまとめられる。図表3には、関連データとして、原料調達における買取価格（えこ3センターでの引渡価格）、ペレット製造にともなう機械稼働時間（一日あたり稼働時間×稼働日数）・電力購入量（ペレタイザーごとの所要電力に機械稼働時間を乗じて推計）[23]、ペレットの販売価格（公共施設等におけ

る引渡価格）等が掲載されている。

　えこ3センターには、ペレタイザーが2機あるが、2010年11月製造までは33-390型、同年12月以降はTS-220型だけが稼働している。なお、図表3は年度ベースで集計してあるが、実際には2012年度のように月別に集計がされている。ペレット製造は年度を通じて行われるが、ペレットの引渡・使用は季節的な変動が激しいことがわかる。

　町内5箇所のペレットボイラーが設置された公共施設までは、えこ3センターの職員がトラックでペレットを運んでいるから、マテリアルバランスには各施設別の販売量が集計されている（図表3には、サンプルとして上平沢小学校について内訳を掲載した）。販売窓口に対する卸売価格は、5円引きとなっている（農林公社は7円引）。

　図表3のマテリアルバランスの数値は、ペレットSCの上流・下流のプロセスのマテリアルバランスの数値と突き合わせられる。例えば、図表3のペレット引渡（内訳）の数値は、ペレットボイラーが設置された公共施設のマテリアルバランスにおけるペレット受入（購入）の数値と突きあわせられる。

　地域マテリアル循環フロー図及び事業者・組織別のマテリアルバランス等に基づいて、紫波町におけるペレットSCのSC・クラスター集計表は図表4のように作成できる。なお、ペレットSCにおいて、森林整備のプロセスでは期首・期末のストック（立木蓄積）が重要となるので、フロー（成長量・伐採量）とともに期首・期末のストックが集計される。

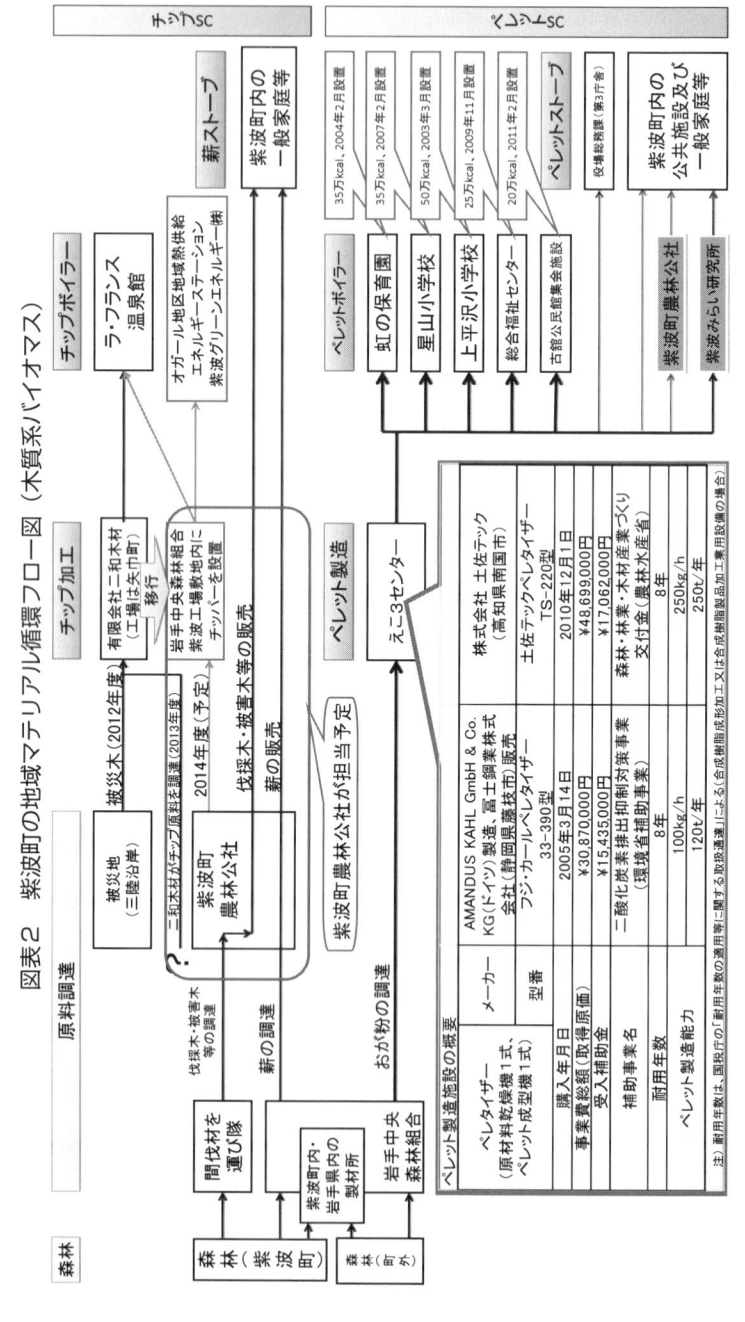

図表2 紫波町の地域マテリアル循環フロー図（木質系バイオマス）

(出所) 筆者作成

第8章 地方自治体におけるメソ会計の構築

図表3 えこ3センター（ペレット製造）のマテリアルバランス（木質系バイオマス）

<table>
<tr><th rowspan="3"></th><th colspan="3">原料調達
（おが粉の受け入れ）</th><th colspan="5">ペレット製造</th><th colspan="2">ペレット引渡
（合計）</th><th colspan="6">ペレット引渡（内訳）</th><th colspan="3" rowspan="2">一般販売
紫波みらい研究所等</th></tr>
<tr><th rowspan="2">調達
（購入）
量</th><th rowspan="2">含水率
(%)</th><th rowspan="2">受入
(買取)
単価
(円)</th><th rowspan="2">原料投
入量</th><th rowspan="2">生産量</th><th rowspan="2">購入電
力量
(kwh)</th><th rowspan="2">稼働
日数</th><th rowspan="2">1日
あたり
稼働
時間</th><th rowspan="2">販売量</th><th rowspan="2">販売
単価
(円/kg)</th><th colspan="2">ペレットボイラー（サンプル）
上平沢小学校</th><th colspan="2">直接販売</th></tr>
<tr><th>販売量</th><th>販売
単価
(円/kg)</th><th>販売量</th><th>販売
単価
(円/kg)</th><th>販売量</th><th>販売
単価
(円/kg)</th></tr>
<tr><td>2005年度</td><td>543 ㎥</td><td></td><td></td><td>543 ㎥</td><td>89 t</td><td></td><td></td><td></td><td>89 t</td><td>35</td><td></td><td></td><td></td><td></td><td></td><td></td></tr>
<tr><td>2006年度</td><td>569 ㎥</td><td>30～55</td><td>3,600</td><td>569 ㎥</td><td>98 t</td><td>29610</td><td>235</td><td>7</td><td>99 t</td><td>35</td><td>44.10 t</td><td>35</td><td>6.86 t</td><td>35</td><td>6.95 t</td><td>30</td></tr>
<tr><td>2007年度</td><td>797 ㎥</td><td>30～55</td><td>3,600</td><td>797 ㎥</td><td>118 t</td><td>29610</td><td>235</td><td>7</td><td>117 t</td><td>40</td><td>49.09 t</td><td>40</td><td>1.50 t</td><td>40</td><td>15.75 t</td><td>35</td></tr>
<tr><td>2008年度</td><td>739 ㎥</td><td>30～55</td><td>3,600</td><td>739 ㎥</td><td>132 t</td><td>29610</td><td>235</td><td>7</td><td>133 t</td><td>42</td><td>46.56 t</td><td>42</td><td>29.39 t</td><td>42</td><td>12.65 t</td><td>37</td></tr>
<tr><td>2009年度</td><td>864 ㎥</td><td>30～55</td><td>3,600</td><td>864 ㎥</td><td>171 t</td><td>29610</td><td>235</td><td>7</td><td>173 t</td><td>45</td><td>56.63 t</td><td>45</td><td>17.73 t</td><td>45</td><td>18.50 t</td><td>40</td></tr>
<tr><td>2010年度</td><td>866 ㎥</td><td>30～55</td><td>3,600</td><td>866 ㎥</td><td>171 t</td><td>26628</td><td>213</td><td>7</td><td>173 t</td><td>48</td><td>65.48 t</td><td>48</td><td>5.04 t</td><td>48</td><td>15.90 t</td><td>43</td></tr>
<tr><td>2011年度</td><td>1089 ㎥</td><td>30～55</td><td>3,600</td><td>1089 ㎥</td><td>174 t</td><td>29938</td><td>243</td><td>7</td><td>172 t</td><td>48</td><td>57.69 t</td><td>48</td><td>5.28 t</td><td>48</td><td>15.20 t</td><td>43</td></tr>
<tr><td rowspan="12">2012
年度</td><td colspan="17"></td></tr>
<tr><td>4月</td><td>47 ㎥</td><td>30～55</td><td>3,600</td><td>47 ㎥</td><td>11 t</td><td>2340.8</td><td>19</td><td>7</td><td>5 t</td><td>48</td><td>t</td><td>48</td><td>0.05 t</td><td>48</td><td>0.80 t</td><td>43</td></tr>
<tr><td>5月</td><td>110 ㎥</td><td>30～55</td><td>3,600</td><td>110 ㎥</td><td>14 t</td><td>2340.8</td><td>19</td><td>7</td><td>0 t</td><td>48</td><td>t</td><td>48</td><td>t</td><td>48</td><td>t</td><td>43</td></tr>
<tr><td>6月</td><td>75 ㎥</td><td>30～55</td><td>3,600</td><td>75 ㎥</td><td>12 t</td><td>2587.2</td><td>21</td><td>7</td><td>1 t</td><td>48</td><td>t</td><td>48</td><td>t</td><td>48</td><td>t</td><td>43</td></tr>
<tr><td>7月</td><td>75 ㎥</td><td>30～55</td><td>3,600</td><td>75 ㎥</td><td>8 t</td><td>1724.8</td><td>14</td><td>7</td><td>0 t</td><td>48</td><td>t</td><td>48</td><td>t</td><td>48</td><td>t</td><td>43</td></tr>
<tr><td>8月</td><td>100 ㎥</td><td>30～55</td><td>3,600</td><td>100 ㎥</td><td>21 t</td><td>2833.6</td><td>23</td><td>7</td><td>0 t</td><td>48</td><td>t</td><td>48</td><td>0.16 t</td><td>48</td><td>t</td><td>43</td></tr>
<tr><td>9月</td><td>120 ㎥</td><td>30～55</td><td>3,600</td><td>120 ㎥</td><td>20 t</td><td>2464</td><td>20</td><td>7</td><td>41 t</td><td>50</td><td>3.98 t</td><td>50</td><td>20.00 t</td><td>50</td><td>1.50 t</td><td>45or43</td></tr>
<tr><td>10月</td><td>140 ㎥</td><td>30～55</td><td>3,600</td><td>140 ㎥</td><td>19 t</td><td>2710.4</td><td>22</td><td>7</td><td>28 t</td><td>50</td><td>8.24 t</td><td>50</td><td>4.23 t</td><td>50</td><td>2.60 t</td><td>45or43</td></tr>
<tr><td>11月</td><td>54 ㎥</td><td>30～55</td><td>3,600</td><td>54 ㎥</td><td>17 t</td><td>2710.4</td><td>22</td><td>7</td><td>34 t</td><td>50</td><td>13.11 t</td><td>50</td><td>0.20 t</td><td>50</td><td>3.60 t</td><td>45or43</td></tr>
<tr><td>12月</td><td>61 ㎥</td><td>30～55</td><td>3,600</td><td>61 ㎥</td><td>14 t</td><td>2464</td><td>20</td><td>7</td><td>24 t</td><td>50</td><td>8.17 t</td><td>50</td><td>0.30 t</td><td>50</td><td>3.20 t</td><td>45or43</td></tr>
<tr><td>1月</td><td>88 ㎥</td><td>30～55</td><td>3,600</td><td>88 ㎥</td><td>17 t</td><td>2464</td><td>20</td><td>7</td><td>43 t</td><td>50</td><td>12.57 t</td><td>50</td><td>0.60 t</td><td>50</td><td>2.40 t</td><td>45or43</td></tr>
<tr><td>2月</td><td>109 ㎥</td><td>30～55</td><td>3,600</td><td>109 ㎥</td><td>29 t</td><td>2464</td><td>20</td><td>7</td><td>19 t</td><td>50</td><td>7.10 t</td><td>50</td><td>t</td><td>50</td><td>2.14 t</td><td>45or43</td></tr>
<tr><td>3月</td><td>88 ㎥</td><td>30～55</td><td>3,600</td><td>88 ㎥</td><td>22 t</td><td>2587.2</td><td>21</td><td>7</td><td>19 t</td><td>50</td><td>t</td><td>50</td><td>t</td><td>50</td><td>t</td><td>45or43</td></tr>
<tr><td colspan="2">合計</td><td>1067 ㎥</td><td>30～55</td><td>3,600</td><td>1067 ㎥</td><td>204 t</td><td>29691</td><td>241</td><td>7</td><td>195 t</td><td>50</td><td>53.17 t</td><td>50</td><td>25.54 t</td><td>50</td><td>16.24 t</td><td>45or43</td></tr>
</table>

（出所）筆者作成

図表４　SC・クラスター集計表（ペレットSC）：2012年４月１日～2013年３月31日

	森林整備（紫波町）		原料調達（岩手中央森林組合）		ペレット製造（えこ3センター）		バイオマス利用（合計）		バイオマス利用（内訳） ペレットボイラー		ペレットストーブ（一般販売）	
			投入	産出	投入	産出	投入	産出	投入	産出	投入	産出
バイオマス												
期首ストック	立木蓄積		−		−		−				−	
マテリアルフロー	生長量	伐採量	×××	1,067㎥	1,067㎥	204t	194t	発生熱量	152.24t	発生熱量	41.78t	発生熱量
期末ストック		立木蓄積		−		−						
貨幣												
原材料費	○○○		○○○		3,841,200円		9,614,700円	化石燃料節約額	7,612,000円	化石燃料節約額	2,002,700円	化石燃料節約額
売却収入		○○○		3,841,200円		9,614,700円						
受入料												
CO2(t-CO2)								CO2抑制量		CO2抑制量		CO2抑制量
補助材料									−		−	
電気												
物量(kwh)	×××		×××		29,691kwh		×××		×××		×××	
貨幣	○○○		○○○		415,674円		○○○		○○○		○○○	
CO2(t-CO2)		×××		×××		17.81t-CO2		×××		×××		×××
燃料	○○○		×××									
労働・雇用	○○○		×××		○○○		−		−		−	
その他	○○○		×××		−		−		−		−	
減価償却												
原価償却額	○○○		○○○		6,087,375円		○○○		○○○		○○○	
圧縮記帳の場合	○○○		○○○		3,954,625円		○○○		○○○		○○○	
CO2(t-CO2)		×××		×××		×××		×××		×××		×××

ガスや灯油等のボイラーであった場合の使用燃料の代替・節約

木質系バイオマスなので、ライフサイクルで考えると、CO2の排出量は差し引き0となる

電気料金の計算にあたっては、14円/kwhとして計算

CO2排出量の計算にあたっては、東北電力の実排出係数(t-CO2/kWh)0.000600（2012年度実績）を用いた

（出所）筆者作成

第7節　まとめ

　本稿は、地域活性化や、地域の生態系・自然資源の維持・管理を図るにあたって、メソ会計が有効と考えて、地方自治体等においてメソ会計を構築するにあたっての手順を検討した。その手順は、SC・クラスターの現状を明らかにするための手順（①～④）と、SC・クラスターの改善を図るための手順（⑤～⑦）に大別できる。そして、本稿は①～④の手順に基づき、紫波町の木質系バイオマス事業を事例として、国及び紫波町のバイオマス政策・施策（木質系バイオマス）を明らかにするとともに、メソ会計として、地域マテリアル循環フロー図と、（ペレット製造プロセスを中心にペレットSCについて）SC・クラスター集計表を作成した。

　地域マテリアル循環フロー図とSC・クラスター集計表は、紫波町（あるいは、コーディネータ）がSC・クラスター全体やバイオマス事業の分析・評価に用いたり、バイオマス政策・施策の事後的なレビュー（政策評価）に用いたりすることが想定されている。また、地域住民に公開していくことによって、紫波町はバイオマス事業の説明責任を果たすことができるようになる。

　本稿が提示したメソ会計は試案・試算であり、森林整備や原料調達における関連データを収集しSC・クラスター集計表を一貫システムにおいて完成させたり、ペレットSCとチップSCをあわせた包括的な木質系バイオマスSCについてSC・クラスター集計表を作成したりすることは課題である。これらの課題に取り組むことによって、森林・林業再生プランに基づく森林整備事業と、紫波町バイオマス活用推進計画による木質系バイオマス事業が総合的に分析・評価できるようになる。

　また、SC・クラスターの改善を図るための手順（⑤～⑦）に取り組むことによって、SC・クラスター全体及び事業者・組織間の連携を図ることは課題となる。この課題に取り組むことによって、例えば、事業者・組織が共存共栄を図ることができるような政策価格（振替価格）を設定したり、ボトルネックとなっているプロセスを見つけその改善のために新たな設備投資を促したり、SCやクラスター内で間接業務を効率化したりできるようになる。

〔付記〕本稿は、科学研究費補助金 基盤研究（C）研究課題番号25380618 丸山佳久「ミクロ環境会計からメゾ・地域レベルの環境会計への展開——森林・林業を対象として——」(2013年度‐2015年度)の研究成果の一部である。

(注1) 小口（1991, 1996）はmesoを「メゾ」としているが、本稿は「メソ」で統一して用いる。
(注2) 小口（1991）pp.82-83、(1996) pp.16-17。
(注3) 水利施設の資本維持や費用負担の衡平化をめぐる水の会計学は、国土庁の委託で1983年度から1986年度にかけて行われた利水合理化調査をもとにしている。
(注4) 林・山本・高橋（2008）p.295, p.303。
(注5) SCとは、製品やサービス、情報を提供するための、最終消費者から、原材料の採取という最初のサプライヤーにまで遡るプロセスの連鎖のことであり、これらのプロセスに関係するあらゆる活動が含まれる。Handfield et al. (1999), p.2.
(注6) 山崎（2005）は、産業クラスターを、関連産業・関連諸機関（地方自治体や大学研究機関等）を含めた地域的SCとする。企業単位で構成されるSCを超えて、地域全体のSCを構築することがクラスター戦略の核心である。山崎（2005）p.11。
(注7) 吉川（2006）pp.9-32。
(注8) 地方自治体等の環境会計は、①庁舎で行政サービスを提供する際に発生する環境負荷の抑制・削減を図る活動の管理（庁舎管理）のための環境会計と、②地域管理型環境会計、③庁舎管理・地域管理統合型環境会計に大別される。河野（2003）pp.171-183。
(注9) 枚方市環境保全部環境総務課（2011）p.18。
(注10) 金藤（2013）は、評価マップと意思決定カードを事業者・組織の目標や戦略と結びつけるにあたって、BSCが利用できると考える。金藤（2013）p.64。
(注11) コーディネータは、事業者・組織間の連携調整（合意形成）を図りながら、地域の経済活性化・環境保全等を考慮に入れたクラスター形成のための戦略・計画を立案・設定していくとともに、形成後のクラスター事業を有効的かつ効率的に運営・管理していく活動を主体的に行う個人または組織である。金藤・岩田（2013）p.125。
(注12) 基本計画における市町村バイオマス活用推進計画は、バイオマス・ニッポン総合戦略に基づいて推進されてきたバイオマスタウン構想に相当する。
(注13) 事業化戦略は、事業化において重点的に活用する技術として、メタン発酵・たい肥化、直接燃焼、固体燃料化、液体燃料化をあげている。また、バイオマスとして、木質、食品廃棄物、下水汚泥、家畜排せつ物（液体燃料化の場合は余剰・規格外農産物、廃食用油、食品廃棄物）をあげている。バイオマス活用推進会議（2012）p.2。
(注14) 事業化戦略のロードマップ及び2020年度の目標値は、バイオマス活用推進会議（2012）pp.17-18を参照。
(注15) 事業化戦略における未利用間伐材等は、基本計画や紫波町バイオマス活用推進計画における林地残材と同義である。本稿は未利用間伐材等という用語を統一して用いる。
(注16) 森林・林業再生プランは、森林施業の集約化、路網整備の加速化、高性能林業機械の活用等を図り、林業経営の低コスト化と国産材の安定供給体制を構築して、2020年までに木材自給率を50％以上まで高めることを目指している。
(注17) FITは、2012年7月に、電気事業者による再生可能エネルギー電気の調達に関する特

別措置法に基づき施行された。電気事業者は、太陽光、風力、水力、地熱、バイオマスを用いて発電された電気を、固定価格で一定の期間調達することが義務づけられる。
(注18) 2009年3月に環境省と林野庁は、オフセット・クレジット（J-VER；Japan Verified Emission Reduction）制度における森林吸収クレジットの認証基準を公表した。
(注19) 紫波町（2013）p.2。
(注20) 2010年世界農林業センサス。
(注21) 紫波町（2013）p.4。
(注22) 「紫波町循環型まちづくり条例」第2条第1項。
(注23) ペレタイザーの所要電力は、TS-220型（定格電力（22kw）×負荷率（0.8））、33-390型（定格電力（約22.5kw）×負荷率（0.8））として計算した。

【参考文献】
大森明（2013）「メゾ領域を対象とした公会計の意義――PFIを中心として――」『會計』第183巻第3号、pp.102-116、森山書店。
金藤正直（2011）「バイオマス事業における参加・協働体系を支援する評価情報モデル――青森県中南地域の取組を中心として」『弘前大学経済研究』第34号、pp.30-47、弘前大学経済学会。
金藤正直（2013）「バイオマス政策・事業のための戦略的分析・評価モデル（1）――新たなバイオマス政策・事業への戦略的意思決定と分析・評価モデルの必要性――」『人文社会論叢（社会科学篇）』第29号、pp.51-74、弘前大学人文学部。
金藤正直・岩田一哲（2013）「食料産業クラスターを対象としたバランス・スコアカードの適用可能性」『企業会計』Vol.65 No.10、pp.125-131、中央経済社。
金藤正直・八木裕之（2010）「青森県中南地域のバイオマス事業を対象とした環境会計モデルの構想」『横浜経営研究』第31巻第1号、pp.1-16、横浜国立大学。
金藤正直・八木裕之（2012）「バイオマス政策・事業評価情報の利用方法に関する研究――青森県中南地域を中心として――」『日本LCA学会誌』第8巻第2号、pp.170-180。
河野正男（2003）「公共部門における環境会計」吉田文和・北畠能房『環境の評価とマネジメント――岩波講座 環境経済・政策学 第8巻――』pp.157-186、中央経済社。
小口好昭（1991）「メゾ会計としての水の会計学」『會計』第139巻第5号、pp.82-100、森山書店。
小口好昭（1996）「流域の総合管理と水道事業民営化の帰趨――水資源会計の主体論を中心に――」『水利科学』No.231（第40巻第4号）、pp.26-50、水利科学研究所。
紫波町（2013）『紫波町の「循環型まちづくり」』岩手県紫波町産業部環境課。
高橋賢（2010）「産業クラスターの管理と会計――メゾ管理会計の構想――」『横浜経営研究』第31巻第1号、pp.73-87、横浜国立大学経営学会。
高橋賢（2011a）「バランス・スコアカードの産業クラスターへの適用」『横浜国際社会科学研究』第15巻第6号、pp.1-19、横浜国立大学国際社会科学学会。
高橋賢（2011b）「産業クラスターへの管理会計の応用――BSCの適用可能性――」『企業会計』Vol.63, No.10、pp.78-83、中央経済社。
高橋賢（2012）「産業クラスターと戦略カスケードマップ」『横浜国際社会科学研究』第17巻第2号、pp.1-15、横浜国立大学国際社会科学学会。

林岳・山本充・高橋義文（2008）「メゾ環境会計による地域経済と農林業の持続可能性の分析」出村克彦・山本康貴・吉田謙太郎 編著『農業環境の経済評価——多面的機能・環境勘定・エコロジー』、pp.294-333、北海道大学出版会。

バイオマス活用推進会議（2012）『バイオマス事業化戦略——技術とバイオマスの選択と集中による事業化の推進——』。

枚方市環境保全部環境総務課（2011）「エコリポート2011（枚方市環境報告書）」。

八木裕之・丸山佳久・大森明（2008）「地方自治体における環境ストック・フローマネジメント——エコバジェットとバイオマス環境会計の連携——」『地方自治研究』Vol.23 No.2、pp.1-11、日本地方自治研究学会。

山崎朗（2005）「産業クラスターの意義と現代的課題」『組織科学』Vol.38 No.3、pp.4-14、組織学会。

吉川武男（2006）『バランス・スコアカードへの招待——企業経営・行政・病院経営等に必須の基礎知識——』生産性出版。

Handfield R.B., Ernest L. Nichols, JR.（1999）, Introduction to supply chain management, Upper Saddle River, NJ., Prentice-Hall.（新日本製鐵株式会社EI事業部（1999）『サプライチェーンマネジメント概論』ピアソン・エデュケーション）

〈Ⅰ〉
地域経営

第**3**部

地域社会

第9章

市民主体の社会イノベーションの進展
――多主体協働の形成期を事例に考える――

畑　正夫
(兵庫県立大学地域創造機構教授)

第1節　はじめに

　少子高齢化が進み、本格的な人口減少社会が到来する中で、コミュニティの機能が縮小し、コミュニティが持つ相互互恵的な機能の喪失が危惧されている。国、地方を通じて厳しい財政制約の下で、住民の日常生活を支える社会的なサービスへのアクセスを改善するために、地域が本来持っていた課題解決力をどのように高め、課題解決につなぐかが政策立案者にとっては重要な課題となっている。これまでから地域の活性化には"人づくり"、"場づくり"、"仕組みづくり"が欠かせない重要な方策の1つと考えられてきたが、改めて、地域全般に広がる社会的な課題の解決のために、多様な主体の協働による取組みを捉え直す必要がある。

　阪神・淡路大震災（1995年）の被災地で、住民の自律的な活動で示された課題解決力は、非営利活動法人制度の創設をはじめ、「新しい公共」として認知され、国・地方を通じた政策課題となった。「新しい公共宣言」（内閣府）では、古くからのコミュニティの中で築かれた住民が支え合う社会経済[1]が、近年、個人中心の考えが進み、社会貢献の気概も希薄化する傾向にあると指摘する。同宣言が地域の社会経済の中で、地域コミュニティにおける経済的リターンと社会的リターンのバランスの再構築の必要性を述べているように、地域コミュニティを形成する住民、企業、政府の多様な主体が担うべき役割を考え、地域コミュニティの再構築を進めることが重要となる。

　そのためには、再構築によって地域社会に生み出すべき価値を考える必要がある。内閣府主催の「社会的責任に関する円卓会議」は、"安全・安心で持続可能な社会"の実現を掲げる[2]。「全ての人々が基本的権利・欲求を満たすことが

でき、現在世代と将来世代の生活の質を共に向上させていく社会」の実現を目標に、多様な主体による多彩な協働の取組みを社会全体で展開することを求める。具体的には、相互に他者の活動を知り、協働を呼びかけるための地域での円卓会議やモデル事業が実施されている[3]。こうして、市民を中心に多様な主体による社会変革、すなわち、ソーシャルイノベーションにつながる様々な活動の立地・普及を促進する環境整備に努めている。

　「新しい公共」の普及と拡大を図り持続可能な社会を構築するためには、政府だけでなく、住民、NPO、企業など、様々な主体が持続的、自立的、自律的な取組みを行う環境を整えることが重要である。これまで政府は住民の力を生かす方策として、国・地方自治体によるNPO法人の普及拡大、ソーシャルビジネスやコミュニティビジネス等の振興に取り組んできた。そうしたこと契機にして、多様な主体が「自分自身が社会の主人公である」ことを自覚し、課題解決に一歩を踏み出す環境を整えることが重要であると考えた（佐野 2010）。

　例えば、高齢者や障害者に対する見守りや買い物支援等のサービス、子育て支援、環境保護などの活動の活性化は、コミュニティの再構築につながるとともに、副次的に行政コストの削減をもたらすと考えられている。こうした動きは、経営的手法や市場メカニズム等を活用、市民の参画の促進などによるニュー・パブリック・マネジメントの流れの中で理解することができる（大住2002）。

　本稿では、市民の参画と協働、経営的手法、市場メカニズムの活用をキーワードにコミュニティ再構築の取組みとして注目されているソーシャルイノベーション研究や取組主体の一つである社会的企業研究の蓄積を参考にしながら、市民主体の地域コミュニティの再構築におけるイノベーションの創出事例について、取組みの萌芽的な段階に焦点を当てて検討を行う。

第2節　コミュニティの課題解決に向き合う住民の力（社会的企業家精神）

　本格的な人口減少社会を迎え、少子・高齢化、世帯構造の縮小がコミュニティは多様な課題を突きつける。総務省コミュニティ研究会の中間とりまとめ（総務省2007）[4]では、人口構造の変化に伴い「地域の共生の力」の脆弱化と、その

背景に平成の大合併により規模の拡大が進んだ基礎的自治体における共同体意識の希薄化があることに指摘する。その上で、伝統的な地域コミュニティの担い手である地縁団体とNPO等の機能団体に注目し、コミュニティの再生の方途を論じている。低下する地縁団体の機能を補完する新たな機能団体としてのNPO等にも期待が寄せられているが、そこでの議論のポイントは「内発的な地域コミュニティ活動への参加意欲」の重要性があげられる。

持続可能なコミュニティを支える意欲は、国や自治体等の「公共セクター」(Public Sector)、住民による多様な主体で構成する「市民セクター」(Third Sector) はもとより、雇用の創出やより良い製品の開発・供給など市場メカニズムを通して豊かさを実現する「私的セクター」(Private Sector) を含める3つの領域に属する幅広い主体が共通に持っている (Drucker 1985)。セクター間、それぞれに属する主体間で意識や活動内容に差はあるが、内発的な地域コミュニティの課題解決に向けた参加意欲や、地域社会への貢献意欲は共通して持ち、これまでから直接・間接な取組みを行ってきた。しかしながら、複雑さを増す地域課題の解決には、公共セクター、市民セクター、私的セクターが持てる力を合わせて取り組むことが不可欠になってきた。

課題に向き合う意識や意欲は経営的な視点からは「社会的企業家精神」(social entrepreneurship) としてとらえられている。「企業家精神」は利益追求の市場を中心とする私的セクターの活動だけでなく、社会的サービスにも当てはまる重要な要素である (Drucker 1985)。また、企業家精神は活動を通してイノベーションや物事を創造する動機やダイナミズムにつながる。それは公企業であろうと民間企業であろうと、大企業であろうと中小企業であろうと、あらゆる企業、組織の活動における極めて重要な生命線となると考えられ、ソーシャルイノベーションの主体の一つである社会的企業を考えるための重要な視点とされている (Leadbeater 1997)。

複雑さを増す地域課題に企業家精神を生かし、的確に対応するためには、各セクターの固有性と共通性を踏まえたアプローチをとる必要がある。つまり、各セクターでの活動を強化し、地域課題に対応するだけでなく、それらの活動を関連づけ、持続可能にする協働の仕組みや仕掛けが必要である。そうするこ

とで、課題への対処行動にありがちな断片化の弊害（Bohm *et al.* 1991）を回避し、いわゆる「ボランタリーの失敗」、「政府の失敗」、「市場の失敗」を克服することにつながることが期待される。社会的企業研究においては、企業家精神に基づく社会的な課題解決のためのセクター間での複合的な理論構築の必要性が議論されている（Leadbeater 1997, Ridley-Duff *et al.* 2011）。

　日本はこれまで世界が経験したことのない超高齢社会の時代に入る。そうした状況下では、従来の課題解決手法だけでなく、個々のセクターの行動原理にとらわれない新たな革新的手法を用いて社会変革を生み出す必要に迫られる。ソーシャルイノベーションが新たな公共政策と言われる所以である（Fraisse 2013）。その際には、様々な政策介入をワンセットにして行う公共政策の特性（薬師寺1989）を踏まえて、政策に関わる多様な主体、異なるセクターとの複合的な取組みを効果的にマネジメントすることが重要である。ソーシャルイノベーションを興し、普及拡大させる方途や戦略が、公共政策におけるこれからの大きな課題である。

　現状の取組みを見ると、個々の主体の創出と機能強化のためにソーシャルビジネスやコミュニティビジネスの起業・活動の支援がはじめられている。また、活動主体同士の結びつきの強化と、関係性の構築による相乗効果の生むために、新たな主体である起業家たちが他のコミュニティの主体と共創的な関係性を築けるように交流機会の提供などが行われている。異なるセクターの文化や組織を上手く取り込んだ新たな活動や活動主体の創出については、まだはじまったばかりである。起業家の個別・独立の活動を対象にした検討から、複雑・多様化する課題解決に十分に対応する理論の構築、それを生かした仕組みや仕掛けづくり等の社会システム[5]の整備を行いながら、ソーシャルイノベーションにつながる環境の構築が求められる。

　国・自治体の政策の中では、例えば、先進事例の紹介等の情報提供、起業家塾や提案型コンペティションの開催、関係者間のネットワーク構築を目的とするプラットフォームづくり等の様々な支援がなされているが、ややもすれば局所的な取組みにとどまりがちである。近年では大学も「地域の課題に向き合う」ことが求められ、大学をあげてコミュニティの中心となり課題解決に資する取

組みとして文部科学省「地（知）の拠点整備事業」等、地域の多様な主体がそれぞれに役割を担う動きが広がりつつある。多様な主体が複雑な課題に取り組むだけに、それぞれの行動原理についての理解が重要になる。

第3節　セクターを超えるアプローチの必要性

　各セクターに属する主体の力を拡大強化するだけでなく、断片化の罠に陥らないように有効に活用するためには、それぞれの主体の活性化と強化、領域を超える協働によるアプローチを適切に行う必要がある。複雑さ増す地域課題の全体像をジグソーパズルに例えると、現時点では個々の解決策のピースが揃い始めた段階であり、活動主体の関係性の強化や地域まるごとで取り組む環境整備までには至っていない。内閣府（2013）の調査によると、地域コミュニティの機能低下が危惧されているものの、社会貢献意識の推移は長期的にはまだ低下するまでに至っておらず[6]、この機を逃さずに課題に向かう社会的な企業家精神を効果的に生かし、新たな解決策（next practice）[7]を生み出すことが重要である。

　セクター間では例えば、公共セクターと私的セクターの間で長期的な失業構造の改善を図るために中間労働市場[8]等の新しい労働市場の形成、私的セクターと市民セクターの間では非営利活動組織の企業化の推進（Dees 1999）、市民セクターと公共セクターの間で多様な公的施設の管理と地域課題の解決の拠点施設としての活用等の新しいアプローチがなされている（Ridley-Duff et al. 2011）。セクター間での複合的な取組みの中に潜む新たな課題解決手法や主体、そのための社会システム等の検討にはPearce（2003）による公共セクター、私的セクター、市民セクターのマッピングが参考になる。Pearceは各セクターをシステムと呼び、システムごとの主体を近隣地域、地域、国、世界の各空間に分類・配置する。このマップは課題に合わせて主体の組み合わせ考え、新しい取組みモデルを企画することに活用することができる。

　ただ、地域コミュニティにおける活動の規模では、総体としての市民セクターの規模は他のセクターよりも小さい[9]。個々の活動主体の規模を見てもNPOを収入規模のほとんどが1,000万円以下と小さく、他のセクターとの間では大き

な差がある。そうした差異を克服するためには、第1に他のセクターと対等な関係性を構築するために市民セクターの規模と活動領域を拡大することである。第2に複雑化した課題を分断せずに解決するために他のセクターも含めて多様なステイクホルダーとの協働関係を構築できる環境を整備することである。第3に協働を創出した後に、市民セクターの主体が地域コミュニティとの間に持つ関係性の強みを生かすことができるような仕組みや仕掛けをデザインをすることである。本稿では第2の点である「協働」を事例に検討を行う。

第4節　セクターを超える協働を支える行動原理の検討

　幅広い協働を考えるために、市民セクターに属する主体間、市民セクターと公共セクターとの主体間の検討だけでなく、私的セクターも含めて多様な行動原理をもとに、セクター間での多主体間での取組みについても考えることが重要である。ここでは、企業が他の企業やNGO等のソーシャルな価値実現を図る体との協働関係についての先行研究をもとに検討を行う。企業は、相互の資産と資源の有効活用を目的として取引関係を構築し、統合的な関係性への発展や、パートナー間の関係性の崩壊等への対処を通して得た様々な経験を蓄積している。複雑な協働関係の経験は、新しい組織や協働を形成するための社会的なつながり等のネットワークの役割や、地理的近接性等の空間的な関係性、協働の相手方の選択、交換・創出した価値等が生み出す成果の評価等に幅広く活用することができる（Domenicoら 2014）。

　まず、企業が協働関係を形成する理由についてみる。企業間の提携活動を分析し組織間のコラボレーションが生み出す強み（collaborative advantage）についての考察が参考になる。企業は提携により、それぞれの企業にもたらされる利益を期待するとともに、単なる取引関係にとどまらない将来の新たなビジネス・チャンス、すなわち新たな価値が創造される状態の実現をめざす（Kanter 1994）。提携により一社ではコストを負担しきれない経営資源を手に入れるといった段階から、異業種の企業同士がそれぞれの能力をつなぎ合わせてバリュー・チェーン（価値連鎖）を作り出し、エンド・ユーザーに新しい価値を提供するといった企業の本質的な在り方に関わる段階まで幅広く、組織そのものにも変

化がもたらされる。

　Kanter（1994）は協働関係を「人間の関係と同様に、始まり、育ち、そして深まり、あるいは壊れる」と、結婚関係に例える。実際、協働のための提携関係の複雑性のために、長期にわたりその関係を持続することは難しい。活動の柔軟性と新しい可能性への挑戦が可能となるコラボレーションの強みを構築し、利益を生み出すためには、政治、文化、組織、そして人材に対しての適切なマネジメントの確立が必要であると指摘する。利益を指向する企業とは異なるものの、市民セクターの活動主体が協働関係の構築を通して社会的価値を生み出すためには、同様のマネジメントの確立が必要となると考える。

　協働によりもたらされる利益の一つに経験の共有がある。起業機会を創り出すために必要な知識は一人の人が持つだけで無く、個人が別々に持っている。社会的企業やソーシャルイノベーションの文脈では、新たな価値の創造者として個人の起業家の活動が報告されている。これまでのこうした個々の起業家の経験の蓄積をつなぎ、複合的な主体による機会づくりのための意識や情報をつくり出すことが重要であり、協働がもたらす大きな利益となる。他のセクターでの多様な経験も含めて共有し、視野を広げることを通して、さらなる課題対応への直感的な視点が形成するために、これまで個人の企業家精神や個人の特性の重要性が確認されてきたが、経験と知見の蓄積をこれからの課題解決に生かすことが重要である。

　さらに、協働によりもたらされる利益として資源の共有がある。社会的企業家を例にすると、社会課題の解決に向けて自らの組織や資源だけでなく、支援ネットワークや支援団体、財政的な援助、知識等を活用する。そうした資源を手に入れ、活動に結びつける。すなわち、資源を共有する共同体を形成したり、弱みを補完したり相互補完的な活動を行うために資源を活用する（Montgomeryら2012）。企業は協働機会を通して、幅広いコラボレーションを強みに変える活動を行っている。Montgomeryらはセクター内とセクターを超えた協働の形態に合った活動の分類と、それぞれに固有のマネジメント特性の有無と相応しい対応を検討しようとしている。こうした検討が、社会課題の対応する主体にも適用できる可能性がある。

先に触れたように、複雑で困難なプロセスを経ながら協働が進む（Kanter 1994）。異なる行動原理で活動するセクター間での協働では特に困難に直面し、対立と融合、共創の段階を経験する。危機的な状況下で、政府、市場、市民がそれぞれの役割だけでは課題対応が上手く出来ない複雑な事例、発展途上国における低所得者層への対応例について、Brugmannら（2007）は企業とNGOが市場メカニズムを用いて経済開発を行うプロセス中で、相互に活動に必要な能力やインフラ、知識を補完し、ともに学び、協力しあうことを明らかにしている。その上で、企業とNGOの関係性の変化を「融合前の段階」、「社会的責任を果たす段階」、「事業化の段階」、「事業共創の段階」に分類する。

　発展途上国では、経済の開放とともに生じる企業と市民団体の対立がある。NGOが政府に変わって企業セクターを取り締まる役割を担う。企業はNGOへの対応策としてCSR活動や、CSRを組み込んだマーケティングを展開し、大量の経営資源を投入する段階に進む。やがて、企業は顧客をよく知るNGOの力を借り、NGOは企業が撤退した市場で活動展開の段階を経て、お互いの活動の限界と強みを理解し合い、企業とNGOの『共創』による長期的なパートナーシップの土台が築かれる。相互に補完・代替機能を果たし、市場そのものが相互協力の場に変わる。食品やエネルギー、環境等の領域では、先進国でも同様の変化が生じていると指摘する（Brugmannら2007）。地域課題の解決主体としての新たな主体の登場から異なるセクター間での協働への展開場面で、こうした協働の発展段階の視点が役立つものと考える。

　このような発展段階を経て形成される協働にはさらに課題がある。Huxham & Vangenら（2009）は協働が生み出す強みとコラボレーションに伴う「惰性」というジレンマをあげる。協働の利益を引き出すためには、協働のプロセスで生じる様々な課題への対応が必要になる。協働に必要な共通目的についての同意、パワーのシェア、成功の鍵となる信頼、パートナーシップづかれ、変化し続ける課題、リーダーシップの所在等の協働を阻害する要因をあげ、こうした要因を上手くマネジメントする必要性を指摘し、協働する場合にはそこで生じる利益を明確にして取り組むべきだと指摘する。始まったばかりの地域コミュニティでの協働の取組みにも、企業活動の経験の蓄積を援用して適切なマネジ

メント手法を構築する必要があると考える。

　起業家が新しい領域で行動を行う場合には、必ずしも合理的な機会選択により設定した目標の実現に向けて行動する訳では無く、取組みの初期的な段階から時間を経る中で、資源や環境等の直面する様々な制約のもとで、目標を再設定しながら取組みを拡大する（Sarasvathy 2001）[10]。そうしたプロセスには、自らの強みや弱みを分析して取組み機会の明確化（機会認識）の段階、戦略的パートナーを巻き込んで取組みに関わる関係主体との活動基盤の拡充（機運醸成）の段階、取組みの効果最大化（実行）の段階が内包され、起業家はこれらの段階をPDCAサイクルのように回し、望ましい意思決定や取組みを推進する環境を形成する。また、得られた成果が活動や組織の正当性を保証し、社会的認識と受容をもたらすとともに、活動に関わる多様な主体にもそうした効果が認められる（VanSandt et al. 2009）。

　コミュニティとの関係性を考える時には、対象とする場所の空間的な広がりについての考慮が必要である。多くのコミュニティの課題は、例えば廃校の活用や商店街の振興などピンポイントの場所を対象とするだけなく、自治体内や自治体を超える広い地域空間の中で、より多くの人を巻き込む。したがって、課題に対応する主体は、多様なコミュニティと深いつながりを持つ必要がある。ステイクホルダーとの関係性を強め、相互の意識や行動の距離を縮めることが大切である。また、取組みを展開する場合に、社会的で企業的な対応の難しいバランスをとる必要がある。協働関係の中での主体間の責任の転嫁が生じないように、開放性、透明性、責任の分担等が重要である。特に、公共セクターにおける市民の役割の拡大を図るための政府のビジョンの明確化や、公共サービスの正当性を担保する議会とのバランスに配慮する必要がある（Simmons 2008）。

　ステイクホルダー（Stakeholder）は「組織の目的の達成に影響を及ぼすことができるか、影響を受けるグループまたは個人」（Freeman 2010）と定義されている。経営学の領域で、主に企業との関係性がとらえられてきた。企業を中心にしたステイクホルダーマップを見ると、地域コミュニティ組織、所有者、消費者団体、顧客、競争相手、メディア、従業員、政府、供給者、環境保護主義者、特定利益集団等の個々の主体と企業との二者関係がとらえられており、

ステイクホルダー間の相互関係についてはあまり考慮されていない。コミュニティの再構築においては、ステイクホルダーとの協働が必要になるため、関係者間で利害調整にとどまらない、共創的な関係を構築することが重要である。社会的企業の議論の中ではステイクホルダーの民主的な参画がその要件として求められている（Borzagaら2003）。

　社会課題への対応では、公共セクターのサービスを補完・代替する場合が多い。そのため協働を通して、パートナーシップとガバナンスのあり方のデザインに影響が及ぶ。パートナーシップでは、交渉によりサービスの質と量が決まる。ガバナンスモデルでは、ステイクホルダーの参画を強化することで、対話と協議を通して成果が導かれる。しかし、公共セクターとの関係では市民や企業主体の運営上の自律性の確保と、議会の関与との微妙なバランスを図ることが課題になる。社会的企業を例にすると、公共サービスの提供における信頼と正当性を維持するために自律性のバランスを図っている。そのバランスが崩れると、自治体からの関与が強まり、ひいては活動主体の立場を弱体化させるきっかけになる（Simmons 2008）。

　活動の規模が大きくなり、地域コミュニティに与える影響が大きくなるにつれて、活動主体そのもののあり方や、主体が属するセクター内での役割、他のセクターとの関係性を生かし果たすべき役割について考える必要がある。自分たちが直面する課題に相応しい解決方策とそのために望ましい資源を調達し、活動環境を整える等のパートナーシップを発揮するための環境を整える必要性に迫られる。どのような戦略を持ち、関係性のバランスをどのように図るかが課題となる。その際には伝統的な地縁団体、共同組合やマルチステイクホルダー型の活動を展開する社会的企業に代表される欧米での新しい主体の活動が参考となる。本稿では、ステイクホルダー間、セクター間の協働に注目している。

　この点について、社会的企業におけるパートナーシップの例を見る。ソーシャル・エンタープライズ・パートナーシップ（Social Enterprise Partnership）と呼ばれる協働は、「社会課題に効果的に取り組み、地域コミュニティの利益として新しい価値をもたらすことを目的に、一つ以上の非営利活動組織間に形成された明確なコラボレーション」と定義されている（Henry 2014）。その適用

により、規模が小さく十分な活動資源を持たない活動主体のコミュニティの課題解決への参画が容易になる。また、少ない資源を互いに持ち寄ることで、個々に新しい事業を創造する場合に比べて効率的な活動が可能になる。日本におけるNPOをはじめとする地域活動団体にとって、地域コミュニティに寄り添う活動を可能にするツールとなる可能性が高い。もちろん、規模や構成が異なる組織が協働することにより、運営面や管理上の問題等が生じる可能性がある。そのため、企業の協働から見えてきたように、実現すべき社会価値についての共感や共有、ネットワークの形成と活用等により、社会課題に対応できる協働戦略が必要となる。

第5節　事例検討）住民の発案からはじまった山陰海岸ジオパーク

　山陰海岸ジオパークの取組みを事例にステイクホルダー間、セクター間の協働について考える。ジオパークとは、ジオ（地球）にかかわる様々な自然遺産、例えば、地層、岩石、地形、火山、断層などを含む自然豊かな公園を指す。山陰海岸ジオパークの取組みは、日本海形成から現在に至る様々な地形や地質が存在し、それらを背景とした生き物や人々の暮らし、文化・歴史に触れることができる地域の特性を生かし、ジオにかかわる遺産を保護、研究に活用するとともに、自然と人間のかかわりを理解する場、科学教育や防災教育の場として、新たな観光資源として、地域の振興に活かすことを目的とする。山陰海岸ジオパークのエリアは、3府県に及ぶ。東は京都府京丹後市から、西は鳥取市の白兎海岸までの東西約110km、南北30kmと自治体を超える広大な地域を対象に2010年10月、世界ジオパークネットワーク（GGN）に登録された[11]。

　この取組みは山陰海岸を世界遺産にしようと一人の住民が声をあげたことに始まる。地質資源に富んだ山陰海岸を世界自然遺産にしようと、兵庫県の北部に位置する但馬地域の将来像を考える会議（但馬夢テーブル委員会）の場で提案がなされた。会議は地域の将来像としてのビジョンを地域住民の参画と協働で描き、その実現に取り組むために設置されたもので住民の誰もが参加できる会議である。その場で、山陰海岸の豊かな地質資源を調査、保全し、有効に活用しようとの呼びかけがなされた。現地での勉強会など地域の良さを発見する

取組みが地道に展開され、徐々に幅広い住民からの理解を得て、応援団が増えていく。その間に目標も世界遺産の登録から、資源を保全、活用するジオパークへと変わっている。
　こうした取組みを契機に、地元自治体間でジオパーク構想の実現に向けた調査研究の提起があり、後に府県をまたぎ関係自治体で構成する山陰海岸ジオパーク協議会の設立につながる。地元住民と自治体を中心にした活動は、但馬地域を巻き込んだ取組みに広がり、平成2009年12月に日本ジオパーク委員会から「日本ジオパーク」の認定を経て現在に至る。協働の視点から見ると、当初、世界遺産をめざした取組みが、「山陰海岸国立公園を世界の公園にしよう」というコンセプトのもとにジオパークへと変わる。取組みの方向性も資源の保全から、教育や産業への活用へとシフトしている。
　一人の住民の発案から小さく始まった取組みは資源再発見のために、地質資源に関心の住民の参画や多彩なジオ資源に富む地域の観察会等の地道な草の根活動を経て、自治体、地元観光協会、高等学校等をはじめ、幅広いステイクホルダーや、公共セクター、私的セクターを巻き込んでいく。また、活動の正統性と自律性を担保する環境づくりに大きな役割を果たす議会からは、京都・兵庫・鳥取の三府県の議会議員の会が組織され活動を展開した。議会とのバランスにも配慮された成果と言えよう。
　この時期、但馬地域ではコウノトリの野生復帰の中で確認された生物多様性を活用した地域振興策を模索していた。そこに生物多様性を支えてきた地質多様性への関心が高まり、資源の保全、教育や産業への活用に向けて、幅広い関係者が参画する動きが加速化した。日常から何気なしに貴重な地域資源に接してきた人々が、地域の風土、風習、伝統等の地域固有の魅力を再発見することで、ふるさとへの郷土愛や誇りを再認識したことが一因となっている。人口減少が著しい多自然地域に位置するだけに、待ったなしの課題解決に向けて、本稿で述べたような市民セクター、公共セクター、私的セクターの3つのセクターが協働して新しい動きを展開しようとしている。ジオとコウノトリという明確なキーワードのもとに、ツーリズムを軸に、教育、産業をつなぐという共有しやすく明確な目標設定のもとで協働が進められている。

こうした取組みを発展させるためには、現在の行政が中心となった協議会方式による活動だけでなく、ステイクホルダーの主体的な参画による資源の保全と層の厚いツーリズムを創出することが求められる。また、個々の小さな取組みを効果的につなぐ、ソーシャル・エンタープライズ・パートナーシップに見られるような協働の仕組みが必要となる。地域のハブになる新たな仕組みや持続可能な活動主体を構築する支援も欠かせない。このため、ステイクホルダーである兵庫県は2014年度から兵庫県立大学に新たな大学院「地域資源マネジメント研究科」を設置して、ジオパークやコウノトリの野生復帰等の地域の活動を支え、地域資源を活用し地域再生に資する人材の育成を始めている。多様な主体の複合的な取組みを活性化させるエンジンを大学が担う、イノベーティブな地域振興への動きが見て取れる。

第6節　まとめ

　ソーシャルイノベーションの政策的な意義の一つに革新的な活動を通して新たな課題解決方法を創出するとともに、既存の社会システムを超えて社会的価値の創造につなぐことができることにある。これまでの伝統的な社会経済的手法とは異なり、例えば、社会ニーズから社会的な資産への視点の展開、課題解決主体（エージェント）としてのコミュニティの再評価、コミュニティを企業や産業として擬制、技能向上や雇用機会の創出への焦点化、セクター間のパートナーシップの構築等により取組みはニュー・パブリック・マネジメントの一つとして捉えられている（Adams & Hess 2010）

　山陰海岸ジオパークに見られるように地域を変えるきっかけを提供するイノベーターの登場は、地域資源を巡って人々が相互の関係性を深め、多様な主体との協働関係を形成し、発展する契機となった。ある意味偶然のことだったのかもしれない。仮に偶然にはじまったとしても、多様な主体の力を生かして偶然にとどめずに組織的、戦略的に展開することが地域を持続的に変えていくためには必要となる。そうした仕組みや仕掛けは、これから複雑化、拡大する多様な課題に対して、地域住民、企業の力と自治体が力を合わせて課題解決を図るためにも重要な役割を果たす。

事例では、山陰海岸ジオパークの活動の萌芽期から協働の取組みが広がっていく段階を対象にしたが、同地では、今後パートナーシップの構築により、多様で小さな活動主体が生まれてくることが期待される。地縁団体や地域活動団体、NPO等も考えられる。一方、既存企業の参画、新しくジオツーリズムに関する企業の出現へとつながれば、人口減少下の持続可能な地域づくりを、収益を上げ、雇用機会を創出しながら進める新たな主体への成長が期待できる。関係性にもとづく多様な主体、異なるセクターに属する主体によって、"地域づくり"というキーワードのもとにイノベーティブな活動が展開される。

　私的セクターの市場メカニズムをはじめ、公共セクターや市民セクターが持つ特性を生かして、総力戦で地域課題に向き合うことが重要であり、そうした活動を蓄積し、日本型のコミュニティ課題解決のための社会主体を生み出す必要がある。NPOや社会的企業の議論は、ややもすれば仕組みや制度ありきの議論になりがちで、背景にある社会・時代潮流を十分に読み取る大切さを忘れがちである。これまでは日本は技術を上手く導入して社会的な仕組みを変えていくことに長けてきた（Drucker 1985）と言われるが、ネクストプラクティスが求められる今、自分たちの手で社会技術を生み出す必要性に直面している。

　パートナーシップは多主体が課題解決のためのきっかけだけでなく、セクター間のハイブリッドな市場や取組主体を生み出すきっかけとなる。本稿ではその僅かな部分を検討の対象としたが、これらに加えて企業家精神を高める初期的な段階からつながりづくりを埋め込むことや、現時点で漸進的な発展過程を辿るNPOなどの活動主体間の協働による事業創造、企業と課題解決に取り組む人材の協働事業機会の創出など、関係性を深め活動を拡大することを目標に戦略的な取組みを進めることも今後の課題である。また、活動主体や地域コミュニティの中に集積する人材を「知」「経験」をもとにつなぎ、産業クラスターのような"人の立地"を形成することも地域の力を高めることになると考える。

　本稿は、地域コミュニティの再構築を図るために、経営、経済、公共政策、そしてソーシャルエンタープライズ等の先行研究をもとに、企業家精神を地域再生に生かす視点の一つとして重要な役割を果たす協働について考えた。協働を通して多主体、セクター間の活動を活発化し、社会に好循環をもたらす環境

整備のためには、さらに具体的な事例を通して、セクターが果たすべき役割と実際にもたらされる成果について調査・研究を深める必要がある。そのためには個々の活動に焦点を当てるだけなく、経時的な活動の推移にも注目し、他の活動とのつながりの実態を質的、量的に見える化することが大切である。今後の研究課題としたい。

(注1)「新しい公共」宣言では「古くから結・講・座など、さまざまな形で「支え合いと活気のある社会」を作るための知恵と社会技術があった」と指摘する。
(注2) 詳しくは「安全・安心で持続可能な未来に向けた協働戦略」(平成23年3月23日))を参照されたい。
(注3) 詳しくは社会的責任に関する円卓会議「安全・安心で持続可能な未来に向けた協働戦略フォローアップ報告書」(平成24年6月26日)(http://sustainability.go.jp/forum/meetings/documents/index.html) を参照されたい。
(注4) 詳しくは「コミュニティ研究会中間とりまとめ」(http://www.soumu.go.jp/main_sosiki/kenkyu/new_community/pdf/080724_1_si3.pdf) を参照されたい。
(注5) イノベーションの普及に関する著名な研究者であるRoger, Eは、イノベーションの普及に関して社会システムが重要な促進要因とも、阻害要因ともなり得ることを指摘している (Rogers,E. (2003) Diffusion of Innovations, New York, Fress Press)。
(注6) 内閣府 (2013)「社会意識に関する世論調査」によると、社会への貢献意識については66.7%と前年と比べると大きく変化はしていないものの、昭和60年調査結果 (41.7%) からの経時的なデータの推移を見ると緩やかに高まっていることが分かる (http://www8.cao.go.jp/survey/h24/h24-shakai/index.html, 2014.3アクセス)
(注7) アダム・カヘンは、複雑化する課題の特性の一つとして、生成上の複雑性 (generative complexity) をあげ、未来が予測不可能なため過去の解決策が当てはまらず、状況の変化に従って解決策を生み出すことが必要になると指摘する (Adam Kahane (2010) Power and Love: A Theory and Practice of Social Change, San Francisco, Berrett-Koehler Publishers.)
(注8) 中間労働市場 (Intermediate Labour Markets; ILMsは、1980年代から英国スコットランドから取組みが始まったとされる。日本においても厚生労働省社会保障審議会「生活困窮者の生活支援の在り方に関する特別部会報告書」(平成25年1月25日) に見られるように、新たな生活困窮者支援制度の構築検討にあたり中間的就労の可能性が論じられている (同報告書 p.22)。その際には民間企業の参加を期待する。2008年度から2011年度まで、我が国において用いられた「緊急雇用創出事業」及び「ふるさと雇用再生特別基金事業」等は短期間の制度ではあるが同様の役割を担うことを企図したものと考えられる。
(注9) ソーシャルイノベーションに関する影響力の行使は政府セクターによる大規模な社会

実験の採用などによることもあるが、私的セクターか非政府セクターによるものが大きいことに注目する必要がある（Druker,P.（1987）Social Innovation-Management's New Dimension, Long Range Planning, 20(6), 22-34.）。

(注10) Sarasvathyは、こうした企業家の活動を"コロンブスが新大陸発見の航海に向けて海図の無い海に漕ぎ出すようなもの"と例えている。

(注11) 詳しくは、山陰海岸ジオパークの詳細は山陰海岸ジオパーク推進協議会HP（http://sanin-geo.jp）を参照されたい。

【参考文献】

大住莊四郎（2002）NPMの革新と正統性、公共政策研究、2、pp.96-111.

佐野章二（2010）"新しい公共"を創る、経済産業ジャーナル、7・8月号、Vol.11、p.1.

薬師寺泰三（1989）『公共政策』東京大学出版会.

Adams, D., Hess, M.（2010）*Social Innovation and Why it has Policy Significance*, The Economic and Labour Relations Review, 21(2), pp.139-156.

Bohm, D., Edwards, M.（1991）*Changing Consciousness: Exploring the Hidden Source of the Social, Political, Environmental Crisis Facing the World*, San Francisco: Harper.

Borzaga,C., Defourny, J.（2001）*The Emergence of Social Enterprise, London,* Routledge.（2004）（内山哲朗・石塚秀雄・柳沢敏勝）『社会的企業：雇用・福祉のEUサードセクター』、日本経済評論社.

Brugmann,J., Prahalad, C.K.（2007）*Cocreating Business's New Social Compact*（鈴木恭雄訳）（2008）「BOP市場を開発する企業とNGOの共創モデル」ハーバード・ビジネス・レビュー, 2008.1, pp.64-78.

Domenico,M. Tracey,P., Haugh,H.（2014）*The dialectic of Social Exchange: Theorizing Corporate-Social Enterprise Collaboration, Organization Studies,* 30(8), 887-907.

Dees,G.（1998）Enterprising Nonprofits: *What do you do when traditional sources of funding fall short?*, Harvard Business Review, January-February, pp.54-67.

Freeman,R.E.（2010）*Strategic Management; A Stakeholder Approach,* Cambridge Univ.Press, NewYork, 53.

Henry,C.（2014）*Doing Well by Doing Good?; Opportunity recognition and the social enterprise partnership,* pp.1-19, www.isbe.org.uk/content/assets/1.ColetteHenryBP.pdf（2014.3.13アクセス）

Huxham,C., Vangen,S. *"Doing Things Collaboratively: Realizing the Advantage or Succumbing to Inertia?,*

Kahane,A.（2010）*Power and Love: A Theory and Practice of Social Change*, San Francisco, Berrett-Koehler Publishers.

Kanter,R.,M.（ロザベス・モス・カンター、宮下清訳）（1994）、「コラボレーションが創る新しい競争優位：予期せぬチャンスが生み出すパートナーシップ」、ハーバード・ビジネス（11月号）、pp.22-36、ダイヤモンド社.

Fraisse, Laurent（2013）*The Social and Solidarity-based economy as a new field of public action: a policy and method for promoting social innovation,* in The International Handbook of social innovation.

Leadbeater,C. (1997) *The rise of the social entrepreneur*, DEMOS (http://www.demos.co.uk).

Montgomery,A.W., Dacin,P.A., Dacin,M.T. (2012) *Collective Social Entrepreneurship: Collaboratively Shaping Social Good*, Journal of Business Ethics, 111(3), pp.375-388.

Pearce,J. (2003) *Social Enterprise in Any Town*, London, Calouste Gulbenkian Foundation.

Ridley-Duff,R., Bull,M. (2011) *Understanding Social Enterprise; Theory and Practice*, London, SAGE.

Sarasvathy,S. D. (2001) *Effectuation; Elements of Enterpreneurial Expertise*, Calhenham, Edward Elgar.

Simmons,R. (2008) *Harnessing Social Enterprise for Local Public Service; The Case of New Leisure Trust in the UK*, Public Policy and Administration, 23(3), pp.278-301.

VanSandt, C.V., Sud, M., & Marme, C. (2009) *Enabling the original intent: Catalysts for social entrepreneurship*, Journal of Business Ethics, 90, 419-428.

第10章

地域におけるバイオマス事業の展開とバイオマス環境会計の機能

八木　裕之
（横浜国立大学国際社会科研究院教授）

第1節　はじめに

　バイオマスは、再生可能な生物由来の有機資源の中で、化石燃料を除いたものと定義され[1]、マテリアルとしての利用からエネルギー利用まで様々な形での利用が進められている。特に、バイオマスが燃焼する際に発生するCO_2は、生物の生長過程に吸収したCO_2であることから、いわゆるカーボンニュートラルなエネルギーとして注目されている。

　日本におけるバイオマス資源の活用は、2006年のバイオマス・ニッポン日本総合戦略公表以降に急速に進み、2009年には、バイオマス活用の施策を総合的かつ計画的に推進するためにバイオマス活用推進基本法が制定され、翌年には、同法に基づいた施策の基本となる事項を定めたバイオマス活用基本計画が定められている。

　同計画では、GHG（Green House Gas）の削減計画をベースに、2050年をターゲットとしてバイオマスの利用が進んだ社会の姿を提示している。そこでは、バイオマス資源を最大限効率的に利用した環境負荷の少ない持続的な社会の下で、バイオマス産業の創出と農林漁業・農山漁村の活性化が行われる。また、2020年には炭素量換算年間約2,600万トンのバイオマスの利用、全市町村数の3分の1に当たる600市町村でのバイオマス活用推進計画の策定、5,000億円の新たなバイオマス関連市場の創出が企図されている[2]。

　本稿では、こうしたバイオマス利活用が進んだ地域社会の実現のための有力なマネジメントツールとしてバイオマス環境会計を提示し、日本におけるバイオマス事業の展開の方向性を踏まえながら、地域社会でバイオマス事業を進めていく上で同会計が果たす機能を、情報のリンクという観点から明らかにする。

第2節　バイオマス資源の事業化戦略

　総務省は2011年にバイオマス・ニッポン総合戦略の政策評価を行い、政策の有効性や効率性を検証するためのデータが十分に把握されていないことを指摘した。そこでは、政策目標の達成度および政策効果を把握するための指標の設定、政策のコストや効果の把握及び公表、バイオマスタウンの効果の検証及び計画の実現性の確保、バイオマス関連事業の効果的かつ効率的な実施、バイオマス利活用によるCO_2削減効果の明確化が勧告されている[3]。

　バイオマス活用推進基本計画の策定を行う省庁横断型の組織であるバイオマス活用推進協議会は、こうした分析を踏まえて、関係府省、自治体、事業者が連携して地域におけるグリーン産業の創出と自立・分散型エネルギー供給体制の強化を実現していくための指針としてバイオマス事業化戦略を策定している（農林水産省（2012））。

　同戦略では、コスト低減と安定供給、持続可能性基準を踏まえて、技術とバイオマスの選択と集中による事業化を進めるが、バイオマス事業の原料（入口）、技術（製造）、販路（出口）を最適化するバリューチェーンマネジメントを一貫管理し、その最適化を企図する。

　たとえば、バイオマス資源として国内で最大の利用可能量を有する間伐材などの林地残材は、バリューチェーンの上流域にあたる林業との協力体制が構築されることで初めて安定的な供給が可能となるが、そのためには、2011年に閣議決定された森林・林業計画などに基づく林業の再生が不可欠である。また、林地残材を原料としたエネルギーや製品の製造・販売においては、原料と技術の最適の組合せが図られると同時に、再生可能エネルギー電力買取制度（FIT：Feed-in Tariff）、国内クレジット、オフセット・クレジットなどの各種クレジット制度などの政策的サポート、製品需要の創出などが実施され、バリューチェーン上のこうした活動が総合的にマネジメントされる必要がある[4]。本稿では、地域社会においてバイオマス事業化戦略を有効に進めるためのマネジメントツールの1つとして環境会計を位置づけ、その基本的フレームワークと機能を明らかにすると同時に今後の展開の方向性を検討する。

第3節　バイオマス環境会計に関連する研究

　バイオマス事業化戦略が指摘するように、バイオマス事業を進めていくためには、バイオマスバリューチェーンを有効かつ効果的にマネジメントする必要がある。また、特定地域や地方自治体でバイオマス事業を展開するためには、自治体、事業者、地域住民、NGOといったさまざまなステイクホルダー間の合意形成プロセスにおいて、経済面、環境面、社会面といった持続可能性の観点から事業の特性を把握し、情報共有することが重要である。

　事業活動をバリューチェーンと持続可能性の観点から評価する方向性は、企業活動においても、ISO26000やGRIのサステナビリティレポーティングガイドラインといった組織の社会的責任に関わるガイドラインや情報開示フレークワークなどに浸透してきている。

　バイオマス事業に関するこうした方向性に基づく先行研究としては、文部科学省「一般・産業廃棄物・バイオマスの複合処理・再資源化プロジェクト」（2004～2008年）があげられる。同プロジェクトは、地域で排出される廃棄物やバイオマスなどを原料化・燃料化するための技術開発とその影響・安全性の評価を目的として、経済・社会システム設計を行うシミュレーションシステムすなわちバイオマス情報プラットフォームの構築を行う。

　同プラットフォームでは、森林などのバイオマスストックとそこから生み出される木質バイオマスフローを、バイオマス事業シナリオごとに経済面、環境面、社会面から評価し、事業者、自治体および地域住民に持続可能なバイオマス事業を推進していくための意思決定情報を提供するツールとしてバイオマス環境会計を導入している[5]。

　同プロジェクトの成果は、環境省「バイオマスを高度に利用する社会技術システム構築に関する研究」（2008～2011年）に継承され、そこでは、青森県中南地域をモデルケースとした情報プラットフォームおよびバイオマス環境会計が構築されている[6]。また、間々田（2009）は、バイオマス環境会計のフレームワークを新潟県妙高市で実施されるバイオマスプロジェクトに適用したケーススタディを行っている[7]。

　2006年には、農林水産省が地域バイオマス利活用システムの構築を支援する

ために、バイオマスに関わる物質フローを把握するための解析ソフトを開発すると同時に、再生資源の需要量、経済量、環境への影響、安全性などに関する評価方法の調査と提言を行っている[8]。

　この他にも、バイオマス環境会計と同様の視点から分析を行うケーススタディとして、真庭市のバイオマス事業を評価した事例があげられる。そこでは、木質系廃材・未利用木材利活用事業におけるバイオマス発電、ペレット製造、蒸気供給、ガス化などの10の本体事業とペレットボイラーによる温水プール運営・ハウストマト生産、バイオマスツアーなどの7つの波及事業を対象として、事業ごとおよび真庭市全体について、経済面では事業収支、環境面ではGHG排出量、社会面ではバイオマス事業への参加者数を把握し、バイオマスタウンの現状を明らかにしている。これらの情報は事業主体が説明責任を果たすために使うことを想定している[9]。

第4節　バイオマス環境会計のフレームワーク

　地域や自治体でバイオマス事業を展開する際には、地域の経済振興（林業、農業、エネルギー産業など）と自然環境の保全が重要課題となることから、地域におけるバイオマスのストック量・フロー量、バイオマス事業に関連する法制度・補助金制度、バイオマス事業の経営効率・環境影響・社会影響などの分析が必要となる。バイオマス環境会計はこうしたバイオマス事業のバイオマスストックとバイオマスフローから構成されるバリューチェーンを経済面、環境面、社会面から評価するツールであり、ステイクホルダー間の合意形成、事業計画、事業実施、事業評価といった一連のバイオマス事業プロセスへの適用が想定されている。

　たとえば、図表1に示される森林、建築物などのバイオマスストックおよび製材などのバイオマス処理プロセスから林地残材、建築廃材、端材などの未利用のバイオマスフローが発生し、これらを用いた木製品の製造に加えて、発電、ペレット製造、エタノール製造が行われ、製品や廃棄物が地元住民によって利用されるという一連のバイオマス事業プロセスを仮定する。ここで、バイオマスストックを把握するバイオマス環境会計をバイオマスストック環境会計、フ

第10章 地域におけるバイオマス事業の展開とバイオマス環境会計の機能

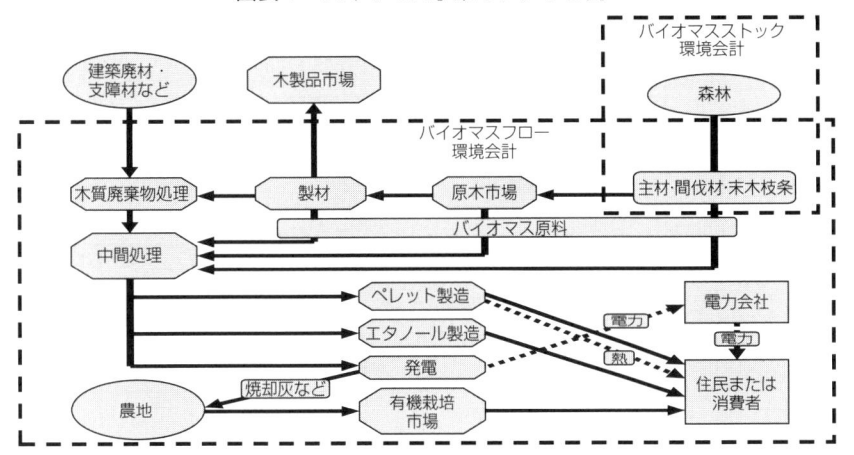

図表1 バイオマス事業のシナリオ例

(注) ⬭：バイオマスストック ⬭：バイオマス処理 →：バイオマスフロー ⌐ ¬：環境会計の範囲
(出所) 文部科学省（2008）、113頁を一部修正して作成。

ローを扱う同環境会計をバイオマスフロー環境会計と呼ぶ。

このシナリオの中から、森林を育成し、森林から間伐材・末木枝条などを伐出してペレットを製造し、これを用いてバイオマス発電を行い、生み出された電力や温水を地元で利用するケースを対象としたバイオマス環境会計のデータ項目例を図表2に示す。

図表2のバイオマスストック項目では、森林が設定されており、まず物量によって蓄積量が測定される。評価項目としては森林の生育状態や持続可能性から見た経営状況などが想定される。また、これらが資産要件や負債要件を満たす場合には、その経済的価値が計上される。

バイオマスフローの測定項目では、事業者ごとに事業者へのバイオマスのインプット量とアウトプット量に基づいて事業活動の費用、収益、環境保全効果、事業活動の経済的影響と社会的影響が把握される。「ストックインフロー・アウトフロー」の項目はバイオマスストックとバイオマスフローの関係を示しており、森林育成による森林の成長量、木材伐採、収集による森林の減少量などのように、事業者の活動がバイオマスストックの増減に及ぼす物理的影響を示している。

図表2 バイオマス環境会計の項目例

<table>
<tr><td rowspan="4">期首
バイオマスストック
環境会計</td><td colspan="2">測定項目 / バイオマスストック項目</td><td>森林1</td><td>…</td><td>森林n</td></tr>
<tr><td colspan="2">物量</td><td></td><td></td><td></td></tr>
<tr><td colspan="2">評価値</td><td></td><td></td><td></td></tr>
<tr><td colspan="2">環境資産額</td><td></td><td></td><td></td></tr>
<tr><td colspan="2">環境負債額</td><td></td><td></td><td></td></tr>
</table>

	バイオマスフロー項目 / バイオマス活動（事業者）項目	インプット量	アウトプット量 製品	非製品	環境保全効果	評価値	ストックインフロー・アウトフロー	費用	収益	経済影響	社会影響
バイオマスフロー環境会計	森林育成・伐出										
	ペレット製造										
	発電										
	電力利用										
	温水利用										

<table>
<tr><td rowspan="4">期末
バイオマスストック
環境会計</td><td>物量</td></tr>
<tr><td>評価額</td></tr>
<tr><td>環境資産額</td></tr>
<tr><td>環境負債額</td></tr>
</table>

（出所）八木（2008）、32頁を一部修正して作成。

　地域におけるバイオマスストックは、当該組織が保有するものだけでなく、原料調達、製品使用、廃棄などが影響を及ぼすバリューチェーン上のストックもしくはストックの状態である森林、水域、生態系、生物多様性なども対象とすることが重要であり、図表2では、発電事業で使用される木材がバリューチェーンの最上流にある地域の森林に及ぼす影響が想定されている。

　以上の考察から、バイオマス環境会計情報はバイオマス事業のバリューチェーン上のストックとフローを経済面、環境面、社会面から評価し、ステイクホルダーの意思決定および合意形成に必要な情報を提供するマネジメントツールとして機能する。また、提供する情報を環境会計の特徴であるさまざまな種類の情報を結びつける情報のリンクもしくは情報の統合という観点からとらえる

と、同会計は、3つの方向性で多様な情報をリンクさせる特徴を持っている。すなわち、バイオマス事業に関わる経済面、環境面、社会面を結びつける持続可能性の情報リンク、合意形成から事業実施、事業評価といった一連のバイオマス事業マネジメントの情報リンク、バイオマスストックとバイオマスフローによって構成されるバイオマスバリューチェーンの情報リンクである。

第5節　バイオマス環境会計と情報リンク
1．持続可能性の情報リンク

本稿では、バイオマス環境会計の特徴として、3つの情報リンクを指摘した。ここでは、図表2で示したバイオマス環境会計のフレームワークに基づきながら、それぞれの情報リンクの特徴について検討を加える。

地域においてバイオマス事業を推進する際には、バイオマスの主要なバリューチェーンが地域の中で完結もしくは循環することが多い。そこでは、これに関わる地方自治体、バイオマス事業者、地域住民、NGOなどのステイクホルダー間での事業に関わる合意形成が重要になる。

合意形成を行うには、バイオマス事業のシナリオおよび関与するステイクホルダーごとに事業の内容とそれらが及ぼす経済面、環境面、社会面の影響を評価する必要がある。こうした持続可能性に関する評価について、バイオマスエネルギーの領域では、EUの再生可能エネルギー導入促進指令、英国や米国の再生可能燃料導入義務制度などにおいて共通基準の導入が試みられている。日本では、経済産業省を中心に設置されたバイオマス燃料持続可能性研究会やバイオ燃料導入に係る持続可能性基準等に関する検討会などから提案がなされ[10]、2010年に制定されたエネルギー供給事業者による非化石エネルギー源の利用及び化石エネルギー原料の有効な利用の促進に関する法律（エネルギー供給構造高度化法）にもこうした考え方が反映されている。

さらに、国連機関、各国政府、NGOなどが参加して作られた国際バイオマスエネルギーパートナーシップ（GBEP：Global Bioenergy Partnership）では、2011年に23の国と13の国際機関が参加してバイオエネルギーの持続可能性指標を公表している。同指標は環境、社会、経済の3つの領域から構成され、各領

域には図表3に示す24の指標が提示されている[11]。

　もちろん、GBEPが提示するのはあくまで共通指標であり、地域で展開されるバイオマス事業を評価する際には、これらに基づきながら当該地域独自の指標および指標間の関係を明らかにする必要がある。たとえば、図表4は、環境政策の一環として森林ストックの保全とバイオマス事業を推進する自治体の政策目標と持続可能性指標例を示している[12]。そこでは、発電によって間伐材などの林地残材が有効利用され、間伐率が上昇し、森林の整備が進むことで、中期的には森林の立木蓄積量、長期的には生物の多様性が増加する環境政策のシナリオを想定している。また、こうした環境指標にリンクして電力売上、間伐材の売上、資産価値、多元的価値などの経済指標、雇用創出、地域活性化、自

図表3　GBEPの持続可能性指標

環境	社会	経済
1　ライフサイクルで発生するGHG	9　新たなバイオエネルギー生産のための土地配分と土地保有	17　生産性
2　土壌の質		18　純エネルギー収支
3　森林資源の伐採水準	10　国内の食料価格と食料供給	19　総付加価値
4　GHG以外の大気汚染物質（大気有害物質を含む）	11　所得の変化	20　化石燃料消費および伝統的バイオマス利用の変化
	12　バイオエネルギー部門の雇用	
5　水使用と利用効率		21　従業員の訓練と資格再認定
6　水質	13　バイオマス収穫のための女性や子供の無償労働時間の変化	22　エネルギーの多様性
7　生物多様性		
8　バイオエネルギー生産のための土地利用と利用の変化	14　近代的エネルギーへのアクセス拡大のために使われたバイオマスエネルギー	23　バイオマスエネルギー供給のための社会資本と物流
	15　屋内の煤煙による疾患・死亡状況の変化	24　バイオエネルギー利用のキャパシティと自由度
	16　労働災害、死傷事故の発生件数	

（出所）GBEP（2011）、pp.22-24に基づいて作成。

図表４　バイオマス事業の持続可能性指標例

目標	環境指標	経済指標	社会指標
森林ストック保全（長期）	生物多様性	森林の多元価値	地域ブランド
森林ストック保全（中期）	立木蓄積量	森林の資産価値	自然との共生
森林ストック保全（短期）	間伐率	間伐材の売上	地域活性化
森林フロー活性化（短期）	林地残材利用率	バイオマス発電売上	創出雇用

（出所）筆者作成

然との共生、地域ブランドなどの社会指標が設定されており、目標ごとにリンクされた３つの指標のバランスを取りながら合意形成が図られることになる。

2．バイオマス事業マネジメントの情報リンク

　バイオマス事業の指標体系に基づいて政策・事業目標を達成していくためには、政策・事業の合意形成、計画、実施、評価、改善、次年度の政策・事業計画といったバイオマス事業のいわゆるPDCAサイクルを実施することが重要であり、バイオマス環境会計でも同サイクルで用いられる一連の情報をリンクさせる機能が想定されている。

　ただし、地域のバイオマス資源の種類、量、地理的条件などは多種多様であり、実施されるバイオマス政策や事業もさまざまなシナリオが想定されることから、シナリオごとにPDCAの進展に応じた総合的な情報を提供し、評価することは容易ではない。

　こうした問題に対して効果的に対応することができる情報提供システムの構築を試みたのが、既述の文部科学省（2008）と環境省（2011）の研究プロジェクトである。両プロジェクトでは、技術情報基盤（Technological Information Infrastructure）と呼ばれるバイオマス情報プラットフォームが構築されている。

　技術情報基盤では、地域でバイオマス事業を実施する際に考えられるシナリオについて、資源収集から中間処理、製造、廃棄物などの最終処理に至るまでのコストと環境影響を明らかする。そのために、まず地域の発生バイオマス資源とその地図情報、バイオマス事業の製造プロセスの技術情報、同輸送プロセ

スの技術情報がデータベース化される。次に、これらに基づいて、地域に賦存するバイオマス資源とこれらから生み出される可能性のあるすべての製品に関するバリューチェーンシナリオを設定し、最後に、シナリオごとにコストと環境影響を中心としたシミュレーションを行う。これらはバイオマス環境会計の情報基盤となっており、プロジェクト実施後には実績データによる分析を行うことになる。

また、地域のバイオマス資源の発生地、事業施設の立地、バイオマス資源や製品の輸送、発電設備と送電施設との距離といった地理的情報もGPS情報に基づいて提供可能であることから、地域のステイクホルダー間の合意形成に有用な情報を提供する情報プラットフォームとして位置づけられる[13]。

バイオマス事業に関する持続可能性のデータは経済面や環境面を中心に調査や研究によって蓄積が進んできており[14]、こうしたデータを技術情報基盤のようなシミュレーションシステムによって体系化することで、バイオマス環境会計はバイオマス事業プロセスのPDCAサイクルに一連の有用な情報を効果的かつ効率的に提供することが可能となる。

3．バイオマスバリューチェーンの情報リンク

バイオマス事業のバリューチェーンを分析する際には、分析対象をさまざまな視点から設定することが可能である。たとえば、地域全体のマクロ的視点、個々の事業者の視点、地域住民の視点などである。バイオマス環境会計では、図表1や図表2に示した通り、地域のバイオマスバリューチェーン全体のマクロ的視点とこれに関係する個別バイオマス事業者の視点の複合的視点すなわち両者の情報をリンクさせる機能を持っている。

特定地域で実施されるバイオマス事業では、地域固有のバイオマス資源とバイオマス技術およびこれらの組合せが用いられることから、バイオマス資源の代替や他地域からの流入が難しい場合も多い。したがって、個別事業体の経済面、環境面、社会面での持続可能性がバリューチェーン全体の持続可能性と緊密に結びついており、持続可能性が維持されない事業体が存在すると、事業全体の推進に大きな障害となる可能性が高い。

第10章 地域におけるバイオマス事業の展開とバイオマス環境会計の機能

図表5 バイオマス環境会計データ例

期首バイオマスストック環境会計		ストック項目		森林1					
	面積（ha）			8,224					
	蓄積量（m³）			2,220,480					
バイオマス環境会計フロー	フロー項目 事業者	インプット（t／年）	アウトプット（kWh）	CO₂削減（t／年）	評価（千円／年）	ストックインフロー・アウトフロー	費用（千円／年）	収益（千円／年）	経済・雇用（千円／年）	社会
	：	：	：	：	：	：	：	：	：	：
	発電	51,000	39,227,537	21,967	43,934	△51,000	1,245,399	1,255,281	20,000	地域ブランド効果
	：	：	：	：	：	：	：	：	：	：

注1：森林面積、発電量などは仮定のデータ。
注2：CO₂削減は2012年度に東北電力の電力を使用した場合の削減量。
注2：評価はCO₂削減量を仮定の排出量取引価格に基づいて算定。
注2：収益は固定価格買取制度（32円／kWh）に基づいて算定。
（出所）図表2の一部に仮定データを導入して作成。

　図表5は、図表2に基づいて地域の森林1から間伐材や末木枝条を搬出してチップ化した後でバイオマス発電を行い地域に電力を供給するバイオマスバリューチェーンの中で発電事業者と森林1のそれぞれのバイオマス環境会計および両者の情報リンクを示したものである。

　このように、複合的な視点を持つバイオマス環境会計では、個別事業者の情報を示すだけでなく、個別事業者とバリューチェーン全体の情報を連動させて把握することができることから、政府や自治体などが実施する支援策や補助策が当該事業体およびバリューチェーン全体へおよぼす影響、事業者の事業採算性、立地、バイオマス事業が及ぼす地域社会への影響、地域住民への影響などに関する情報を提供する。

第6節　おわりに

　本稿では、地域にバイオマス事業を導入し、マネジメントするために必要なツールの1つとしてバイオマス環境会計を位置づけ、情報リンクをキーワードに、経済面、環境面、社会面の持続可能性の情報リンク、合意形成から事業実施、事業評価といった一連のバイオマスマネジメントの情報リンク、バイオマスバリューチェーンの情報リンクというバイオマス環境会計がもたらす3つの

情報リンクがバイオマス事業で果たす機能を明らかにした。

ただし、これらの情報リンクをバイオマス事業で有効に機能させるためには、今後取り組むべき課題も多い。1つめは、持続可能性の社会面の評価である。地域社会ではステイクホルダー間の関係がより緊密なことから、バイオマス事業がおよぼす社会面の評価は事業の合意形成を行うためには不可欠である。社会面については、様々な形で評価の試みが行われてきたが[15]、図表4の指標として定性情報が用いられているように、定量化が難しい領域であり、経済面や環境面との情報リンクも容易ではない。そこでは、定性情報に基づきながら、ステイクホルダー間の合意形成プロセスを通して、地域独自の社会面の指標を探ることが必要であり、バイオマス環境会計でもこうしたケーススタディの積み重ねが重要となってくる。

2つめは、バイオマスストックとバイオマスフローとの関係の明確化である。両者を一体にして把握する必要性は、バリューチェーンによって結びつく生物多様性や生態系への認識が進むに従って高まっており、バイオマス環境会計が果たす役割も大きい。ただし、バイオマスストックは多元的な機能を有しており、これらを統合的に評価する試みも行われているが[16]、まだ緒に就いたばかりであり、そのバイオマスフローとの関係性も含めてさらなる分析が必要である。

3つめは、情報基盤の整備である。地域でのバイオマス事業の合意形成とマネジメントは、ステイクホルダー間の情報共有が不可欠であり、持続可能性情報がさまざまなシナリオやマネジメントプロセスに合わせて提供される必要がある。本稿で示した文部科学省や環境省のプロジェクトの技術情報基盤の構想を、より高範囲で多様なデータを取り込むことでさらに発展させていくことが重要である。

本稿は、バイオマス環境会計の基本的なフレームワークと情報ツールとしての特徴を明らかにしたが、地域においてバイオマス事業を戦略的に進めるためには、地域特有のさまざまな情報をリンクさせたマネジメントツールが不可欠であり、バイオマス環境会計はそのために不可欠な要素として今後の展開が期待される。

(注1) 農林水産省（2006）、1頁。
(注2) 農林水産省（2010）、8-15頁。
(注3) 総務省（2011）、263-285頁。
(注4) 農林水産省（2012）、1-10頁。
(注5) 文部科学省（2008）、八木裕之（2007）など参照。
(注6) 金藤正直・八木裕之（2012）、金藤正直・八木裕之（2010）。
(注7) 間々田理彦（2009）。
(注8) 農林水産省（2006）。
(注9) 伊佐亜希子他（2013）、近藤加代子他（2013）、ベスピャトコリュドミラ他（2009）など参照。
(注10) 経済産業省（2010）、経済産業省（2009）。
(注11) GBEP（2011）。
(注12) 八木裕之他（2008）。
(注13) 仲勇治（2010）、仲勇治・岡本大作（2009）。
(注14) 近藤加代子他（2013）、株式会社森のエネルギー研究所（2012）、新エネルギー・産業技術総合開発機構（2010）など参照。
(注15) 農林水産（2006）、186-188頁。間々田理彦・田中裕人（2010）、間々田理彦・田中裕人（2006）など参照。
(注16) 日本学術会議（2001）など参照。

【参考文献】
伊佐亜希子・美濃輪智朗・柳下立夫（2013）「バイオマス会計を用いたバイオマスタウン事業の波及効果分析」『環境科学会誌』第26巻、第1号、42-48頁。
金藤正直・八木裕之（2012）「バイオマス政策・事業評価情報の利用法に関する研究：青森県中南地域を中心とする」『日本LCA学会誌』第8巻、第2号、170-180頁。
金藤正直・八木裕之（2010）「青森県中南地域のバイオマス事業を対象とした環境会計モデルの構想」『横浜経営研究』第31巻第1号、1-16頁。
株式会社森のエネルギー研究所（2012）『木質バイオマスLCA報告書』平成23年度林野庁補助事業・地域材供給倍増事業・木質バイオマス利用に七割の環境影響評価調査等支援
環境省（2011）『バイオマスを高度に利用する社会技術システム構築に関する研究（2011年）』環境省。
経済産業省：バイオ燃料導入に係る持続可能性基準等に関する検討会（2010）『バイオ燃料導入に係る持続可能性基準等に関する検討会中間とりまとめ』経済産業省。
経済産業省：バイオ燃料持続可能性研究会（2009）『日本版バイオ燃料持続可能性基準の策定に向けて』経済産業省。
近藤加代子・堀史郎・大隈修・美濃輪智朗（2013）『地域におけるバイオマス利活用の事業、経済性分析シナリオの研究』平成24年度環境研究総合推進費補助金研究事業総合研究報告書
清水夏樹・柚山義人・中村真人・山岡賢（2012）「バイオマス利活用システムのライフサイクルを対象とした経済性の評価」『農村工学研究所技報』第212号、53-96頁。
新エネルギー・産業技術総合開発機構（2010）『エネルギー利用可能な木質バイオマスに関す

る最新動向調査』平成21年度～22年度成果報告書
総務省（2011）『バイオマスの利活用に関する政策評価書』総務省.
仲勇治（2010）「バイオマス利用システム導入と技術情報」『化学装置』2010年１月号、35-41頁.
仲勇治・岡本大作（2009）「バイオマス利用システム導入問題と技術情報基盤（TII）」『ケミカル・エンジニアリング』第54巻第３号、6-11頁.
日本学術会議（2001）『地球環境・人間生活にかかわる農業及び森林の多面的な機能の評価について（答申）』日本学術会議.
農林水産省：バイオマス活用推進会議（2012）『バイオマス事業化戦略～技術とバイオマスの選択と集中による事業化の推進～』農林水産省
農林水産省（2010）『バイオマス活用推進基本計画』農林水産省.
農林水産省（2006）『バイオマス・ニッポン総合戦略』農林水産省.
農林水産バイオリサイクル研究「システム化サブチーム」（2006）『バイオマス利活用システムの設計と評価』農林水産省農林水産技術会議事務局委託事業「バイオマスの地域循環利用システム化技術の開発」
ベスピャトコ リュドミラ・多田千佳・柳田高志・佐賀清崇・バウティスタ エルマー・藤本真司・美濃輪智朗（2009）「バイオマスタウンの現状の評価および情報提供のツールとしてのバイオマス会計の提案」『日本エネルギー学会誌』第88巻、第12号、1081-1094頁.
間々田理彦・田中裕人（2010）「生ごみの有効利用を目的としたバイオマス利用プラントに対する住民の経済評価：静岡県富士宮市を事例として」『農村計画学会誌』第28巻、279-284頁.
間々田理彦（2009）「バイオマス利用における環境保全効果と環境保全コストの推手定」『農村研究』第108号、64-74頁.
間々田理彦・田中裕人（2006）「木質バイオマス利用に対する住民評価」『農村計画学会誌』第25巻論文特集号、407-382頁.
文部科学省（2008）『一般・産業廃棄物・バイオマスの複合処理・再資源化プロジェクト平成19年度研究報告書』文部科学省.
八木裕之（2008）「バイオマス資源を対象としたストック・フロー統合型環境会計の展開」『会計』第174巻第４号、26-35頁.
八木裕之・丸山佳久・大森明（2008）「地方自治体における環境ストック・フローマネジメント—エコバジェットとバイオマス環境会計の連携—」『地方自治研究』第23巻第２号、1-11頁.
八木裕之（2007）「バイオマス環境会計の構想と展開」『環境管理』第43巻、12-17頁.
GBEP（Global Bioenergy Partnership）（2011）*Sustainability Indicator for Bioenergy*, First Edition, GBP.
GRI（Global Reporting Initiative）（2013）*G4 Sustainability Reporting Guidelines*,GRI.
ISO（the International Organization for Standardization）（2010）, *ISO 26000:2010 - Guidance on social responsibility*, ISO.
Roundtable on Sustainable Biofuels（2010）*RSB Principles & Criteria for Sustainable Biofuels Production*, Version2, RSB.

第11章
地域分権の制度設計と行程選択

初谷　勇
(大阪商業大学総合経営学部教授)

第1節　はじめに

　1993年6月の国会衆参両院における地方分権推進決議を嚆矢とする地方分権改革が始まってから既に20年を経た。自治体の自律的領域（団体自治）の拡充が地方分権改革であるならば、それと重なりつつも必ずしも一致するものではない命題が、基礎自治体（以下「自治体」という）における自己統治（住民自治）の拡充、すなわち地方自治の拡充である[1]。後者の文脈において、近年、各地の自治体で様々に試行されているのが「都市内分権（自治体内分権）」あるいは「地域分権」の問題である。

　2003年11月、第27次地方制度調査会答申が地域自治組織導入を提言し、2004年地方自治法改正（2004年5月26日公布）により「地域自治区」が一般制度として規定された。2005年施行の「市町村の合併の特例等に関する法律」（以下「合併特例法」という）では、合併による地域自治区の特例を定めたほか、合併特例区制度が時限的に導入された。市町村合併の進展とともに、合併特例区を採用する自治体は増加したものの、「一般制度」とされた地域自治区の仕組みを採用する自治体は限られており、一般化したとはいえない[2]。むしろ各地の自治体では、同制度によらない独自の都市内分権や地域分権の仕組みを構築する例が相次いでいる。ただ、いずれを採用するにせよ、今日では住民自治の拡充のため、より住民に身近な地域の単位における地域共治（ローカル・ガバナンス）の推進主体となる地域自治組織を複数設置し、それらに対して自治体から何らかの権限配分を図る動きが幅広く展開されていることは顕著な事実である[3]。

　そこで、本論の問題関心は主に次の三点にある。第一に、地方分権改革と「地域分権」の関係をパラレルに捉える分析枠組みを検討することである（第2

節)。第二に、その視点に基づくと、自治体から地域自治組織への権限移譲を含む地域分権の制度設計は、どのように類型化して把握することができるかを提示する(第3節)。第三に、地域分権を推進する自治体の事例を左の分析枠組みで比較検討する(第4節)。以上の検討を踏まえて、最後に地域分権の行程選択について述べることとしたい。

第2節　地方分権改革と地域分権
1．地方分権改革

　1983年、天川晃は、中央政府と地方団体の関係を分析するモデルとして〈集権〉―〈分権〉(centralization—decentralization) 軸と〈分離〉―〈融合〉(separation—interfusion) 軸の組み合わせによる4類型を提示した。天川の定義によれば、集権・分権軸は、中央政府との関係でみた地方団体の意思決定の自律性を示し、地方団体とその住民に許された自主的な決定の範囲を狭く限定しようというのが集権型、反対にこの範囲を拡大させるのを分権型とする。分離・融合軸は、中央政府と地方団体の行政機能の関係を示し、地方団体の区域内の中央政府の行政機能を誰が担うのかを問題とする。地方団体の区域内のことではあっても中央政府の機能は中央政府の機関が独自に分担するのが分離型、逆に、中央政府の機能ではあっても地方団体の区域内のことであれば地方団体がその固有の行政機能とあわせて分担するのが融合型とする[4]。天川は、このモデルを日本の地方自治制度の位置づけに用い、明治以降の集権融合型が、「戦後改革」を経て分権融合型に再編されたとみる(図解するならば、図表1の①→③)。

　次いで1998年、神野直彦は、日本の行政システムを分類するモデルとして集中・分散軸と集権・分権軸の組み合わせによる4類型を提示した。それによると、政府体系を構成する各級政府が人々に提供する行政サービスの提供義務が上級政府に留保されている度合が強いほど集中的なシステム、その逆は分散的なシステムとする。また、これらの行政サービス提供義務の実質的決定権が上級政府に留保されている度合が強いほど集権的なシステム、その逆は分権的なシステムとする。神野は、このモデルを各国の行政システムの類型化に用い、

日本は集権的分散システムであるとした[5]（図表2の①）。

西尾勝は、上記の天川モデル、神野の分類軸を援用した上で、戦後日本の地方制度の特徴点として、(1)集権的分散システム、(2)集権融合型＝地方制度、(3)「三割自治」、(4)市町村優先主義と市町村横並び平等主義を挙げている[6]。西尾は、このうち(2)について、日本の行政システムを先進諸国並みのグローバル水準に近づけるために、まずは日本独特の機関委任事務制度を全面廃止し、国と自治体の融合の度合を大幅に緩和することが求められ、それが集権性の度合を大幅に緩和すること（図表1の①→②に相当）にも寄与するとし[7]、第一次分権改革の根底を成した考え方に言及している。第一次、第二次の地方分権改革の結果、集権融合型の融合度、ひいては集権度はたしかに大幅に緩和されたが、依然として完全に分権融合型（図表1の③）に移行したとまでは言い難い[8]。さらに、今後想定される第三次地方分権改革が、融合度のさらなる緩和による分権分離型（図表1の④）を志向するものとなるかどうかは予断を許さない。

西尾の類型区分は、国と自治体の各事務の法制度上の区分を重視したものであるが、地方分権改革が一定の進展を見せた今日、依然として集権融合型の傾向が強いとしても、それを前提としつつ、むしろ行政サービス提供義務の各級政府間の融合の度合（上級政府に集中的か、下級政府に分散的か）を検討し、

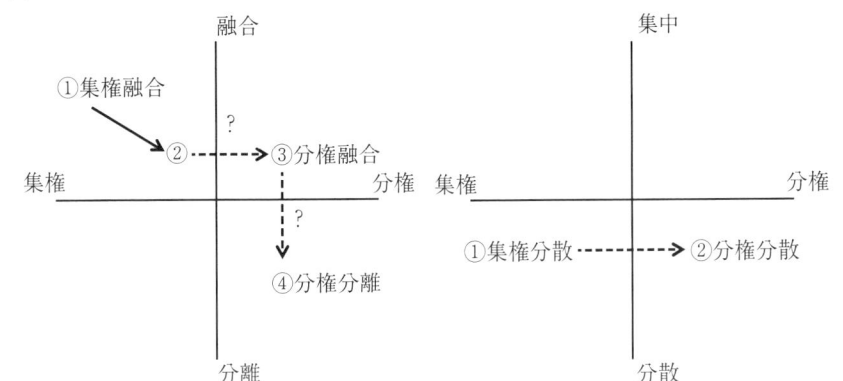

図表1 集権・分権軸と分離・融合軸（天川モデル）　**図表2 集権・分権軸と集中・分散軸**

（出所）天川［1983］に基づき、筆者作成。　（出所）神野［1998］、西尾［2007］の記述をもとに筆者作成。

集権的分散システムから分権的分散システムへの移行（図表２の①→②）の可否や是非を議論する必要があるとの問題提起と解される[9]。地方分権改革を、意思決定権限の集権性の緩和と行政サービス提供義務の中央政府への集中度を緩和し地方団体への分散度を高める改革として捉えるものといえよう。

２．地域分権

　次に、地域分権について見る。先行研究によれば、より住民に身近な地域の単位に設けられた自治体の支所や行政事務所（以下「支所等」という）や住民参加による地域自治組織に対する自治体本庁からの権限移譲は、「自治体内分権」や「都市内分権」等の概念で論じられてきており、「地域分権」という用語が用いられるようになったのは比較的近年のことである[10]。

　都市内分権の定義としては、「基礎的自治体である市町村の区域をさらに分割し、そこに何らかの行政の支所をおくと同時に、それに付帯するようにして当該区域の住民を代表する住民参加組織を設置するような仕組み」とする例[11]や、より住民参加組織の民主的正統性に着目して、「基礎自治体である市区町村の区域を分割し、その分割した区域に住所を有するすべての住民を基本的構成員として成立し、そこに当該区域住民の総意に基づく代表機関と区の行政事務所を設置して、区の意思を基礎自治体に反映させるとともに、区の課題を自己決定・自己管理・自己運営する法制度を伴う仕組み」とする例[12]などがある。いずれの定義においても、基礎的自治体である市（区）町村を分割した区域（区）（以下「区域」という）に、①支所等と②当該区域の住民を代表する組織や機関（地域自治組織）を付置（併置）した上で、支所等と地域自治組織に、区（区行政及び区域の住民）の意思を基礎自治体（本庁）へ媒介する機能や区の課題を自己決定する機能等を担わせることを予定する点が共通している。その際、支所等と地域自治組織は、住民のために並立して相互に実りある関係を築くことが期待されている。

　地方分権改革が、（我が国独特の呼称である）「地方制度」を表裏の関係で構成している、国による「地方行政制度」と、自治体とその住民による「地方自治制度」の二つの制度を一方に偏ることなく改革すること（団体自治と住民自

治の拡充）であるとするならば[13]、筆者は、地域分権もまた、地域における「自治体行政制度」と「自治体住民自治制度」の二つの制度を一方に偏ることなく改革、創造することであると考える。各自治体は、自治体の三要素（区域、住民、自治権）を変数として捉え、団体自治と住民自治を実現するための主体的、戦略的な「地方自治体改革」として、地域分権の制度設計や行程の選択と管理を捉える必要がある。

第3節　地域分権の制度設計

1．地域分権の分析枠組み(1) 集合的な類型区分

　次に、第2節で見た先行モデル等を援用して、地域分権を地方分権改革とパラレルに考察する。その前提として、集権・分権軸と集中・分散軸の二つの軸を成す用語の意味を次のように置き換えたい。まず、集権・分権軸については、自治体が住民に提供する行政サービス提供の実質的決定権が自治体本庁に留保されている度合が強いほど集権的なシステム、その逆に支所等や地域自治組織に移譲されているほど分権的なシステムであると考える。次に、集中・分散軸については、自治体が住民に提供する行政サービスの提供義務が自治体本庁に留保されている度合が強いほど集中的なシステム、その逆は分散的なシステムであるとする。地方分権の場合と異なるのは、自治体本庁から権限を分権したり行政サービス提供義務を分散する対象が、自治体の支所等と住民による地域自治組織の両者があるということである。つまり、行政サービスの担い手の選択肢には自治体行政組織ではない地域自治組織が含まれ、地域自治組織が担い手となるときには、行政サービスの民間化（行政サービスから民間主体の担う公共サービス化）を伴う。

　このように集権・分権と集中・分散の語義を定めた上で、両軸の組み合わせを用いて地域分権システムを類型化してみよう。現在、仮に自治体本庁が実質的権限も公共サービス提供義務も一手に引き受けるシステムを採るタイプをA：集権集中型とするならば、地域分権とは、Aから、B：分権集中型またはD：分権分散型のいずれかの分権型の類型へ移行していく改革プロセスを示すものと考えられる（図表3参照）。なお、AからDへ直線的に移行する場合とB：分権

193

集中型やＣ：集権分散型を経由する場合が想定される。

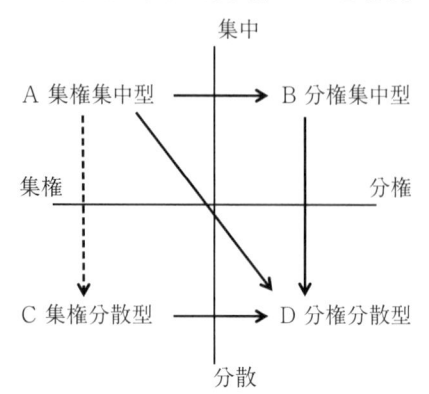

　　　　図表３　集権・分権軸と集中・分散軸による地域分権の類型区分

```
                        集中
                         │
          A 集権集中型 ───────→ B 分権集中型
                         │
                         │
          集権 ──────────┼────────── 分権
                         │
                         │
          C 集権分散型 ───────→ D 分権分散型
                         │
                        分散
```

（出所）筆者作成。

２．地域分権の分析枠組み(2) 個別的な制度設計区分

　次に、ある個別自治体の地域分権の姿を示す分析枠組み（モデル）を矩形の表で考える。その縦辺を自治体の行政区画内を広狭順に全域、区、校区に分かち、横辺は行政組織と地域住民による組織の欄に二分した上で、各々が有する（付与されている）権限の態様（集権か分権か）と公共サービス提供義務の分任の態様（集中か分散か）の区別を記号で示し、集権や集中などの態様を表す用語を付記する。記号は、本庁や支所等の自治体組織を○、地域自治組織を□とし、実質的決定権を有する側を黒く示し、移譲される権限や公共サービス提供義務の量的規模を○や□の記号の大きさで示すものとする（したがって、記号が黒いほど実質的決定権を有し、記号が大きいほど公共サービス提供義務量が多いことを意味する）。

　この分析枠組みを用いると、例えば地方自治法に定める「地域自治組織の一般制度」である地域自治区（法202条の４）と地域自治区に必置の地域協議会（法202条の５）は図表４のように表される。地域自治区は当該自治体に属する区域組織であり、指定都市の行政区と同様の行政区画である。自治体の内部機

構であるから住民による自治組織ではない。地域自治区に置かれる地域協議会は、住民に基盤は置くものの法的性格は自治体の附属機関である。地域自治区には独自の立法権限や予算権限は制度的に保障されておらず、地域協議会は自治体の首長や機関の諮問に応じ、意見聴取に対し意見を述べるが、当該地域自治区の意思を決定する議決権はない[14]。以上より、地域自治区・地域協議会の制度は、A：集権集中型からB：集権分散型を志向しつつ分散の度合いが限定的である類型であると考えられる。

図表4　地域分権の分析枠組み：地域自治区と地域協議会

	行政	権限	行政サービス	地域住民	権限	公共サービス
全域	本庁 ●					
地域自治区（一定区域＝行政区画、全域設置要）	事務所 ●	・地域自治区の事務を地域住民の意見を反映させつつ処理。 ・地域協議会の事務の処理	・地域自治区の分掌事務(例) ①地域福祉 ②地域内環境保全 ③地域内の道路・施設等の管理等 ④地域防災・防火・防犯等 ⑤地域固有の歴史・文化等の伝承等 ⑥地域づくり計画の作成等 ⑦地域住民に関する窓口業務等	地域協議会（区域内住民から首長が選任）	①首長は重要事項について協議会の意見を聴く ②首長等の諮問に応じ審議し必要に応じて建議	・なし
校区						

（注）筆者作成。「権限」は決定権限、「行政サービス」・「公共サービス」は提供（執行）義務を示す。

　次に、法定の一般制度に比べ、今日、各地で展開されている多様な地域分権の制度設計やその運用は、こうした類型区分ではどのように捉えられるだろうか。前掲のモデルで区分したA～Dの類型は、各々さらに、自治体本庁から権限を分権したり、公共サービス提供義務を分散したりする対象先によって、例えばBの類型で見れば、①支所等に単独に委ねる場合（B1）、②地域自治組織に単独で委ねる場合（B2）、③支所等と地域自治組織の双方に委ねる場合（B3）の3類型に細区分することができる（図表5）。

図表5　地域分権の類型区分

A　集権集中型

A1　支所等
A2　地域自治組織
A3　支所等及び地域自治組織の併用

集中

B　分権集中型

B1　支所等
B2　地域自治組織
B3　支所等及び地域自治組織の併用

集権　　　　　　　　　　　　　　　　　　　　　　　　　　　分権

C1　支所等
C2　地域自治組織
C3　支所等及び地域自治組織の併用

C　集権分散型

分散

D1　支所等
D2　地域自治組織
D3　支所等及び地域自治組織の併用

D　分権分散型

(出所) 筆者作成。

第4節　地域分権の事例分析

前節で示した地域分権の分析枠組みに基づき、自治体における地域分権の具体的事例を分析する。取り上げるのは、いずれも2007～2009年に首長の主唱、主導により地域分権に着手した池田市（一般市）、名古屋市、八尾市（特例市）の3事例である[15]。以下、事例ごとに(1)経緯、(2)分権対象組織、(3)集中・分散の状況、(4)類型評価を記述する。

1．池田市

(1)　池田市では、2007年4月の市長選挙で無投票当選し、4期目を迎えた倉田薫前市長の選挙公約として地域分権制度が着手された。「池田市みんなでつくるまちの基本条例」（2005年制定、2006年施行）[16]に則り、早くも同年6月には「池田市地域分権の推進に関する条例」が制定された[17]。初年度の2007年7～10月には、全11校区で公募により組織された準備委員会での検討を経て、「地域コミュニティ推進協議会」（以下「地域コミ協」という）が設立される。その後、各地域コミ協における議論を経て同年12月に予算提案がなされ、市の予算査定を経て予算案が確定し、2008年3月定例市議会に上程され可決成立した。

(2)　分権の対象は、市内全11校区ごとに設立された地域コミ協である。市から各協議会に対し、個人市民税の概ね1％の範囲で予算提案権が付与された[18]。

(3)　地域コミ協からの提案事業を執行レベルで見たとき、①市が直接予算執行（発注・施行）するもの、②市と地域が協働で行うもの（協働の手法は、市から地域主体への委託や、市による用具等、原材料購入と地域による整備（労力提供）等）、③地域の自主事業として行うもの（市から地域に補助）の3種類に分けられる。地域予算の内容は、これまで市が提供していた行政サービスの拡充や、提案制度による新たな公共サービスの行政サービス化であり、行政サービス提供義務の一部を地域自治組織に分散するものといえる。

(4)　類型

同市の基本はＡ：集権集中型であるが、小学校区単位の地域コミ協への予算提案権の限りにおいて、地域自治組織を対象とした部分的な分権型であり、かつ、その事業（公共サービス提供）中の②市と地域が協働で行うものや、③市

から地域に補助して行うものは、提供主体が地域に分散していることから、限定された範囲ではあるが「D2：分権分散型」とみなすことができる。

2．名古屋市

(1) 名古屋市では、2009年4月の市長選挙に当選した河村たかし市長の公約の一つとして、「地域委員会」という地域分権の取り組みが進められてきた。2009年11月、市議会でモデル実施が承認され、2010年から8区8地域でモデル実施がスタートした。公募公選制と団体推薦制により各々選任された公募委員と推薦委員で構成された地域委員会が、地域の人口規模に応じて設定された500〜1,500万円（限度額（年額））の地域予算の使途について意思決定を行う。決定内容は市の予算案の一部として市長が議会に提案し、予算成立後、市が執行する。地域予算による事業は2010、2011の2カ年度に実施された。

上記モデル実施の市による検証を基に、2012年5月からは7区7学区において新たなモデル実施が始まった。いくつかの改定が加えられ、同じく公募委員と推薦委員で構成された地域委員会が、地域の人口規模に応じて設定された200〜400万円（限度額（年額）。実績：全地域共300万円）の地域予算の使途について意思決定を行い、予算成立後、市が執行した。地域予算による事業は2013年度に実施され、2014年度はその検証が行われている[19]。

(2) 市から地域委員会には地域予算の使途決定権が付与されている。その際、地域委員会の事務局は区役所が担当し、地域委員会の運営に係る庶務、広報、地域予算に係る市関係部局との調整等の運営支援を行っていることから、地域予算の範囲に限って、地域自治組織と支所等の双方に分権が行われているとみることができる。

(3) 地域予算による事業（公共サービスの提供）には、①市が直接実施する事業（道路や公園等の公共施設の整備等を例示）、②学区連絡協議会等既存の地域団体が実施主体となって行う事業（当該団体への補助金交付による）の2種類がある。地域委員会は意思決定のみを担い実施主体にはならないものとされている。地域委員会委員も別主体が行う事業の実施には協力するにとどまる。よって、左のうち②の範囲では、地域委員会とは別の執行主体への分散が行われ

ていることになる。

(4)　前回と今回を合わせて15のモデル地域に限定して、地域委員会に地域予算の使途決定権のみを分権し、行政サービスは市が行っている。よって、市全体としてみれば、A:集権集中型を原則としつつ、モデル地域の範囲において、区役所と地域自治組織の併用による「D3：分権分散型」が行われているものと言える。ただし、これがモデル実施の段階からさらに広域に、ひいては市全域に公式制度化されるかは未知数である。

3．八尾市

(1)　八尾市は、2007年5月に就任した田中誠太市長の1期目、そのマニフェストを踏まえ、2011年2月に策定した第5次総合計画「やお総合計画2020」で「地域分権の推進」を標榜し、「校区まちづくり協議会」、「わがまち推進計画」、「地域予算制度」（校区まちづくり交付金）の三つの仕組みを軸とする「八尾スタイルの地域分権」を進めている[20]。2011年度に、市内全28校区に校区まちづくり協議会設立準備会が設置され、2012年10月には「八尾市市民参画と協働のまちづくり基本条例」を改正し、「校区まちづくり協議会」（以下「校区まち協」という）と「わがまち推進計画」等を条例に位置づけた。その後、各設立準備会は順次校区まち協に移行し、2013年度中に全28校区で設立された。

　校区まち協は、地域の課題解決や地域のまちづくりを推進するため、地域特性を踏まえた「わがまち推進計画」の策定主体となり、「校区まちづくり交付金」などを活用して、校区内における各種団体等の計画的な活動展開をコーディネートする役割を担う。一方、市行政は、2008年度から先行導入したコミュニティ推進スタッフを含め、2012年度には部局地域担当者等で構成された「地域担当制」を開始し、庁内の地域分権推進会議で情報共有を図りつつ各地域の「わがまち推進計画」策定の取り組み等を支援している[21]。2010～2012年度の3年間は「地域まちづくり支援事業」として防犯・防災と地域福祉に目的を指定した助成金を各協議会に交付（試行実施）し、2013年度からは本格的に目的を限定しない地域予算制度を導入し、各協議会により「校区まちづくり交付金」（1協議会当たり年額上限200万円[22]）を活用した事業展開が始まった。市では、

平行して地域の拠点施設のあり方についての庁内検討を行い、市内のコミュニティセンター等に併設された10出張所等の機能を、行政拠点と市民や地域の活動拠点を併有する新たな地域の拠点として再編、充実を図っている[23]。

(2) 分権の対象は、市内28校区ごとに設立された校区まち協である。市から各協議会へは、校区単位の地域まちづくり計画であるわがまち推進計画の策定と同計画に基づく活動に対する財政的支援であるまちづくり交付金の申請の権利が付与されている。

(3) 校区まち協の事業は、補助率を設けない校区まちづくり交付金を活用して校区まち協が実施主体となって行う。国・府・市等から別途補助金等の交付を受けている場合、その事業に交付金を充てることはできない。校区まち協自身の発意と計画を経て、新たな公共サービスの執行を地域自治組織に分散するものである。

(4) 全28校区に校区まち協が設置され、校区単位の計画策定権と事業執行権を分権し、同計画の範囲内に限られるが公共サービスの提供も校区まち協が行っている。よって、市全体としてみれば、A：集権集中型を原則としつつ、全校区において、地域自治組織による「D2：分権分散型」が行われている。校区まち協のサポートはコミュニティスタッフ等の地域担当職員が担っているが、支所等が事務局を担っているわけではない。今後、支所等の拠点整備が進み、本庁から支所等への権限移譲が進めば、「D3：分権分散型」に移行する可能性はある。

4．小括

　以上の事例の比較検討を踏まえ、地域分権の定義、目的、分権対象権限等について小括する。

(1) 地域分権の定義

　地方分権は、国から自治体への別法人間の権限移譲の問題である。一方、上で見た三つの先行事例では、移譲権限においても公共サービスの提供義務においても、限られた範囲の「分権分散型」の地域分権が現在までの到達点である。

地域分権には、自治体本庁から支所等への内部組織間の権限移譲と、自治体（本庁）から地域自治組織という外部組織への権限移譲の両局面がある。本論では、分権対象組織により類型を①支所等、②地域自治組織、③支所等と地域自治組織の両方の３類型に分けた（図表５）。

　まず、もし国から自治体への地方分権のように、別法人格間での権限移譲のみを分権と称するならば、自治体とは別に独立して法人格を有する地域自治組織や近隣政府への権限移譲のみが地域分権とされようが、本論で見た地域分権の先行事例における地域自治組織はいずれも法人格は有していない[24]。ただし、持続的な活動を担保する規約や内部組織の定めなど組織的実在を備えており、公募公選制の併用（名古屋市）や市長による認定（八尾市）など区域における一定の代表性や正統性を担保しようとする試みもなされている。次に、住民自治の拡充を目指すものであるならば、住民の参画する地域自治組織への分権や分散のあり方が焦点とされるべきであるから、①のみを地域分権とすることは限定的に過ぎる。さらに、従来の「都市内分権」の定義（第２節、２）では、上記のうち、③の支所等とそれに付置（併置）される地域自治組織の双方への権限移譲を都市内分権とする。しかし、本論で見た先行事例は必ずしも③の類型に限られておらず、③を明確に到達目標として掲げているわけでもない。我が国における地域分権の目的が団体自治の確立を基礎とした住民自治の拡充であるとすれば、そのような限定をする必要はないと考えられる。地域分権は、①支所等にのみ権限移譲する「自治体内分権」よりも広い概念であり、②や③も包含するところに積極的な意義があると考える。

(2)　地域分権の目的

　しかし、第二に、地域分権の目的を住民自治の拡充だけに求めて足りるわけではない。地方分権を集権・分権軸と集中・分散軸で論じる際に、行政サービスの提供義務の地方分散を正当化する論理は、団体自治を基礎としながら行政サービスの提供義務を中央と地方のいずれが担うのが適切かという視点であり、近接性の原理や地域特性、地域の個性の尊重等をその理由として挙げ得る。地域分権についても、集中・分散軸を用いる場合、公共サービスの地域分散を正

当化する理由としては、住民自治や近接性の原理だけではなく、市行政による執行を質的に上回る民間の優れた実践への期待や信頼も含まれよう。地域自治組織は、市行政の下請け組織ではなく、当該分権分散の範囲においては、行政による計画や執行に比肩し、部分的にはそれらを凌駕する可能性も期待される存在であると考える。

(3) 地域分権における「分権」

　第三に、地域分権における分権の対象となる権限についてである。地方分権の場合は、前述のとおり、天川モデルに拠り、自治体の区域内において自治体がその固有の行政機能と併せて中央政府の機能も分担する融合型が依然多いとしても、自治体の自主的な決定の範囲を拡大させる分権融合型がより望ましいとされている。地域分権の場合も、地域内において地域自治組織や支所等がその固有の機能とあわせて自治体本庁の機能も分担する融合型が多いとしても、地域自治組織等の自主的決定範囲を拡大させる分権融合型がより望ましいとされている点では同様であろう。そうした観点からは、先行事例の池田市と名古屋市が、校区単位の計画権限を予算提案権や予算要求権として地域自治組織に委ねることや、池田市が当該地域に限り執行権限も委ねること、また名古屋市は地域委員会に執行権限は委ねないが、地域の別主体に執行を委ねることなどは評価されよう。さらに、八尾市が地域内で地域住民を対象とする自主事業については計画、執行、評価のすべての権限を委ねることは、いわば地域自治組織固有の機能を認めるものといえる。ただし、これらの分権は、いずれの場合もまだ限定的である。

(4) 地域分権における「分散」

　第四に、地域分権の場合の公共サービス提供義務の分散についてである。地方分権の場合は、前述のとおり、神野の分類に拠り、我が国の場合、行政サービスの提供義務の実質的決定権は上級政府に留保されている度合が強いが、提供義務そのものを上級政府に留保する度合は弱い集権的分散システムであるとされている。そして、分散システムを否定するのではなく、集権的分散システ

ムから分権的分散システムへの移行がより望ましいものとしてその可否や是非が問題提起されている。地域分権の場合も、先行事例のいずれにおいても、公共サービスの提供義務そのものを部分的に地域自治組織に委ねる分散システムが採られつつあるが、その提供義務の実質的決定権を自治体本庁から地域自治組織に委ねる分権的分散システム(分権分散型)に移行したと評価できるかは、議論が分かれるかもしれない。市長から予算提案がなされ市議会の議決を得る以上、最終的決定権は自治体に留保されているともいえ、地域自治組織の決定が市長や市議会に尊重されるのであれば、「実質的決定権」といえ、そうでないならば、そこには決定の実質性について一種の擬制が働いているともいえる。とはいえ、必ずしも地方分権における自治体のように独立した法人格を持たず、人材、資金、拠点施設、情報などの経営資源も限られた地域自治組織が、たとえ部分的であるにせよ分権分散型に到達した事例を徐々に輩出していることは積極的な評価に値すると考えられる。

第5節　おわりに——地域分権の意義

　本論では、地方分権改革と地域分権をパラレルに捉える分析枠組みを検討し、自治体から地域自治組織への権限移譲を含む地域分権の制度設計をどのように類型化して把握することができるかを検討した。次いで、地域分権を推進する3市の先行事例を左の分析枠組みで比較検討し、自治体における地域分権の到達状況について考察した。

　地域分権は、それぞれの自治体の行政と地域住民(およびその参画による地域自治組織)が、ともに自らの自治体にとってどのような権限の分権と公共サービス提供義務の分散のシステムを選択するかという能動的な選択の問題であり、唯一の理念型に収れんすべき性格のものではない。制度の導入や設計に当たり、第一には、集権集中型からいずれかの分権型へ移行を図るとしても、当面の到達目標をどの象限や類型に置くかという選択問題がある。その場合もD:分権分散型が絶対的な到達点ではなく、C:分権集中型も選択されてよい。第二には、仮にD:分権分散型を到達目標としたとしても、そこへ至る行程(A→D)を直線的に進めるか、それともB:集権分散型やC:分権集中型を経

由する行程とするかという選択もある。第三には、それらの到達目標の象限が定まったとして、その中の①～③の３類型のいずれを選択するかという選択もある。これも前述のとおり、必ずしも③支所等と地域自治組織との併用型でなければならないわけではない。政令指定都市には区役所があり、中核市にはそれに準ずる行政事務所があろうが、特例市以下の規模になれば、市域を分割した地域単位に均質な支所等が満遍なく配置されているわけではない。その中で③併用型を採る場合には、支所等の新たな施設整備も課題となる。「支所等に付帯して地域自治組織を設ける」という定義にこだわらず、逆に地域自治組織に付帯（対応）して、支所等（物的施設）に代わる地域担当職員など人的資源を確実に配置することによって目的実現を図る方法もあろう。

　地域分権を考える自治体と地域住民にとって今重要なことは、自らの地域が当面する地域課題の解決のために必要な地域分権のかたち（象限や類型）を主体的に到達目標として設定することである。換言すれば、分権と分散の範囲をどのような権限やどのようなサービス提供にまで拡張することが必要かつ十分であるのかを、住民参画のもとに熟議を重ね、そこへ到る行程を緊密なコミュニケーションの下に練り上げることである。地域分権はその行程の選択と管理への市民参加と住民自治にこそ現代的な意義があるものといわなければならない。

（注１）西尾［2007］、246-247頁参照。
（注２）総務省によれば、2014年４月１日現在、地域自治区（一般制度）：15団体（145自治区）、地域自治区（合併特例）：30団体（65自治区）、合併特例区：２団体（３特例区）である。なお、市町村合併件数648件（1999年４月１日～2014年３月31日：15年間）
（注３）筆者は、近年のローカルガバナンスの観点から、こうした地域自治組織を「地域共治組織」と称して論じたが（初谷［2012］、３、７頁等）、本論では住民自治組織としての地域自治組織の呼称を用いる。なお、中核市の地域分権に向けた取り組みに関する初谷［2013］参照。最近では、（公財）日本都市センターが、2013年11-12月に全国812都市自治体（789市、23特別区）を対象に行った「都市自治体における地域コミュニティの現状及び関係施策等に関するアンケート調査」（調査時点：2013年４月１日、回収率507市区（62.4％））の結果参照。「地縁型住民自治組織」（自治会・町内会などの比較的狭い区域で住民に最も近

い立場で住民相互の親睦や地域課題に取り組むために組織された任意の団体及びその連合会等）と、「協議会型住民自治組織」（地縁型住民自治組織、ボランティア団体、NPO、学校、PTA、企業等の多様な主体による、地域課題の解決のための組織）を区別し、各々の組織の状況等を問うた結果、およそ半数の自治体（248団体、48.9％）が、協議会型住民自治組織があると回答しており、そうした組織が設立されたメリットについての質問（複数回答可）に対する最多の回答は「地域の自主的な取組みが推進された」（199団体、80.2％）となっている。（公財）日本都市センター［2014］、226、234頁。

（注４）天川［1983］、120-121頁。
（注５）神野［1998］参照。西尾［2007］、8頁。神野は、「地方政府が主として『実行』、つまり主として公共サービスを供給していれば『分散』、中央政府が主として『実行』し、公共サービスを供給していれば『集中』とすれば、日本の政府間財政関係は分散システムである。しかし、『分権』か『集権』かのメルクマールはあくまで決定権限にある。そこで中央政府が主として決定権を持っていれば『集権』、地方政府が主として決定権を持っていると『分権』とすれば、日本の政府間財政関係は、あくまでも集権システムである。したがって、日本の政府間財政関係は『決定』が中央政府、『実行』が地方政府という集権的分散システムと呼ぶことができる。」と述べる（神野［1998］、118、124頁）。そして、「いま求められるのは、『集権的分散システム』を打破して『分権的分散システム』を創り出すことである。」とする。なお、「自治体が自己決定権を持つことで」「団体自治と住民自治を兼ね備えた真の地方自治が可能になる。その場合、『縦割り』を特徴とする国から権限と財源を移譲して、自治体が総合的な視点からサービスを担うという意味で、『分権的分散システム』は自治体の『集権的自己決定』を特徴とする。」と指摘している（神野、金子［1999］、229-230頁）。同旨、神野［2002］、294頁。
（注６）西尾［2007］、7-18頁。なお、西尾の天川モデルに対する評価については、西尾［1999］、403-438頁（「第12章　集権と分権」（原著論文は1987年））に詳しい。また、その集権分権理論の再構成について西尾［2007］、Ⅴ章参照。
（注７）同上、13頁。
（注８）その理由として西尾は自治体事務のうちにまだ多数の法定受託事務が残存し、都道府県と市区町村の上下のヒエラルヒー構造も完全には解消されていないこと、自治体への授権方式は依然として概括例示方式であること等を挙げる。同上、234頁。
（注９）同上、223頁。なお、西尾が②の集権融合型は、①の集権的分散システムが日本で形成された由来、少なくともその一つの由来を説明したものになっており、（天川モデルを改装した）自らの類型区分と神野の類型区分は相互に全く矛盾していないとするのも本文と同趣旨と考えられる。同上、10頁。
（注10）地域分権という用語そのものは、既に1977年、玉野井芳郎が「地域主義」の観点から提唱している。そこでは「地域主義」を「一定地域の住民が、その地域の風土的個性を背景に、その地域の共同体に対して一体感をもち、地域の行政的・経済的自立性と文化的独立性とを追求すること」と定義し、わが国においてその自覚を促し再生を図るためには、行政または政治上の用語として国家の統治組織における中央部と地方の部分機関との関係を指す「地方分権」よりも、「地域分権」という言葉を用いた方が事態を適切に表現できると主張する。国の行政組織内部における地域的な権限分配を「地方分権」と捉えつつ、住

民の自己統治（住民自治）を喚起するために「地域分権」を自覚的に掲げる意義を説くものとして注目される。ただ、そこでいう「地域分権」は、「地方分権」に代わる視座として提示されており、本論のように具体的な制度を想定したものではなかった。なお、団体自治と住民自治の関係について西尾［2000］、241-250頁参照。なお、自治体の中には、「地域内分権」という用語を用いる例もある（伊勢市、上田市、小田原市、草津市、下関市、高浜市等）。

(注11) 名和田［2002］、17頁。なお、名和田は、都市内分権を「決定権限の地域分散の構造」として理論化する（名和田［1998］参照）。また、地域自治組織の制度設計に係る理論的枠組みには、その公共的意思決定機能に着目した「参加型」、公共サービス提供機能に着目した「協働型」を純粋型として区別した上で、現実の組織はこの両要素が交じり合っているのが普通であるとする（名和田［2009］、9-11頁、第２章）。

(注12) 石平［2010］、10-11頁。

(注13) 西尾［2007］、11-13頁参照。

(注14) 石崎［2006］、76-77頁。地域自治区の法的性格について妹尾［2005］、石崎［2006］が詳しい。また顕著な実例の詳細な報告として山崎、宗野編著［2013］参照。

(注15) ３事例については、政策当事者から直接制度設計と運用についてご教示を得た。池田市：2013年８月８日（前地域分権専門官、地域分権・協働課主幹）、同年11月30日（前市長）、名古屋市：2013年８月15日（地域委員会制度準備担当部主幹ほか）、同年11月16日（同部主査）、八尾市：2013年11月９日（人権文化ふれあい部次長）。左のうち11月９日、16日は筆者の大学院担当科目「地域政策特殊講義」、11月30日は大学院「研究講座」の特別講師として地域分権についてご講義をいただいた。なお、八尾市について筆者は第５次総合計画の策定、推進、評価に参与している。

(注16) 平成17年12月22日池田市条例第21号。2006（平成18）年４月施行。

(注17) 平成19年６月29日池田市条例第20号。2007（平成19）年６月施行。「地域分権」を明示した全国初の条例は、前文で次のようにうたう。「……ここに、市民に身近な行政を担う先端自治体として、他の地方公共団体に先駆けて地方分権改革の最終目標に到達するため、「地域分権」を提唱し推進することにより、暮らしやすく、個性豊かで活力に満ちた地域社会の実現をめざし、この条例を制定する。」―同文中の「最終目標」とは、「地方分権改革は、国から地方公共団体への権限等の移譲だけではなく、最終的には、より市民に身近な地域社会やコミュニティを核として、市民が自主的、自立的にまちづくりを行うことをもめざすものである」との認識に基づく。市長として「池田発・全国初の地域分権制度」を主導した倉田薫は、「地域分権」という用語について、「実は、既に他市でも実施されている「都市内分権」や「地域内分権」という制度と大きく変わらない。ただし、基本理念を条例として定め、小学校区を地域として全市内一斉にスタートした点においては、まさにわが国初の制度だと考えている」と述べている。倉田［2013］、25頁。

また、2003年に都市内分権に代えて地域分権の用語を明示的に用いた山崎丈夫の論考では、1990年代に地方分権が「地方のことは、各地域で自己決定できるようにし、それによって特徴ある地域社会を形成していくことを目標に推進された」ことは、「地方分権が、国と地方自治体間の事務再配分の問題に終始することなく、持続的で特徴ある地域社会への行財政権限の移譲＝地域分権を展望した地方自治体改革をどこまですすめていけるかとい

うことに焦点を移していることを意味する」と指摘している。山崎［2003］、206頁。なお同［2006］参照。
(注18) 倉田薫は、この権限を「予算編成要望権」と称している。倉田［2013］、61頁。初年度（2008年度）は、総額71,125千円（人口割配分6,000〜7,000千円）。2011年度から可住地面積配分を加え増額とする総額98,921千円（1地域当たり8,590〜9,348千円）。
(注19) 名古屋市の地域委員会については、河村［2009］、中田［2011］、西村［2011］、東海自治体問題研究所編［2011］参照。2014年5月現在、モデル実施の認知度、地域委員会の仕組み、7地域の平成25年度地域予算事業等について、モデル地域7千人抽出アンケート及び市民（モデル地域を除く）2千人抽出アンケートが行われている。
(注20) 八尾市では、地域分権を「小学校区（活動状況に応じて中学校区）を基本に、行政、地域、市民、事業者等が役割を分担して、身近な地域のまちづくりを進めやすくしていくこと」とし、そのために、各地域が必要な支援（人、組織、資金、活動拠点、情報など）を充実させていくとしている（第5次総合計画）。同市の地域分権の制度設計のための基礎的調査として、八尾市、㈶地方自治研究機構［2010］参照。
(注21) コミュニティ推進スタッフは、課長級又は課長補佐級で、概ね中学校区ごとに1名、計17名配置され、地域担当制は、コミュニティ推進スタッフ、部局地域調整担当者、部局地域担当者（原則として管理職員）により構成し、13部局に124名配置されている（2013年度）。
(注22) 人口15,000人以上の場合は225万円。
(注23) このほか、中間支援組織（八尾市市民活動支援ネットワークセンター）のコーディネート機能の強化も図っている。
(注24) 本格的な近隣政府（自治体内分権）の導入を提唱する論考として後編［2007］、近隣自治機構、近隣政府の類型論などその理論については、小滝［2007］、第5章参照。

【参考文献】
天川晃［1983］「広域行政と地方分権」『行政の転換期』（ジュリスト増刊総合特集）、120-126頁。
石平春彦［2010］『都市内分権の動態と展望——民主的正統性の視点から』公人の友社。
石崎誠也［2006］「第2章　地域自治区の法的性格と課題」岡田知弘・石崎誠也［2006］『地域自治組織と住民自治』自治体研究社、55-89頁。
後房雄編［2007］『地域自治組織から近隣政府へ〜地域自治区、町内会、NPO』特定非営利活動法人市民フォーラム21・NPOセンター、36-54頁（後房雄［2006］「多様化する市民活動と自治体の再設計——地域自治組織における決定と実施の混合」『市政研究』第153号、8-21頁を、著者が加筆修正したもの）。
小滝敏之［2007］『市民社会と近隣自治——小さな自治から大きな未来へ』公人社。
河村たかし［2009］『名古屋から革命を起す！』飛鳥新社。
倉田薫［2013］『この国の未来を救う玉手箱』ワイロード企画。
神野直彦［1998］『システム改革の政治経済学』岩波書店。
神野直彦［2002］『財政学』有斐閣。
神野直彦、金子勝［1999］『「福祉政府」への提言』岩波書店。
妹尾克敏［2005］「「地域自治区」の法的位相——新たな狭域行政の可能性について——」『道

州制と地方自治』〈地方自治叢書18〉、敬文堂、135-159頁。
玉野井芳郎［1977］『地域分権の思想』東洋経済新報社。
東海自治体問題研究所編［2012］『大都市自治の新展開——名古屋からの発信』自治体研究社。
中田実［2011］「第6章 名古屋市「地域委員会」のモデル実施とその検証」西村茂、自治体問題研究所編著［2011］『住民がつくる地域自治組織・コミュニティ』（地域と自治体第34集）、自治体研究社、205-240頁。
名和田是彦［1998］『コミュニティの法理論』、創文社。
名和田是彦［2009］『コミュニティの自治——自治体内分権と協働の国際比較』、日本評論社。
名和田是彦［2002］「近隣政府・地域自治のしくみを考える」『市政研究』第134号。
西尾勝［1990］『行政学の基礎概念』東京大学出版会。
西尾勝［2007］『地方分権改革』（行政学叢書5）、東京大学出版会。
西村茂［2011］「第1章 基礎自治体の域内分権——住民代表組織の審議（決定）・実働（執行）・運営——」西村茂、自治体問題研究所編著［2011］『住民がつくる地域自治組織・コミュニティ』（地域と自治体第34集）、自治体研究社、13-44頁。
公益財団法人日本都市センター［2014］『地域コミュニティと行政の新しい関係づくり〜全国812都市自治体へのアンケート調査結果と取組事例から〜』公益財団法人日本都市センター。
初谷勇［2012］『公共マネジメントとNPO政策』、ぎょうせい。
初谷勇［2013］「「協働」と「地域分権」の総合的展開における市民社会組織の方向性——東大阪市リージョンセンター企画運営委員会を事例として——」『地域と社会』、第16号、大阪商業大学比較地域研究所、45-90頁。
八尾市、㈶地方自治研究機構［2010］『八尾市における地方分権の推進に関する調査研究』八尾市、㈶地方自治研究機構。
山崎丈夫［2003］『地域コミュニティ論——地域住民自治組織とNPO、行政の協働』自治体研究社。
山崎丈夫［2006］『地域コミュニティ論［改定版］——地域分権への協働の構図』自治体研究社。
山崎仁朗、宗野隆俊編著［2013］『地域自治の最前線 新潟県上越市の挑戦』ナカニシヤ出版。

【ウェブサイト】（いずれも2014年3月31日閲覧）
総務省：「地域審議会・地域自治区・合併特例区の設置状況」（平成26年4月1日現在）
　　（http://www.soumu.go.jp/gapei/sechijyokyo01.html）
池田市：「地域分権やってます「自分たちのまちは自分たちでつくろう」
　　（http://www.city.ikeda.osaka.jp/kakuka_annai/sougou_seisakubu/6254/1686/index.html）
名古屋市：「地域委員会」
　　（http://www.city.nagoya.jp/shisei/category/348-0-0-0-0-0-0-0-0.html）
八尾市：「市民協働・地域分権」
　　（http://www.city.yao.osaka.jp/soshiki/4-20-0-0-0_1.html）

〈Ⅱ〉 地方自治の深化に向けて

第**4**部

公 会 計

第12章
行財政システム改革と自治体会計

林　昌彦
（兵庫県立大学大学院会計研究科教授）

第1節　はじめに

　本章のテーマは、地方自治体の会計（以下、「自治体会計」という）を、行財政システム改革の観点から考察することである。地方自治体（以下、「自治体」という）の財政問題が注目されて以来、夕張市の財政破綻などもあって、行財政改革は喫緊の課題として認識されるようになった。そして、その一環として公会計改革が位置づけられている。

　そもそも行財政改革の目的は何か。本来、行財政改革という言葉は、それ自体では特定の意味を持たない。逆に、文脈によって様々な意味に変化する。大抵の場合、減量経営（cutback management）を意味し、定員削減（退職者不補充）と人件費抑制（ポストと給与の削減）、続いて事業費の削減へと進んでいく。それゆえ正確を期するなら、財政改革と呼ぶべきである。それにしても、予算削減の余地は無限ではない。そこで、行財政システム改革が唱えられるようになった。これも曖昧な言葉であるが、既存のシステムを大きく変えることが、決して容易でないことだけは確かである。

　他方、公会計改革は、端的にいえば、伝統的な自治体会計の特徴を「現金主義・単式簿記」と捉え、それを「発生主義・複式簿記」に転換することを主な論点として進められてきた。現在、不完全ながらも財務諸表が作成されるようになったのは、行財政改革に資することを期待してのことであるが、内部マネジメントでの活用はそれほど進んでいない。そもそも会計には、外部報告のための財務会計と、内部報告のための管理会計があるが、自治体の場合、この区分を意識することが少ない。しかし、情報開示の手段である財務諸表は、行財政運営に全く役に立たないわけではないが、個々の事業の実態を明らかにし、

政策の適否を判断するという意味では、その有用性に限界がある。そうであれば、管理会計を整備することが必要ではないか。内部マネジメントが機能して初めて、外部への情報開示が意味を持つのではないか。このように考えると、行財政システム改革とは、自治体の行財政運営を「経営」と呼ぶに相応しいレベルまで整備することを意味する。

　そのようなシステム化が必要になった背景には、「行政の現代化」という現象がある。政府の役割の変化を長期的に捉えると、「近代国家から現代国家へ」という文脈で理解できる。もともと近代国家は、国民生活への政府の介入を最小限にとどめ、どうしても必要なときには法令によった「立法国家」であった。それに対し、現代国家は、多様な問題の解決のために政府が積極的に介入し、その結果、行政の機能と組織を拡大させた「行政国家」である。この移行に伴って生じた問題は、それに相応しいマネジメントを確立できなかったことに起因する。それは福祉国家の台頭により深刻化した。その結果、行政の肥大化が問題視され、繰り返し行財政改革が求められるようになった。近年、それが期待したほどの効果を上げていないことに業を煮やして、市場主義的な改革[1]が主張されるに至ったが、それには根強い反対もある。要するに、解決の糸口が見いだせない状況にある。

　ところで、改革というと、とかく既存のものを否定する側面が強調されがちであるが、問題発生の原因が、システムが悪いからでも、システムの運営が悪いからでもなく、システムと環境とのマッチングが悪くなったからだとすると、単純に古いシステムを全否定してしまうのでは、かえって問題の本質が分からなくなる。既存のシステムの中にも残すべきものはあるのであって、環境の変化を踏まえ、それが最大限の効果を上げるよう再構築することが、改革が成功するポイントである[2]。また、過去の改革を振り返ると、鳴り物入りで導入された手法が短期間で形骸化していった経緯を軽視できない。たとえ民間企業で実績を上げていたとしても、手法の導入だけでは限界がある。それゆえ本章では、行財政システム改革の意義を検討するのである。

第2節　現行制度の批判的検討
1．自治体会計の前提となる財政の論理

　企業会計との対比で自治体会計の特徴を理解することは、あながち不適切なことではない。しかし、前述の認識基準と簿記法の観点をはじめ、予算重視か決算重視か、内部管理事務か情報開示制度か、といった特徴的要素を列挙するだけでは、現行財務会計制度の存在理由を理解することはできない。

　一般に会計とは、対象となる主体の経済活動を測定し、その結果を利用者に伝達するプロセスである。その主体の目的が営利か非営利かによって、会計の本質が異なるのか否かについては議論があるが、そこに共通する特徴は金銭収支の記録を行うことである。それが会計といわれる所以は、金銭収支の事実とその記録との一致を確保することを通じて、事実が記録によって証明され、また金銭の収支と有高が記録によって管理されることにある。これが会計の原初的機能である。しかし、会計の機能はこれにとどまらず、広範な財産の数量的変動の記録、さらに価値的変動の記録にまで拡張される。その典型が企業会計であり、金銭収支を含む、あらゆる財産の増減変動が、抽象的な資本運動の観点から統一的に把握される。このように会計システムの機能は歴史的に変化しており、それは、システム外の社会経済的環境からの要請に応えた結果である。

　それでは、自治体会計がこれまで金銭収支の記録を専らとしてきたのはなぜか。その理由を考えるとき、会計の対象である経済活動、自治体を含む政府であれば、財政とは何かということを押さえておく必要がある。

　政府の経済は、市場経済との対比で、公共経済と呼ばれる。公共経済学における財政の意義は、市場では供給不可能な財、すなわち公共財を供給することに求められる。その財源は原則として租税であるため、給付と反対給付が一対一で対応しない。そのため、収入は市場で決められるのではなく、政治過程で決められる。そして、政治過程で収入を決めるには、必要な支出が決まっていなければならない。したがって、財政では伝統的に「量出制入（出ずるを量って入るを制する）」を原則としてきた[3]。

　財政には、このような「政府の経済」という側面に加えて、「貨幣による統治」という側面がある。すなわち、市場社会の成立により無産国家となった政

府は、強制的に無償で貨幣を調達することによって統治を行う「租税国家」となる。ところで、市場社会の政治システムでは、被統治者が統治者となるため、政府が貨幣を強制的に無償で調達するといっても、社会の構成員である被統治者の合意が必要となる。議会制民主主義では、議会が予算を媒介にして、それを執行する行政機関をコントロールする。すなわち、予算は、単に一定期間の収入と支出の見積りというだけではなく、被統治者が統治者の統治行為に、必要な収入と支出の権限を付与する権限付与書なのであり、その意味で、財政民主主義の観点からコントロールに必要不可欠な手段である[4]。

2. 地方自治法における財務会計制度

　予算・決算制度をはじめ、財務会計制度を論じるときには、いかに権力を制御するのかという観点から、まず法体系としての手続のあり方を理解しておく必要がある。地方自治法（以下、「自治法」という）は第9章に「財務」の規定を置いているが、これを見ると、「地方公共団体の経済行為全般にわたる基本的な事務とこれに附帯する事務を『財務』と総称し」、「会計事務は、地方公共団体の財務の一部とされている」[5]。そして、財務会計制度の規定は、ほとんど手続規定（主として内部の事務処理に係る規定）である[6]。その反面、財政状況の公表に関する規定（自治法第243条の3第1項）は「雑則」の中にある。このように財務会計制度は、情報開示制度としてではなく、内部管理事務として規定されている。それはなぜか。

　自治体の財務管理[7]は、歳入歳出予算の編成と執行を中心としている。その予算は議会の議決を経て成立する。なぜなら、事前統制と執行管理を重視しているからである。具体的にいうと、歳入は源泉に従って（例えば地方税、地方譲与税、地方交付税など）、歳出は使途に従って（例えば議会費、総務費、民生費など）款に大別され、次に項に区分される。予算科目はさらに目節に区分されるが、議会の議決の対象となるのは款項であり（自治法第216条、地方自治法施行令（以下、「自治令」という）第150条第1項第3号）、これにより歳出予算の流用に制限がかかる（自治法第220条第2項）。

　このように、予算の最も重要な機能は支出の統制である。歳出予算は款項目

節に区分され、そのうち節は支出内容を示す費目に区分される。それより上位の款項目は、基本的に行政機関の所管に対応しているが、これは、予算執行の権限と責任の所在を明らかにするためである。自治体会計が専ら金銭計算であったのは、このような予算統制と親和性が高いからである。

このような予算に基づいて決算がある。歳入歳出予算に対する決算であるから（自治令第166条第1項）、決算は、一会計年度の歳入歳出予算の執行の結果を表示した計算表である。したがって、自治体の決算は「会計経理が正確に記されることに重点が置かれており」、民間企業の決算のように業績を表示する機能はない。その理由は、「行政における財務運営の基本理念が公正の確保に重点を置いてきたところにあり、所期の行政目的をいかにして効率的に達成するかということが、ややもすれば軽く取り扱われてきたことによる」[8]。したがって、決算から得られる情報は意思決定有用性に乏しいため、決算が予算にフィードバックされることは稀である。

3. 健全財政と財政分析

決算は、予算と比べて軽視されがちである。それに対し、決算とは一応独立に作成される「地方財政状況調査表」、いわゆる決算統計は、主として財政分析に利用される。その場合、「財政（運営）の健全性の確保」が重視され、それは具体的に「単年度において赤字を出さず、しかもその赤字を出さないことがたまたま当該年度だけ収支の均衡を保って赤字を出さなかったというのではなく、長期的にみて収支の均衡を保持しうるような歳入歳出の構成になっており、そのような構成のなかで、地方公共団体として行わなければならない仕事は十分効果的に行っているような財政運営をいう」。すなわち、その分析視点の「第一は収支の均衡であり、第二は財政構造の弾力性であり、第三は行政水準の確保・向上である」が[9]、狭義には収支の均衡と財政構造の弾力性である。

財政（運営）の健全性において最も重視されるのは、実質収支が黒字か赤字かということであり、これに適合する財政指標として実質収支比率がある。財政構造の弾力性では、収入と支出の関係として経常収支比率が重視される。経常収支比率が高い場合、災害復旧事業など多額の臨時的支出があると赤字に転

落しやすい。また、地方債は後年度に負担を転嫁するものであり、財政破綻を未然に防止するため、実質公債費比率が用いられてきた。地方公共団体の財政の健全化に関する法律(いわゆる財政健全化法)の施行後(2009年度から全面施行)、健全化判断比率として実質赤字比率、連結実質赤字比率、実質公債費比率、将来負担比率が用いられているが、その狙いに変わりはない。すなわち、財政破綻の予防措置である。現在でも一定の条件により起債許可が必要になるのは、このためである。

また、財政融資資金を借り入れている自治体に対しては、2005年度より、財務省による「財務状況把握」が実施されている。その際、決算統計に基づいて行政キャッシュフロー計算書を作成し、債務償還可能年数、実質債務月収倍率、積立金等月収倍率、行政経常収支率という財務指標を算定する。これは、財政融資の償還確実性を確認する観点から、自治体の財務状況(長期的視点として債務償還能力、短期的視点として資金繰り状況)を把握するものであり、事前警鐘の役割を担っている[10]。このように各種の指標は、早期是正のため、国の機関が自治体をモニタリングする手段として用いられている。

ところで、決算統計の結果は「決算カード」や「財政比較分析表」等により公表されてきたが、2010年度決算分からは、健全化判断比率と合わせて、総務省の全国統一様式により「財政状況資料集」として公表されている。ここで問題になるのは財務諸表との関係であるが、「決算統計は開示資料ではなく、あくまで内部管理資料である」のに対し、財務諸表は「財政活動の全体を捕捉する意味で、総覧性のある資料として一定の規則に基づいて書かれている唯一とも言える資料である」[11]。言い換えれば、決算統計やそれに基づく指標が、特定の目的に合わせて設計されているのに対し、財務諸表は、自己の特定の目的に合った情報を要求できる立場にない、広範な利用者に共通するニーズを満たすことを意図した報告書である。これを一般目的財務諸表という。

それでは開示された財務諸表をどのように利用するのか。それは、民間企業の場合と同じで、類似団体との間で経年変化を比較することを通じて、財政状況に何か変わったことがあれば早期に発見すること、いわば注意喚起情報として利用することである。したがって、課題解決には別の情報が必要であり、管

理会計情報の充実を図るべきである。

第3節　成果志向のマネジメント

1．予算改革の焦点

　前節において自治法の規定から見る限り、自治体の予算編成と会計（出納管理）と決算が一体であること、このうち予算が財務管理の中枢であること、その予算の主目的は内部統制にあることを確認した。この予算統制機能が政治システムの上からも重要であることに変わりはないが、政府の機能が拡大してくると、それだけでは必ずしも十分ではなくなり、予算改革が必要になる。ここではアレン・シックの「統制・管理・計画の分析枠組み」に依拠して過去の予算改革を振り返り、さらに今日的課題を考えることにしたい。

　シックは、アメリカ連邦政府の予算制度改革の歴史（1960年代中葉まで）を、その時々の時代背景を反映した優先順位の変遷に着目して、統制志向・管理志向・計画志向の各段階として描いている。いかなる予算制度もこれらの機能を備えているが、その時々の課題により重要度が異なる。すなわち、第一段階では、人事管理と購買管理が信頼できなかったため、不正防止を優先せざるを得なかった。また、政府は必要悪と見なされており、公共支出の社会的価値はほとんど認められなかったため、必然的に支出統制に焦点が合わされ、それには性質別予算が適していた。次に第二段階では、ニューディール政策により政府の守備範囲が拡大された結果、作業効率が焦点となり、科学的管理法や経営原価計算が活用された。この動きは、第一次フーバー委員会によるパフォーマン

図表1　統制・管理・計画の分析枠組み

	統制志向	管理志向	計画志向
時　期	1920年〜1935年	1936年〜1950年代	1960年代
予算の機能	監視役	管理の手段	政策の表明
予算の類型	性質別予算	パフォーマンス予算	プログラム予算
適用手法	費目細分化	科学的管理法 経営原価計算	費用便益分析 システム分析

（出所）Schick（1966）に基づき著者作成。

ス予算の提唱で頂点に達した。そして第三段階は、PPB（Planning-Programming-Budgeting）の時期で、執行の効率化から意思決定の合理化に焦点が移ったため、プログラム予算が採用された（図表1参照）[12]。このように環境の変化によって、予算の中心機能は変わるのである。

しかし、PPBは短命に終わった。その原因は、「誰の便益であり誰の費用であるかを原則的に問題にしない経済学的便益費用分析は、意思決定の政治学の前にしばしば無力となる」ため、現実の「政治過程の前に制度的挫折は必然であった」のである。しかし、「PPBSの基本的思想とそこで培われた分析的能力とは、その後行政プログラムの事後的評価、すなわちパフォーマンス（業績）監査へと大きく向けられることになった」[13]。事前評価（費用便益分析）から事後評価（プログラム評価）への移行は、「評価の現実的な可能性を勘案した戦略的後退であった」[14]といえる。

ところで、こうした政策科学に依拠した流れとは別に、1980年代後半から州・地方政府を中心に「成果志向のマネジメント（Managing for Results）」を標榜した改革が進められた。そして、それが認められ、連邦政府でGPRA（Government Performance and Results Act of 1993）が成立した。GPRAは議会主導の改革法であり、従来のインプット・プロセスからアウトプット・アウトカムに議会統制の軸足を移すことを意図し、有効性・効率性の向上とアカウンタビリティ[15]の改善を狙いとしている。そのため各省庁に対して、戦略計画において組織の使命と政策の目的・目標を明記すること、そして、業績指標を用いて達成度を測定し、議会に報告することを義務づけている。このシステムの焦点は、意思決定を最適化することではなく、成果を上げることにある。

したがって、戦略計画の策定に加えて、戦略を実施すること、その結果（アウトプット・アウトカム）を測定すること、そして、それをフィードバックすることが必要である。これを環境適応の過程と見れば、既存のルーティンと環境との間のズレを認識することから組織学習が始まる。すなわち、環境変化をいち早く認識し、新たな状況に適合するルーティンを編み出し、かつ、それを実行に移す組織能力が鍵を握る。このように成果志向のマネジメントには、成果を定期的に確認する業績測定[16]が不可欠な構成要素である。

2．行政評価の導入経緯と評価のあり方

　現在、多くの自治体で、成果志向を標榜した行政評価が実施されている。しかし、必ずしも期待どおりの効果が得られていない。その原因は単純ではないが、一面では概念の混乱が影響していると思われる。自治体の現場で広く受け入れられている、総務省の定義によれば、「調査における『行政評価』とは、政策、施策、事務事業について、事前、事中、事後を問わず、一定の基準、指標をもって、妥当性、達成度や成果を判定するものをいう」[17]とされる。この定義に従えば、行政活動を対象としていれば、そのすべてが該当することになる。その結果、「政策評価だけでなく、執行・実施評価や管理評価などおよそ行政の活動を何らかの角度から何らかの基準に照らして評価する活動をすべて包括して『行政評価』と呼ぶ」[18]というのが実態に合っている。

　もちろん建前としては政策評価が主である。しかし、それには目的手段関係を体系化する必要があるが、実際に「政策－施策－事務事業」の関係が整理されていることは稀である。そのため、多くの自治体で実施されている「事務事業評価」は、政策評価には不向きである。そもそも事務事業は予算を管理する単位であり、政策実施の単位ではない。上位目的との関係が希薄なものも少なくなく、それだけアウトカム指標の設定が難しくなる。

　それでは、このような事務事業評価が普及したのはなぜか。直接的な契機は、財政状況の急激な悪化である。「このままでは予算が組めない」という危機感のもと、急いで導入された。通常、事務事業が所管課による予算要求の単位であるため、「予算の見直しは事務事業の見直しから」というわけだ。その方法は、所管課による評価シートの記入であり、それに基づく事務事業の点数化または序列化である。そして、ふるいにかけることが目的であるから、全事務事業に一律に導入された[19]。

　ここで致命的な誤解があった。それは、一連の手続を通じて、事務事業の優先順位が示されることを期待したことである。その背景には、予算の一律削減は限界に達し、予算編成にメリハリが求められたことがある。しかし、どれほど精緻な評価シートを設計したとしても、異なる目的間の優先順位が自動的に判明することはない。そのような「科学的方法」の開発は、PPBの結末に鑑み

ても、決して容易ではない。目的の選択はまさに価値判断の問題であり、本来、政治の役割である。それゆえ意思決定を合理化するために政治を排除するという発想ではなく、責任ある立場の人達の意思決定を支援する情報を提供するという発想で、評価システムを再構築すべきである。

　また、住民や議会等とのコミュニケーション・ツールとして使えることが求められる。最近、「住民目線」という言葉が使われるようになったが、およそ住民の関心は、どのようなサービスが提供されているのか、そして、その結果が支出に見合う価値（value for money）を有するのか否かにある[20]。このような目線で見た情報は、既存の予算・決算でも、事務事業評価でも提供することはできない。ここに行財政システム改革の課題がある。

3．事業を軸とする自治体経営

　成果志向のマネジメントを実現するには、戦略計画と、業績測定を含むマネジメント・コントロールを一体的に整備しなければならない。そこで、事務事業評価に代えて、あるいは追加して、総合計画に基づく施策評価を導入する自治体が現れた。しかし、総合計画については、従来から「総花的である」「形骸化している」といった批判がある。この問題の根底には、首長の政治的指導力の弱さがある。なぜなら、「どこまで行政事業間の『順位づけ』を徹底した真の意味での総合計画に接近できるか」は、「その一つの手がかりが市町村計画と財政計画ないし予算との関係づけにあることは言うまでもないが、より根本的には市長の政治指導による『諸利益の統合』にかかっている」[21]からである。

　ところで、これまで政治的指導力をそれほど必要としなかったのは、インクリメンタリズム（増分主義）が支配的パラダイムであったことと無関係ではない。それは、事実認識や価値判断などの対立がある場合、影響力ないし権力という点では大同小異の人々（特に実質的政策決定者たち）の間で必要とされるのは、問題を解決するための方法よりも、調整を実現するための方法、あるいは調整の必要性を最小限にする方法であるとする立場である[22]。いわゆる増分予算では、膨大な既存事務事業はそのままに、専ら新規分の調整が行われる。ところが、収入が増えない中で新たなニーズに応えようとすると、既存事務事

業を見直して財源を捻出する他ない。このような状況で大局的な判断を下すには、まず事務事業の全容を把握しなければならない。

　だが、事務事業は必ずしも特定の目的の手段としてまとまった活動の単位ではないため、改めて組織の使命との関係において目的を定義し直す必要がある。それは、ドラッカーがいうように、「われわれの事業は何か、それはどうあるべきか」[23]を問うことから始めなければならない。事業とは、やるべき仕事、任務といったニュアンスであるが、政策、施策、事務事業のいずれにも相当する場合がある。そこで経営戦略論を援用して、「①組織体などの行為主体（事業体）が、②自らを取り巻く事業環境に向けて、③何らかの産物（products）ないしアウトプットを提供し、④事業環境からは何らかの価値評価（valuation）を受けて、適応的に変化することに関わる、⑤一連の、一般に、持続的な、⑥社会的な価値創造と価値維持のプロセスの総体」[24]と理解する。

　この定義は、オープン・システムとしての組織体の事業を、組織体とその環境との持続的な相互作用、あるいは活動の連鎖の全体として捉えている。そして、新事業の成立による価値創造にしろ、事業継続による価値維持にしろ、組織体が提供するアウトプットは環境による一定以上の価値評価を経なければならないというように、サンクションの必要性を組み込んだ点が特徴である。なお、価値評価は本来的に政治の役割である。それに対し、価値評価を言明する判断のために必要となる資料を、一定の枠組みのもと客観的な方法で提供するのが業績測定の役割である。これが行政評価の趣旨である。

　それでは、どのように評価が行われるのか。図表２には、投入資源をサービスに変換する組織過程に即して、アウトプットを評価する視点が組み込まれている。すなわち、まず社会経済的環境の中で発生した問題が、政策による解決が必要なものと認定されなければならない。これ自体は価値判断であり、それを受けて、問題解決の目的、言い換えれば、ニーズに合わせて具体的な目標が設定される。両者の間には「関連性」が必要である。この目標に基づいて手段が選択され、実施される。そして、アウトプットとインプットの関係から「効率性」が判定され、アウトカムと目標の関係から「有効性」が判定される。アウトカムは問題解決に向けての作用であり、環境（サービス受益者、さらに地

図表2　成果の因果関係モデル

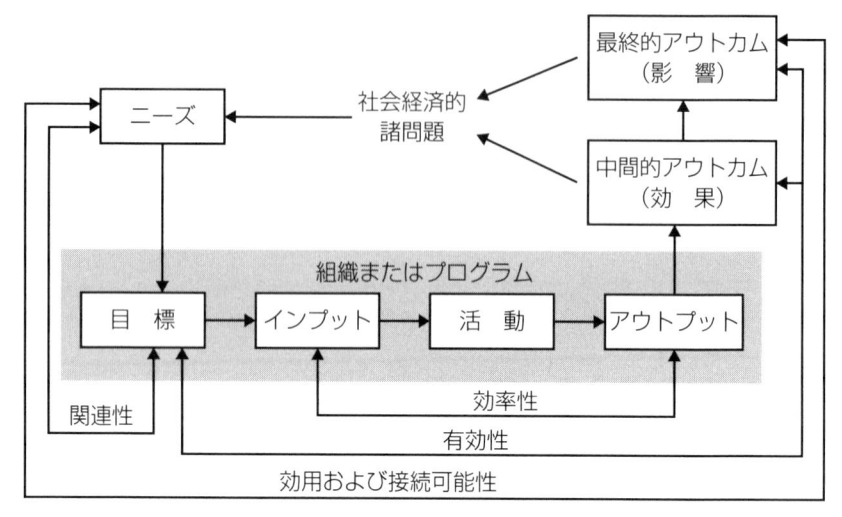

```
                                        ┌─→ 最終的アウトカム ←─┐
                                        │    （影　響）      │
              社会経済的                  │                    │
    ┌─→ ニーズ ←── 諸問題 ←──┐          │   中間的アウトカム ←─┤
    │                         │          │    （効　果）       │
    │                         │          │        ↑           │
    │    ┌──────組織またはプログラム──────┐          │
    │    │                                │          │
    │    │ 目　標 → インプット → 活　動 → アウトプット │
    │    │   ↑                              ↑       │
    │    └──┼──────────────────────────────┼───────┘
    │       │         効率性                │
    │     関連性         有効性             │
    │                                       │
    └────────効用および接続可能性──────────┘
```

（出所）Pollitt and Bouckaert（2000）p.13.

域社会全般）の変化となって現れる。それがニーズを充足していれば、アウトプットは社会的価値を創造したと見なされ、その価値を維持する限り、引き続き提供される。こうして「効用および持続可能性」が、最終的アウトカムとニーズとの関係から判定される[25]。

　このような成果志向の狙いを持った予算が業績予算であるが、わが国では事業別予算と呼ばれている。それは、現行予算との対比で、事業単位で予算を表示する方式であると理解されることが多いが、それは形式的側面であり、むしろ戦略計画と予算の関係を明確にすることに本質がある。総合計画を本来の戦略計画の域まで高めることができれば、目標達成に向けた進行管理を行うのが評価（業績測定）である。そして、評価と事業別決算を一体として、フィードバック・ループが形成される。さらに、予算と密接な関係にある定員配置や組織機構の見直しを同時に進めることで、システム統合化の効果を一層高めることができる。これが、行財政システム改革のグランドデザイン（全体構想）である。

第4節　おわりに

　これまで行財政システム改革の意義について、著者なりの考えを述べてきたつもりであるが、最後にもう一度、その要点を振り返るとともに残された課題を述べ、本章の結びに代えることにしたい。

　自治体の財務管理において、会計は予算の執行管理であると観念されてきた。自治法における財務会計制度は内部の手続規定を中心としているが、それは予算を通じて財政民主主義を実現する一環であるから、この内部統制機能は今後も維持する必要がある。自治体会計が金銭計算であるのは、予算の統制機能に適合しているためである。しかし、その結果、予算は、住民にどのようなサービスを提供するのかを示すものではないし、決算も、住民のために何を成したのかを示していない。

　したがって、変えるべき点として、一つは、財務諸表による情報開示の充実がある。決算統計がもともと内部管理資料であるのに対し、住民に財政状況を説明するために作るのが財務諸表である。ただし、これは財政活動の全体像を把握するものであって、行財政運営に直接役に立つものではない。そこで、もう一つ変えるべき点として、管理会計の充実がある。それは、事業を軸として予算・決算と評価を関連づけ、さらに他の制度、仕組み、手続などを統合して、行財政システム全体を再構築することである。

　ただし、これを可能にするには、戦略計画において事業の目的・目標、事業間の優先順位を明らかにしておく必要がある。それは価値判断を伴うことであるから、首長の政治的リーダーシップの発揮が鍵を握っている。もちろん首長一人でできるものではないため、幹部職員をはじめ、専門性の高い職員による支援体制の整備が必要である。それに加えて民主的統制と住民参加が重要である。今日、高い成果を上げるには多様な主体間の協働が不可欠であると認識されるようになった。その意味で、行財政システム改革は、単に内部マネジメントの問題ではなく、ガバナンス（共治）の問題である。それが重要な検討課題として残されていることを確認して、筆を擱くことにしたい。

（注１）福祉国家が登場した背景には「市場の失敗」があるが、一転して「政府の失敗」が問題視されるようになった。ニュー・パブリック・マネジメントと呼ばれる改革運動には、「市場も失敗するが、政府も失敗する。むしろ後者の方が深刻ではないか」という問題意識がある。Osborne and Gabber（1993）pp.284-285 を参照。
（注２）塩野（2005）294-298頁。
（注３）これに対し、「量入制出（入るを量って出ずるを制する）」の観点から、常に財政支出の膨張圧力がかかるため、「量出」が適切に行われないという批判がある。特に財政危機が深刻化すると、財政支出の抑制（無駄削減、既得権益打破、行政の効率化など）の議論が盛んになる。例えば「事業仕分け」が注目された際にも、盛んに「無駄削減」が唱えられた。このような批判に応えるためには、公共サービスはいかにあるべきかという根本的な議論が必要であり、それには正確で信頼できる情報が利用可能でなければならない。
（注４）神野（2007）4-8頁、75-89頁、149頁。
（注５）松本（2013）477-478頁。
（注６）小林ほか（1978）25頁、30頁。
（注７）財務管理とは、行政目的を達成するため、収入を確保し、それを必要な支出に充当することのため、与えられた権限を適正に行使することである。
（注８）小林ほか（1978）138頁。
（注９）小林ほか（1978）243頁、245頁。
（注10）財務省理財局「地方公共団体向け財政融資　財務状況把握ハンドブック」2013年６月改訂、http://www.mof.go.jp/filp/summary/filp_local/h25handbook.pdf、2014年３月18日アクセス。
（注11）小西（2007）248-249頁。
（注12）Schick（1966）.
（注13）宮川（1994）307頁。
（注14）西尾（1990）276頁。
（注15）パブリック・アカウンタビリティは、政府が主権者に対して弁明すること、そして、その内容について責任を負うことを意味する。問責の焦点は、伝統的に支出の適法性であったが、現代では有効性・効率性に移ってきた。
（注16）業績測定は、現場主導の実用的評価であり、独立した立場の専門家による、精緻な評価であるプログラム評価とは異なる。Hatry（1999）p.8を参照。
（注17）総務省「地方公共団体における行政評価の取組状況（平成22 年10 月１日現在）」2011年３月16日、http://www.soumu.go.jp/main_content/000106463.pdf、2014年３月18日アクセス。なお、政策とは「大局的な見地から地方公共団体が目指すべき方向や目的を示すもの」、施策とは「政策目的を達成するための方策」、事務事業とは「施策目的を達成するための具体的な手段」とされる。
（注18）西尾（2000）29頁。政策評価は活動方針（政策・施策・事務事業）とその結果の関係を、執行・実施評価は活動方針を執行・実施する活動そのものを、管理評価は執行・実施の組織体制を管理する活動を、それぞれ対象とする。
（注19）事務事業の中には、政策評価に馴染むものと馴染まないものがある。例えば証明書交付事務や許認可事務、内部管理事務にまで一律にアウトカム指標の設定を求めれば、いた

ずらに混乱と不信感を生むだけである。
(注20) 自治体職員は、現行制度のもとで、物事を予算中心に考える習慣が身についているのではないだろうか。しかし、それが成果にまで繋がっていなければ意味はない。だから、成果を重視する「市民目線」との間にズレがないかを検証することが重要である。
(注21) 西尾（1990）242頁。
(注22) 谷（1990）53-54頁。
(注23) Drucker（1973）p.158.
(注24) 小松（2009）16頁。
(注25) Pollitt and Bouckaert（2000）p.12.

【参考文献】
小西砂千夫（2007）『地方財政改革の政治経済学——相互扶助の精神を生かした制度設計』有斐閣。
小林　紘・上吉原一天・奥田義雄・磐城博司（1978）『地方公共団体の財務管理』ぎょうせい。
小松陽一（2009）「経営戦略とは何か」小松陽一・高井　透編著『経営戦略の理論と実践』芙蓉書房出版、13-30頁。
塩野七生（2005）『ローマから日本が見える』集英社。
神野直彦（2007）『財政学〔改訂版〕』、有斐閣。
谷　聖美（1990）「インクリメンタリズム」白鳥　令編『政策決定の理論』東海大学出版会、37-64頁。
西尾　勝（1990）『行政学の基礎概念』東京大学出版会。
西尾　勝編著（2000）『行政評価の潮流——参加型評価システムの可能性——』行政管理研究センター。
松本英昭（2013）『要説地方自治法（第八次改訂版）』ぎょうせい。
宮川公男（1994）『政策科学の基礎』東洋経済新報社。
Drucker, Peter F.（1973）*Management: tasks, responsibilities, principles*, Harper & Row.（野田一夫・村上恒夫監訳、風間禎三郎・久野　桂・佐々木実智男・上田惇生訳（1974）『マネジメント——課題・責任・実践』ダイヤモンド社。）
Hatry, Harry P.（1999）*Performance Measurement：Getting Results*, The Urban Institute Press.（上野　宏・上野真城子訳（2004）『政策評価入門——結果重視の業績測定——』東洋経済新報社。）
Schick, Allen（1966）"The Road to PPB: The Stages of Budget Reform", *Public Administration Review*, Vol.26, No.4, pp.243-258.
Osborne, David and Gabber, Ted（1993）*Reinventing Government: How the Entrepreneurial Spirit Is Transforming the Public Sector*, Plume.（野村　隆監修・高地高司訳（1995）『行政革命』日本能率協会マネジメントセンター。）
Pollitt, Christopher and Bouckaert, Geert（2000）*Public Management Reform: A Comparative Analysis*, Oxford University Press.

第13章

地方公共団体における規模拡大とコスト構造の変化
——徴税費を事例にした実証分析——

金子　邦博
(公認会計士・多摩大学経営情報学部教授)

第1節　はじめに

　本章における研究テーマは、地方公共団体における行政コストの状況を実証分析することで地方公共団体の運営の現状を明らかにし、これからの行政コストの改善についてその方向性を検討することである。そのために、研究の対象としたのは、徴税活動のコストである。徴税活動に着目した理由は、公的部門にとって行政活動の財源を得るために不可欠なものであり、国、都道府県、市町村の各段階で活動が行われており、効率性を見るための比較対象も多く、また、租税法律主義の下で営まれる徴税活動は、執行内容を上積みする「上乗せ」や執行対象の範囲を広げる「横出し」の可能性が少ないことから事業実施内容の均質性が高く、各団体の事業活動全般の状況を代表している可能性が高いからである。

　今回分析の対象とした地方公共団体の徴税活動は、三位一体改革の一環として行われた平成19年の3兆円規模の税源移譲[1]によって規模拡大が図られたことから、各団体のコスト構造に少なからずプラスの効果が生まれたと予測されるが、実際はどのような結果になったのか、徴税事務の実施コストである徴税コスト（税収100円に要する徴税経費）の変動に着目しながら各団体の決算データを基に確認していく。さらに、税収規模を拡大したことが地方公共団体の運営にどのような影響を与えたのかも分析し、三位一体改革の有効性を検証するとともに、今後の行財政改革の進め方を検討する。

第2節　徴税コストの推移

　平成12年度（西暦2000年）からの徴税コストの推移を示したのが、図表1と

図表2である。平成19年の税源移譲の結果、国の税収は1兆7,000億円の減収となり、地方は3兆8,000億円の増収となった。徴税コストは、国が0.06円増加したが、都道府県と市町村を合わせ地方計は0.16円減少し改善が図られている。ただ、平成20年度以降は景気の低迷を受けて税収が減少傾向となり、地方の徴税コストの改善は進んでいない。特に法人関係の税収が多い都道府県に関して

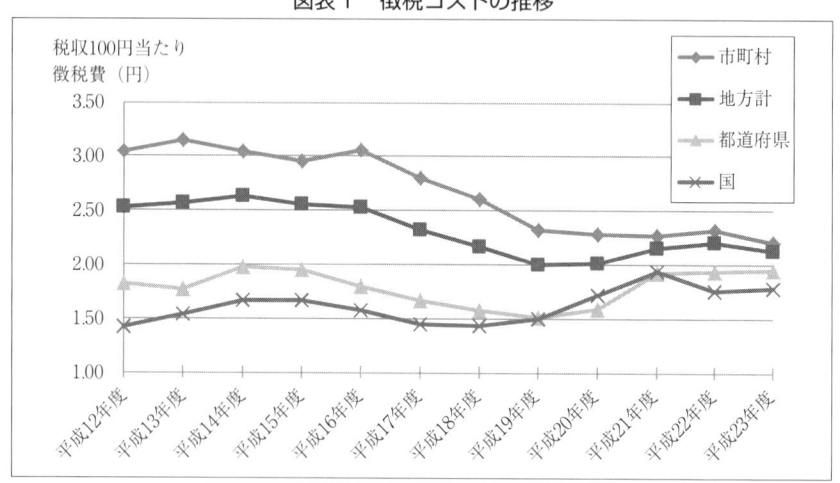

図表1　徴税コストの推移

図表2　徴税コストの推移

	国 租税及び印紙収入(億円)	国 徴税費(億円)	国 徴税コスト(円)	都道府県(※) 税収入額(億円)	都道府県 徴税費(億円)	都道府県 徴税コスト(円)	市町村 税収入額(億円)	市町村 徴税費(億円)	市町村 徴税コスト(円)	地方計 税収入額(億円)	地方計 徴税費(億円)	地方計 徴税コスト(円)	国・地方計 税収入額(億円)	国・地方計 徴税費(億円)	国・地方計 徴税コスト(円)
平成12年度	489,201	6,940	1.42	146,199	2,662	1.82	204,591	6,226	3.04	350,790	8,888	2.53	839,991	15,828	1.88
平成13年度	462,206	7,128	1.54	146,564	2,592	1.77	204,858	6,443	3.15	351,422	9,035	2.57	813,628	16,163	1.99
平成14年度	421,882	7,011	1.66	127,935	2,530	1.98	201,452	6,119	3.04	329,387	8,649	2.63	751,269	15,660	2.08
平成15年度	416,998	6,977	1.67	128,260	2,494	1.94	194,656	5,742	2.95	322,916	8,237	2.55	739,914	15,214	2.06
平成16年度	443,214	6,999	1.58	136,900	2,462	1.80	193,891	5,913	3.05	330,791	8,375	2.53	774,005	15,374	1.99
平成17年度	479,978	6,974	1.45	144,915	2,408	1.66	199,190	5,581	2.80	344,106	7,989	2.32	824,084	14,963	1.82
平成18年度	492,957	7,026	1.43	154,752	2,441	1.58	206,624	5,378	2.60	361,376	7,818	2.16	854,333	14,844	1.74
平成19年度	475,786	7,067	1.49	158,775	2,389	1.50	240,666	5,600	2.33	399,441	7,989	2.00	875,227	15,056	1.72
平成20年度	409,791	7,008	1.71	147,225	2,332	1.58	244,282	5,567	2.28	391,507	7,899	2.02	801,298	14,907	1.86
平成21年度	358,284	6,922	1.93	112,184	2,160	1.93	235,070	5,337	2.27	347,254	7,497	2.16	705,538	14,419	2.04
平成22年度	383,407	6,698	1.75	109,263	2,118	1.94	228,567	5,314	2.32	337,830	7,432	2.20	721,237	14,130	1.96
平成23年度	390,124	6,942	1.78	109,358	2,131	1.95	228,358	5,041	2.21	337,717	7,172	2.12	727,841	14,114	1.94

(※)　個人の道府県民税および個人道府県民徴収取扱費を除いて計算している。
(出所)「国税庁が達成すべき目標に対する実績の評価書」、「道府県税の課税状況等に関する調」、「市町村税課税状況等の調」から筆者作成

は、大幅な減収となり徴税コストは大きく悪化している。結果、市町村が「平成の大合併」の効果で平成17年度以降大きく改善していることもあって、近年は国から市町村までが徴税コスト2円前後の水準に収束した形になっている。

税収入額の推移を見てみると、都道府県と市町村を合わせた地方計は平成23年度で33兆7,000億円になっており、概ね税源移譲前の水準に逆戻りした状態になっている。その主な原因は、地方法人特別税の創設や景気低迷により法人関係の税収（法人道府県民税、法人事業税、法人町村民税）が平成21年度以降大きく落ち込んだことによるものだが、歳入に占める地方税の割合が高まれば、景気等の影響を受ける可能性が増大し、歳入の変動幅が大きくなるリスクも増していくことを示している。

第3節 税源移譲が都道府県に与えた影響

1．徴税コストの推移

平成19年度の税源移譲による影響を見るために、各都道府県の徴税コストに関わるデータを税源移譲前の「平成14年度から平成18年度まで」の5か年の平均と移譲後の「平成19年度から平成23年度まで」の5か年平均と対比する形で示したのが図表3である。この表では、個人道府県民税を含めた税収入額で徴税コストを計算するとともに、都道府県が市町村に対して支払う個人道府県民税徴税取扱費のコストの状況も併せて示した。

移譲前の徴税コストの全国平均は2.62円であり、移譲後は2.72円となってコストの改善効果は現れてはいない。これは、法人関係の税収が平成21年度以降大きく落ち込み税源移譲に伴う税収の規模拡大の効果を減殺していることと、税源移譲を受けた個人道府県民税にかかる徴税取扱費のコストの負担が影響したものである。

2．税源移譲の都道府県への効果

税源移譲による各都道府県への効果を税収入額と徴税費の増減に着目して見てみると、税収入額の増加上位は東京都、神奈川県、千葉県で、この3都県で全国の増加額の半分を占めている。一方、徴税費の増減を見ると全国的にバラ

図表3　税源移譲に伴う都道府県別徴税コストの変化

都道府県名	税収入額 [A]（億円）	徴税費 [B]（億円）	徴税費コスト [B/A]（円）	個人道府県民税の税収入額 [C]（億円）	個人道府県民税徴収取扱費 [D]（億円）	個人道府県民税の徴税費コスト [D/C]（円）	税収入額 [E]（億円）	徴税費 [F]（億円）	徴税費コスト [F/E]（円）	個人道府県民税の税収入額 [G]（億円）	個人道府県民税徴収取扱費 [H]（億円）	個人道府県民税の徴税費コスト [H/G]（円）	税収入額の増加額（億円）	徴税費の増加額（億円）
	平成14年度から平成18年度　5か年平均						平成19年度から平成23年度　5か年平均							
北海道	5,178	174	3.36	800	58	7.29	5,430	197	3.63	1,536	97	6.29	251	23
青森県	1,214	38	3.13	168	13	7.46	1,293	43	3.36	310	22	7.26	79	5
岩手県	1,104	36	3.30	165	12	7.35	1,116	44	3.92	313	23	7.27	13	7
宮城県	2,410	64	2.64	343	25	7.31	2,477	80	3.24	671	41	6.18	66	17
秋田県	872	28	3.19	129	9	7.34	875	34	3.88	244	18	7.43	3	6
山形県	984	31	3.17	151	11	7.33	1,010	39	3.84	290	21	7.10	26	8
福島県	1,978	55	2.80	265	19	7.36	2,045	69	3.39	521	36	6.89	67	14
茨城県	3,206	82	2.57	473	35	7.40	3,513	100	2.84	984	54	5.49	306	17
栃木県	2,248	63	2.82	319	24	7.43	2,350	76	3.23	659	38	5.77	102	13
群馬県	2,090	68	3.24	308	23	7.41	2,208	91	4.13	619	37	6.05	119	24
埼玉県	6,128	183	2.98	1,392	100	7.16	7,091	232	3.27	2,831	138	4.86	963	49
千葉県	6,690	182	2.73	1,244	91	7.33	7,761	211	2.72	2,558	119	4.64	1,071	29
東京都	43,370	818	1.89	3,681	263	7.15	46,743	753	1.61	7,602	298	3.93	3,372	△ 65
神奈川県	9,607	292	3.04	2,113	153	7.23	11,145	303	2.72	4,381	183	4.17	1,538	11
新潟県	2,394	65	2.72	327	24	7.33	2,463	81	3.29	658	44	6.65	68	15
富山県	1,210	35	2.90	180	13	7.31	1,285	40	3.13	353	22	6.10	75	5
石川県	1,261	34	2.67	191	14	7.35	1,330	39	2.95	377	22	5.80	69	6
福井県	978	27	2.79	130	10	7.34	1,005	30	2.99	254	16	6.20	27	3
山梨県	909	26	2.83	133	10	7.50	955	33	3.41	263	17	6.39	45	7
長野県	2,097	61	2.89	328	24	7.34	2,163	75	3.49	650	42	6.54	66	15
岐阜県	2,068	58	2.79	339	25	7.35	1,662	70	4.21	672	40	5.92	△ 406	12
静岡県	4,451	114	2.56	691	50	7.25	4,651	147	3.16	1,398	77	5.53	200	33
愛知県	10,793	240	2.23	1,495	109	7.32	11,036	263	2.39	3,137	146	4.64	242	23
三重県	2,150	58	2.69	306	22	7.30	2,314	71	3.06	631	35	5.57	164	13
滋賀県	1,393	40	2.90	229	17	7.36	1,568	50	3.22	487	26	5.44	175	10
京都府	2,530	92	3.63	449	33	7.33	2,842	102	3.61	898	45	4.97	312	11
大阪府	11,571	283	2.45	1,554	115	7.42	11,972	292	2.44	3,025	150	4.96	401	9
兵庫県	5,459	169	3.09	1,022	75	7.31	6,328	182	2.88	2,074	98	4.74	869	14
奈良県	1,038	41	3.94	262	19	7.37	1,154	43	3.69	499	24	4.88	116	2
和歌山県	846	30	3.51	142	10	7.38	910	36	3.90	276	17	6.13	64	6
鳥取県	494	19	3.79	80	6	7.43	496	21	4.30	148	11	7.12	2	2
島根県	603	22	3.67	99	7	7.37	627	26	4.11	184	13	6.94	24	4
岡山県	2,002	55	2.75	288	21	7.40	2,194	63	2.89	589	35	5.94	193	8
広島県	2,929	83	2.83	481	35	7.36	3,192	97	3.05	982	53	5.44	263	14
山口県	1,551	48	3.11	219	16	7.30	1,676	56	3.35	438	26	5.95	124	8
徳島県	772	28	3.59	111	8	7.43	744	29	3.85	212	14	6.42	△ 28	1
香川県	1,065	30	2.82	156	12	7.49	1,156	36	3.11	307	19	6.10	90	6
愛媛県	1,245	36	2.89	191	14	7.42	1,361	46	3.40	373	24	6.55	116	10
高知県	565	25	4.49	104	8	7.52	589	29	4.93	190	13	6.76	23	4
福岡県	4,911	149	3.04	749	55	7.32	5,350	169	3.16	1,540	83	5.38	439	20
佐賀県	755	25	3.27	103	8	7.41	796	31	3.88	210	15	7.26	41	6
長崎県	970	40	4.09	180	13	7.27	1,077	49	4.59	353	24	6.77	108	10
熊本県	1,410	46	3.23	224	16	7.16	1,479	59	3.96	445	31	6.86	70	13
大分県	1,024	34	3.29	153	11	7.20	1,104	42	3.77	308	20	6.46	80	7
宮崎県	838	33	3.89	131	10	7.33	906	41	4.52	262	19	7.36	67	8
鹿児島県	1,276	46	3.64	202	15	7.34	1,323	56	4.25	393	27	6.95	47	10
沖縄県	890	32	3.54	138	10	7.52	983	42	4.23	282	20	7.01	93	10
都道府県計	161,529	4,237	2.62	22,939	1,673	7.29	173,747	4,720	2.72	46,385	2,392	5.16	12,218	482

（出所）総務省自治税務局「道府県税の課税状況等に関する調」（各年度版）より筆者作成

ツキは少ない。結果、税源移譲による各都道府県へのプラス効果は、財政力がある首都圏の団体に集中するという状態になっている。

このことは、三位一体の改革によって達成されるべき「望ましい姿」として掲げられている「地方の一般財源に占める地方税の割合を過去の動向も踏まえつつ着実に引き上げ、地方交付税への依存を低下させる。この結果、不交付団体（市町村）の人口の割合を大幅に高めることを目指す」ことに適う結果であったともいえる。

今後は税源移譲だけでなく、地方の課税自主権の拡大を図る制度改革も予想されるが、税制の変更によりプラスの効果が出るのはもともと豊かな地域で、そうでない地域はどんどん取り残されていくという事実に真剣に向き合うことが必要だといえる。今後、堅固な行財政システムにより支えられた持続可能な地域社会を作り上げていくためには、受益者であり負担者である住民の理解と協力をいかに引き出していくのかという地方自治の本質が問われているのである。

3．個人道府県民税徴税取扱費の問題

個人道府県民税徴税取扱費は、昭和29年に市町村民税の税源を一部移譲して道府県民税が創設された際に、個人道府県民税についてはその徴収を市町村に委任して行わせることになり、その委任に伴う市町村の事務負担に対して交付することになったものである（地方税法第47条、同施行令第8条の3）。

個人道府県民税徴税取扱費は、市町村が都道府県に代わって道府県民税の賦課徴収を行うことに対して、その事務に要する費用を補てんするために市町村に交付されるものである。そのため、市町村が行う道府県民税の賦課徴収の事務費用をいかに見積もるかが問題となるが、制度上は、道府県民税と市町村民税とを1つの税と見なし、その徴税費の合計額をその税額であん分して算定した道府県民税の徴税費相当分を補償せしめるという考え方を基本的にして、地方税法と施行令で計算方法と金額を規定している。

個人道府県民税徴税取扱費は、市町村の徴税活動に伴って発生した費用を都道府県と市町村で平等にシェアするために市町村に交付するものなので、市町

図表4　徴税取扱費の計算基準の変遷

改正経過	納税通知書数に対応する分	徴収金額に対応する分
昭和29年改正	30円	2/100
昭和35年改正	35円ないし50円	3/100
昭和37年改正	〃	7/100
昭和40年改正	35円	〃
昭和51年改正	60円	〃
平成18年改正	納税義務者1人当たり3,000円（19年度、20年度は4,000円）	

（出所）地方税法施行令の条文から筆者が作成

村の実際に発生する徴税コストを反映したものを負担するのが合理的であるといえる。

　図表2で示したように、現在の市町村の徴税コストは改善が進み最近の5か年平均では税収100円あたり2.28円（図表5を参照）にまで減少してきている。これと個人道府県民税徴税取扱費のコスト5.16円を見比べると、都道府県は実績の倍近い取扱費を負担させられていることがわかる。また、平成18年の改正で徴収金額比例から納税義務者あたりの計算に変更となったため、各県の状況を見比べてみるとわかるように関東や関西などの地域とそれ以外の地域の間で個人道府県民税徴税取扱費のコストに大きなバラツキが生じており、税収規模の小さな県ほど個人道府県民税徴税取扱費の負担が大きく税源移譲の効果が減殺されることとなってしまっている。

第4節　税源移譲が市町村に与えた影響

1. 徴税コストの推移

　平成19年度の税源移譲による影響を見るために、各市町村の徴税コストに関わるデータを都道府県ごとにまとめ、税源移譲前の「平成14年度から平成18年度まで」の5か年の平均と移譲後の「平成19年度から平成23年度まで」の5か年平均と対比する形で示したのが図表5である。

　この表では、市町村の実態を反映した徴税コストを計算するため、市町村が徴収をしている個人道府県民税を含めた税収入額で徴税コストの計算を行って

第13章 地方公共団体における規模拡大とコスト構造の変化

図表5 税源移譲に伴う市町村の徴税コストの変化（都道府県別）

都道府県別	個人道府県民を含む税収入額[A]（億円）	徴税費[B]（億円）	徴税コスト[B/A]（円）	徴税職員数[C]（人）	職員一人あたり税収入額[A/C]（千円）	職員一人あたり徴税費[B/C]（千円）	個人道府県民を含む税収入額[D]（億円）	徴税費[E]（億円）	徴税コスト[E/D]（円）	徴税職員数[F]（人）	職員一人あたり税収入額[D/F]（千円）	職員一人あたり徴税費[E/F]（千円）	税収入額の増減額（億円）	徴税費の増減額（億円）
北海道	7,435	272	3.65	3,064	242,689	8,870	8,485	261	3.08	2,934	289,218	8,893	1,049	△11
青森県	1,585	73	4.60	842	188,252	8,660	1,816	72	3.96	838	216,555	8,568	231	△1
岩手県	1,532	73	4.76	842	181,931	8,659	1,764	71	4.02	766	230,303	9,255	231	△2
宮城県	3,427	119	3.46	1,233	277,863	9,618	3,822	121	3.16	1,130	338,229	10,691	395	2
秋田県	1,245	53	4.28	675	184,558	7,906	1,405	48	3.42	603	233,217	7,978	160	△5
山形県	1,458	61	4.18	778	187,444	7,827	1,651	59	3.56	764	216,001	7,699	193	△2
福島県	2,809	112	3.99	1,189	236,228	9,433	3,147	104	3.31	1,084	290,187	9,591	338	△8
茨城県	4,452	174	3.90	1,595	279,172	10,900	5,376	157	2.93	1,450	370,843	10,849	924	△17
栃木県	3,283	100	3.06	997	329,363	10,070	3,820	97	2.53	948	402,732	10,191	536	△4
群馬県	3,055	106	3.48	1,106	276,251	9,618	3,588	101	2.81	1,110	323,365	9,085	533	△6
埼玉県	11,148	277	2.49	2,794	398,968	9,920	13,659	277	2.03	2,815	485,179	9,828	2,511	△0
千葉県	10,133	262	2.58	2,436	415,929	10,738	12,218	248	2.03	2,384	512,550	10,405	2,085	△14
東京都	18,509	390	2.11	3,785	488,975	10,303	24,129	408	1.69	3,754	642,762	10,857	5,621	18
神奈川県	17,705	326	1.84	3,154	561,384	10,324	20,984	296	1.41	2,962	708,335	9,992	3,279	△30
新潟県	3,403	111	3.26	1,242	273,980	8,939	3,915	100	2.56	1,137	344,380	8,814	512	△11
富山県	1,753	45	2.57	477	367,286	9,421	2,018	42	2.09	442	456,117	9,547	264	△3
石川県	1,847	53	2.89	548	337,243	9,734	2,173	47	2.16	502	433,017	9,352	326	△6
福井県	1,368	39	2.87	388	352,713	10,119	1,546	37	2.37	368	420,466	9,978	179	△3
山梨県	1,306	47	3.56	473	276,016	9,829	1,504	48	3.17	456	329,722	10,440	198	1
長野県	3,197	104	3.26	1,221	261,853	8,533	3,679	106	2.88	1,122	327,988	9,455	483	2
岐阜県	3,138	102	3.25	987	318,062	10,351	3,675	96	2.61	895	410,486	10,703	537	△6
静岡県	6,694	148	2.21	1,587	421,830	9,342	7,841	144	1.84	1,477	530,929	9,770	1,147	△4
愛知県	14,623	366	2.50	3,227	453,200	11,343	17,223	336	1.95	2,960	581,847	11,363	2,600	△30
三重県	2,836	94	3.32	875	323,920	10,759	3,482	84	2.42	772	450,852	10,907	647	△10
滋賀県	2,164	59	2.74	537	403,354	11,056	2,660	56	2.10	508	523,485	11,009	496	△3
京都府	4,272	131	3.07	1,293	330,360	10,126	5,015	121	2.42	1,204	416,384	10,085	743	△9
大阪府	16,678	432	2.59	3,789	440,222	11,393	18,638	356	1.91	3,275	569,059	10,876	1,960	△75
兵庫県	9,582	225	2.35	2,215	432,646	10,172	11,108	216	1.94	1,960	566,849	11,024	1,526	△9
奈良県	1,981	69	3.46	663	298,719	10,339	2,263	62	2.74	633	357,455	9,777	282	△7
和歌山県	1,391	58	4.14	536	259,796	10,748	1,581	52	3.26	493	321,048	10,473	190	△6
鳥取県	744	34	4.54	322	231,244	10,504	836	30	3.62	314	266,292	9,629	92	△3
島根県	900	42	4.69	443	203,363	9,538	1,024	36	3.52	428	239,496	8,442	124	△6
岡山県	2,930	85	2.92	850	344,648	10,057	3,434	74	2.15	758	452,862	9,746	504	△12
広島県	4,760	130	2.73	1,385	343,743	9,395	5,539	114	2.06	1,269	436,513	8,982	779	△16
山口県	2,194	66	3.00	806	272,344	8,161	2,515	60	2.39	801	314,108	7,517	321	△6
徳島県	1,137	39	3.45	464	245,131	8,452	1,265	37	2.94	426	296,833	8,731	128	△2
香川県	1,458	48	3.30	462	315,773	10,407	1,688	44	2.59	409	412,427	10,682	230	△4
愛媛県	1,859	66	3.54	738	251,768	8,925	2,204	55	2.49	627	351,367	8,732	345	△11
高知県	928	40	4.28	509	182,225	7,805	1,056	38	3.61	479	220,391	7,948	127	△2
福岡県	7,452	230	3.09	2,392	311,570	9,627	8,751	211	2.41	2,271	385,376	9,282	1,300	△19
佐賀県	989	47	4.70	521	190,028	8,937	1,204	42	3.50	483	249,164	8,712	215	△4
長崎県	1,672	69	4.10	781	214,160	8,782	1,934	60	3.09	698	277,207	8,556	262	△9
熊本県	2,096	82	3.92	1,030	203,580	7,989	2,465	71	2.88	903	273,073	7,865	369	△11
大分県	1,583	65	4.13	750	211,153	8,729	1,854	57	3.12	687	269,966	8,434	270	△8
宮崎県	1,244	55	4.41	707	175,957	7,766	1,499	58	3.85	681	220,156	8,467	256	3
鹿児島県	1,923	100	5.22	1,236	155,614	8,119	2,276	98	4.30	1,151	197,792	8,508	353	△2
沖縄県	1,284	68	5.27	750	171,346	9,032	1,660	65	3.90	709	234,180	9,131	375	△3
都道府県計	199,163	5,747	2.89	58,691	339,342	9,792	235,389	5,372	2.28	54,840	429,231	9,796	36,226	△375

（出所）総務省自治税務局「市町村税課税状況等の調」（各年度版）より筆者作成

233

いる。

　移譲前の5か年の徴税コストの全国平均は2.89円であったものが、移譲後の5か年は2.28円となっており、2割強の改善効果が認められている。これは、法人関係の税収の割合が低く、また固定資産税という安定した税源があることから、税源移譲に伴う税収の規模拡大の効果が減殺されずに各団体に出ていることと、職員数が減少したことを反映して徴税費の歳出削減が進んだことを反映したものである。

2．平成の大合併が徴税効果に与えた影響

　今回の徴税コストの大幅な改善をもたらしたのは、今回の税源移譲の効果だけでなく、平成の大合併により市町村の規模や能力の充実が図られたことが大きく寄与している。

　平成の大合併は、基礎的自治体の強化の視点から市町村合併後の自治体数を1,000にする目標掲げて、合併特例債などの手厚い財政支援措置により推進されたもので、平成11年度から平成21年度までの間に、640件の合併が実現し、平成11年3月31日に3,232あった市町村数は、1,505減って平成22年3月31日には1,727になっている[2]。

　平成の大合併は、団体数の減少だけでなく市町村の職員数の大幅な減少をもたらしている。平成12年に全国で1,537,353人いた市町村職員は、平成13年以降大量退職で毎年減り続け、平成25年には1,249,749人にまで減少している[3]。この間の減少数は、287,604人、減少率は18.7％となっている。市町村職員の減少を反映して、徴税部門も担当の職員数が大幅に減っている。平成12年に全国で60,956人いた職員数は、7,222人減って、平成23年には53,734人にまでなっており、職員一人平均の徴税費が約1,000万円であることから、徴税費を700億円以上減少させることにつながっている。職員数の減少という課題に向き合う形で得られた職員一人当たりの税収入額の大幅な上昇という生産性の向上により、市町村は徴税活動の効率化を図り、国や都道府県と遜色のないレベルまで徴税コストの改善ができたのである。

3．徴収率の問題

　税源移譲による規模拡大と平成の大合併の効果で徴税コストの大幅な改善には成功したが、これからさらなる改善を図るためには、徴収率の向上が重要になる。図表6で示した国と地方の徴収率の推移をみると、その年に課税したものの年度内収入を示す現年課税分の徴収率は、国や都道府県と比べて遜色ないが、年度内に収入できず翌年度以降の回収になった滞納繰越分の徴収率では大

図表6　国と地方の徴税率の推移

(単位：億円・％)

	年度	総額 徴収決定額	総額 収入額	総額 徴収率	現年課税分 徴収決定額	現年課税分 収入額	現年課税分 徴収率	滞納繰越分 徴収決定額	滞納繰越分 収入額	滞納繰越分 徴収率
国	19	576,694	551,209	95.6	552,109	542,769	98.3	24,585	8,441	34.3
	20	513,673	488,778	95.2	490,644	481,118	98.1	23,029	7,660	33.3
	21	467,064	443,727	95.0	444,967	436,321	98.1	22,097	7,406	33.5
	22	472,120	449,392	95.2	450,623	441,940	98.1	21,497	7,453	34.7
	23	473,565	452,622	95.6	452,641	445,254	98.4	20,924	7,368	35.2
地方合計	19	422,430	402,668	95.3	379,615	373,358	98.4	17,123	3,619	21.1
	20	416,056	395,585	95.1	373,516	366,992	98.3	17,799	3,853	21.6
	21	372,646	351,830	94.4	329,835	323,651	98.1	18,680	4,048	21.7
	22	363,455	343,163	94.4	317,913	312,512	98.3	19,123	4,232	22.1
	23	360,869	341,714	94.7	316,717	311,976	98.5	18,648	4,235	22.7
都道府県	19	213,611	207,940	97.3	183,492	181,086	98.7	4,427	1,162	26.2
	20	206,284	200,121	97.0	176,467	173,982	98.6	5,076	1,398	27.5
	21	171,433	165,088	96.3	141,707	139,475	98.4	5,596	1,482	26.5
	22	165,489	159,323	96.3	133,267	131,371	98.6	5,804	1,533	26.4
	23	163,150	157,354	96.4	131,989	130,358	98.8	5,658	1,493	26.4
市町村	19	208,819	194,728	93.3	196,123	192,272	98.0	12,695	2,457	19.3
	20	209,772	195,465	93.2	197,049	193,010	98.0	12,723	2,455	19.3
	21	201,213	186,741	92.8	188,129	184,175	97.9	13,084	2,566	19.6
	22	197,966	183,845	92.9	184,646	181,141	98.1	13,320	2,699	20.3
	23	197,718	184,360	93.2	184,728	181,618	98.3	12,990	2,742	21.1

(出所)「国税庁統計年報」および「地方財政統計年報」（各年度版）より筆者作成

きな差が出ている。これは、滞納繰越分の徴収率を上げるためには、差押などの滞納整理手続きが不可欠だが、その執行には経験や専門的な知識が必要で、合併が進み1団体あたりの職員が増えたといってもまだ少人数であり、人材育成が間に合っていないことを示しているといえる。

　徴収漏れの発生は、地方公共団体の会計上は歳入の不足額となるだけで、費用としての認識は薄いが、明らかに損失の発生である。また徴税コストを考えた場合、分母である税収入額の減少につながり、徴税コスト改善の障害となっていくものである。徴税コストのさらなる改善に向けて市町村が積極的に取り組まなければならないのは、滞納整理能力を高めて滞納繰越分の徴収率を向上していくことである。そのためには、人材育成の観点から専門性を高めることができる組織規模を備えることが必要であり、事務の共同化を図り専門的知識の共有と場数を踏んで経験を積むことが有効であるといえる。

　共同化の必要性については多くの団体で認識が進んでおり、平成19年の税源移譲を契機に共同化の取り組みが全国で拡大している。共同化の方法としては、一部事務組合、広域連合の制度を利用したものがメインとなるが、最近は、併任制度を利用した任意組織で対応するケースも増えてきている。共同化の全県レベルの取り組みとしては、一部事務組合方式で平成13年に設立された茨城県租税債権管理機構、職員の併任体制を基礎とする任意組織の形態で平成17年に設けられた香川滞納整理推進機構、広域連合方式で平成20年に設けられた静岡地方税滞納整理機構広域連合などがある。

第5節　三位一体改革から学ぶもの

1．地方交付税

　地方交付税は、地方公共団体間の財源の不均衡を調整して、財源の均衡化を図り、また地方交付税の交付基準の設定を通じて地方行政の計画的な運営を保障するために設けられた制度で、国税五税（所得税、法人税、酒税、消費税、たばこ税）の一定割合を財源不足地方公共団体に交付するもので、財源の再配分機能を備えた「地方の固有財源」とされている。しかし、近年は、基準財政需要額から基準財政収入額を控除した財源不足額が、交付財源である「国税5

税」の一定割合の金額を大幅に超過しており、その不足額を国の一般会計からの加算や臨時財政対策債などの借金で賄う形での運営が続いている。

　地方交付税の現状から明らかになるのは、拡大を続ける地方の歳出に対してその財源の確保が不十分で財源不足の状態が恒常化したことによって、地方交付税制度は本来の趣旨である財政力格差の調整のための「財源の均衡化」の枠を超えて、本質的に財源が担保されていない地方公共団体に対する財源提供の手段として機能することとなり、最後の抑えとして地方交付税が地方行政における財源を保証する制度になっているという事実である。地方交付税法（昭和25年5月30日法律第211号）の第1条（この法理の目的）の後段で書かれている「……そのことによって、地方自治の本旨の実現に資するとともに、地方団体の独立性を強化することを目的とする」という趣旨からズレて、国からの地方交付税に依存する財政体質を地方公共団体に与えてしまっているのである。

図表7　地方交付税等総額の推移

(単位：兆円)

	地方交付税総額					臨時財政対策債	合計
		国税5税分	その他	一般会計特別加算	別枠加算		
平成15年度	18.1	10.6	1.9	5.5		5.9	23.9
平成16年度	16.9	11.1	1.8	3.9		4.2	21.1
平成17年度	16.9	12.0	2.8	2.2		3.2	20.1
平成18年度	15.9	12.5	2.7	0.7		2.9	18.8
平成19年度	15.2	14.6	0.6			2.6	17.8
平成20年度	15.4	14.5	0.9			2.8	18.2
平成21年度	15.8	11.8	0.4	2.8	1.0	5.1	21.0
平成22年度	16.9	9.5	0.5	5.4	1.5	7.7	24.6
平成23年度	17.4	10.5	1.8	3.8	1.3	6.2	23.5
平成24年度	17.5	10.7	1.9	3.8	1.1	6.1	23.6

（出所）総務省作成の「地方財政関係資料」の「地方交付税等総額（当初）の推移」から筆者作成

2．三位一体改革

　三位一体の改革は、地方分権の理念に沿って、国の関与を縮小し、税源移譲等により地方税の充実を図ることで、歳入・歳出両面での地方の自由度を高め、受益と負担の関係を明確化し、地方が自らの支出を自らの権限、責任、財源で賄う割合を増やし、真に住民に必要な行政サービスを地方自らの責任で自主的、効率的に選択する幅を拡大することを目的に取り組まれた構造改革である。

　改革の内容としては、①国庫補助負担金の改革、②地方交付税の改革、③税源移譲を含む税源配分の見直しを柱に、税源移譲等による地方税の充実確保を図り、地方交付税総額を抑制し、財源保障機能を縮小していくことを目指していた。

　改革の一環として行われた税源移譲により平成19年度の地方交付税総額は、15兆2,000億円まで圧縮されたが、その後は税収の低迷もあって地方財政の財源不足が表面化し、一般会計特例加算や臨時財政対策債の積み増しを図ったことから、地方交付税等の財源不足額の補てんは再び増加傾向に陥り、平成24年度には、地方交付税総額は、17兆5,000億円、臨時財政対策債が6兆5,000億円、合わせて計23兆6,000億円にまで膨らんでおり、改革の効果を確認できる状態とはなっていない。

　三位一体改革の結果を表すデータからわかったのは、地方の権限と責任を大幅に拡大して、国・地方を通じた行政のスリム化を促し、「自助と自律」にふさわしい国と地方の役割分担関係を目指して抜本的な改革を行っても、硬直的な歳出構造を改善するには大きな困難が伴い、なかなか歳出の削減には結びつかず、その一方で景気動向に左右される税収の変動に対して機動的に対応ができない地方公共団体の姿である。

　行財政システムを持続可能なものへと変革していくことを目指した構造改革である三位一体改革の趣旨の実現を考えた場合、全国一律な行政サービスの提供している現状を反映した硬直的な歳出構造の見直しが最も重要で、その改革なしに財源だけを付け替えても長期的な効果は期待できず、財源不足を国に請求するだけで地方公共団体の自助努力を促していくことにはつながっていかないといえる。

地方公共団体の自助努力の欠如は、地方税における超過税率の適用状況を見ると明らかである。平成24年度の超過課税の団体数は、道府県民税の個人均等割で33団体、所得割で１団体、法人均等割33団体、法人税割46団体となっており、市町村民税では個人均等割で２団体、所得割で２団体、法人均等割386団体、法人税割779団体、固定資産税で158団体となっている[4]。法人関係に関しては超過税率の採用が多く認められるが、行政サービスの受益と負担の関係を考えると、財源不足を個人にも負担を求めることが必要であり、個人に対する超過税率の適用や自主課税を住民の理解のもとに進めていく努力を引き出していけるかが、自立した地方公共団体を育成していくためには必要である。

３．税源移譲は地方公共団体の運営にどう影響を与えたか

　「三位一体の改革」の成果として行われた所得税から個人住民税への３兆円規模の税源移譲が地方公共団体の財政に与えた影響を見ると、平成19年度は、地方税は増収となり、地方交付税は15兆2,000億円まで減少し、臨時財政対策債２兆6,000億円を合わせた財源不足の補てん額は17兆8,000億円まで減少し、その効果を確認できるが、その後は景気動向の影響受けて平成21年度になると前年比４兆円を超える地方税の減収になるなど財源不足が拡大して地方交付税や臨時財政対策債を増額する事態となっており、平成24年度当初ベースでの地方交付税の総額は17兆5,000億円にまで拡大している。これに臨時財政対策債６兆1,000億円を加えると財源不足に対する補てんは23兆6,000億円に達している。

　制度上３兆円という税源移譲を行ったものの、景気動向に左右され、事実上、地方の財源の改善には結びつかず、改革が目指した地方の一般財源に占める地方税の割合を着実に引き上げ、地方交付税への依存を低下させることは実現できていない。

　この結果からわかることは、税源移譲をするということは、景気動向に左右されるというリスクを持つ税収に向き合っていけるだけのリスク対応能力を地方に求めているという事実である。真に住民に必要な行政サービスを地方自らの責任で自主的、効率的に選択できるようにしていく構造改革には、税収の変動に耐えられる財政基盤がリスク対応能力の基本として必要なのである。しか

し、バブル崩壊後から続く恒常的な財源不足で地方は税収の変動に耐えられるだけの備えはすでに失っており、自己責任による財政運営を求めたとしても結果は期待できない。

　三位一体改革が「効率的で小さな政府」の実現につながっていかなかったのは、国も地方も財源が基本的に不足しており、長期的な展望に立った財政運営ができず、短期的に目の前にある現状を繕いながらその日暮らし状態を続けざるを得ないからである。「効率的で小さな政府」の実現には、行政運営の機動性を担保するだけのお金が必要なのである。お金がないから小さな政府を志向するのは根本的な間違いであるといえる。その日暮らしの閉塞感を打破するためには、お金の付け替えで小手先の対応を続けるのではなく、もっと大胆に国、都道府県、市町村とつながる制度や政策運営そのものにメスを入れていかなければならないのである。

第6節　おわりに

　戦後続く国と地方の既存の枠組みを前提に構造改革を図ろうとしても、実証データから見た三位一体改革の結果を見るに、その実現は相当に困難であるといえる。今日、地方が疲弊するのは、その規模等により執行能力に格差があるにもかかわらず、国が制度設計した行政サービスを全国一律の水準で実施しなければならないことに問題があるといえる。今回、分析の対象とした徴税事務のコスト構造見てわかるように、地方は地理的特性や人口密度、産業集積の程度などの諸条件により事業実施コストに大きなばらつきがある。民間企業であれば、その事業の内容に従って需要量を見積もり、営業範囲の確定や事業実施方法を自由に設計していくことができるが、行政機関の場合、事業の実施範囲や事業の実施方法について選択の余地はなく、各団体は非効率とわかっていながらも事業を実施していかなければならないのである。

　これまでの地方自治に関しては、「汗かき論」の考え方が根強くあり、地方公共団体の頑張る姿が、地域社会の自覚と責任を促していくとされていた。しかしこれは、スポーツの世界の根性論にも似たもので、スパルタ式に鍛えれば運動能力が向上するというのは、過去の神話である。科学的な根拠に基づき器具

などを使い、戦略的・戦術的に運動能力を向上させていくのが今日、スポーツの世界での主流である。行政においても、必要以上に仕事量増やして汗をかくことよりも、顧客である住民の期待に応え顧客価値の創造を図っていくことの方が、住民の理解を引き出し、帰属意識を高め、共同社会の質を向上させていくことにつながっていくことに疑いはない。

　住民が期待しているのは行政の汗をかいている姿ではなくて、満足度の高い行政サービスが提供されることである。非効率な状態で汗をかくことよりも、効率的な執行状態を実現することに努力を傾注すべきであり、まさに今、行政に要求されるのは、顧客価値最大化を志向する行政経営である。

　事業の実施の効率化を図るためには、専門性の確保や施設の利用密度の向上を図って生産性を上げ、固定費負担を小さなものにしていくことが基本となる。歴史的な経過に基づいて出来上がっている都道府県や市町村の単位という現行の地方の執行単位を超えた「最適な執行単位」をその事業特性に応じて選択していくことができるようにしていくこと、つまり権利義務の帰属主体としての地方公共団体と執行を担う組織を切り離して、適正な事業量を確保できる執行単位を選択できるようにしていくのである。

　これまでもゴミ収集や消防など設備投資が伴う事業において利用されている一部事務組合のような組織を行政事務全般に広げ、企画と執行を切り離して執行を団体の外に出すことで事業の実施コストの可視化を図り、効率的な行政サービス執行という問題と向き合い、行政コストを引き下げて歳出削減に結びつけていく行動を積み重ねていくのである。その中での学びを通じて、行政も住民も真に必要な行政サービスの質量という問題に向き合うきっかけが生まれ、地方公共団体や住民の自立意識のさらなる向上を図っていけるのである。

(注1) 平成19年の税源移譲は、国税である所得税から、地方税である個人住民税への3兆円規模の税源移譲である。この税源移譲に際して、個人住民税の税率構造は、これまでの5％から13％までの累進税率から一律10％の比例税率に変更になっている。この変更によって、13％の税率の対象となる高額所得者が多い団体には減収効果となり、5％の税率の対

象はすべての納税者に及ぶため、10％比例税率化によって税財源の偏在是正効果が見込まれるとされている。
(注2) 総務省自治行政局（2010）「『平成の合併』による市町村数の変化」。
(注3) 総務省自治行政局（2014）「平成25年地方公共団体定員管理調査結果の概要」。
(注4) 総務省自治税務局（2013）「平成25年度　地方税に関する参考計数資料」。

【参考文献】

碓井光明（1996）「地方税の徴税コスト」『地方税 Vol.47、No.9（1996/9）』地方財務協会、pp.4-13。
金子邦博（2010）『公会計情報活用論』税務経理協会。
国税庁（2002〜2013）『国税庁統計年報』国税庁。
財務省・国税庁（2003〜2013）「国税庁が達成すべき目標に対する実績の評価書」。
財務省（2001〜2013）『財政金融統計月報』（各年度「租税特集号」）財務省。
財務省大臣官房文書課（2006）『平成18年度税制改正の解説（ファイナンス別冊）』大蔵財務協会。
財務省主計局調査課（2003〜2013）『財政統計』財務省。
総務省自治行政局（2014）「平成25年地方公共団体定員管理調査結果の概要」。
総務省自治行政局（2010）「『平成の合併』について」。
総務省自治税務局（2001〜2013）「市町村税課税状況等の調」。
総務省自治税務局（2001〜2013）「道府県税の課税状況等に関する調」。
総務省自治税務局（2006〜2013）「地方税に関する参考係数資料」。
地方財政調査研究会（2001〜2013）『地方財政統計年報』地方財務協会。
地方財政調査研究会（2001〜2013）『市町村別決算状況調』地方財務協会。
丸山高満（1985）『日本地方税制史』ぎょうせい。

第14章

地方公営企業会計制度及び
地方独立行政法人会計基準（公営企業型）の見直し論点
―― 補助金等による固定資産取得の会計処理を中心に ――

石田　晴美
（文教大学経営学部准教授）

第1節　はじめに

　昭和41年以来大きな改正がなされてこなかった地方公営企業（以下、公営企業という）会計制度が平成26年度予算及び決算から大きく変わる。平成21年12月の「地方公営企業会計制度等研究会報告書」（以下、21年研究会報告という）は、見直しの背景として①企業会計基準の見直しの進展、②地方独立行政法人会計制度の導入及び地方公会計改革の推進、③地域主権改革の推進、そして、④公営企業の抜本的改革の推進、の4点を挙げた（1-2頁）。つまり、企業会計制度が国際財務報告基準との調和化、収れん化を目指し、平成11年前後から会計ビッグバンと呼ばれる大幅な会計基準の見直しを行い大きく変化を遂げた結果、企業会計制度と公営企業会計制度との乖離が大きくなった。そのため、両者の比較分析を容易にするために企業会計制度との整合性を図る必要が生じた。また、平成16年に制定された地方独立行政法人会計基準も原則として企業会計に準じた会計を採用していることから同種事業の団体間比較を可能にする必要があった。さらに、地方分権改革推進委員会の第2次勧告及び第3次勧告で地方自治体が自らの判断と責任において組織と財務のマネジメントを改革することができるよう見直すべきことが求められ、地方自治体の財務会計の透明性の向上と自己責任の拡大が必要とされた[1]。第2次勧告と同じ平成20年に公表された債務調整等に関する調査研究会の報告書でも、公営企業の経営状況等をより的確に把握できるように公営企業会計基準の見直しを行うべきとの指摘がなされたことなどが公営企業会計制度見直しの大きな背景である。

　このような背景のもと、21年研究会報告は公営企業会計見直しに当たり次の

3点を基本的考え方とした（3頁）。まず第1に、民間企業、地方公共団体間の比較等を効果的に行いつつ、経済性の検証を適切に行うことができるようにするために「現行の企業会計原則の考え方を最大限取り入れたものとすること」である。次に、公営企業は民間企業と異なり、料金収入だけで収支均衡が図られないため、公営企業型地方独立行政法人[2]（以下、地方独法という）会計基準の考え方も必要に応じ参考にしながら「地方公営企業の特性等を適切に勘案すべきこと」とし、最後に公営企業の経営の自由度の向上を図る観点から「『地域主権』の確立に沿ったものとすること」を掲げ公営企業会計の見直しを提言した。

本章の目的は、公営企業特有の会計処理のうち補助金等で固定資産を取得した場合に焦点をあて、公営企業会計制度及び地方独法会計基準において見直すべき論点を明らかにすることである。そこでまず第2節で、公営企業会計制度見直しによる主な変更点を地方独法会計基準との異同を検証しながら明らかにする。第3節では、補助金は非交換取引[3]から生ずる収益であるという観点から、補助金等で固定資産を取得した場合の現行の会計処理が抱える問題の所在及び、いかに会計処理すべきかを考察する。そして第4節では、制度導入から約10年経過した地方独法の公表財務諸表の分析を行い、それまで明らかにした問題の影響や新たな課題を考察する。

第2節　公営企業会計制度変更の概要

1．公営企業会計制度の主な変更点

今回の公営企業会計制度の主な見直しの概要を示したものが図表1である。

資本制度の見直しは、地方分権改革推進委員会の第2次及び第3次勧告で「義務づけ・枠付けの見直しと条例制定権の拡大」が掲げられるなど、地域主権確立の必要性の高まりから地方自治体が自らの責任において経営を行うことを目的としたものである[4]。利益処分時の減債積立金または利益積立金の積立義務を廃止し、条例または議会の議決による処分を可能にするとともに、従来、原則処分できないか、もしくは制限が付されていた資本剰余金の処分を条例また

図表１　公営企業会計制度見直しの概要

資本制度の見直し		①法定積立金（減債積立金、利益積立金）積立義務の廃止 ②利益及び資本剰余金の処分を条例または議決により可 ③資本金の減資を議決により可 ④組入資本金制度の廃止
企業会計の考え方の最大限の取入れ	廃　　止	・借入資本金 ・みなし償却制度
	変　　更	・繰延資産
	新規導入	・引当金 ・たな卸資産の低価法 ・減損会計 ・リース会計 ・セグメント情報開示 ・キャッシュ・フロー計算書
その他		・補助金等により取得した固定資産の償却制度等 ・勘定科目等の見直し

(出所)　筆者作成

は議決により処分可能とした。さらに、今まで認めなかった資本金の減少も、事業の縮小・一部清算などの経営の抜本的改革等に適切に対応するために議会の議決により可能とした。また、減債積立金を使用して企業債を償還した場合や、建設改良積立金を使用して建設改良を行った場合等に、その使用額に相当する額を資本金に組み入れる組入資本金制度を廃止した。

　企業会計の考え方を最大限取り入れるために廃止したものが借入資本金とみなし償却制度である。借入資本金とは、建設又は改良のために発行した企業債または他会計から借り入れた長期借入金を資本金とするものである。実際に負債として償還する義務があるとともに利子の支払いがなされるなど負債以外の何ものでもないにもかかわらず、資本金としていたため長い間批判の的になっていたが、今般の見直しでようやく廃止となった[5]。みなし償却制度は、固定資産の取得価額から、その取得のために交付された補助金、負担金等を控除した額を帳簿価額とみなして各事業年度の減価償却を行う任意適用の制度であった。そのため、フルの減価償却費が計算されないこと、貸借対照表上、固定資

産のうち補助金等充当部分は減価償却対象外であるため資産価値の実態が適切に表示されないこと及び、任意適用であるため団体間の比較可能性を低めるなどの批判から廃止された（21年研究会報告.8-9頁）

　繰延資産は、企業会計が今後見直しの可能性があるものの当面の取扱いとして5つを認める一方で、研究開発費については発生時に費用処理することを求めている[6]。これを受け地方独法会計基準は、繰延資産の計上を認めていない（第2章第8.3,注8）。これらを参考に公営企業会計では、新たな繰延資産の計上を認めないとしつつ、事業法において繰延資産の計上を認めているもの及び、控除対象外消費税については長期前払消費税として固定資産に計上することを認める変更を行った。

　公営企業会計に新たに導入された会計処理は、引当金、たな卸資産の低価法、減損会計、リース会計、セグメント情報開示及び、キャッシュ・フロー計算書である。改正前は引当金について特に規定はなく、「退職給与引当金」と「修繕引当金」のみが勘定科目表に掲げられていただけだった。今般の見直しでは「将来の特定の費用又は損失であって、その発生が当該事業年度以前の事象に起因し、発生の可能性が高く、かつ、その金額を合理的に見積もることができると認められる」という企業会計原則注解18の引当金の要件を満たすものを全て引当金として計上することとなった。そのうえで、退職給付引当金については原則法のほか期末要支給額という簡便な方法での計上を認めた。リース会計についても中小規模の公営企業においては所有権移転外ファイナンス・リース取引を通常の賃貸借取引に係る方法に準じて会計処理することができるとし、比較的規模の小さい団体の事務負担の軽減を図る措置が取られた[7]。減損会計は、地方独法会基準と同様に減損の兆候を判断する際に、一般会計からの繰入金や長期前受金の戻し入れも事業活動から生じる損益またはキャッシュ・フローに含めることとした。たな卸資産の低価法、セグメント情報開示、キャッシュ・フロー計算書についても、概ね企業会計及び地方独法会計と大きな相違は見られない。

2．補助金等で取得した固定資産の償却制度等

　従来、償却資産の取得に伴い交付される補助金、負担金等は損益計算書を通さず、資本剰余金に計上し、みなし償却制度を任意適用してきた。これを今般の見直しでは、「長期前受金」という繰延収益として負債に計上し、減価償却時に減価償却見合い分を長期前受金戻入として営業外収益として収益化することとした[8]。取得した資産が土地などの非償却性資産の場合には、従来どおり資本剰余金に計上する。補助金等で取得した固定資産の具体的な会計処理を公営企業と地方独法に分けて示したものが図表2である。

　地方独法では、設立団体が交付する運営費負担金・運営費交付金を現金で受領したときは、運営費負担金債務・運営費交付金債務として流動負債に計上する[9]。法人は設立団体から交付される運営費負担金等について財産的基礎を構

図表2　補助金等で固定資産を取得した場合の会計処理

		公営企業		地方独法			
				財産的基礎を構成しない		財産的基礎を構成する	
		借　方	貸　方	借　方	貸　方	借　方	貸　方
償却資産	取得時	現　金	長期前受金	現　金	運営費負担金債務	左に同じ	
		建　物	現　金	建　物	現　金		
				運営費負担金債務	資産見返運営費負担金	運営費負担金債務	資本剰余金
	償却時	減価償却費	減価償却累計額	左に同じ		損益外減価償却累計額	減価償却累計額
		長期前受金収益化累計額	長期前受金戻入	資産見返運営費負担金	資産見返運営費負担金戻入		
非償却資産	取得時	現　金	資本剰余金	現　金	運営費負担金債務	左に同じ	
		土　地	現　金	土　地	現　金		
				運営費負担金債務	資産見返運営費負担金	運営費負担金債務	資本剰余金

（出所）筆者作成

成するもの（資本助成のための運営費負担金等）と財産的基礎を構成しないもの（経営費助成のための運営費負担金等）の区分を予め設立団体との間で中期経営計画等において明らかにすることとなっている（地方独法会計基準第2章第78）。運営費負担金等で償却資産を取得した場合には、当該資金が財産的基礎を構成するか否かで分類し異なる会計処理を行う。財産的基礎を構成する場合は、運営費負担金債務を資本剰余金に振り替え、減価償却費相当額については損益計算書上の費用に計上せず、資本剰余金を直接減額する[10]。これにたいし財産的基礎を構成しない場合は、運営費負担金債務を資産見返運営費負担金という負債に振り替えた後、毎事業年度、減価償却費相当額を資産見返運営費負担金戻入として収益に振り替える。また、土地などの非償却資産を取得した場合には、それが中期経営計画の想定の範囲内である時は運営費負担金債務を資本剰余金に振り替える。そうでない場合は、運営費負担金債務を資産見返運営費負担金に振り替える（地方独法会計基準第2章第79）[11]。

　公営企業と地方独法の会計処理の大きな違いは次の3つである。まず第1に、償却資産を取得した際の貸方科目名称の違いである。地方独法では「資産見返負債」、公営企業では「長期前受金」という科目を用いる[12]。21年研究会報告は、地方独法の「資産見返負債」という総称は、負債という言葉を使うことにより住民等の誤解を招く怖れがあるとし、繰延収益として「長期前受金」という名称を用いることが適当であるとした（11頁）。次に、公営企業では、地方独法のように受け入れ補助金の目的別に会計処理を異にしない。これについて21年研究会報告は、料金助成のための補助金等と資本助成のための補助金等を区分することは、区分の基準が不明確であり事務が繁雑になることが予想されること及び、処理方法を一律に揃えれば、他事業、他団体との比較が可能となり経営評価の効果が高まることの2点を挙げ、地方独法の会計処理方法を採らなかった（11頁）。最後に、公営企業では資本剰余金を直接減額する損益外減価償却を行わない。

第3節　補助金等で固定資産を取得した場合の会計処理の検討

　国際会計士連盟（IFAC）の国際公会計基準審議会（IPSASB）は、2006年に

国際公会計基準（IPSAS）23『非交換取引による収益（税金及び移転）』を公表した[13]。本節では、IPSAS23が定める補助金等で固定資産を取得した場合の会計処理を明らかにする。次に1999年公表のＧ４＋１『所有者からの拠出以外の非相互移転についての受取者の会計、その定義、認識、および、測定（非相互移転の会計）』（以下、Ｇ４＋１報告書という）が非交換取引において収益・費用を対応させる方法に対し行った批判を示す[14]。そのうえで、公営企業及び地方独法が補助金等で固定資産を取得した場合の会計処理の在り方を考察する。

１．IPSAS23の会計処理

IPSAS23『非交換取引による収益』は、「交換取引」を「ほぼ等価交換である取引」とし、「非交換取引」を「実体が資源を受け取る際に、その見返りに対価を全く提供しないか、もしくは、わずかしか提供しない取引」や「対価を提供するものの等価交換でない取引」と定義し、税金や補助金等を挙げている（pars.8-

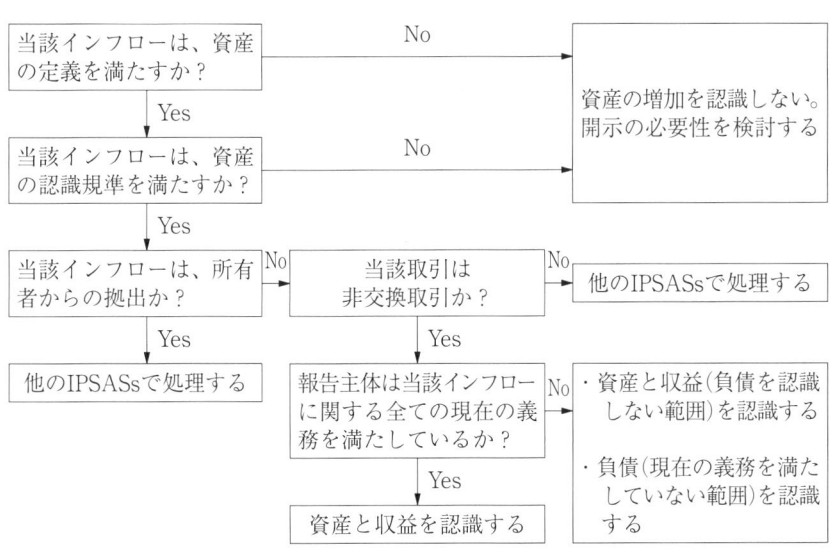

図表３　非交換取引の資源インフローの当初認識

出典：IPSASB. 2006. IPSAS23 : *Revenue from Non-Exchange Transactions*（*Taxes and Transfers*）, par.29.

10)。図表3は、非交換取引の資源インフローの当初認識のフローチャートである。

　当初認識では、まず資源インフローが資産の定義を満たすか否かのテストを行う[15]。資産の定義を満たさないものは、資産を認識せず開示の必要性を検討する。資産の定義を満たすものは、次に資産の認識規準を満たすか否かのテストを行う。認識規準を満たす時とは、(a)資産にかかる将来の経済的便益、または、用役潜在性が流入する可能性が高く、かつ(b)資産の公正価値が信頼性をもって測定できる時である（par.31）。認識規準を満たさないものは資産を認識せず、開示の必要性を検討する。資産の認識規準を満たすものは、所有者からの拠出か否かを検討する[16]。所有者からの拠出である場合は、その他のIPSAS基準にしたがって処理する。所有者からの拠出でない場合は、その取引が非交換取引か否かを判断する。非交換取引でないものは、他のIPSAS基準にしたがって処理する。非交換取引である場合には、報告主体が資源のインフローに関する全ての現在の義務を満たしているか否か、つまり負債として認識すべきか否かのテストを行う。負債として認識すべき現在の義務とは(a)義務の清算のために、将来の経済的便益又は、用役潜在性を内包する資源の流出の可能性が高く、かつ(b)負債金額を信頼性をもって見積もることができることをいう（par.50）。現在の義務を満たさない場合は、資産、収益（負債を認識しない範囲）及び負債を認識する。現在の義務を満たしている場合は資産と収益を認識する。

　資源の使用について特定の条件が課される補助金等がある。IPSAS23は、法律や規則、又は契約によって受取者が移転される資源の使用について課される条件（stipulation）を①使用目的拘束（restriction）、②付帯条件（condition）の２つに分類し、それぞれについて負債を認識すべきか否かを明らかにした（pars.14-25）。まず、①使用目的拘束とは、移転された資産の使用を制限または指示するが、これに違反した場合に資産を返還することが定められていない条件をいう。これは現在の義務を負わないため負債を認識せず、資源を受け取った際に資産と収益を認識する。一方、②付帯条件とは、特定された資産の使用に違反した場合、将来の経済的便益又は用益潜在性を返還することが義務づけられている条件をいう。この場合は、現在の義務を負うため、資源インフロー

を資産として認識した場合には、関連する負債を認識し、それぞれの条件が満たされた時に負債を消去し収益を認識する。当該条件が使用目的拘束なのか付帯条件かを決定する際は、単に形式ではなく実質を考慮する必要があるとし、条件違反の場合に返還が強制されるか否かが重要であるとした[17]。さらに、受取者に代替の選択肢がない場合は、使用目的拘束でも付帯条件でもなく、資源受取時に資産と収益を認識すべきであるとした。

2．G4+1報告書の主張

　国際会計基準（IAS）20は、政府補助金を関連費用と対応させるため、有形固定資産に関する補助金を、①繰延収益に計上し資産の耐用年数にわたり減価償却費と対応させて収益を認識するか、または、②有形固定資産の取得原価から控除するか、のどちらかの方法で処理することを求めている（pars.24-28）。この①法は、公営企業会計が採用した方法である。G4+1報告書はこれを伝統的アプローチと呼び、次のような批判を行っている（pars.3.05-3.11）。

　まず第1の批判は、収益認識原則に不規則性を生じさせることである。固定資産取得のための補助金等は当初、繰延収益という負債を認識し、関係する資産の耐用年数にわたり収益を認識する。しかし、土地など永久の耐用年数を有する場合には、収益を永久に繰り延べることは適切でないため、一般原則に対する例外を作り補助金等を直接持分に貸記する。つまり、収益認識原則が受け入れる資産の性質に左右されることとなる。

　第2に、繰延収益は、国際財務報告基準（IFRS）『フレームワーク』の負債の定義および認識規準を満たさず、コンフリクトを起こすことである[18]。伝統的アプローチでは、本来負債でないものを負債として表示するため、報告主体の適正な財政状態を表示しない。

　そして、最後に指摘しているのは、非交換取引の収益の認識に収益・費用の対応原則を適用することの不適切さである。交換取引の場合は、財・サービスとの交換で収益が発生するため、収益の認識とそのために犠牲になった費用を直接対応させることは必要である。しかし、非交換取引では、収益が財・サービスとの交換で発生するわけではない。非交換取引が活動に占める割合が高い

非営利組織では、財・サービスのコストと受け取る非交換収益の関係は運営業績の指標として営利企業ほど重要ではない。むしろ、業績測定尺度としては、提供したサービスのコスト、質、量の方が重要である。非営利組織におけるより目的適合な対応関係は、収益対コストではなく、サービスとサービスコストであるという。

３．公営企業及び地方独法の会計処理の検討

　図表４は、固定資産取得のために受け取った補助金収益を減価償却費と対応させて認識する場合と、補助金受け取り時に収益を認識する場合を比較したものである。

　設定した仮定は、①Ａ法人の第×１期末貸借対照表の内訳は、資産100，負

図表４　補助金収益の認識方法の比較

【仮定】①Ａ法人×第１期末Ｂ／Ｓ	【補助金収益を費用と対応させて認識する場合】
資産100／負債50、純資産50	(仕訳) ①補助金受け取り 　現金100　　繰延収益100 ②固定資産取得 　固定資産100　　現金100 ③減価償却 　減価償却費10　　固定資産10 　繰延収益10　　補助金収益10 (第×2期末B／S) 資産200／負債150、純資産50 (第×3期末B／S) 資産190／負債140、純資産50
②第×2期末に固定資産取得のための補助金100を受け取り、固定資産を取得した。 ③上記固定資産の残存価額は0、耐用年数は10年。定額法による減価償却を×3期から行う。 ④第×2期、第×3期のその他の収益・費用は均衡している。	【補助金収益を補助金受け取り時に認識する場合】 (仕訳) ①補助金受け取り 　現金100　　補助金収益100 ②固定資産取得 　固定資産100　　現金100 ③減価償却 　減価償却費10　　固定資産10 (第×2期末B／S) 資産200／負債50、純資産150 (第×3期末B／S) 資産190／負債50、純資産140

（出所）筆者作成

債50,純資産50である、②第×2期末に補助金100を受け取り固定資産を取得した、③固定資産の残存価額0,耐用年数10年で定額法による減価償却を第×3期から行う、④第×2期、第×3期においてその他の収益・費用は均衡している、の4つである。補助金収益を費用と対応させて認識する場合は、補助金受け取り時及び固定資産の減価償却を行う10年間に純利益／純損失は発生せず、純資産は変動しない。つまり、補助金受け取りが損益に与える影響は全くなく、資産と負債が減価償却費相当分、毎期減少していく。これにたいし、収益を補助金受け取り時に認識する場合は、補助金受け取りによる純利益が発生し純資産が大きく増加し、翌期以降の固定資産の減価償却に伴い純損失が発生し純資産が減少する。固定資産の耐用年数終了時の両者の貸借対諸表は全く同じになるが、耐用年数の途中期間では損益計算書の当期純損益及び貸借対照表の負債および純資産は大きく異なる。要するに経営成績と財政状態の見え方が全く異なる。では、どちらの方法がより適切であろうか。

　公営企業及び地方独法が補助金等を受け取る取引は、IPSAS23が対象とする非交換取引である。IPSAS23に従えば、補助金が特定の固定資産取得のために交付される場合、法人が固定資産を取得した時点でIPSAS23のいう使用目的拘束または付帯条件の別にかかわらず条件を満たし現在の義務は存在しないことから、補助金受け取り時に資産及び収益を認識する。しかし、現行の公営企業及び地方独法では収益を認識せず、長期前受金または資産見返負債として負債を計上する。これはＧ４＋１報告書が指摘するように、現在の義務がなく負債の定義を満たさないものを負債として表示することにほかならず、財政状態を適切に表わさず、財務報告の利用者を誤解させる怖れがある。さらに、償却資産取得のための補助金は負債計上後、減価償却とともに収益化するのにたいし、土地などの非償却資産取得のための補助金を資本剰余金とすることは、受け入れ資産により会計処理を異にするものであり、整合性を有しない。

　21年研究会報告は、長期前受金は負債ではなく繰延収益であると主張するが負債に計上することに変わりはなく、財務報告の利用者が読み替える必要があり理解可能性を低めるだろう[19]。さらに、補助金を繰延収益とすることに疑問が残る。補助金は受け取り時に収益を認識する要件を全て満たしており、固定

資産の減価償却費に対応させるために繰り延べることは適切とはいえない。IAS20を含め企業会計で固定資産取得のための補助金を繰延収益とするのは、主に税金とのかねあいによるものだろう。特定の固定資産取得を奨励するために交付した補助金を受け取り時に全て収益として認識すると、当該収益にかかる税金の支払いにより、補助金交付の目的である固定資産取得が達せられないという政策目的から収益の繰延べが容認されると考えられる。公営企業や地方独法で補助金を全額収益として認識したとしても、これにかかる課税義務は発生しないのであるから、繰延収益を認める根拠はない。さらに、費用収益対応の原則適用の主張もＧ４＋１報告書指摘のように疑問である。固定資産の減価償却費に対応させるべきものは本来固定資産が提供するサービスであって、資産取得時の補助金収益ではない。公営企業及び地方独法はともに、独立採算を前提とし経済性を発揮することが求められている法人である[20]。補助金により取得した固定資産は、耐用年数にわたりサービスを提供し、その減価償却費は対価を得るサービス提供の売上原価を構成する。ここでの費用と収益の対応は、減価償却費とサービス提供対価であるはずである。減価償却費を含むサービス提供コストを対価で全て賄いきれないからといって、減価償却費と補助金収益を毎期対応させ損益をゼロにさせる意義があるだろうか。むしろ、適切で能率的な経営を行ったとしてもなお減価償却費を含めるコストが対価を上回り赤字になることを示すことの方が、設立団体から補助金を得る理由を明確に示し、公が担うべき事業であるという存在意義を明らかにするといえるだろう。

21年研究会報告は、補助金受け取り時に収益を全て認識する方法について、補助金を受けた期に多額の収益を計上する一方で、翌年度以降は毎年の損益計算書において減価償却見合いの財源が計算上明示されず大幅に損益が悪化すると批判した（10頁）。しかしこれは、逆に設立団体からの補助金交付があたかも毎年あり、損益がニュートラルであるかのような誤解を生じさせる。むしろ、固定資産取得時に多額の資金が設立団体から交付された事実を営業外収益として示し、その結果として純資産が増大することを示す方が実態を適切に表すといえる。

したがって、公営企業および地方独法が補助金等で固定資産を取得した場合

には、補助金受け取り時に、全てを収益として認識することの方が経営成績と財政状態を適切に示すことができると考える。

第4節　地方独法の財務分析

　平成25年3月31日現在、地方独法（公営企業型）は35法人あり、その全てが病院である。このうち平成26年2月28日時点で入手できた34法人の平成25年3月31日期の公表財務諸表について財務分析を行うとともに、その公表時期を調査した[21]。

1．平成25年3月31日期（平成24年度）財務諸表分析

(1)　貸借対照表

　総資産額が最も大きい法人は980億円の大阪府立病院機構で、最も小さい法人は13億円の福岡県田川郡の川崎町立病院、総資産平均は257億円であった。貸借対照表の各項目が総資産に占める割合を示したのが図表5である。

　総資産に占める固定資産の割合は平均68.0％と相対的に高く、それに相応し

図表5　総資産（総資本）に占める各項目の割合

(％)	流動資産	固定資産	流動負債	固定負債	純資産
平均	32.0	68.0	14.8	63.7	21.5
最大値	57.3	90.6	30.7	85.5	65.2
最小値	9.4	42.7	6.9	19.6	−1.5
SD	11.6	11.6	5.0	15.7	16.0

（出所）筆者作成

図表6　資産見返負債が各項目に占める割合

(％)	固定負債	固定資産	総資産
平均	6.1	5.2	3.5
最大値	37.9	20.6	14.9
最小値	0.0	0.0	0.0
SD	7.6	5.5	3.6

（出所）筆者作成

固定負債の平均も63.7%と高い。これは病院では建物・土地及び医療機器が総資産に占める割合が相対的に高く、これを固定負債で資金調達していることが読み取れる。純資産がマイナスだったのは大阪府泉佐野市のりんくう総合医療センター1法人であり、純資産の総資産比平均は21.5%と全体として概ね健全といえる水準であった。

図表6は資産見返負債が各項目に占める割合である。各項目で最小値0を示す法人があるが、全ての法人が資産見返負債を計上していた。資産見返負債が固定負債に占める割合の平均は6.1%、最大値37.9%、総資産に占める割合の平均は3.5%、最大値14.9%と資産見返負債が貸借対照表に占める割合は決して小さいとはいえない。特に固定負債、固定資産の最大値が示すように補助金等で固定資産を1/5以上調達している法人もある。本来返済義務のない資産見返負債を負債計上することは、財政状態を見誤らせる危険性が無いとは言い切れないだろう。

(2) 損益計算書

各法人の営業収益を100とした場合の各項目の比率を示したものが図表7である。

営業収益比で営業損益の黒字が最も大きかったのは福岡県の筑後市立病院の14.3%（6.3億円）、赤字が最も大きかったのは岐阜県立下呂温泉病院の▲3.9%

図表7　営業収益を100とした場合の各項目の比率

(%)	営業収益 運営費負担金・交付金	営業収益 資産見返負債戻入	営業費用	営業損益	営業外収益 運営費負担金・交付金	営業外収益 営業外収益	営業外費用	特別利益	特別損失	当期純損益
平均	11.5	1.4	95.5	4.5	1.6	2.3	−3.1	0.5	−0.7	3.5
最大値	38.0	7.5	103.9	14.3	6.8	8.7	0.0	5.7	0.0	12.3
最小値	1.9	0.0	85.7	−3.9	0.0	0.4	−7.9	0.0	−4.4	−6.0
SD	8.4	1.9	4.4	4.4	1.5	1.9	1.9	1.1	1.1	4.1

（出所）筆者作成

(▲1.6億円）であった[22]。また、営業収益比で当期純利益が最大だったのは、筑後市立病院の12.3%（5.5億円）、当期純損失が最大だったのは岐阜県立下呂温泉病院の▲6.0%（▲2.5億円）であった[23]。

全ての法人が資産見返負債戻入を営業収益に計上しており、営業収益比で平均1.4%、最大値7.5%であった。これは、営業損益の比率が▲3.9%から14.3%、当期純損益の比率が▲6.0%から12.3%であることから考えると小さくなく、資産見返負債戻入が損益計算に与える影響は大きいといえる。

また、地方独法特有の会計処理である損益外減価償却を行っている法人は無かった。これは特筆に値する。損益外減価償却制度の必要性を再検討すべきだろう。

２．平成24年度財務諸表の公表時期

平成24年度財務諸表の公表時期を表したのが図表８である[24]。

神奈川県立病院機構と長野県立病院機構がともに６月28日と最も早い公表を行っていた。

公表が最も多かったのは10月13団体（全体数33団体の39.4%）で、次が９月７団体（21.2%）、８月６団体（18.2%）である。地方独法は、財務諸表を当該事業年度の終了後３月以内に設立団体の長に提出しその承認を受けることが求

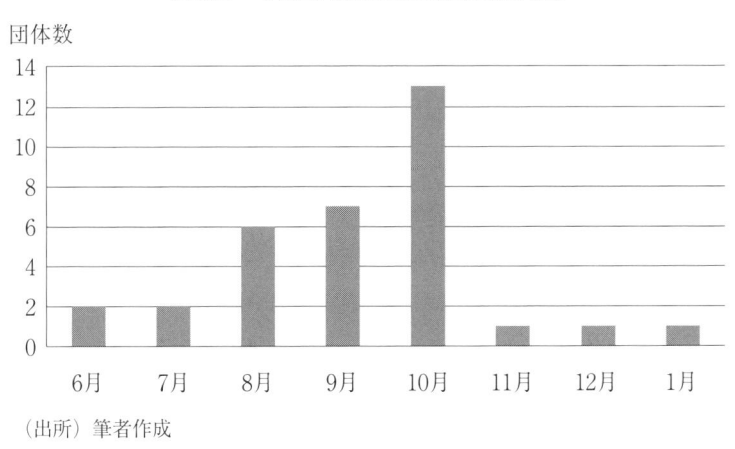

図表８　平成24年度財務諸表の公表時期

月	団体数
6月	2
7月	2
8月	6
9月	7
10月	13
11月	1
12月	1
1月	1

（出所）筆者作成

められる。さらに、承認を受けたときは遅滞なく財務諸表を公告し一般の閲覧に供しなければならない（地方独法法第34条第１項、４項）。各法人の財務諸表は６月末までに監事ならびに会計監査人の監査報告書とともに設立団体の長に提出される。証券取引所上場の民間企業は、財務諸表を含む有価証券報告書を決算日から３月以内にEDINET（金融商品取引法に基づく有価証券報告書等の開示書類に関する電子開示システム）によりウェブ上で公開することを考えると、地方独法の公表時期は遅きに失する。税金の一部が設立団体を通じて地方独法に交付されることを考えれば、説明責任は民間企業より重いといえる。透明性を高め、説明責任を果たすためには民間企業並みの迅速な公開が求められる。ちなみに、最も公開が早かった神奈川県立病院機構と長野県立病院機構の両者はともに県知事の承認前であることを明記し６月中に公表を行っていた。特に会計監査人監査を実施している法人にあっては、監査報告書で適正意見が付された後に決算数値が動くことは考えられず、各法人は監査報告書受領後速やかに財務諸表の公表を行うべきである[25]。

第５節　おわりに

　本章では、公営企業会計制度の主な変更点を明らかにしたあと、補助金等で固定資産を取得した場合の会計処理について考察を行った。公営企業及び地方独法では、長期前受金または資産見返負債という本来、負債に該当しないものを負債として計上し、財政状態を歪めていることを明らかにした。また、補助金等で取得した固定資産の減価償却費を長期前受金戻入または資産見返負債戻入と相殺することは、独立採算制を原則とする法人の経営成績を適切に表さない。補助金等で取得した固定資産が対価を得るサービスの提供に用いられるのであれば、当該資産の減価償却費は売上原価の一部を構成する。それを繰り延べた補助金収益と対応させて利益計算することは、あたかも営業活動でコスト回収が図られるような誤解を生じさせる危険性がある。公営企業では長期前受金戻入を営業外収益とするが、地方独法では資産見返負債戻入を営業収益とするため、特にその危険性が大きいと考える。また、地方独法の平成24年度の財務諸表分析から、資産見返負債及び資産見返負債戻入の大きさは、決して無視でき

るほど小さくないことを明らかにした。

　さらに、地方独法の財務諸表の公開状況が遅いことを指摘した。地方自治体と異なり出納整理期間がなく、決算日から3月以内に設立団体の長に監査報告書を付した財務諸表を提出するのであるから、住民にたいし速やかに財務諸表の公表を行うべきである。また、住民にわかりやすく経営成績等を説明するためには、現在の単年度の財務諸表開示は充分ではなく、2期並記の財務諸表開示を行うべきだろう。2期並記の比較財務諸表を公表することは法人の財政状態と経営成績の推移をより明らかにし、法人の評価に資すると考える。

　平成25年3月末現在、公営企業型地方独法は35法人であるのにたいし、公営企業は8,724事業（うち、法適用企業は2,982事業）、公営企業を経営している地方自治体数は1,786団体にのぼる（平成26年版地方財政白書.94-97）。公営企業は上下水道など住民生活に密着した事業が多く、公営企業会計制度見直しの影響は非常に大きい。さらに、経営成績や財政状況を明確にし、透明性を高め説明責任を果たすとともに適切な経営を行わせるために財務規定等の適用範囲の拡大等が現在検討されているところであり、公営企業会計を適用する事業数が今後増大することが予想される（総務省自治財政局公営企業課.2012.42-44,地方公営企業法の適用に関する研究会.2014.）。公営企業の財務報告の役割は、企業会計のそれと変わらない。公営企業の財政状態、経営成績等を適正に表わすことにより利害関係者の意思決定に資する有用な情報を提供することである。さらに、公営企業は、独立採算を原則としながらも一部税金が投入されることから、民間企業より重い説明責任と透明性が求められるとともに、住民にわかりやすいという意味での理解可能性を担保する必要がある。今般の改正で公営企業会計は企業会計及び地方独法会計に大きく近づいた。同種事業の団体間比較を適正に行い経営判断に役立てるために、また住民への説明責任を果たすために、公営企業会計及び地方独法会計双方につき今後も不断の見直しを行っていく必要があるだろう。なお、本章では取り上げなかったが、地方独法では損益外減価償却や行政コスト計算書の作成・公表など公営企業とは異なる会計処理・制度を有している。これらの意義の検討は、今後の課題としたい。

（注１）地方分権改革推進委員会は平成19年４月に発足し平成22年３月に廃止されるまでに、４つの勧告と２つの意見をそれぞれ時の内閣総理大臣に提出している。第１次勧告（平成20年５月）では、都道府県から基礎自治体への権限委譲が勧告され、第２次勧告（平成20年12月）では、出先機関改革とともに義務付け・枠付けの見直しとして、関連条項約１万の洗い出しと、見直すべき対象約4,000条項について見直し方針が提示された。第３次勧告（平成21年10月）では、さらなる義務づけ・枠付けの見直しと条例制定権の拡大が勧告され、約900条項について具体的に講ずべき措置を提示した。第４次勧告（平成21年11月）では、地方財源の充実確保に向けて地方交付税、地方税制改革、国庫補助金負担金の整理等、国税と地方税を通じた税制全般の抜本的な改革の実施の必要性が勧告されている。

（注２）地方独立行政法人には独立採算を目的としない一般型地方独立行政法人と原則として独立採算制をとる公営企業型地方独立行政法人がある。会計基準も章を分け独立の構成となっている。本章では公営企業型地方独立行政法人を対象とする。

（注３）利益獲得を目的とする企業の収益の大部分は、財・サービスの提供と交換にほぼ同等の価値を受け取る交換取引によって生じる。しかし、公共の福祉の増大を目的とする自治体の主な収益は、税金、交付金、補助金等であり、これらは交換取引から生じるものではない。このような取引を非交換取引と呼ぶ。

（注４）資本制度の見直しのうち図表１の①～③は「地域の自主性及び自立性を高めるための改革の推進を図るための関係法律の整備に関する法律（第１次一括法）」による地方公営企業法の一部改正により平成24年４月１日から他に先駆けて施行されている。

（注５）昭和44年研究会報告書及び平成13年報告書においても、負債として整理すべきであると提言されてきた（21年研究会報告．5頁）。

（注６）企業会計では、株式交付費、社債発行費等、創立費、開業費及び、開発費の５つについてのみ認めている（企業会計基準委員会．2010．「実務対応報告第19号　繰延資産の会計処理に関する当面の取扱い」）。

　また、研究開発費は、発生時に将来の収益を獲得できるか不明であり、貸借対照表に資産として計上することは適当でないと判断した（企業会計審議会．2008．「研究開発費等に係る会計基準の設定に関する意見書」）。

（注７）中小規模の地方公営企業とは、地方公営企業法施行令第８条の２の管理者を置かなければならない企業に該当しないものを指し、「地方公営企業決算状況調査（平成20年度）」によれば、管理者必置の地方公営企業数は法定事業数全体1,649のうちわずか57（全体の3.5％）にとどまる。しかし、病院事業については中小規模の特例を設けていない。

（注８）長期前受金戻入の借方反対勘定は、長期前受金収益化累計額である。これは貸借対照表上、長期前受金の控除科目として負債側でマイナス表示を行うこととなっている。

（注９）地方独法会計基準において運営費負担金とは地方独法法第85条１項に基づき、地方独法の事業の経営に伴う収入をもって充てることが適当でない経費や、能率的な経営を行ってもなおその事業の経営に伴う収入のみをもって充てることが客観的に困難であると認められる経費で設立団体が負担するもののうち特定施設費を除くものをいう。また、運営費交付金とは地方独法法第42条に基づき、設立団体が地方独法の業務の財源に充てるために交付するもののうち、補助金等以外のものをいう（第２章第16）。運営費負担金債務及び運営費交付金債務は、中期目標期間中は業務の進行に応じて収益化する。そして、中期目標

期間最後の事業年度の期末処理において、これを全額収益に振り替える（第2章第79）。運営費負担金債務等が負債の定義を満たすか否かについては議論の余地があるが、本章では扱わない。

（注10）地方独法会計基準は、財産的基礎を構成するために資本剰余金として受け入れた償却資産の減価償却費を損益計算書を通さず資本剰余金から直接減額する理由として、減価に対応すべき収益の獲得が予定されない資産を損益計算書上の費用としてとらえることは独法の経営成績の測定を誤らせることになるため適当ではないと説明している（第2章注64）。この損益外減価償却については議論の余地があるが、本章では扱わない。

（注11）特定施設費による固定資産の取得も、財産的基礎を構成するものとして同様の会計処理を行う（地方独法会計基準．第2章第80、85）。

（注12）資産見返負債は総称であり、実際には資産見返運営費負担金、資産見返運営費交付金、資産見返補助金等が個々に使われる。

（注13）International Federation of Accountants（IFAC）のInternational Public Sector Accounting Standards Board（IPSASB）は、独立した会計基準設定団体であり、国や地方政府を含むパブリック・セクターの財務報告の品質と透明性を高めるために発生主義会計に基づく国際公会計基準（International Public Sector Accounting Standards, IPSASs）の設定を行っている。IPSASsは、2000年3月公表の『序文（Preface）』以来、2014年3月現在、IPSAS第1号『財務諸表の表示』からIPSAS第32号『サービス譲与契約：譲与者』が公表されている。概念フレームワークについては、第1章から第4章までの公表を終え、現在「認識」「測定」などその他の章を策定中である。

（注14）G4＋1とは、オーストラリア（Australian Accounting Standards Board）、カナダ（Canadian Accounting Standards Board）、ニュージーランド（New Zealand Financial Reporting Standards Board）、英国（United Kingdom Accounting Standards Board）、米国（United States Financial Accounting Standards Board）の各国会計基準設定団体、および、国際会計基準審議会（International Accounting Standards Board）から成る組織で、財務報告の問題について共通の理解を得ると同時に、共通の解決策を模索し、より質の高い財務報告を提供することをその目的としている。G4＋1は、組織構成員である各会計基準設定団体がより良い会計基準を新たに開発することに役立つよう各種の研究報告を発行している。

（注15）ここで資産の定義とは「過去の事象の結果として企業が支配し、かつ、将来の経済的便益または用益潜在性が主体に流入すると期待される資源」であることをいう（IPSAS1, par.7）。

（注16）「所有者からの拠出」は、IPSAS第1号『財務諸表の表示』において以下のように定義されている。所有者からの拠出とは、外部関係者が実体に拠出した将来の経済的便益、または、用役潜在性のうち、実体の負債とならないものを意味し、純資産／持分における財務請求権を形成するものである。それらは、(a)実体の存続期間において、所有者またはその代表者が将来の経済的便益、または、用役潜在性を分配する権利、および、実体が解散する際に負債を上回る資産を分配する権利をもたらし、かつ／または、(b)売却、交換、譲渡または弁済することが可能なものである（IPSAS 1, par.7）

（注17）具体的には、使用目的拘束に違反した場合に、裁判提訴や大臣指示などの管理プロセ

スをとおして罰則や制裁を加える選択肢があったとしても、それら罰則等は当該資源を取得した結果により発生するのではなく、条件違反の結果なので現在の義務を負わない。つまり、使用目的拘束違反は、究極的には罰金のようなペナルティを受取者に課すかもしれないが、そのようなペナルティは違反から生ずるプロセスであって、資産の当初認識から生ずるものではないという（IPSAS23, par.BC13）。これについてIPSAS23と同じように使用目的拘束は負債ではないと主張するＧ４＋１報告書は、目的拘束が課すのは資源を拘束された方法で適切に使用するという受託責任であり、受託責任それ自体は負債を発生させないと説明している（Ｇ４＋１ Report, pars.4.29-4.32）。

(注18)　国際会計基準審議会（IASB）は、現在、概念フレームワークの改訂作業を行っており、討議資料『財務報告に関するフレームワークの見直し』（コメント募集2014年１月14日まで）を2013年７月公表した。現行フレームワークの負債の定義は「過去の事象から発生した企業の現在の義務で、その決済により、経済的便益を有する資源が当該企業から流出することが予想されるもの」であり、討議資料で提案されている新たな負債の定義は「過去の事象の結果として企業が経済的資源を移転する現在の義務」である（par.2.11）。

(注19)　IPSASBは2012年12月に公開草案第２号「パブリックセクター主体による一般目的財務報告のための概念フレームワーク」を公表し、非交換取引における資源流入の一部には負債の定義を満たさないが受け取り時に収益を認識すべきでない繰延収入（Deferred Inflows）があるとして、財務諸表の新たな構成要素とすべきことを提案した（pars.5.1-5.6）。その後、IPSASBは種々の検討の結果、繰延収入を財務諸表の新たな構成要素として定義することを断念し、各構成要素の定義を満たさない経済現象があることを容認する方向で2014年４月15日現在、概念フレームワークを策定中である（http://www.ifac.org/public-sector/projects/public-sector-conceptual-framework, 2014年４月15日最終確認）。現在フレームワークで議論されている負債の定義を満たさない繰延収入は、報告主体の複数年度の一般活動のための活動資金として使用することが条件の補助金等であり、本章が対象とする補助金で固定資産を取得する場合とは異なる。

(注20)　もちろん、両者ともに性質上経営にともなう収入をもって充てることが適当でない経費や能率的な経営を行っても経営に伴う収入のみをもって充てることが客観的に困難であると認められる経費については、地方公共団体が負担金の支出その他の方法により負担することが定められている（地方公営企業法第17条の二、地方独立行政法人法第85条）。

(注21)　東金九十九里地域医療センターは、新病院を平成26年４月１日開院予定のため、平成24年度財務諸表の公表は見合わせ中との回答を得た。

(注22)　営業損益が赤字の法人は６法人（全体の17.6％）であった。営業損益の黒字額が最も大きかったのは大阪府立病院機構の42億円（営業収益比5.9％）で、赤字額が最も大きかったのは京都市立病院機構の▲3.5億円（営業収益比▲2.5％）であった。

(注23)　当期純損益が赤字の法人は４法人（全体の11.7％）であった。当期純利益額が最も大きかったのは大阪府立病院機構の26億円（営業収益比約3.7％）、当期純損失が最も大きかったのは下関市立市民病院の約▲４億円（営業収益比約▲5.1％）であった。

(注24)　地方独法（公営企業型）35法人について平成25年６月15日以降（平成26年２月15日まで）10日おきに各法人のHPを確認し、平成25年３月31日期（平成24年度）財務諸表のHPでの公表状況を調査した。２法人（宮城県立病院機構および東金九十九里地域医療センタ

ー）については平成26年2月15日までにHPで公表されなかったため、直接電話で公表予定を問い合わせた。宮城県立病院機構についてはその後2月中の公表を確認したが、今回の図表には入れていない。
(注25) 地方独法は、その事業開始年日の資本金の額が100億円以上または貸借対照表の負債金額が200億円以上の場合には会計監査人の監査を受けなければならない（地方独立行政法人法第35条、地方独立行政法人法施行令第5条）。

【参考文献】

石田晴美（2006）『地方自治体会計改革論』森山書店
企業会計基準委員会（2010）「実務対応報告第19号 繰延資産の会計処理に関する当面の取扱い」
企業会計審議会（2008）「研究開発費等に係る会計基準の設定に関する意見書」
債務調整等に関する調査研究会（2008）「第三セクター、地方公社及び公営企業の抜本的改革の推進に関する報告書」
総務省（2014）『平成26年版（平成24年度決算）地方財政白書』
総務省自治行政局・総務省自治財政局・日本公認会計士協会（2012）「「地方独立行政法人会計基準」及び「地方独立行政法人会計基準注解」に関するQ&A」
総務省自治財政局公営企業課（2012）「公営企業会計制度の見直しについて」
地方公営企業会計制度等研究会（2009）「地方公営企業会計制度等研究会報告書」
地方公営企業法の適用に関する研究会（2014）「地方公営企業法の適用に関する研究会報告書」
地方独立行政法人会計基準等研究会（2004年設定、2012年改訂）「地方独立行政法人会計基準及び地方独立行政法人会計基準注解」
地方分権改革推進委員会（2008）「第1次勧告～生活者の視点に立つ「地方政府」の確立～」
地方分権改革推進委員会（2008）「第2次勧告～「地方政府」の確立に向けた地方の役割と自主性の拡大～」
地方分権改革推進委員会（2009）「第3次勧告～自治立法権の拡大による「地方政府」の実現へ～」
地方分権改革推進委員会（2009）「第4次勧告～自治財政権の強化による「地方政府」の実現へ～」
G4+1 Report, M. Westwood and A. mackenzie, 1999. *Accounting by Recipients for Non-Reciprocal Transfers, Excluding Contributions by Owners : Their Definition, Recognition and Measurement.*
International Accounting Standards Board (IASB), 2013. *A Review of the Conceptual Framework for Financial Reporting*, Discussion Paper DP/2013/1,2013.（(邦訳)『財務報告に関する概念フレームワークの見直し』IFRS財団）
IASB, 2001. International Accounting Standard (IAS) 20 : *Accounting for Government Grants and Disclosure of Government Assistance.*（(邦訳)企業会計基準委員会、財務会計機構監訳『国際財務報告基準2013』レクシスネクシス・ジャパン）
International Public Sector Accounting Standards Board (IPSASB). 2006. International Public Sector Accounting Standard (IPSAS) 1 : *Presentation of Financial Statements.*
IPSASB. 2006. IPSAS23: *Revenue from Non-Exchange Transactions (Taxes and Transfers).*

IPSASB.2012.Conceptual Framework Exposure Draft 2, *Conceptual Framework for General Purpose Financial Reporting by Public Sector Entities : Elements and Recognition in Financial Statements*.
http://www.ifac.org/public-sector/projects/public-sector-conceptual-framework, (2014年4月15日最終確認)

〈Ⅱ〉
地方自治の深化に向けて

第5部

東日本大震災の
復旧・復興

第15章

東日本大震災における復興政策が地域経済に与える影響
―東北地域産業連関表を用いた分析―

比嘉　正茂
(沖縄国際大学経済学部准教授)

第1節　はじめに

　東日本大震災の発生によって東北地域の経済は甚大な被害を受けており、その経済的被害額は、約16.9兆円と推計されている（内閣府試算）。被災地域の復興については、東日本大震災復興基本法のもと復興庁が設置され、予算措置についても5年間で23.5兆円が計上されるなど、復興・再生へ向けた取組みが本格化している。

　震災などの自然災害は、被災地域における人的被害だけでなく、道路・港湾等の社会基盤の損壊をもたらす。そのため、一般的に自然災害は、被災地域の経済にマイナスのインパクトを与えると考えられるが、その一方で災害復興に関わる種々の需要創出効果が当該地域の経済成長を促すことも指摘されている。東日本大震災以降、わが国では、こうした自然災害が日本経済に及ぼす影響について様々な研究が行われており、その経済的なインパクトを定量的に評価、分析した事例も数多く存在する[1]。しかしながら、これらの先行研究は、震災被害額の推計や復興需要に関わる日本全体での経済的な効果を計測したものが多く、復興需要のインパクトを地域単位で分析した事例は少ない。震災からの復興を目指す地域にとって、復興に関わる諸施策が東北地域経済圏に如何なるインパクトを与えているのかを把握することは重要であり、同時に復興政策の定量的な評価を通じて、今後の復興政策のあり方について指針を得ることも不可欠である。

　そこで本稿では、このような問題意識に基づき、東日本大震災の復興政策が東北地域経済に与える影響を分析する。具体的には、復興政策に関わる公共事

業の増加が東北地域経済圏に与えるインパクトについて、東北地域産業連関表を用いて分析を行う。以下では、次節において東日本大震災の復興予算を概観するとともに、復興政策における公共事業関係経費の整理・検討を行う。その後、第3節では、産業連関表を用いて計測モデルの定式化を行い、第4節では、計測結果をもとに復興政策の地域経済へのインパクトを明らかにする。これらの分析結果を踏まえ、最終節では東日本大震災における復興政策のあり方について指針を提示したい。

第2節　復興予算の整理と分析の枠組み

1．復興予算の概要

　東日本大震災（以下、震災という）の復興に関わる諸政策は、「東日本大震災復興基本法」に基づいて実施されている。同法の目的は「東日本大震災からの復興の円滑かつ迅速な推進と活力ある日本の再生を図ること（第1条）」とされている。また、同法第24条には、復興庁の設置が定められており、復興庁の役割として、①復興に関する国の施策の企画、調整及び実施、②地方公共団体への一元的な窓口と支援等を担うこととされている。このような体制のもと、政府は平成23年度～27年度までを集中復興期間と位置づけ、同期間内に約23.5兆円の復興事業を実施するとしている。図表1は、集中復興期間における財源と年度ごとの事業規模である。

図表1　集中復興期間における事業規模と財源

（単位：兆円）

財源	
歳出削減、税外収入等	8.5
復興増税	10.5
日本郵政の株式売却収入	4.0
決算余剰金等	2.0
計	25.0

（単位：兆円）

年度	事業費
平成23-24	17.5
平成25	3.3
平成26-27	2.7
計	23.5

（出所）復興庁HP資料より筆者作成

平成23、24年には17.5兆円が計上されており、さらに平成25年度には3.3兆円、平成26年、27年には両年で2.7兆円が事業費として計上される予定である[2]。復興に関わる主な事業としては、災害廃棄物処理事業やインフラ復興事業、復興交付金などがある。また、これらの事業を実施するための財源については、歳出削減および復興増税に加え、日本郵政の株式売却収入や決算余剰金等が充てられる。

このように、被災地では集中復興期間を通じて多額の予算が投下され、大規模な復興事業が実施される。次項では、こうした復興事業が東北地域経済圏に及ぼすインパクトについて、東北地域産業連関表を用いて分析を行う。

2. 分析のフレームワーク

前述したように、集中復興期間における予算措置は23.5兆円であり、その内訳は「災害救助等関係経費」、「災害対応公共事業関係費」、「被災者支援関係費」、「全国防災対策費」など多岐にわたっている。これらの予算項目のうち、本稿では、平成23～25年度の「公共事業関係経費」を分析対象とし、復興に関わる公共事業の経済波及効果（以下、経済効果という）を推計する。公共事業を分析対象としたのは、①計測モデルで外生的に与えられる「最終需要」について、産業別配分に関わるデータの入手が容易であること、②平成23～25年度予算は、すでに支出済（または予算決定済）であるため、実際の支出額や予算額をもとに経済波及効果を推計できること、などの理由からである[3]。したがって、次節以降で示される計測モデルは、「平成23～25年度の復興関連公共事業の経済効果」を示すものであり、具体的な分析課題は、復興のためのインフラ整備事業が東北地域経済圏に及ぼすインパクトを定量的に把握し、復興政策に関わるファクトファインディングを行うことである。

平成23～25年度の公共事業費を図表2に示した。平成23年度については、1次補正予算および3次補正予算あわせて3兆913億円が計上された。また、平成24年度予算には5,091億円、平成25年度には8,793億円がそれぞれ公共事業予算として計上されている[4]。平成23～25年度の公共事業予算の総額は、4兆4,797億円である。

図表2で示されている公共事業予算は、経済効果を推計する際の基礎となる金額であるが、復興予算については、各予算項目において「不用額」の存在が指摘されている。そのため、本稿においても復興関連公共事業予算の「不用額」を算出し、支出ベースの公共事業費を推計した[5]。不用額を差し引いた後の公共事業費を示したのが図表3である。不用額差引き後の公共事業費は、総額で3兆6,019億円であり、不用額差引き前に比べて8,778億円程度減少する。本稿では、推計結果の現実妥当性を担保するという観点から、不用額差引き後の公共事業費を経済効果の推計に用いる[6]。

図表2　復興政策に関わる公共事業費
（単位：億円）

年　度	公共事業費
平成23	
1次補正予算	16,179
3次補正予算	14,734
平成24	5,091
平成25	8,793
計	44,797

（出所）復興庁HP資料より筆者作成

図表3　不用額差引後の公共事業費
（単位：億円）

年　度	公共事業費
平成23	
1次補正予算	10,851
3次補正予算	12,950
平成24	4,480
平成25	7,738
計	36,019

（出所）復興庁HP資料および会計検査院資料より筆者作成

第3節　計測モデルの定式化

1．計測モデル

　本稿では、東北地域産業連関表（2005年、29部門）を用いて、競争輸入型地域均衡産出高モデルによる定式化を行った。計測モデルは次のとおりである。

$$\Delta X_1 = \left[I - (I - \bar{M})A\right]^{-1}(I - \bar{M})\Delta F$$

$$\Delta X_2 = \left[I - (I - \bar{M})A\right]^{-1}(I - \bar{M})ckw\Delta X_1$$

$$\Delta X = \Delta X_1 + \Delta X_2$$

$\Delta X = $ 生産誘発額合計（直接効果＋間接一次効果＋間接二次効果）

ΔX₁＝第一次生産誘発額（直接効果＋間接一次効果）
ΔX₂＝第二次生産誘発額（ΔX₁による雇用者所得の増加を通じた生産誘発額）
I＝単位行列　　A＝投入係数行列　　$\bar{M}$＝輸移入係数行列
ΔF＝最終需要変化額　　k＝消費転換係数　　c＝民間消費支出構成比
w＝雇用者所得率

　ΔX₁は、第一次生産誘発効果（直接効果＋間接一次効果）を表しており、ΔX₂はΔX₁による雇用者所得の増加を通じた生産誘発効果（第二次生産誘発効果）を表している。ΔXは、第一次生産誘発効果（ΔX₁）と第二次生産誘発効果（ΔX₂）を合計した金額である。本稿では、第二次生産誘発効果までを経済効果の推計範囲とし、その合計値（ΔX）を「経済効果」と定義する。

２．データ

　本稿で用いる産業連関表は、2005年東北地域産業連関表（29部門）である[7]。また、経済効果を計測するための「最終需要額」については、不用額差引後の公共事業費総額（３兆6,019億円）を用いる。ただし、不用額差引後の公共事業費には「用地取得費・補償費」が含まれているため、この公共事業費総額（不用額差引後）からさらに用地取得費等を差し引き、実需ベースの最終需要額を算出した[8]。用地取得費等を除いた最終需要額は、３兆2,201億円と推計される。

　最終需要の配分方法については、「公共事業の実施に伴い、建設業に需要が発生する」と仮定し、分析を進める[9]。すなわち、公共事業の実施によって建設業に３兆円余の新規需要が発生し、その需要を直接的・間接的に満たすために、他の産業の生産、粗付加価値、雇用者所得が誘発される。こうした一連の「産業間連関効果」を推計するのが本稿の狙いである。

　以上のデータをもとに計測モデルを定式化し、復興に関わる公共事業の実施が東北地域経済圏に与えるインパクトを推計した。

第４節　計測結果の吟味

１．計測結果

　図表４は、復興関連公共事業の生産誘発効果である。最終需要額は３兆2,201

図表4　復興政策に関わる公共事業の生産誘発効果

(単位：億円、%)

		第一次 生産誘発効果	第二次 生産誘発効果	生産誘発額 合計	構成比
01	農林水産業	103	299	402	0.7
02	鉱業	57	12	69	0.1
03	飲食料品	8	717	725	1.3
04	繊維製品	10	17	26	0.0
05	製材・木製品・家具	588	17	606	1.1
06	パルプ・紙・板紙・加工紙	138	41	178	0.3
07	化学製品	48	49	97	0.2
08	石油・石炭製品	211	129	340	0.6
09	プラスチック製品	141	19	160	0.3
10	窯業・土石製品	1,073	16	1,089	2.0
11	鉄鋼製品	383	4	387	0.7
12	非鉄金属製品	99	5	104	0.2
13	金属製品	944	15	959	1.8
14	一般機械	40	4	44	0.1
15	電気機械	106	79	185	0.3
16	輸送機械	30	37	67	0.1
17	精密機械	1	7	9	0.0
18	その他の製造工業製品	134	88	222	0.4
19	建設	32,269	115	32,384	60.1
20	公益事業	455	550	1,004	1.9
21	商業	827	760	1,588	2.9
22	金融・保険・不動産	1,156	3,285	4,441	8.2
23	運輸	754	381	1,135	2.1
24	情報通信	395	400	795	1.5
25	公務・教育・研究	224	337	561	1.0
26	医療・保健・社会保障・介護	52	868	921	1.7
27	対事業所サービス	2,914	603	3,517	6.5
28	対個人サービス	26	1,470	1,496	2.8
29	その他	346	64	410	0.8
	合計	43,531	10,390	53,921	100.0

(出所) 筆者作成

億円であり、この最終需要を満たすために直接的・間接的に誘発される生産額（第一次生産誘発）は、4兆3,531億円と推計される。建設業の第一次生産誘発効果が大きいのは、公共事業の実施に伴う新規需要（直接効果）が建設業に発生すると仮定していることによる。さらに、第一次生産誘発効果によって各産業の雇用者所得が増加し、この増加した所得の一部が消費活動に向けられるため、東北地域経済圏で新たな需要が生まれる。こうした雇用者所得の増加に伴う生産誘発効果は、「第二次生産誘発効果」で示されている。第二次生産誘発効果は約1兆390億円であり、第一次および第二次の生産誘発効果の合計は、5兆3,921億円にのぼっている。

　次に、生産誘発効果を産業別にみると、建設業の生産誘発効果（3兆2,384億円）が最も大きく、生産誘発効果全体の約60％を占めている。分析結果に示されているように、復興事業の実施によって東北地域経済圏の建設業部門に大規模な需要が発生している状況がうかがえる[10]。建設業の次に生産誘発効果が大きいのは、金融・保険・不動産（4,441億円）、対事業所サービス（3,517億円）、商業（1,588億円）、対個人サービス（1,496億円）、運輸（1,135億円）などのサービス産業である。これらのサービス産業は、農林水産業や製造業等に比べて第二次生産誘発効果が大きく、したがって雇用者所得の増加を通じた生産誘発効果の恩恵をより受けていると考えられる。図表5には、雇用者所得誘発額と粗付加価値誘発効果を示した。

　公共事業の実施に伴う種々の経済活動の結果、東北地域経済圏の粗付加価値は2兆7,569億円、雇用者所得は1兆6,992億円それぞれ増加する。公共事業によって誘発される粗付加価値額は、同地域の震災前（2010年）の域内総生産（約32兆8,000億円）の8.4％程度に相当しており、復興事業が域内の経済活動にいかに大きなインパクトを与えているかがわかる。また、雇用者所得誘発額を産業別にみると、建設業が1兆1,360億円と突出して大きく、次いで対事業所サービス（1,240億円）、商業（682億円）、金融・保険・不動産（562億円）の順となっている。

　以上が本稿の分析結果である。これまでみてきたように、生産誘発効果だけでなく、粗付加価値誘発効果や雇用者所得誘発効果の面でみても、建設業やサ

図表5　粗付加価値誘発と雇用者所得誘発

(単位：億円)

		粗付加価値誘発額	雇用者所得誘発額
01	農林水産業	208	40
02	鉱業	30	12
03	飲食料品	288	82
04	繊維製品	9	7
05	製材・木製品・家具	227	122
06	パルプ・紙・板紙・加工紙	55	20
07	化学製品	33	12
08	石油・石炭製品	107	7
09	プラスチック製品	50	35
10	窯業・土石製品	504	251
11	鉄鋼製品	120	45
12	非鉄金属製品	31	11
13	金属製品	437	276
14	一般機械	16	10
15	電気機械	50	31
16	輸送機械	13	8
17	精密機械	3	2
18	その他の製造工業製品	95	55
19	建設	15,024	11,360
20	公益事業	518	159
21	商業	1,104	682
22	金融・保険・不動産	3,524	562
23	運輸	748	512
24	情報通信	503	196
25	公務・教育・研究	389	365
26	医療・保健・社会保障・介護	561	470
27	対事業所サービス	2,091	1,240
28	対個人サービス	862	413
29	その他	−33	8
	合計	27,569	16,992

(出所) 筆者作成

ービス産業への経済効果が大きい。すなわち、被災地域の復興のための公共事業は、同地域の建設業と第三次産業により大きなインパクトを与えており、災害復旧事業やインフラ復興事業等の各事業がこれらの産業の需要の創出と所得の増大に極めて重要な役割を果たしていることがわかる。

2．計測モデルの課題

　前項において分析結果を示したが、ここで計測モデルの課題についても指摘しておきたい。計測モデルに関わる課題として、①企業の供給制約の問題、②被災地域産業連関表の作成について、③他の復興事業が地域経済に及ぼすインパクトの推計、などがある。

　計測モデルの第一の課題は、企業の供給制約の問題に関するものである。東日本大震災は、被災地域に立地していた企業にも甚大な被害を及ぼした。徳井ほか（2012）によれば、被災地域における事業所・企業ベースの純資本ストック被害額は、10兆7,000億円と推計されている。こうした資本ストックの被害により、被災地域において中間財生産に関わるサプライチェーンの寸断が生じ、その結果、被災地域の企業に財の供給制約が生じた可能性も考えられる。一般的に、産業連関モデルは財の供給制約を仮定しておらず、企業は「需要に見合うだけの供給を行うことができる」と仮定している。本稿においても、復興事業が順調に実施された場合の経済効果という、いわば復興事業のベストシナリオを提示することに主眼を置いているため、企業の供給制約は想定していない。しかし、計測モデルの現実妥当性をより高めるためには、被災地域の状況を踏まえたうえで、今後は「供給制約を考慮した産業連関モデル」を検討する必要がある[11]。

　計測モデルの第二の課題は、被災地域の産業連関表の作成に関するものである。本稿は、「東北地域産業連関表」を用いて分析を行ったが、同表には秋田県や山形県などの震災の直接的な被害が少なかった地域も含まれている。復興事業のインパクトをより正確に把握するためには、直接的な被害が大きかった地域（宮城、岩手、福島）のみを扱った産業連関表で分析を行うことが望ましい。しかしながら、産業連関表は、都道府県あるいは圏域単位でしか作成されてお

らず、被災地域のみを扱った産業連関表は公表されていない。こうした課題に対して、今後はノン・サーベイアプローチ等の手法を用いて「被災地域産業連関表」を作成し、被災地域の産業間取引構造に焦点をあてた分析を行う必要がある[12]。

　計測モデルの第三の課題は、公共事業以外の復興事業の経済効果に関するものである。本稿は、インフラ整備等の公共事業に焦点をあてて経済効果を推計したのであるが、復興事業はこうした公共事業以外にも多数実施されている。第1節でみたように、復興のための予算は23.5兆円にものぼっており、インフラ整備以外の復興事業が被災地域の経済に与える影響も無視できない。公共事業以外の復興事業については、その使途に関する詳細なデータが得られなかったため、本稿の計測モデルには含めていない。しかし、復興事業の経済的なインパクトを定量的に評価、分析するためには、諸々の復興事業を精査し、需要創出効果が見込まれる事業については計測モデルに内生化するべきであろう。

　以上が計測モデルに関わる課題である。本節で示したこれらの課題については、今後データの精査ならびに計測モデルの修正等を行いつつ、計測モデルの改善を試みたい。

第5節　おわりに

　本稿は、震災復興のための公共事業が地域経済に与えるインパクトについて、東北地域産業連関表を用いて分析を行った。これらをまとめると次のとおりである。

　平成23〜25年度の復興事業に関わる公共事業予算（不用額差引後）は、総額で3兆6,019億円である。この公共事業費総額から用地取得費等を差し引いた金額を「復興のための公共事業費」と定義し、経済効果の推計に用いた。復興のための公共事業費は、総額で3兆2,201億円である。

　上述の公共事業費をもとに、2005年東北地域産業連関表（29部門）を用いて競争輸入型地域均衡産出高モデルを定式化し、経済効果の推計を行った。分析の結果、平成23〜25年度予算における生産誘発効果の総額は、5兆3,921億円と推計される。産業別では、建設業の生産誘発効果（3兆2,384億円）が最も大き

く、生産誘発効果全体の約60％を占めている。復興に関わる公共事業の実施によって、東北地域経済圏の建設業に大規模な建設需要が発生している状況がうかがえる。建設業の次に生産誘発効果が大きいのは、金融・保険・不動産（4,441億円）、対事業所サービス（3,517億円）、商業（1,588億円）等のサービス産業である。これらの産業は、他の産業と比較して第二次生産誘発効果が大きいことから、雇用者所得の増加を通じた生産誘発効果の恩恵をより大きく受けていると考えられる。

　復興事業が粗付加価値と雇用者所得に与える影響をみると、公共事業の実施によって、東北地域経済圏の粗付加価値は２兆7,569億円、雇用者所得は１兆6,992億円それぞれ増加する。公共事業によって誘発される粗付加価値額は、同地域の震災前（2010年）の域内総生産の8.4％程度に相当しており、復興事業が域内の経済活動に極めて大きなインパクトを与えていることがわかる。産業別の雇用者所得誘発額では、建設業の所得誘発効果が１兆1,360億円と突出して高く、次いで対事業所サービス（1,240億円）、商業（682億円）、金融・保険・不動産（562億円）の順となっている。

　本稿の分析結果で示されているように、震災復興のための公共事業は、被災地域における需要の創出や所得の増大に重要な役割を果たしている。とりわけ、建設業やサービス産業への経済的なインパクトは極めて大きい。現在、被災地域における公共事業の入札不調の問題や建設業における人件費の上昇等が顕在化しており、本稿で示したような経済効果の実現には課題も多い。今後は、入札不調等の課題に取り組みつつ、農林水産業や製造業も含めたより多くの産業に経済波及効果が浸透するような復興政策を展開していく必要がある。

（注１）例えば、Ikemiyagi,H.（2011）、内閣府（2011）、徳井ほか（2012）、総合研究開発機構（2013）などの分析事例がある。
（注２）平成25年度の復興特別会計予算（概算決定）は、４兆3,840億円であるが、本稿では復興推進会議（平成25年１月29日）の「復興財源フレームの見直し」で示されたデータを用いる。

（注３）がれき処理事業については、「最終需要」の産業別配分に関わるデータの入手が困難であることから、経済波及効果の計測の対象としない。
（注４）平成23年度１次補正予算では「災害対応公共事業関係費」および「施設費災害復旧費等」の項目を、３次補正予算および平成24年度予算では「公共事業の追加」を、平成25年度予算では「復興関係公共事業等」をそれぞれ公共事業費として用いた。
（注５）不用額については、会計検査院「東日本大震災からの復興等に対する事業の実施状況等に関する会計検査の結果について」平成24年、pp.34-35を参照。
（注６）平成24年度、25年度予算については、不用額に関わる詳細なデータが入手できないため、平成23年度公共事業費の平均不用率を用いて不用額を算定した。
（注７）東北地域産業連関表に含まれる地域は、青森、岩手、宮城、秋田、山形、福島の６県である。
（注８）用地取得費の推計については、総務省『地方財政白書（平成24年版）』の「普通建設事業費に占める用地取得費の割合」を用いた。
（注９）本稿の計測モデルおよび最終需要の配分方法については、土居・浅利・中野（1996）に依拠している。
（注10）被災地における有効求人倍率（建設業、平成25年４月）をみると、福島県が3.08、岩手県が2.10、宮城県が3.48となっており、これらの地域の建設業に大規模な需要が発生していることが示されている。
（注11）企業の供給制約を考慮した研究としては、下田充・藤川清史（2012）がある。
（注12）ノン・サーベイアプローチによる産業連関表の作成は、日吉拓也・川上哲・土井正幸（2004）および比嘉（2012）を参照。

【参考文献】

会計検査院（2012）「東日本大震災からの復興等に対する事業の実施状況等に関する会計検査の結果について」会計検査院。

下田充・藤川清史（2012）「産業連関分析モデルと東日本大震災による供給制約」『産業連関』第20巻２号、環太平洋産業連関分析学会。

総合研究開発機構（2013）「データが語る被災３県の現状と課題Ⅳ　東日本大震災復旧・復興インデックス」総合研究開発機構。

総務省編（2012）『地方財政白書』日経印刷。

土居英二・浅利一郎・中野親德（1996）『はじめよう地域産業連関分析』日本評論社。

徳井丞次ほか（2012）「東日本大震災の経済的影響――過去の災害との比較、サプライチェーンの寸断効果、電力供給制約の影響――」独立行政法人経済産業研究所。

内閣府（2011）「東日本大震災における被害額の推計について」内閣府。

比嘉正茂（2012）「基礎自治体における地域産業連関表の作成と経済波及効果の計測」『大月短大論集』第43号、大月短期大学。

日吉拓也・川上哲・土井正幸（2004）「ノンサーベイ・アプローチによるつくば市産業連関表の作成と応用」『産業連関――イノベーション＆I-Oテクニーク――』第12巻１号、環太平洋産業連関分析学会。

Ikemiyagi, H.（2011）"*The Great East Japan Earthquake and the Japanese Economy,*" Japanese Studies Journal, Vol.28 No.1, Thammasat University.

【参照資料】
復興庁「平成23年度及び24年度復興関係予算」(2013年9月1日参照)
　　　http://www.reconstruction.go.jp/topics/120611_hukkouyosan.pdf
復興庁「復興特別会計と復興庁所管予算等との関係」(2013月9月18日参照)
　　　https://www.reconstruction.go.jp/topics/120611tokkaitohukkoucyouyosan.pdf
復興庁「今後の復旧・復興事業の規模と財源について」(2014年2月10日参照)
　　　www.reconstruction.go.jp/topics/20130129_fukkouzaigen.pdf
復興庁「復旧・復興予算の概要（主な事業）」(2014年2月11日参照)
　　　www.reconstruction.go.jp/topics/20130207_shiryou04.pdf
復興庁「平成25年度予算概算決定概要」(2014年3月13日参照)
　　　http://www.reconstruction.go.jp/topics/20130208_25yosangaisankettei.pdf。)
宮城労働局「求人・求職バランスシート（平成25年4月）」(2014年3月10日参照)
　　　http://miyagi-roudoukyoku.jsite.mhlw.go.jp/var/rev0/0109/3483/201353094125.pdf
福島労働局「公共職業安定所業務取扱月報（平成25年4月分）」(2014年3月10日参照)
　　　http://fukushima-roudoukyoku.jsite.mhlw.go.jp/var/rev0/0111/8923/201353195842.pdf
岩手労働局「求人・求職バランスシート（平成25年4月）」(2014年3月10日参照)
　　　http://iwate-roudoukyoku.jsite.mhlw.go.jp/var/rev0/0108/4628/2504baransu.pdf
財務省「平成25年度予算のポイント」(2014年3月12日参照)
　　　http://www.mof.go.jp/budget/budger_workflow/budget/fy2013/seifuan25/01point.pdf

第16章
地方公共団体における消防組織の現状と課題

米田　正巳
(公認会計士)

第1節　はじめに

　地方公共団体は事務を行うについて、種々の機能が与えられているが、その主なものの一つに自治行政権がある。この自治行政権には、いわゆる管理行政を行う機能のほか、権力行政たる警察、消防行政などがある。わが国の消防組織には救急業務も含まれている。住民の安全・安心に直接的に関係しているのは消防行政である。

　平成23年3月11日14時46分、三陸沖の深さ24kmを震源として、わが国観測史上最大のマグニチュード9.0の東日本大地震が発生した。被害の甚大さを踏まえ、総務省消防庁では、3月11日15時46分、消防庁長官から緊急消防援助隊に対して出動指示を行った。特に、福島第一原発における放水活動において、緊急消防援助隊（東京消防庁、大阪市、横浜市、川崎市、新潟市、浜松市、名古屋市、京都市及び神戸市消防局など）が3月18日から22日にかけて派遣された。

　東京都は都知事が特別区の消防を管理するが、東京都以外の道府県の「消防に関する責任」は市町村にある。したがって、東京都以外、道府県には消防・救急の実働隊はなく、実働隊は市町村の常備消防（消防本部・消防署）と、非常備消防の消防団である。

　地方財政白書（平成25年版）による平成23年度の消防費の決算額は、1兆8,388億円（前年度比3.4％増）であり、その内、人件費は1兆3,348億円（前年度比0.5％増）で消防費合計の72.6％である。また、消防費のわが国の歳出総額に占める割合は1.9％である。

　都道府県と市町村の平成23年度の消防費は、都道府県は2,185億円であり、市町村は1兆6,973億円である。市町村の消防費は都道府県の消防費の7.8倍となっ

ている。

　上記の緊急消防援助隊が予算・装備などの関係で、東京都と政令指定都市が中心とならざるを得なかったのであろう。

　本章における研究テーマは「地方公共団体の消防組織の現状と課題」である。

第2節　消防組織の概要（国・都道府県・市町村の関係）
1．国の消防組織
　国の消防組織は、総務省消防庁が都道府県や市町村に対して、消防力強化のための指導助言を行い、消防行政の水準を引き上げるため、又は市町村の財政援助として国庫補助金などを交付している。

　消防組織法（以下「法」という。）第37条は「消防庁長官は、必要に応じ、消防に関する事項について都道府県又は市町村に対して助言を与え、勧告し、又は指導を行うことができる。」と規定し、法49条2項は「緊急消防援助隊に係る第45条第2項の計画に基づいて整備される施設であって政令で定めるものに要する経費は、政令で定めるところにより、予算の範囲内において、国が補助するものとする。」と規定している。これは、緊急消防援助隊に係る編成・整備の計画に基づき整備される施設については、国が補助することを明らかにした。

　また、同条3項は「前項に定めるもののほか、市町村の消防に要する費用に対する補助金に関しては、法律でこれを定める。」と規定している。これは、市町村の消防費に対する国庫補助金に関しては、市町村消防の自主性を保障しつつ、市町村消防に対して補助する必要に応ずるため、同条2項に定める経費に対する補助を除き、国庫補助に係る事項を別に法律で定めることとしている。

2．都道府県の消防組織
　都道府県の消防組織は、法38条において「都道府県知事は、必要に応じ、消防に関する事項について、市町村に対して勧告し、指導し、又は助言を与えることができる。この場合における勧告、指導及び助言は、消防庁長官の行う勧告、指導及び助言の趣旨に沿うものでなければならない。」と規定している。

　都道府県では、市町村の消防が十分に行われるよう消防に関する当該都道府

県と市町村との連携および市町村相互間の連絡協調を図るほか、消防に関して、法29条１号から13号に掲げる事務（消防職員の教養訓練・活動の指導など）をつかさどるとある。

　航空消防隊について、法30条１項は「前条に規定するもののほか、都道府県は、その区域内の市町村の長の要請に応じ、航空機をもちいて、当該市町村の消防を支援することができる。」と規定しており、同条３項において、「都道府県知事は、第１項の規定に基づく市町村の消防の支援のために、都道府県の規定で定めるところにより、航空消防隊を設けるものとする。」と規定している。

　ただし、東京都は他の道府県と異なり、法27条は「都知事が特別区の消防を管理する。」と規定しており、東京都が消防組織の責任を負い、消防常備組織をもつことが出来る。この規定により、東京都は特別区（23区）における消防本部として東京消防庁を条例により設置しており、稲城市を除く多摩地域（武蔵野市など25市、３町、１村）は、消防団および消防水利を除く消防事務を東京消防庁に委託している。したがって、都道府県の内で、消防の実働隊を有しているのは東京都だけである。

３．市町村の消防組織

　市町村の消防組織は、法６条において「市町村は、当該市町村の区域における消防を十分に果たすべき責任を有する。」と規定しており、法８条は「市町村の消防に要する費用は、当該市町村がこれを負担しなければならない。」と規定している。また、法36条は「市町村消防は、消防庁もしくは、都道府県の運営管理又は行政管理に服することはない。」と規定している。

　このことは、市町村が消防の責任を果たすために必要な施設や人員を確保するために要する費用については、市町村が負担するのが建前としているものである。したがって、消防の実働隊は、市町村の責任において整備されるということである。

第3節　わが国の消防体制の状況

1．わが国の消防体制

わが国の消防体制は、市町村に常備消防と呼ばれる消防本部・消防署と、非常備消防である消防団により構成されている。いずれの組織も、住民に最も身近な自治体である市町村の責任のもとに設置され、市町村長の管理下で活動している。

(1)　常備消防（平成25年4月1日現在：平成25年版 消防白書 134頁）

消防職員（160,392人・前期比662人増）は、常勤の一般職の地方公務員であり、消防本部は770本部（前期比21減）、消防署は1,700署（前期比6減）、出張所は3,162所（前期比22減）である。

(2)　非常備消防（平成25年4月1日現在：平成25年版 消防白書 134頁）

消防団員（868,872人・前期比5,321人減）は非常勤特別職の地方公務員であり、消防団は2,224団（前期比10減）、分団は22,578団（前期比175減）である。

2．わが国の消防装備

(1)　消防車両等

消防本部及び消防署においては、消防活動に必要な消防車両等が整備されている。また、消防団においては小型動力ポンプ付搭載車等が整備されている。その内容は、図表1のとおりである。

図表1　消防車両等の保有数

(平成25年4月1日現在)
(単位：台、艇、機)

区分	消防本部	消防団	計
消防ポンプ自動車	3,912	13,536	17,448
水槽付消防ポンプ自動車	3,817	903	4,720
はしご自動車	1,214	0	1,214
化学消防車	1,016	3	1,019
救急自動車	6,073	0	6,073
指揮車	1,857	860	2,717
救助工作車	1,243	0	1,243
林野火災工作車	52	17	69
電源・照明車	76	61	137
小型動力ポンプ付積載車	444	35,309	35,753
その他の消防自動車	8,415	1,691	10,106
手引動力ポンプ	1,276	2,811	4,087
小型動力ポンプ	1,761	13,714	15,575
消防艇	44	18	62

(出所) 平成25年版 消防白書 136頁

(2) 航空消防体制の現況

　航空消防体制は都道府県が設置の責任を負っている。大規模災害および複雑多様化する各種災害並びに救急業務の高度化に対応するため、消防庁では、従来から消防防災ヘリコプターの全国的配置を推進している。平成25年10月1日現在の消防防災ヘリコプターの保有状況は、消防庁保有が5機、消防機関保有が30機、道県保有が40機の計75機（図表2）となっており、県内にヘリコプターの配置がない未配備県域は佐賀県及び沖縄県の2県域である。

図表2　消防防災ヘリコプターの保有状況

○消防庁保有ヘリコプター	5機（東京消防庁、京都市消防局、埼玉県、宮城県及び高知県が無償使用中）
○消防機関保有ヘリコプター	30機（東京消防庁、15政令指定都市）
○道県保有ヘリコプター	40機（38道県）
平成25年10月1日現在配備状況	合計：75機（45都道府県、55団体）

(出所) 平成25年版 消防白書 182頁

3．消防費の状況

(1) 性質別内訳

　地方公共団体の消防行政の諸施設に要する経費である消防費の平成23年度決算額は、1兆8,388億円で22年度と比較して3.4％増となっている。また、消防費の歳出総額に占める割合は1.9％となっている。

　消防費の性質別の内訳は図表3のとおりであり、人件費が消防費総額の72.6％となっている。主たる消防行政の責任が市町村にあり、消防費の都道府県と市町村の割合は1対7.8となっている。

図表3　平成23年度 消防費の性質別内訳

（単位：百万円・％）

区分	都道府県		市町村		純計額	
人件費	175,139	80.2	1,159,703	68.3	1,334,842	72.6
物件費	19,130	8.8	166,750	9.8	185,879	10.1
普通建設事業費	18,223	8.3	209,693	12.4	225,767	12.3
補助事業費	292	0.1	35,671	2.1	35,963	2.0
単独事業費	17,931	8.2	173,500	10.2	189,805	10.3
県営事業負担金	—	—	522	0.0	—	—
その他	5,971	2.7	161,171	9.5	92,347	5.0
合計	218,463	100.0	1,697,317	100.0	1,838,835	100.0

（出所）平成25年版 地方財政白書 資66頁

(2) 財源内訳

　平成23年度消防費の財源内訳は図表4のとおりであり、消防費の財源内訳の89.0％が一般財源等である。交付団体では、普通交付税で賄われていることになる。財政の経済性、効率性を考慮するのであれば、消防組織の広域化等が必要である。

図表4　平成23年度消防費の財源内訳

(単位：百万円・％)

区分	都道府県		市町村		純計額	
国 庫 支 出 金	838	0.4	16,136	1.0	16,973	0.9
地 方 債	11,123	5.1	114,507	6.7	124,623	6.8
その他 特定財源	48,736	22.3	97,500	5.7	59,775	3.3
一 般 財 源 等	157,766	72.2	1,469,174	86.6	1,637,464	89.0
合　　　　計	218,463	100.0	1,697,317	100.0	1,838,835	100.0

(出所) 平成25年版 地方財政白書 資66頁

第4節　道府県の消防体制の状況（埼玉県の例による）

1．埼玉県の消防体制

　道府県の消防体制について、埼玉県を例にとり説明する。埼玉県の消防体制は、危機管理防災部のもとに危機管理課、消防防災課、化学保安課の3課がおかれている。県では、市町村に対する指導監督の他、消防学校と防災航空センターの管理・運営が中心の業務である。

(1) 常備消防（平成23年4月1日現在：平成23年版 埼玉県 消防年報より）

　消防職員（8,117人）は常勤の一般職の地方公務員である。消防本部は36本部であり、埼玉県64市町村のうち、単独市町で24市町が消防本部を設置、39市町村が一部事務組合で12消防本部を設置、1町が事務委託で常備化されている。消防署は66署、出張所は131所である。

(2) 非常備消防（平成23年4月1日現在：平成23年版 埼玉県 消防年報より）

　消防団員数（14,271人）は非常勤特別職の地方公務員であり、消防団は71団、分団は585団である。

2．埼玉県の航空消防体制の現況

(1) 航空組織

　防空航空センターの職員総数は、21名（5クルー）、ヘリ2機（あらかわ1

号，あらかわ2号）の24時間体制がとられている。基地は川島町にあり、全県域内が最高17分30秒以内でカバーされることになっている。なお、消防庁より一機が貸与されている。

(2) 運航体制

　埼玉県は、全国初の方式（いわゆる「埼玉方式」）を採用し、県と市町村と民間の三者一体の次のような運行体制を採用している。
①埼玉県の担当は、機体の購入、運航の維持管理である。
②市町村の担当は、航空隊員の派遣である。埼玉県では、県内消防本部と埼玉県防災ヘリコプター応援協定を締結している。
③民間航空会社（本田航空）の担当は、ヘリコプター操縦、整備、格納である。

3．埼玉県の消防費の状況

　「平成22年度版 埼玉県 消防年報」によると、埼玉県の64市町村の消防費は図表5のとおりである。

　「単位費用」は、人口10万人の市を標準的な地方団体（標準団体）とし、この10万人の市における行政規模を「消防力の整備指針」（平成12年消防庁告示第1号）に基づいて算定し、平成21年度の「単位費用」は11,000円である。しかし、埼玉県の「平成21年度の住民一人当たりの消防費」は12,459円であり、その関係で「消防費基準財政需要額に対する消防費決算額割合」は102.4％となっている。

　埼玉県独自の平成21年度の消防費の予算は21億円であり、上記市町村の消防費の2.4％にすぎない。

図表5　埼玉県64市町村消防費の決算状況

(単位：千円、％)

区分	平成20年度	平成21年度	前年度増減比
普通会計決算額（A）	1,973,720,170	2,133,041,914	＋8.07
消防費決算額（B）	87,143,792	88,747,532	＋1.84
消防費に係る基準財政需要額（C）	86,011,704	86,656,108	＋0.74
普通会計歳出決算額に占める消防費の割合（B/A）	4.4	4.4	0
消防費基準財政需要額に対する消防費決算額割合（B/C）	101.3	102.4	＋1.1
住民一人当たりの消防費（円）	12,280	12,459	＋179

（出所）平成22年版 埼玉県 消防年報 130頁

第5節　東京都の消防体制の状況

1．東京都の消防体制

　東京都には、26市、5町、8村と39の市町村があり、山間部（桧原村など）と島しょ地域（伊豆諸島：大島、神津島、利島、三宅島、式根島、新島、御蔵島、八丈島、青ヶ島）など多様な地域・要素を持つ地方公共団体である。東京都の体制は特別区（23区）を有しているため、消防組織法により他道府県とは異なる消防体制をとっている。東京都の特別区（23区）における消防本部として東京消防庁を条例により設置している。

(1)　多摩地区と島しょ地域の消防体制

　市町村の消防事務は消防組織法に基づいて、各市町村が自ら責任をもって行う事になっているが、多摩地区（23区以外の市町村）は昭和35年以降逐次、東京消防庁へ消防事務が委託されてきた。平成20年3月31日、東京都において「東京都消防広域化推進計画」が策定され、未受託地域であった東久留米市及び稲城市の2市が広域化対象とされ、平成22年4月1日に東久留米市が東京消防庁へ消防事務を委託した。

　一方、島しょ地域の消防は、町村の責任において実施されているが、東京消防庁では、危険物行政やヘリコプターによる救急活動などの行政の補完を行っ

ている。なお、消防団と消防水利施設の設置などに関することは、委託事務の対象から除かれているので、各市町村で運営管理を行っている。

(2) 消防本部などの設置

特別区の消防本部として東京消防庁（第１・２・３・４・５・６・７・10消防方面本部）を設置しており、稲城市を除く多摩地域（武蔵野市など25市、３町、１村）は、消防団および消防水利を除く消防事務を東京消防庁に委託している。そのため、多摩地域（稲城市を除く）には、消防本部ではなく第８・９消防方面本部が設置されている。

東京都と委託契約を行っていない「島しょ地域」の９町村の内、大島町、三宅村、八丈町の３町村は消防本部を設置しているが、他の６村については消防本部を設置していない。

(3) 常備消防（平成25年４月１日現在）

消防職員（18,152人、その内消防吏員は17,728人）は、常勤の一般職の地方公務員である［消防本部（10消防方面本部）、消防署（81署）、出張所（208所）］。

(4) 非常備消防（平成25年４月１日現在）

特別区の消防団は東京都条例により設置され、各消防団の本部は、特別区においては東京消防庁の消防署内に設置され、多摩地域の市町村においては各市町村に消防団が設置されている［消防団（98団）、分団（718団）、団員数（25,453人）］。

２．東京都の航空消防体制について

東京消防庁航空体制は、昭和41年11月、わが国ではじめての「消防航空隊」として発足して以来、①航空救急、②航空救助、③空中消火、④島しょ地区への救急・災害活動などを行い、40年以上にわたり都民の安全を空から守っている。東京消防庁航空隊は、７機（１機は総務省消防庁より貸与）のヘリコプターを保有し、一番遠方の青ヶ島（東京ヘリポートより400km弱）までの所要時

間は、1時間30分弱である。

東京都の航空隊の業務は、①災害時における上空からの人命救助、消火活動及びヘリコプターテレビ電送システムによる情報収集ならびに部隊指揮、②救急ヘリコプターによる活動（東京型ドクターヘリを含む）、③上空からの写真撮影、広報活動、その他の各種調査などである。このような業務に加え、地上の消防部隊の活動が制約される大震災時には、その機動力を発揮している。

3．消防救助機動部隊（ハイパーレスキュー隊）

東京消防庁では、より高度な救助技術と資機材を装備した特別救助隊を昭和46年から順次整備するとともに、阪神・淡路大震災の教訓を踏まえて、平成8年には震災時や大規模な特異災害に対応する消防救助機動部隊（通称、「ハイパーレスキュー隊」という。）を発足させた。このハイパーレスキュー隊は、大震災などにより都市が崩壊するなど、甚大な被害が発生した状況下において、破壊消防を実施するなど、特殊な技術、能力および装備を有する特殊部隊である。ハイパーレスキュー隊は、第2・第3・第6・第8消防方面本部に配属されており、平成25年3月以降に第9消防方面本部（特に、化学災害に対応する部隊）に配属され運用開始されている。

4．災害救急情報センター

災害救急情報センターは、東京消防庁（千代田区大手町）と第八消防方面本部（立川市泉町）の二か所にあり、特別区（23区）と多摩地域（一部地域を除く。）から通報をそれぞれ受信し対応している。火災や事故などで119番通報をすると、「災害救急情報センター」につながり、災害現場近くの消防署・消防出張所や移動中の消防車、救急車に出動指令がなされ、消防車や救急車が出動する。また、救急隊指導医が、救急救命士に対する指示のほか、必要な救急処置や専門医療機関の選定などの助言を24時間体制で行っている。

5．東京都の消防予算の概況

東京消防庁の予算は、大規模・複合災害に備えるとともに、迅速な人命救助、

消火活動により、都民生活の安心・安全を高めるなどの主要事業に対する消防行政の運営および施設等の整備に関する経費として、平成25年度消防費の歳出予算（2,439億100万円）が計上されており、都の一般会計に占める割合は3.9%となっている。東京都の消防費は、わが国の消防費の約13%となっている。その内訳は、図表6、図表7、図表8のとおりである。

図表6　消防費の歳入予算

（単位：千円）

科　目	平成25年度	平成24年度	増減額
使用料及び手数料	365,728	451,063	△85,335
国庫支出金	710,921	852,469	△141,548
財産収入	576,647	564,489	12,158
繰入金	1,602,079	1,606,890	△4,811
諸収入（注）	47,009,946	48,891,110	△1,881,164
都債	14,924,000	13,186,000	1,738,000
合計	65,189,321	65,552,021	△362,700

（注）諸収入の大部分は多摩地区の市町村からの「受託費収入」である。
（出所）東京消防庁編「消防行政の概要 平成25年」7頁

図表7　消防費の歳出予算

（単位：千円）

科　目	平成25年度	平成24年度	増減額
消防管理費	185,946,000	188,016,000	△2,070,000
消防活動費	25,000,000	21,757,000	3,243,000
消防団費（注1）	3,523,000	3,114,000	409,000
退職手当・年金費	17,778,000	19,314,000	△1,536,000
建設費	11,654,000	14,278,000	△2,624,000
消防費計	243,901,000	246,479,000	△2,578,000
都一般会計予算額	6,264,000,000	6,149,000,000	115,000,000

（注1）消防団費は、特別区（23区）の消防団の予算額であり、多摩地域等の消防団費は、各市町村で負担する。
（注2）平成24年度の一般会計との割合
$$\frac{消防費}{東京都一般会計予算額} = \frac{243,901,000千円}{6,264,000,000千円} \times 100 = 3.9\%$$
（出所）東京消防庁編「消防行政の概要 平成25年」8頁

図表8　消防費の歳出予算性質別比較

(単位：千円)

区　　　　分	平成25年度	平成24年度	増減額
人　件　費	118,109,467	118,406,976	△297,509
退　職　手　当	17,391,365	18,879,678	△1,488,313
その他給与関係費	59,351,966	61,536,637	△2,184,671
給 与 関 係 費 計	(194,852,798)	(198,823,291)	(△3,970,493)
事　業　費　計	(49,048,202)	(47,655,709)	(1,392,493)
合　　　　計	243,901,000	246,479,000	△2,578,000

(注)　①平成25年度の給与関係費の消防費の割合は、79.9%である。
　　　②「その他給与関係費」の割合が24.4%であるのは、24時間体制で時間外手当が多額になっているためである。
(出所)　東京消防庁編「消防行政の概要 平成25年」8頁

第6節　消防の広域化

1．市町村の消防の広域化の推進（平成24年版 消防白書159～163頁）

　以下、消防の広域化について論じる。市町村は、その区域内における消防事務を十分に果たすべき責任を有しているが、小規模な市町村における消防体制は多くの課題を抱えている。消防の広域化は、複数の市町村が一部事務組合や事務委託といった形態により、消防事務を共同で処理することによる行財政上のスケールメリットを活用し、消防体制の整備・確立を図ることを目指すものである。

　総務省消防庁は、阪神大震災以降、市町村防災の規模を拡大することにより、消防体制の整備および充実強化を図り、住民サービスを向上させるために、消防の広域化を推進している。市町村の消防の広域化は、平成6年以降、継続的な取組が行われている。

2．市町村消防の状況

(1)　消防本部の状況

　昭和23年3月7日に消防組織法が施行されて以来、「市町村消防の原則」が消防制度の根幹として維持されており、消防本部及び消防署の設置が進められた。

全国の消防本部数は、平成３年に過去最多の936本部まで増加したが、平成６年以降は、市町村消防の広域化の推進や市町村合併が大幅に進んだことから、平成24年４月１日現在の消防本部数は、791本部まで減少した。

(2) 非常備町村の状況

　消防本部及び消防署を設置していない非常備町村数は37町村である。37の非常備町村は、11都府県に存在するが、地理的な要因から非常備である地域も多く、37町村中、１都３県の21町村（非常備町村全体の56.8％）が島しょ地域である。

(3) 小規模消防本部の課題

　全国791消防本部のうち、管轄人口が10万人未満の小規模消防本部は478本部あり、全体の60％をしめている。一般的に、これらの小規模消防本部では、複雑化・多様化する災害への対応力、高度な装備や資機材の導入及び専門的な知識・技術を有する人材の養成等、組織管理や財政運営面における対応に課題があると指摘されている。

３．広域化の推進の枠組み

(1) 平成18年の消防組織法の改正

　阪神大震災の教訓に基づき、平成18年通常国会において、消防組織法（平成18・６・14・法律　第64号）の改正が行われ、「第４章　市町村の消防の広域化」と「第５章　各機関相互間の関係」等が追加された。この改正により、消防の広域化の理念及び定義、基本指針に関すること、推進計画及び都道府県知事の関与などに関すること、広域消防運営計画に関すること、国の援助等に関するなどが規定された。この改正により、東日本大震災に対して、この法律により対応が可能であった。

(2) 市町村の消防の広域化に関する基本方針

　消防庁は改正後の消防組織法第32条第１項に基づき、平成18年７月に「市町

村の消防の広域化に関する基本方針」を定めた。この中で、広域化を推進する期間については、平成19年度中には都道府県において推進計画を定め、推進計画策定後5年度以内（平成24年度まで）を目途に広域化を実現することとされた。平成23年5月に「地域の自主性及び自立性を高めるための改革の推進を図るための関係法律の整備に関する法律」が施行され、都道府県による推進計画の策定は努力義務化された。

(3) 緊急消防援助隊について

　緊急消防援助隊は、平成7年1月17日の阪神・淡路大震災の教訓を踏まえ、国内で発生した地震等の大規模災害時における人命救助活動等をより効果的かつ迅速に実施し得るよう、全国の消防機関相互による応援体制を構築するため、全国の消防本部の協力を得て、平成7年6月に創設された。

　緊急消防援助隊は、平成15年消防組織法改正による法制化、平成20年消防組織法改正による機動力の強化などが行われてきた。緊急消防援助隊の登録隊数は、平成25年4月1日では全国762消防本部（全国の消防本部の約98％）などから4,594隊が登録され、基本計画が定める平成25年度末までの登録目標（おおむね4,500隊）を達成しており、平成23年東日本大震災、平成25年台風第26号による伊豆大島の災害などの大規模災害に対して、目覚ましい活動を行った。

4．消防広域化の課題

　消防の広域化の必要性を大部分の関係者は認識していることではあるが、なかなか具体的な改善策がないのが現状である。東日本大震災において、広域化の必要性は誰でも認識したことである。一般的な災害などにおいても隣の市町村からの出動の方が効率的・効果的である事例が多々見られることである。また、東日本大震災において、ヘリコプターの待機時間が多くあったことが報道されており、広域の情報インフラ整備が指摘される。

　住民の安全・安心と直結する消防・救急においては、中央政府（国）で実施するのも一つ方法と考えられるが、現在のような市町村レベルではなく、都道府県レベルでの対応が必要である。現状での対応策として、東京都のような消

防・救急行政の委託方式により広域化を行うべきである。

第7節　おわりに

　本稿の結びとして、東日本大震災などに対し迅速かつ適切な対応を可能にするためには、現状のような市町村レベルの消防・救急組織で良いのか、検討課題である。また、各市町村の消防予算では、その額に限界があり、自治体ごとに間接費の負担が必要となり、支出等の無駄が当然のこととして発生すると考えられる。このような市町村レベルの対応ではなく、国を含めた都道府県全域を一元的に管轄するなど消防・救急の広域化を実現する必要がある。現状において参考となるのは、東京都の消防・救急組織である。

　埼玉県においても、平成18年の消防組織法の改正に伴い、「消防広域化推進計画」を策定し、平成24年度末までに、現在の36消防本部から7つのブロックへの広域化を進めていが、広域化が進んでいるとはいえないのが現状である。

　平成23年の東日本大震災などの大規模災害への消防の災害対応における緊急消防援助隊の活動は評価されるが、消防体制が市町村を中心としものであれば、人的、機材・装備などに無駄なコストがかかり、財政改革のためにも、広域化が必要である。

　災害などに際して、住民による「自助（自らの生命は自らが守るための取組の推進）」、「共助（自分たちのまちは自分たちで守るための体制の強化）」の必要性は十分に認識させられることではあるが、江戸時代の大岡越前守が組織した「町火消（いろは四十八組）」（現在の「消防団」のルーツ」）の延長のような分権化された消防体制ではなく、「公助（被害を最小にするための消防体制の充実強化）」を災害対策の中心とした消防体制の整備・改革が望まれる。この課題は、わが国の全体の問題であり、消防・救急の予算処置を伴った広域化の実現は急務と考える。

【参考文献】
総務省編（2012）「地方財政白書（平成24年版）」日経印刷
総務省編（2013）「地方財政白書（平成25年版）」日経印刷
内閣府編（2011）「防災白書（平成23年版）」佐伯印刷
消防財政研究会編（2009）「平成21年度版　消防財政ハンドブック」第一法規
総務省消防庁（2012）「FDMA」http:/www.fdma.go.jp
埼玉県危機管理防災部消防防災課編（2011）「平成21年　消防年報」埼玉県
埼玉県危機管理防災部消防防災課編（2012）「平成22年　消防年報」埼玉県
埼玉県編（2008）「埼玉県消防広域化推進計画」埼玉県
東京都生活文化スポーツ局広報広聴部広報課編（2010）「都政2010（平成22年版）」東京都
東京消防庁編（2012）「消防行政の概要　平成24年」東京都
東京消防庁編（2013）「消防行政の概要　平成25年」東京都
東京消防庁編（2013）「東京の消防　FIRE SERVICE IN TOKYO」東京都
消防庁編（2012）「平成24年度版　消防白書」勝美印刷
消防庁編（2013）「平成25年度版　消防白書」日経印刷

第17章

地域防災と地域経営との有機的連携性
―― 担税力と公会計の視点からみる基礎自治体の役割 ――

染谷　好寛
(埼玉県草加市役所)

第1節　市町村地域防災計画における復旧・復興計画

　市町村地域防災計画とは、災害対策基本法第42条の規定に基づき、各地域の防災会議が策定する計画であり、各地域にかかる災害について、予防対策、応急対策、復旧・復興対策などに関する事項を定め、総合的かつ計画的に防災活動を実施することにより、住民の生命・身体及び財産を災害から保護することを目的としている。

　将来において、東海地震、東南海地震、南海地震の発生が懸念されている。現行の地域をどのように経営していけば、災害に耐えうる地域社会が形成できるのか、あるいは、形成していくべきなのか、地震災害発生後における復旧・復興計画を議論の遡上とし、地域防災と地域経営との有機的連携性、すなわち、担税力と公会計からの視点を通じて、地域住民と密接に結びついている基礎自治体の果たすべき役割を模索することにある。

　市町村地域防災計画における復旧・復興計画において、地方公共団体及び関係機関は協力して復旧に努め、安定した住民生活への回復を図るとともに、被災状況を的確に把握し、再度の災害発生の防止や将来の災害に備えるため、公共土木施設及び都市施設等の改良復旧事業の方針を定め、迅速にその実施を図るものとされている。すなわち、地域住民に対して周知徹底を図り、地域防災計画の習熟に努め、災害による被害の軽減を目指すものとしている。災害は都市部や農村部を問わず、全国各地で発生するものであり、地方公共団体は自らの経営資源を認識し、団体内外で資源を相互に活用する体制を整備すべきである。

　以下、首都直下地震が懸念されている東京都(江戸川区・町田市)、神奈川県

(藤沢市)、千葉県(浦安市)、埼玉県(川口市・草加市・三郷市)における災害後の復旧・復興計画の概要を考察してみよう[1]。生活安定のための措置、雇用の安定、住宅の建設等、公共土木施設の復旧計画、都市施設の復旧計画などは、いずれも地域社会の再生のために重要な要素となる。なお、7つの地方公共団体の地域防災計画は共通する内容となっているが、全国の市区町村においても、計画の内容は統一化が図られているものと考えられる。

1．生活安定のための措置（埼玉県草加市）

　埼玉県草加市においては、各機関は協力して被災地の復旧に努め、安定した市民生活への回復を図るとともに、被災状況を的確に把握し、再度の災害発生の防止や将来の災害に備えるため、公共土木施設及び都市施設等の改良復旧事業の方針を定め、迅速にその実施を図るものとしている。被災者からの多様な生活上の不安に関する相談に対応するため、総合相談窓口を開設し、被災以前の状態への早期回復に対する支援を行う。被災者の様々な不安等の解消を図るため、総合相談窓口において、各種手続の相談（見舞金の交付、資金貸付、中小企業者等への融資に関する手続の相談）、専門分野の相談（医療、福祉、住宅等に関する相談、ライフライン関係者との連携）、法律上の相談、情報の提供（各窓口や電話及び報道機関、広報紙等を通じて市民に提供）、その他の留意事項に対応する。

2．雇用の安定（東京都町田市）

　東京都町田市及び東京都において、被災地の特性を踏まえた産業振興の方向性に沿って、職業訓練を通じた労働者の技能向上等による中長期の安定的な雇用創出策を実施するものとしている。また、自営業、農林水産業、中小企業等に対する経営の維持・再生、起業等への支援策の充実を図る。公共職業安定所の長は、災害により離職を余儀なくされた者の再就職を促進するため、離職者の発生状況、求人、求職の動向等の情報を速やかに把握するとともに、特別相談窓口の設置等、被災者の雇用促進の措置を行い、離職者の早期再就職の斡旋を行うものとしている。

3．住宅の建設等（埼玉県三郷市）

　埼玉県三郷市においては、一元的に被災家屋の状況を把握し、住宅ニーズを的確に把握するため、発災から3日目を目途に被災世帯調査チームを設置するものとしている。被災世帯調査チームは、住宅対策班、被害調査班及び消防部が担当者を派遣して構成する。被災世帯調査チームは、必要に応じて住宅相談所を市庁舎、避難所等に開設し、被災者の住宅ニーズの把握に努め、応急仮設住宅の設置又は被害家屋の応急修理を実施して、その援護の万全を期する。

4．公共土木施設の復旧計画（埼玉県草加市・神奈川県藤沢市）

　道路、河川等の公共土木施設及び上下水道、電気、ガス、電話、交通等の都市施設は、市民生活の基幹をなすものであり、市民の都市生活の上で、極めて重要な機能をもっている。これらの施設については、被災した施設の原形復旧に併せて、再度の災害発生による被害を防止するため、必要な対策又は改良等を実施するなどの将来の災害に備える事業計画を策定し、復旧の早期実施が必要である。埼玉県草加市においては、公共土木施設が災害等により被害を受けた場合、各施設管理者は、公共の安全確保上、被害状況を調査し復旧に努めるものとしている。神奈川県藤沢市においては、災害応急対策として行われる機能の回復を目的とした応急復旧と施設自体を被災前の状況に戻す本格復旧、あるいは、防災性を高めて計画的に整備するといった本格的な復興の3つの段階に区分し、復旧・復興の考え方や各対策を整理した上で、災害復旧基本計画及び震災復興基本計画を定めている。

5．都市施設の復旧計画（埼玉県川口市・千葉県浦安市）

　埼玉県川口市において、災害時には、上水道施設、下水道施設、電力施設、ガス施設、電信電話設備、ガス施設、鉄道施設、その他の公共的施設などの都市施設に被害が生じることを想定している。これらの施設は、住民の生活と密着しているものであり、その影響は極めて大きい。このため、これらの施設の機能を一刻も早く回復し再開することが必要である。このため、各ライフライン機関では、それぞれの活動体制を確立し、迅速かつ効果的な応急復旧対策や

危険防止のための活動を実施することとしている。千葉県浦安市においては、上水道、下水道、電気、ガス、通信等のライフライン機関、道路、河川、港湾等の公共土木施設の管理者は、将来の災害に対する計画を踏まえ、優先順位を定めつつ施設の復旧にあたるものとしている。

6．都市復興基本方針の策定等（東京都江戸川区）

東京都江戸川区においては、復興事業を迅速かつ計画的に実施するため、早期に都市復興本部を設置するものとしている。家屋被害概況調査等をもとに、速やかに区の都市復興への方向性を示す江戸川区都市復興基本方針を策定し、区民に公表する。都市復興基本方針を踏まえ、土地利用方針、都市施設の整備方針、市街地の整備方針など、地域住民等の意見を聞き、意見が十分に反映されるよう必要な措置を講じ、都市復興基本計画を策定、都市復興事業を推進する。なお、復興に際しては、災害に強い安全なまちづくりに努めるとともに、誰もが安心して暮らせるよう、都市基盤の復興だけでなく、住宅、福祉、医療、環境、雇用、産業などの施策を総合的かつ計画的にすすめることとしている。

第2節　地域経営と都市的施設その他の都市としての要件に関する条例

1．地域経営の理論と実践（定義・目的・核心）

行政実務者、かつ研究者である高寄昇三教授は、地域経営の概念について、次のように論じている[2]。地域経営とは、地域社会の中核である地方公共団体を中心として、地域社会が主体性をもって、自ら有する経営資源を最高限度に活用し、地域福祉の極大化をめざす政策実践であるとしている。地域経営の目的とは、単に地域生産所得を拡大するのみでなく、その所得をいかに社会的公平に配分するかという政策の課題を解決していくこととしている。地域経営の核心としては、地方公共団体が長期的戦略構想をもって、いかに地域経済の安定成長への舵取りをし、その成果を社会的に最適配分していくかとしている。

地域の経営を展開するに当たって、「経営資源」、「地域生産所得の拡大と社会的公平配分」、「地域経済の安定成長とその成果の最適配分」に着眼すべきであ

る。地域防災計画における災害後の復旧・復興計画の概要から、①生活安定のための措置、②雇用の安定、③住宅の建設等、④公共土木施設の復旧計画、⑤都市施設の復旧計画、⑥都市復興基本方針の策定等があげられていることを考察した。地方公共団体は自らが有する経営資源を認識し、地域防災と地域経営との有機的な連携を構築していかなければならないのである。

2．都市的施設その他の都市としての要件に関する条例

　地方自治法第8条第1項第4号を根拠として、各都道府県において「都市的施設その他の都市としての要件に関する条例」等が規定されている。都道府県における各条例の中で、「国税又は地方税の納税額（東京都・大阪府・愛知県・福岡県他16県）」、「担税力及び財政状態（京都府）」、「財政規模及び担税力（埼玉県）」、「担税力及び財政状況（北海道・高知県）」、「相当の担税力を有す（神奈川県・沖縄県）」、という納税額と担税力に関する収入の要件、「官公署等の数」、「学校、文化施設の数及び規模」、「上水道、軌道、バス等の公営企業の経営の有無」、「会社、銀行等の都市的企業の数及び規模、非農村的業態の従事者割合」、「主要幹線街路の舗装等街路施設の整備」、「病院、診療所等の医療施設及び福祉施設」など、社会資本の整備が共通する要件となっている。

　担税力の概念としては、「税源である所得に対して所得税を課するほか、その所得の処分として行われる行為や物の取得、保有に対して各種の税が課される。このような行為や物の取得などにみられる税を負担する能力を担税力という。」[3]、と定義されている。地方公共団体が有する経営資源は、課税徴収権の源となる担税力であると考えられる。

第3節　担税力の視点からみる地域防災と地域経営との有機的連携性

1．地方税制度と担税力[4]

　個人住民税の担税力は、個人の所得から求められる。個人住民税は、均等割額又は均等割額及び所得割額の合算額によって、市町村が市町村民税と道府県民税を併せて賦課徴収する。個人住民税の所得割の基礎となる課税標準は、前年の所得について算定した総所得金額、退職所得金額及び山林所得金額である。

総所得金額等は、原則として、所得税法その他の所得税に関する法令の規定による所得税法第22条第2項又は第3項の総所得金額、退職所得金額又は山林所得金額の計算の例により算定される。均等割は地方団体に住所等を有する者において、均等の額による税負担を広く求めようとするものである。所得割においては、所得金額を基礎として算定し、納税者が租税を納めることができる負担能力に応じて課税され、均等割の応益性に対して、応能性をもつものとして解釈されている。

　法人住民税の担税力は、法人の所得及び法人の規模から求められる。法人住民税は、国税である法人税額を原則として課税標準としており、法人税額は法人税の課税標準である所得金額に法人税額の税率を乗じて算定される。すなわち、法人税額とは、法人税その他の法人税に関する法令の規定によって計算した法人税額であり、法人税法及び租税特別措置法で掲げる控除の適用前のものをいう。均等割は応益性の考えを根拠としており、法人の資本金等の額及び法人が当該市町村内に有する事務所等の従業者の数の合計数によって9段階に区分し、標準税率及び制限税率が定められている。

　固定資産税の担税力は、固定資産の保有から求められる。固定資産税の課税団体は、当該固定資産所在の市町村である。固定資産とは土地、家屋及び償却資産を総称とし、課税されるものである。土地とは、田、畑、宅地、塩田、鉱泉地、池沼、牧場、原野その他の土地をいうもので、あらゆる地目の土地が含まれる。家屋とは、住家、店舗、工場、倉庫その他の建物をいう。償却資産とは、土地及び家屋以外の事業の用に供することができる資産で、構築物、機械及び装置、船舶、車両及び運搬具、工具器具及び備品に分類され、減価償却費が税法上の規定による所得の計算上、損金又は必要な経費に算入されるものをいう。いずれも、課税徴収する地方団体において、固定資産課税台帳が作成されている。

　軽自動車税の担税力は、軽自動車等の所有から求められる。納税義務者は、原則として軽自動車の所有者である。軽自動車税は、道路運送車両法にいう原動機付自転車、軽自動車、小型特殊自動車及び小型自動車（軽自動車等）に対し、その軽自動車の主たる定置場が所在する市町村において、その所有者に課

税徴収される。

2．地方税・国税担税力指標

　自然災害は、特定の地域に限定されることなく、全国各地で発生するものである。地域防災の観点からは、災害発生後における復旧・復興計画に資するため、あるいは、被害を受けていない個人や法人は被害を受けた地域に対し、相互に扶助を行えるよう、地方公共団体は担税力という経営資源を認識すべきである。地域経営の観点からは、地域生産所得の拡大と社会的公平配分、地域経済の安定成長とその成果の最適配分を具現するために、地方公共団体は経営資源である担税力を解明・解析しておかなければならない。

　地域における防災と担税力を通じて、地域防災と地域経営とは有機的な連携性をもつべきであり、以下、地方税・国税担税力指標を提示し、議論を展開してみよう。

　個人住民税における担税力指標は、図表1のとおり、個人所得の担税力に基づき算定される課税徴収額等である。個人住民税においては、年齢・世代・性別に区分した上で、納税者の区分ごとに個人住民税の課税徴収額等を解明する。加えて、非課税者を年齢・世代・性別に区分し、総人口のうち納税者と非課税者の構成割合を解析する。納税者と非課税者の人口構成割合、年齢・世代・性別負担額、所得種類、総所得金額・課税標準額の階層、人的・物的所得控除額、地域・地区別負担額、世帯人数別負担額等を解明・解析すべきである。地域防災の観点からは納税者の現況を把握した上で被災者の生活安定の措置や雇用の安定を行うとともに、地域経営の観点からは地域生産所得の拡大と社会的公平配分を具現化していくために、個人住民税にかかる担税力の認識が不可欠である。

　法人住民税における担税力指標は、図表2のとおり、法人所得及び法人規模にかかる担税力に基づいて算定される課税徴収額等である。産業・業種分類別の負担額、事業所数、課税徴収額、法人税割・均等割額、課税標準額、一人当たりの分割課税標準額、従業者数、事業種目、資本金等の額、国税法人税額を解明・解析すべきである。地域防災の観点からは企業の維持・再生・起業等の

支援や産業振興に沿った雇用の再創出を行うとともに、地域経営の観点からはいかなる産業で地域経済の安定成長を促し、雇用と所得の創出を図り地域社会を持続可能とすべきなのか、法人住民税にかかる担税力の認識が不可欠である。
　固定資産税における担税力指標は、図表3のとおり、固定資産の保有に担税力を見出して算定される課税徴収額等である。固定資産税においては、個人・法人・共有という所有者別に区分した上で、納税者の区分ごとに負担額を解明する。個人納税者を土地所有者・家屋所有者・償却資産所有者別に区分し、さらに年齢・世代・性別に細分し解析する。土地については地目別・用途地別、家屋については木造・非木造の区分及び地域・地区ごとの構造区分、建築年次別分類、償却資産については償却資産別分類や取得時期分類等を解明・解析すべきである。地域防災の観点からは電気、電気通信、ガス、交通などの都市施設の現況を把握し事前対策として災害被害の抑止・軽減、事後対策として基本方針に基づく復興基本計画の方向性に資するため、地域経営の観点からは取得→利用・使用→解体・廃棄→新取得という有形固定資産の循環性や少子高齢化社会に対応する基本構想・基本計画・実施計画の策定に資するため、固定資産税にかかる担税力の認識が不可欠である。
　軽自動車税における担税力指標は、図表4のとおり、軽自動車等の所有の事実に担税力を見出して算定される課税徴収額等である。軽自動車税においては、個人・法人という所有者別に区分した上で、納税者の区分ごとに負担額を解明する。地域防災の観点からは食料、生活必需品、医薬品、防災資機材等の物資の緊急輸送や災害情報の収集等に軽自動車を活用できる。なお、地域経営の観点からは特定の産業に限定せず、地方税・国税を含めた租税循環構造を解明し、地域社会の持続可能性の議論へと発展させるべきである。

図表1　個人住民税（個人市町村民税・個人道府県民税）担税力指標

現行納税者・非課税者の年齢別・世代別・性別の課税徴収額等（所得割額・均等割額）
年齢別・世代別・性別の総所得金額等階層分布・課税標準額階層分布と課税徴収額
各種所得金額［営業等所得・農業所得・不動産所得・利子所得・配当所得・給与所得・雑所得・総合譲渡所得（短期・長期）・一時所得］の年齢別・世代別・性別の総合課税にかかる課税徴収額…① 各種所得金額［土地建物等の譲渡所得（分離短期譲渡・分離長期譲渡）・株式等に係る譲渡所得等（未公開分・上場分）・上場株式等に係る配当所得・先物取引に係る雑所得等・山林所得・退職所得］の年齢別・世代別・性別の分離課税にかかる課税徴収額…② 【①＋②】②については、平成29年度から金融所得課税の一体化により一部改正
世帯人数別（単身世帯と複数世帯・世帯主の年齢別・世代別・性別）の課税徴収額
地区・地域別の課税徴収額（年齢別・世代別・性別・総所得金額等階層）
公的年金の収入・所得金額の階層別・年齢別・性別の課税徴収額
給与所得の収入・所得金額の階層別・世代別・年齢別・性別の課税徴収額
不動産所得・事業所得の所得金額階層別・年齢別・世代別・性別の課税徴収額
所得控除（種類別）適用対象者の年齢別・世代別・性別の課税徴収額と所得控除合計額
配偶者控除等適用対象者の年齢別・世代別・性別の課税徴収額と控除合計額
扶養控除適用対象者の年齢別・世代別・性別の課税徴収額と控除合計額
社会保険料控除適用対象者の年齢別・世代別・性別の社会保険料負担額
特別徴収義務者の産業別・業種別分類
特別徴収義務者の地区・地域別分類
国税である所得税の納税者数と課税徴収相当額

（出所）筆者作成。

図表2　法人住民税（法人市町村民税）

①事業所数　②設立・設置年月日　③課税徴収額
⑥分割標準（額）　⑦資本金等の金額
⑩産業・業種・事業種目別の負担割合

大分類		中分類	
A	農業，林業	01	農業
		02	林業
B	漁業	03	漁業（水産養殖業を除く）
		04	水産養殖業
C	鉱業，採石業，砂利採取業	05	鉱業，採石業，砂利採取業
D	建設業	06	総合工事業
		07	職別工事業（設備工事業を除く）
		08	設備工事業
E	製造業	09	食料品製造業
		10	飲料・たばこ・飼料製造業
		11	繊維工業
		12	木材・木製品製造業（家具を除く）
		13	家具・装備品製造業
		14	パルプ・紙・紙加工品製造業
		15	印刷・同関連業
		16	化学工業
		17	石油製品・石炭製品製造業
		18	プラスチック製品製造業（別掲を除く）
		19	ゴム製品製造業
		20	なめし革・同製品・毛皮製造業
		21	窯業・土石製品製造業
		22	鉄鋼業
		23	非鉄金属製造業
		24	金属製品製造業
		25	はん用機械器具製造業
		26	生産用機械器具製造業
		27	業務用機械器具製造業
		28	電子部品・デバイス・電子回路製造業
		29	電気機械器具製造業
		30	情報通信機械器具製造業
		31	輸送用機械器具製造業
		32	その他の製造業
F	電気・ガス・熱供給・水道業	33	電気業
		34	ガス業
		35	熱供給業
		36	水道業
G	情報通信業	37	通信業
		38	放送業
		39	情報サービス業
		40	インターネット附随サービス業
		41	映像・音声・文字情報制作業
H	運輸業，郵便業	42	鉄道業
		43	道路旅客運送業
		44	道路貨物運送業
		45	水運業
		46	航空運輸業
		47	倉庫業
		48	運輸に附帯するサービス業
		49	郵便業（信書便事業を含む）

（出所）総務省（2009）『日本標準産業分類』統計情報研究開発センターをもとに、筆者作成。

担税力指標

④法人税割額・均等割額　⑤課税標準額
⑧従業者数（全体数と市町村内従業者数）　⑨事業種目
⑪国税である法人税の課税徴収相当額

大分類		中分類	
I	卸売業，小売業	50	各種商品卸売業
		51	繊維・衣服等卸売業
		52	飲食料品卸売業
		53	建築材料，鉱物・金属材料等卸売業
		54	機械器具卸売業
		55	その他の卸売業
		56	各種商品小売業
		57	織物・衣服・身の回り品小売業
		58	飲食料品小売業
		59	機械器具小売業
		60	その他の小売業
		61	無店舗小売業
J	金融業，保険業	62	銀行業
		63	協同組織金融業
		64	貸金業，クレジットカード業等非預金信用機関
		65	金融商品取引業，商品先物取引業
		66	補助的金融業等
		67	保険業（保険媒介代理業，保険サービス業を含む）
K	不動産業，物品賃貸業	68	不動産取引業
		69	不動産賃貸業・管理業
		70	物品賃貸業
L	学術研究，専門・技術サービス業	71	学術・開発研究機関
		72	専門サービス業（他に分類されないもの）
		73	広告業
		74	技術サービス業（他に分類されないもの）
M	宿泊業，飲食サービス業	75	宿泊業
		76	飲食店
		77	持ち帰り・配達飲食サービス業
N	生活関連サービス業，娯楽業	78	洗濯・理容・美容・浴場業
		79	その他の生活関連サービス業
		80	娯楽業
O	教育，学習支援業	81	学校教育
		82	その他の教育，学習支援業
P	医療，福祉	83	医療業
		84	保健衛生
		85	社会保険・社会福祉・介護事業
Q	複合サービス事業	86	郵便局
		87	協同組合（他に分類されないもの）
R	サービス業（他に分類されないもの）	88	廃棄物処理業
		89	自動車整備業
		90	機械等修理業（別掲を除く）
		91	職業紹介・労働者派遣業
		92	その他の事業サービス業
		93	政治・経済・文化団体
		94	宗教
		95	その他のサービス業
		96	外国公務
S	公務（他に分類されるものを除く）	97	国家公務
		98	地方公務
T	分類不能の産業	99	分類不能の産業

図表3　固定資産税（都市計画税）担税力指標

個人・法人・共有別の納税者分類と所有者別の課税徴収額（負担割合）
土地所有者の納税者数と課税徴収額（個人・法人・共有）
①地目別の法定価格・課税標準額・納税相当額 ②［田・畑・宅地・山林・雑種地・原野・その他の地目］ ③個人・法人・共有別納税者数／筆数／地積 ④地域・地区別の課税徴収額と納税者数
①用途地別の法定価格・課税標準額・納税相当額 ②［商業地区・住宅地区・工業地区・村落地区・その他の地区］ ③個人・法人・共有別納税者数／筆数／地積
家屋所有者の納税者数と課税徴収額（個人・法人・共有）
①木造家屋の法定価格・課税標準額・納税相当額 ②［専用住宅・共同住宅・併用住宅・事務所・銀行・店舗・工場・倉庫等］ ③個人・法人・共有別納税者数／棟数／床面積 ④地域・地区別の課税徴収額と納税者数
①木造以外の家屋の法定価格・課税標準額・納税相当額 ②［ⅰ．事務所・店舗等　ⅱ．住宅・アパート　ⅲ．病院・ホテル　ⅳ．工場・倉庫　ⅴ．その他］ ③個人・法人・共有別納税者数／棟数／床面積 ④地域・地区別の課税徴収額と納税者数
①建築年次区分別の法定価格・課税標準額・納税相当額 ②［木造家屋・木造以外の家屋］ ③建築年次別（昭和30年代以前、40、50、60、平成10、20年代） ④個人・法人・共有別納税者数／棟数／床面積 ⑤地域・地区別の課税徴収額と納税者数
償却資産所有者の納税者数と課税徴収額（個人・法人）
①償却資産分類別の法定価格・課税標準額・納税相当額 ②［構築物・機械及び装置・船舶・車両及び運搬具・工具、器具及び備品］ ③個人・法人別納税者数
①償却資産の年代別取得時期と課税標準額・納税相当額 ②［構築物・機械及び装置・船舶・車両及び運搬具・工具、器具及び備品］ ③取得時期（昭和30年代以前、40、50、60、平成10、20年代） ④個人・法人別納税者数
個人納税者の年齢別・世代別・性別の課税徴収額と負担割合

（出所）筆者作成。

図表4　軽自動車税担税力指標

個人・法人別の納税者分類と所有者別の課税徴収額（負担割合）
取得年代別分類（昭和60年代以前、平成5、10、15、20年代）の課税徴収額
保有年数別分類（1年未満、1～5年未満、5～10年未満、10年以上）の課税徴収額
種類別の課税徴収額と車体台数 ［原動機付自転車・軽自動車及び小型特殊自動車・二輪の小型自動車］
個人納税者の年齢別・世代別・性別の課税徴収額と負担割合

（出所）筆者作成。

第4節　公会計の視点からみる地域防災と地域経営との有機的連携性

　担税力は、図表5のとおり、収入の部においては租税を負担する能力であり、費用の部においては行政サービスの提供能力であり、資産の部においては資産の生成能力・維持管理能力であり、負債の部においては負債の返済能力を示すものとして考えられる。

　つよいまちづくりとは、地域の防災のみならず、持続可能とする地域の経営を含むものである。すなわち、つよいまちづくりを構築するには、公会計の拡充が不可欠である[5]。

図表5　つよいまちづくりと財務管理政策

行政コスト計算書

★費用の管理	★収入の管理
・現行世代、将来世代の需要と受益 ・固定資産の保有に伴う費用管理 ・行政サービスの提供管理 ・公平配分管理	★地方税・国税担税力の管理 ・個人住民税 ・法人住民税 ・固定資産税 ・軽自動車税　他 ・所得税、法人税等 ・公平配分管理

貸借対照表

★資産の管理	★負債の管理
・公共、公用、公益的資産の耐用年数と維持管理、更新投資、新規投資 ・流動資産の管理 ・収入未済額、積立基金等の管理 ・公平配分管理	・地方債償還期間と償還年度と各返済額 ・世代、年齢、法人別の将来返済計画 ・流動負債の管理 ・引当金等の管理 ・公平配分管理
	★純資産の管理

私的固定資産	相互活用	公的固定資産
・私的部門の固定資産管理 ・世代、産業、業種別の需要と負担	相互運用	・公的部門の固定資産管理 ・社会資本等の供給と運営

（出所）筆者作成。

1．公会計と資産管理政策

　民間資金等の活用による公共施設等の整備等の促進に関する法律において、

公的固定資産は、公共施設、公用施設、公益的施設、その他の施設に主分類されている。公共施設は、道路、鉄道、港湾、航空、河川、公園、水道、下水道等である。公用施設は、庁舎、宿舎等である。公益的施設は、公営住宅、教育文化施設、廃棄物処理施設、医療施設、社会福祉施設等である。その他の施設として、リサイクル施設、観光施設等があげられている。

　社会資本は必ず終期が訪れる人工資本であり、固定資産税が課税される私的固定資産と同様に、周期・循環過程や耐用年数が存在する。したがって、公的固定資産においても、現状の把握が必要となる。資産管理政策とは、地方公共団体が所有する不動産について、取得年度・取得価額と残存耐用年数（基本・基礎情報、財務評価）、有効利用度の評価（供給評価）、維持管理（品質管理評価）などの基本となる情報を一元的に網羅・集約し、周期過程の観点をもとに運用活用を図ることである[6]。土地の資産管理については、物的条件、街路条件、交通条件、環境条件、行政的条件等があげられ、建物の資産管理については、基本情報、建築年次、建物性能、維持管理、耐震性などがあげられる。

　固定資産税の納税者に対しては、課税徴収するために固定資産課税台帳を作成し資産管理を行っているが、自らの公的固定資産については極めて杜撰な管理状態となっている。固定資産税の担税力と公的固定資産とは財務管理政策において、極めて重要な関連性を有している。すなわち、公的固定資産と私的固定資産は同時期に建築・取得されているため、老朽化は同時進行するものと考えられ、個人の固定資産所有者の老齢化、あるいは、産業構造に伴う法人の固定資産所有者の変化など、資産の公平配分管理（私的固定資産と公的固定資産の相互活用等）をもって、中長期的な行財政運営や基本構想・基本計画、地域防災計画を策定すべきである。地域防災・減災政策は、地方公共団体が所有する固定資産の管理だけでなく、公的固定資産と私的固定資産の双方の資産管理が必須の条件となる。

2．公会計と負債管理政策

　貸借対照表上の資産である固定資産の増加は、負債である地方債が増加するとともに、行政コスト計算書上の費用である減価償却費や維持管理費、支払利

息等に重大な影響を及ぼすものである。地方公共団体の行財政運営を持続可能とするためには、貸借対照表と行政コスト計算書における、あるべき適正な水準と租税を源泉とする循環過程を解明し、公債を調達源泉として形成される資産と密接に結びつく負債の管理政策が不可欠となる。

　国の債務である国債あるいは地方の債務である地方債は、租税の課税徴収によって直接に担保される公債である。地方債の発行に当たっては、世代間の負担の公平性（衡平性）や財政運営の健全性、財政秩序の維持、受益者負担等を損なわないこととされている[7]。

　地方税・国税における課税徴収権の価値は、公会計の貸借対照表の借方には計上されておらず、他方、貸方において現在の義務であり、かつ、資源の流出をもたらすと認められるものが計上されている。しかしながら、将来のキャッシュ・インフローをもたらす、現在の地方税課税徴収権の資源価値（担税力）は全く議論されていないのである。すなわち、法律上の課税徴収権でなく、現行納税者等の担税力を把握・解析し、地域住民が将来にむけて持続可能な地域社会とするため、適正な判断ができる経営情報を提供すべきである。

　いかなる世代・年齢の個人納税者が、また、いかなる産業・業種の法人納税者が、どのような租税収入によって、将来にわたって地方債を返済していくべきなのか、現行納税者の担税力や都市・地域構造的な問題を解析した上で、負債における公平配分管理をもって、将来世代に対し地方債の具体的な返済計画を明示すべきなのである。

　甚大な災害が発生した場合、公共施設等の復旧計画及び復興計画をはじめ、復興を実施していく中で、巨額の資金需要が発生するものと予想される。したがって、地方公共団体は、地域防災の観点において「自助・共助・公助」、地域経営の観点において「自助・自立・協働」、すなわち、2つの観点から、相互に扶助できる能力及び復旧・復興の資金調達能力（担税力）を示す、地方税・国税の担税力を解明・解析しておくべきである。

3．公会計と費用管理政策

　地方公共団体は、租税の課税徴収、行政管理、住民事務、社会福祉、衛生、

環境、地域産業振興、労政、土木、都市計画、教育、警察、防災、消防など、住民の公共の福祉を増進するためにその需要を受け、複雑多岐にわたる行政サービスを提供している。様々な行政活動の提供に伴って、発生した費用とその財源としての収入を対応させることが必要となる。すなわち、収入と費用を対応させた上で、行政サービスが持続可能であるか否かを判断するため、経営情報としての収支差額を明示しなければならない。減価償却費や引当金繰入額等の費用の発生主義項目は真のコスト情報であり、現金主義による支出情報に加え、発生主義によるコスト情報は将来負担すべき課税徴収額と一致する可能性がある。

現行の行政サービスは特定の世代に偏重しているとの指摘があり、選挙権を有しない将来世代へ負担を先送りするとともに、世代間に不公平が生じているという極めて重要な問題がある。どのような世代・年齢や業種・産業に費用が投入されているのか、課税徴収という負担と行政サービスという受益との相互の関係性を解明・解析・開示すべきである。

地方公共団体の経費によって、目的別分類（議会費、総務費、民生費、労働費、土木費、教育費等）と性質別分類（人件費、物件費、維持補修費、扶助費、普通建設事業費、公債費、積立金等）に区分される。発生主義の項目を含め、目的別分類及び性質別分類ごとに、個人の世代別・年齢別・性別や法人の業種・産業に要した行政サービスの提供額を、解析・管理していく必要がある。行政サービスの受益者を把握・管理していくことにより、世代間・世代内の負担の公平性が保たれているか、不公平が生じている場合にいかなる是正が必要か、地域経営の観点から費用における公平配分管理をもって、社会的公平配分や成果の最適配分を完遂していかなければならない。地域防災の観点からは、復旧・復興に要する行政費用額や災害復興へのまちづくりのあり方を想定しておくべきである。

4．公会計と収入管理政策

地方公共団体のうち、市町村の歳入の構成内容は、市町村税、地方譲与税、利子割交付金、株式等譲渡所得割交付金、地方消費税交付金、地方交付税、分

担金及び負担金、使用料及び手数料、国庫支出金、都道府県支出金、財産収入、寄附金、繰入金、繰越金、諸収入等となっている。財政収入の大宗となるのは地方税ではあるが、地方交付税、国庫支出金、譲与税、交付金等は国税を原資としている。地方交付税は、地方公共団体間の財源の不均衡を調整し、どの地域に住む国民にも一定の行政サービスを提供できるよう財源を保障するもので、地方の固有財源とされている[8]。首都直下地震が発生した場合には、地方税・国税を含めた租税循環構造が遮断されてしまう。すなわち、固有財源である国税（所得税、法人税、消費税、たばこ税、酒税）が都市から地方へと循環しなくなることを示唆する。したがって、地方公共団体は、地域経営の観点から収入における公平配分管理をもって、地域防災の観点からは相互に扶助できる、まちづくりを構築していくべきである。

第5節　結びとして

　地方公共団体は、地方税・国税の担税力を解明・解析した上で、つよいまちづくりを構築するために、公会計を基軸とする財務管理政策（資産・負債管理政策と費用・収入管理政策）を次世代にむけて確立していくべきである。地域を災害から守るとともに、地域を持続可能とする経営を行える、つよいまちづくり（地域防災力と地域経営力があるつよいまち）を構築していくことが、これからの基礎自治体が果たすべき役割なのである。

※なお、本稿の内容については、所属する団体の公式見解を示すものではなく、文中の意見等を含め、すべて筆者の個人的見解を示すものである。

(注1) 地震災害後の復旧・復興計画の概要については、浦安市防災会議（2007）『浦安市地域防災計画（震災編）』、江戸川区防災会議（2013）『江戸川区地域防災計画（平成24年度修正）【本編】』、川口市防災会議（2013）『川口市地域防災計画［震災対策編］』、草加市防災会議（2012）『草加市地域防災計画（震災対策編）』、藤沢市防災会議（2013）『藤沢市地域防災計画（本編）』、町田市防災会議（2012）『町田市地域防災計画　本編（2012年修正)』、三郷市防災会議（2008）『三郷市地域防災計画（総則編、震災対策編）』を参照。
(注2) 地域経営の理論と実践については、高寄昇三（1993）「地域経営の理論と歴史」『地域

経営と地方行財政』税務経理協会、10-12頁を参照。
(注３) 自治省税務局編（1986）『地方税用語辞典』ぎょうせい、266頁。
(注４) 地方税制度については、川村栄一（2009）『地方税法概説』北樹出版を参考。
(注５) 公会計の概念は、筆谷勇（1998）『公会計原則の解説』中央経済社、9-25頁、日本公認会計士協会（2004）「公会計委員会研究報告第12号　地方公共団体の会計基準形成に当たっての考え方」、24-27頁、あずさ監査法人編（2011）『新地方公会計の実務と活用』同文館出版、19-76頁に依拠している。
(注６) 日本総合研究所（2010）『自治体不動産の有効活用』学陽書房、13-14頁及び61-62頁を参照。
(注７) 地方債制度研究会編（2012）『地方債の手引』地方財務協会、135-136頁を参照。
(注８) 地方交付税制度研究会編（2010）『地方交付税のあらまし』地方財務協会、13頁を参照。

第18章

東日本大震災復旧・復興財源に関しての基本的考え方

筆谷　勇
(公認会計士)

第1節　はじめに

　今回の東日本大震災は、日経新聞記事（H24.3.11付）によると、死者17,261人（H24.3.11現在）、行方不明者3,155人（H24.3.11現在）、負傷者26,992人（H24.3.11現在）、避難者343,935人（H24.3.11現在）に及ぶなど、被害が甚大で、被災地域が広範囲にわたるなど極めて大規模なものであるとともに、地震、津波、原子力発電施設の事故による複合的なものであり、かつ、震災の影響が広く全国に及んでいるという点において、正に未曾有の震災であった。

　本稿においては、この大震災の復旧・復興のための財源を巡っての基本的考え方について明らかにしようとするものである。

① 　先ず、この大震災に対して組成された「東日本大震災復興対策本部」（H23.6.28：第1回会合）は、「東日本大震災からの復興の基本方針」を公表（H23.7.8）し、「復興に伴う諸施策」とともに、「復興財源」問題についても基本的な考え方を公表している。

　即ち、復興財源については、「復興構想会議（議長：五百旗頭真防衛大学校長）」が平成23年6月25日に公表した「復興七原則」とともに、「震災復旧・復興のための財源については、**次の世代に負担を先送りすることなく、今を生きる世代全体で連帯して負担を分かち合うことを基本とする**」という「復興財源基本原則」を採用することにしている。このような考え方は、如何にも日本人らしい美しい言葉に飾られた一見潔く見える考え方のようにも見えるが、後で述べるような大きな誤謬に満ちた考え方に立脚していることが明らかになる。

② また、この「震災財源基本原則」に立脚して、「大震災復旧・復興財源」に関して日本国国会においても補正予算が第一次（H23.5.2成立）、第二次（H23.7.25成立）、第三次（H23.11.21成立）、および、第四次（H24.2.8成立）に及んで組まれているが、この補正予算の復興財源等に関する基本的なスタンスは、後に詳述するように、無駄の排除・歳出削減、既存の行財政改革の見直しに伴う震災財源の捻出、「**つなぎ国債**」の発行、更に、国債償還のための「**増税**」によることを基本とした補正予算を組むことを骨子とした「震災財源対策」を公表している。

しかし、誠に残念ながら、この補正予算は、震災を契機とした将来の日本の発展を何等考慮しない当座凌ぎ的な施策に終始している。このような施策の背景には、「増税」を基軸とする野田内閣（「税と社会保障の一体改革」と「財政規律の保持」）・一部の国会議員・財務省を中心とする各省庁の主張が存在している。

③ 更に、経済学者・財政学者等による財源拠出施策として提言されている国債発行論においては、「日銀引受による国債の発行」とか、「新札の増刷による貨幣発行益（シニョリッジ）の獲得による震災財源の確保」などのリフレ派（通貨再膨張派：金融緩和等によって緩やかで安定的な数％程度のインフレ率を目指す政策の提唱者）の主張がある、一方で、通常の国債の発行、または、日銀による「買いオペ」による資金供給によって企業家、消費者などによる設備投資、住宅投資などの有効需要、を喚起しようとする経済学者たちの議論、などが提案されている。

このような、百家争鳴の様な「東日本大震災復旧・復興財源論」において、以上に述べた「三つの考え方」を統合し改善するような考え方を提示することこそが、この「震災被害」と「デフレ・円高をベースにした20年来の不況」に悩む日本国を救う方法論である、ということについて検討をしてみる必要がある。

ところで、①～③に共通して言えることではあるが、復旧・復興財源の金額

の「把握とその調達方法」のみに焦点を合わせた「財源問題」が記述されているが、A．当世代で復旧すべき短期的支出と、B．次世代以降に効用が及ぶインフラ資産取得等のための長期的復興支出が、併せて議論されているために、「支出内容とその財源との一体的・総合的議論」が行われないことになり、「財源論のみに偏った議論」のみが主張されているために、復旧・復興対策そのものが現実性の伴わない机上論に終わっているという「弊害」がもたらされている点について検討してみる必要がある。

　すなわち、長期的観点に立った議論をする場合には、英国・ニュージーランド等（発生主義会計に基づく複数年度予算作成、など）で行っているような「将来想定される貸借対照表」（将来の資産と負債の残高の会計制度に基づいた正確な把握）を描きながらの議論が求められるのであり、民間で一般的に行われているような「貸借対照表にベースを置いた長期経営計画」による将来構想に基づいた議論でなければ「負債側の議論」のみに終始せざるを得なくなる点に留意すべきである。つまり、「資産」とその「財源」を長期的に対応させるという観点に基づく議論が欠落してしまい、「世代間の受益と負担の衡平」という公的部門で最も重視すべき視点に欠けた議論に陥り易くなるという「弊害」がもたらされる、という点を指摘すべきである。

　その結果として、「復興構想会議」の**「震災被害の復興は現役世代のみで負担し、次世代以降に負担の先送りをしない」**という非現実的な「構想」は、単なる感情論に基づいた対策について議論を進めようとしているという「弊害」をもたらすことになる。

　その一方で、前記の「構想」は、現在、公的部門で行われている現預金のみの受払に焦点を合わせた「単式簿記・現金主義会計」の弊害（負債又は資金支出のみに着目して、それによって取得される資産、便益等には目を向けない）にも影響されることになってしまっている、という基本的に重要な点を指摘せざるを得ないことになる。

　その結果として、上記のような考え方が、江戸時代の「（年貢米を強引に徴求する）悪代官」にも匹敵する『平成の悪代官』による「増税論」及び「つなぎ国債」などという、それこそ非現実的な「間違った」施策に現れることになっ

ている。

　本稿においては、日本の公的部門において、現在、行われている「財務会計」を「単式簿記・現金主義会計」から「複式簿記・発生主義会計」に改めることによって、単に「会計技術的改革という側面」のみではなくて、「複式簿記・発生主義会計」がもたらす「世代間の受益と負担の衡平」という「衡平の概念」に基づいて上記のような長期に及ぶ施策が必要とされる今回のような東日本大震災復旧・復興財源問題の「現実的な解決策」を、「貸借対照表の資産と負債の適切な対応関係」に重点をおいて『会計改革にベースをおいた行財政改革』について提言をしようするものである。

　そこで、次に、上記のような「東日本大震災復旧・復興財源論に関する三つの考え方」について、その概要を説明するとともにその問題点に触れつつ、公的部門の『財務会計改革』の必要性について記述することにする。

第2節　「東日本大震災復興構想会議」（議長：五百旗頭真防衛大学校長）の復興構想

　平成23年6月25日に公表された「復興構想会議」の認識によると、我が国の財政を巡る状況は、阪神・淡路大震災当時（1995年）よりも著しく悪化し、社会保障支出の増加等による巨額の債務も、これからの世代に負の遺産として残すことになるとしている。更に、我が国の生産年齢人口は今後10年で1割も減少するなど大幅な減少が見込まれており、次の世代の一人あたりの負担は著しい増加が見込まれており、海外の格付け会社も、「復興のあり方と我が国の財政健全化の取り組み」に懸念を示している。こうした状況に鑑みれば、復旧・復興の財源については、次の世代に「負担」を先送りすることなく、今を生きる世代全体で連帯して、「負担」の分かち合いにより財源を確保しなければならないと提言している。政府は、復興支援策の具体化に合わせて、既存歳出の見直しなどとともに、国・地方の復興需要が高まる間の臨時増税措置として、基幹税（法人税、所得税、消費税）を中心に多角的な検討を速やかに行い、具体的な措置を講ずるべきである、としている。

この「増税措置の検討」は先行する需要を賄う一時的な**「つなぎとしての復興債」**を発行する場合には、日本国債に対する市場の信認を維持する観点から、特に重要な施策であるとしている。

　ここで、問題とすべきは、特に震災復興にあたっての財源を「今を生きる現世代で被害の全てを賄って、将来世代に負担を残すべきではない」と主張している点である。この場合の「負担を後世代に先送りしない」と言う言葉自身は極めて美しく潔ささえも感じさせる綺麗な言葉ではあるが、こんなことが現実に実現できると考えているとしたら大変な誤解である。被災資産の「原状復旧支出」はともかくとしても、将来世代に対してのみ大部分の利益をもたらす「土地等の嵩上げ等の復興支出」に対してまで、現役世代が如何なる理由によって負担をしなければならないのか、についての合理的な説明に窮するのである。「受益と負担」についてはこれが相対応してこそ意味をなすのであり、現世代に発生した事象に対して**将来においてのみ**もたらされる利益に対してまで、現世代に生きる人々に全負担を強いるのは、いかにも「受益と負担の均衡」という観点からは、余りにも不合理で理不尽な理屈であると言わざるを得ない。

　この「構想会議」の論法によると、近い将来に発生が予想されている東海地震・東南海地震・南海地震・東京直下型地震、等の自然災害についても、その発生時の世代がそのすべての災害について、被災時点及び被災後のあらゆる復興支出に対して「増税」をベースにした負担を強いられることになる。正に、日本は「増税」地獄の嵐の下に、沈没の道しか残されないのであろうか？

　このような「不合理・理不尽な支出」を回避するためにも財政法第4条において、「建設国債と赤字国債」の区別を明らかに規定している。また、地方公営企業法第23条の「永久債」の規定においても公債の発行と償還の対応関係の必要性について、「受益と負担の衡平」の考え方が明確に規定されている。

　更に、GASB（米国政府会計基準審議会）概念意見書第一号にあるように、「世代間の負担の衡平」という概念からは「受益と負担の衡平」は特に、公的部門において重要な基礎概念であることが強調されている。

　以上のことから考えられることは、東日本大震災において見られるような突発的な自然災害に対する復旧・復興財源については、「復旧」または「復興」の

態様に応じて、それに必要とされる適切な財源について別々に検討をすべきである。

即ち、特に復旧において見られるような当面の需要に見合う支出に必要な財源については「短期的な資金」が必要になる。

一方、特に、インフラ資産のような長期的な受益をもたらす資産の取得に見合う財源については、国債・公債等の「長期的な資金」が必要になることも十分に検討に値する。当然、前者については、不要・不急資産の売却収入、不要費用の削減、予算の組み替え、等の短期的財源が考えられるが、いずれにしても、「構想会議」に見られる単なる**「増税論」**のごとき安易な対応策については、現在の円高・デフレに喘ぐ日本の現状からは到底考えられない**「愚策」**であり、不況に苦しむ農民から力づくで年貢米を搾り取ろうとする「江戸時代の悪代官」を彷彿とさせるものであり、世界的にみても日本の策の無さが物笑いの種になることが予想される。平成時代には「悪代官」は不要なのである。

後者の長期的資金を必要とするような復興資産の取得については、政府・日銀等による金融緩和等の施策によって取敢えず日本経済を安定させてから、次の施策として、**やおら**、「消費税等を中心とする増税」を実施することを考えるべきであり、このようにして政府・日銀などとしては経済の本来あるべき王道を歩むべき時が現在なのである。

現在、国会等で消費税を中心とした「増税論」が正に「国会の最重要課題」として議論されている。大震災の被災者（特に、福島県の避難者約35万人の故郷への一日も早い帰還問題、など）を「復興庁」のみに任せて「増税論議」のみを先行させる政府等の考え方には、国民は極めて大きな疑問を感じているのである。国会等は「何が、今、一番議論すべき大切な事項であるのか」という疑問に真っ先に目を向けるべきである。

第3節　東日本大震災からの復興の基本方針（東日本大震災復興対策本部、平成23年7月29日公表）——**事業規模と財源確保**——

先述の「東日本大震災復興構想会議」の議論と並行して、「東日本大震災復興基本法」が平成23年6月24日に成立し、翌25日には、この「基本法」の提言と

前期「構想会議」に沿って「東日本大震災復興対策本部」(本部長：内閣総理大臣) は、平成23年7月29日（8月11日改訂）に、「東日本大震災からの復興の基本方針」をまとめた。

　復興の「基本方針」の大要は、復興期間を平成23年度を初年度とする10年間とし、特に、当初の5年間を「集中復興期間」と位置付けている。復興施策としては、復興の三つの柱①災害に強い地域づくり、地域における暮らしの再生、地域経済活動の再生、②大震災の教訓を踏まえた国づくり、③原子力災害からの復興、の三つの観点から整理され、復興支援の仕組みとして、「復興特別区制度」や「使い勝手の良い交付金」の創設等が盛り込まれている。次にその概要及び問題点についてみることにする。

1．事業規模

　平成27年度末までの5年間の「集中復興期間」に実施すると見込まれる施策・事業（平成23年度第1次補正予算等及び第2次補正予算を含む）の事業規模については、国・地方（公費分）合わせて、少なくとも**19兆円程度**と見込まれる。また、10年間の復旧・復興対策の規模（国・地方の公費分）については少なくとも**23兆円程度**と見込まれる。尚、この規模の見込みには、原則として、原子力損害賠償法、原子力損害賠償支援機構法案に基づき事業者が負担すべき経費は含まれていない。

2．財源確保に係る基本的考え方

　　（[第2節　構想会議]と内容及び問題点は全く同じであり、先述のように全く浅薄な表現となっている。）
　曰く：「復旧・復興のための財源については、次の世代に先送りすることなく、今を生きる世代全体で連帯し負担を分かち合うことを基本とする。」

3．「集中復興期間」中の復旧・復興事業に充てる財源確保の方法

　5年間の「集中復興期間」中の復旧・復興事業に充てる財源は、平成23年度第1次補正予算等及び第2次補正予算における財源に加え、歳出の削減、国有

財産売却のほか、特別会計、公務員人件費等の見直しや更なる税外収入の確保及び時限的な税制措置により**13兆円程度**を確保する。

　税制措置は、基幹税（法人税、所得税、消費税）などを多角的に検討する。また、与野党間の協議において、平成23年度税制改正事項について合意が図られる際には、改正事項による増収分を復旧・復興財源に充てることも検討する。※

※　この第3項については、震災事項の実態を見極めもしないで、殆どでたらめに近い財源（13兆円など）について考えていることを如実に示しており、「対策本部」が如何に計画性の無い組織であるかを国民の前にその実態を曝け出したものであり、こんな組織の存在の必要性そのものについて国の責任を問うべきものである。

4．復旧・復興事業に充てる財源確保の道筋とその使途の明確化

　先行する復旧・復興需要を賄う**一時的なつなぎ**として発行する復興債については、その発行のあり方について十分検討するとともに、従来の国債とは区分して管理する。その償還期間は、「集中復興期間」及び「復興期間」を踏まえ、今後検討する。

　時限的な税制措置は、償還期間中に行い、その税収は、全て復興債の償還を含む復旧・復興費用に充て、他の経費には充てないことを明確化するため、他の歳入とは区分して管理することにする。※

※　このような「基本方針」は、復興債の意義について何らの検討も行わないで、復興債をあくまで「**増税**」の一時的な「**つなぎ**」としてのみ位置づけていることからの表現となっている。「復興債」とは、本来、インフラ整備等の長期的資金需要を賄うために発行されるべきものであり、後世代のための生活基盤となる貴重な震災復興資産の特需財源となるべきものであり、これを一時的に「増税」の単なる「**つなぎ資金扱い**」にするという「基本方針」の無計画性がこのような条項を定めさせることになっている。これが、「なぜ問

題か」と言うと、将来世代のみに「利益」をもたらす支出財源を、将来において何らの利益を受けることが期待できない現役世代のみに負担させる、という「世代間の受益と負担の衡平」の基本的対応関係に何ら配慮しない暴論と言える、からである。この「東日本大震災」のような「自然災害」を恰も現役世代が発生させたかのような錯覚にとらわれた「単なる感情論」は財政および経済について論ずるときには絶対に差し控えるべき思考方法なのである。

　更に、「将来における復興債の生産増加効果に基づく税収増加による復興債償還」について考慮するという「前向きの経済効果」に着眼できていないということの政治の貧困性について見直すべきことが、この「基本方針」によって示唆されていることが示されているものと言える。「つなぎ国債の償還期間は、別途検討する」としているが、「負債の償還期間」はその負債によって取得した「資産等」の「耐用年数・サービス提供期間」に合わせて償還を行うのが経済の大原則であり、「別途検討する」などという事は凡そあり得ないのである。

5．今後の進め方

　上記に基づき、平成23年度第3次補正予算の編成に合わせ復興債の発行及び税制措置の法案を策定し国会に提出することとする。
（注）税制調査会における検討に当たっては、歳出削減及び税外収入の増収により確保される財源を**3兆円程度**と仮置きして進める。※

※　仮置き額を予め3兆円と決めておくことにより、必要「**増税額**」を示唆しているように考えられる。このような「江戸の悪代官」さながらの税制改正などが存在してよいのであろうか？　「国民の担税力」については全く考慮の外におかれている。

6．地方の復興財源の確保

　今後の復旧・復興に当たっては、国費による措置を講じてもなお、地方負担

が地方債の償還や地域の実情に応じた事業を含めて生じることを踏まえ、上記のとおり国・地方（公費分）合わせて少なくとも**19兆円規模**の施策・事業に充てる財源を確保するとともに、合わせて、地方負担分について地方交付税の加算を行う等により確実に地方の復興財源の手当てを行う。※

※　19兆円の仮置き額を提示することにより、地方交付税の必要額の推計を可能ならしめている。

第4節　東日本大震災復旧・復興財源のための「補正予算を巡る諸問題」

1．第一次補正予算（平成23年5月2日成立）

図表1　2011年度第一次補正予算の東日本大震災関係経費（支出）

費　目　名	金額（億円）
1．災害救助等関係経費	4,829
（1）　応急仮設住宅等の供与	3,626
（2）　遺族等への弔慰金・被災者への障害見舞金の支給	485
（3）　災害援護資金の貸付	350
（4）　生活福祉資金の貸付	257
（5）　被災者救急支援（高齢者・乳幼児ケア、被災地診療確保）	112
2．災害廃棄物処理事業費（津波等災害廃棄物（がれき等）処理費）	3,519
3．災害対応公共事業関係費	12,019
（1）　災害復旧等公共事業	(10,438)
・公共土木施設（河川・海岸・道路・港湾・下水道等）	8,235
・農地・農業用施設	500
・有料道路	492
・既設公営住宅	468
・空港	237
・その他（水道・工業用水・廃棄物処理施設等）	506
（2）　一般公共事業	(1,581)
・災害公営住宅の整備等	1,116
・災害復旧関連の緊急必要の公共土木施設等緊急補修等	465
4．施設費災害復旧費等	4,160
（1）　学校施設等	
・学校施設等災害復旧費等	1,831
・学校施設耐震化	340
（2）　介護、医療、障碍者施設などの社会福祉施設等	845
（3）　農業・林業用施設等	355
（4）　警察・消防防災施設等	264
（5）　中小企業組合等共同施設等	190
（6）　その他	335
5．災害融資関係経費	6,407
（1）　中小企業等の事業再建及び経営安定のための融資等	5,100
（2）　災害復興住宅融資等	560
（3）　農林漁業者の事業再建及び経営安定のための融資等	400
（4）　私立学校の施設整備等のための低利融資	226
6．地方交付税交付金（地方が自由に使える資金として、災害対応の特別交付税を増額）	1,200
7．その他東日本大震災関係経費	8,018
（1）　自衛隊・警察・消防・海上保安庁活動経費等	
・自衛隊活動。復旧経費等	1,886
・緊急消防援助隊等活動経費等	414
・警察活動経費等	164
・海上保安庁活動経費等	130
（2）　医療保険制度等の保険料減免等に対する特別措置	1,142
（3）　漁船保険・漁業共済の支払支援	939
（4）　漁場・養殖施設等普及対策	681
（5）　その他	2,663
東日本大震災関係経費総合計	40,153

（出所）財務省資料より、三菱東京UFJ銀行経済調査室作成。

図表2　2011年度第一次補正予算の東日本大震災関係経費（財源）

財　源　項　目	金額（億円）
１．既定経費の減額	37,102
（1）　子供手当の減額	2,083
・3歳児未満の子供への支給額引き上げ（13千円→20千円）の撤回	
（2）　高速道路の原則無料化社会実験の一時凍結に伴う道路円交通円滑化推進費の減額	1,000
・実施中の37路線50区間（地方の高速道路の約20％に相当）での無料化を6か月をめどに取りやめ 　・今年度に予定されていた6区間の無料化を取りやめ 　・今年度に予定されていた夜間のトラックを対象とした一部区間の無料化の取りやめ	
（3）　基礎年金国庫負担の年金特別会計への繰り入れの減額等	24,897
・国庫負担比率引き上げ（1/3→1/2）に伴う繰り入れ増額を一時停止（年金財源の転用）	—
・財源は、鉄道建設・運輸施設整備支援機構の納付金（12,000億円）、財投特会の剰余金（10,588億円）、外為特会の剰余金（2,309億円）	—
（4）　周辺整備資金の活用に伴うエネルギー特別会計への繰り入れの減額	500
・一般会計からエネルギー対策特会への繰り入れ（当初予定額7,772億円）の減額	
（5）　政府開発補助等の減額	501
（6）　議員歳費の減額	22
・衆参両議院の国会議員歳費を一人当たり300万円削減（4月〜9月分を毎月50万円ずつ減額）	
（7）　経済危機対応・地域活性化予備費の活用	8,100
２．税外収入	3,051
（1）　独立行政法人日本高速道路保有・債務返済機構納付金	2,500
・土日祝日の高速道路料金上限1,000円制度の取りやめ	
（2）　公共事業費負担金収入	551
第一次補正予算財源見込合計	40,153

（出所）財務省資料より、三菱東京UFJ銀行経済調査室作成。

上記の平成23年4月22日、閣議決定された東日本大震災復旧・復興第一次補正予算を見ると、取敢えず、直接被災額として40,153億円を計上しており、この額のみでも阪神・淡路大震災の経費を上回るものとなっている。

支出項目（図表1）についてみると、インフラ関連や公営住宅設備等の公共事業費が多く、その他では「がれき処理」や「仮設住宅供与」といった初期対応に予算が重点配分されている。一方、金融面での対応としては、企業の資金繰り支援が事業規模10兆円で行われることになっている。

一方、図表2によって震災復旧・復興財源を見ると、既存の歳出見直しによる財源が大部分を占めており、まるで数合わせの観を呈しているが、極めて無節操な政治の貧困が見て取れる情けない財源探しとなっている。

今回の補正予算では「国債の増発」は回避されることになりそうであるが、まず目に付くのが将来の年金支給原資の実質的な取り崩しが行われており、<u>年金財政の健全性を損なうものとなっている</u>。

財源を巡っては与野党の意見が対立しており、今後に向けても補正予算審議の争点となる公算が極めて高い。

特に、政府・与党は、今後も震災対応予算を積み増す方針ではあるが、「歳出見直し」による財源ねん出は限界に近く、「国債増発」や「増税」等による調達が必要ということになろう。政府としては調達財源捻出に当たっては、先ず、震災対応財源である旨を明示したうえで国債を増発（所謂、**つなぎ国債**）した後に、当該国債の償還に合わせて**「増税（復興増税）」**を行い返済に充てる方式が、国債の信用保持のためには望ましいとしている。

しかし、ここで決定的に間違っているのは、「国債発行」が「どの様な目的で実施されるのか」についての考慮がなされていない点が指摘される。

A．がれき処理、仮設住宅の供与、などの当面の経常的な支出に費やされる費用の支弁に充てられるものか、

B．インフラ資産取得、高台移転費用、工業用地の土地嵩上げのための費用（用地取得費用、公費負担の住居建設費用、高台移転のための道路整備費用、等）、岸壁等の改良費、等の固定資産取得費用

「国債の発行」においては、少なくともその支出目的に応じて、少なくとも上

記の発行目的の区別が明確に把握されている必要があり、例えば、A．に対応する「国債の償還」においては、出来るだけ現世代で負担する方途について考慮すべきであり、**「増税」**とか、**「つなぎ国債」**が喚起した生産活動によってもたらされる**「税収増」**によって賄う方策についても検討すべきことになる。

しかし、B．に係る国債の償還については、あくまでその財源によって取得された「インフラ等の固定資産」の耐用年数・サービス提供期間に見合って、国債の償還について検討をする必要がある。例えば、「高台の土地の取得費、または、土地の嵩上げ費用」等の「永久資産」の取得に係る国債の償還については、<u>原則として当該国債の償還は不要</u>であり、民間の「資本金」に準ずるものとして**「借換債」**によって償還原資を見出してゆくべきことになる。

以上をまとめてみると、震災関連支出についての財源に「国債」を発行した場合には、必ずその支出内容（取得資産）と対応させた償還計画を樹立すべきであり、只やみくもに全ての国債を「増税」等によって返済をすべきものでない、という極めて大切な原理・原則を知るべきなのである。

このように、「資産」とその源泉である財源の「負債」とを正確に対応させるという決定的に重要な予算手法は、現在の政府も含めた公的部門で採用している「単式簿記・現金主義会計」ではとても正確にその対応関係を把握することは至難の業であり、その会計を民間のような「複式簿記・発生主義会計」に改めて「貸借対照表」を作成しない限りにおいては、到底その達成が不可能な難事なのである（この点については、後にも例示等によって触れる）。

ところで、この「復興増税」について、この第一次補正予算において政府が考えている税目として、主幹税（法人税、所得税、消費税）の引き上げを考えているが、それぞれ一長一短があり、国際競争力の維持や世代間の負担の分散の観点から、消費税の引き上げを有力候補と考えている（現時点で、政府案としては、2014年4月8％、2015年10月10％を提案している）。消費税の引き上げについては、震災前から議論が行われている「社会保障・税の一体改革」と合わせて、検討を行おうとしている。

図表３　三菱東京UFJ銀行調査室作成の「復興増税に関する法人税・所得税・消費税の比較表」

長短	法人税	所得税	消費税
長所	・業績に応じた税負担とすることが可能 ・赤字企業は非課税となる場合が多いため、被災企業を除外しやすい。	・所得に応じた税負担とすることが可能。 ・被災者は所得税上の優遇措置を受けられるため、被災者を除外しやすい。	・負担を広く分散でき、安定的な税収が見込める。 ・国際的にみて日本の消費税率は低水準にあり、引上げ余地が大きいと言われている。
短所	・国際的な法人税率の引き下げの流れに反し、国際競争力低下につながる恐れがある。	・定年退職前の現役世代に負担が集中する。	・被災者を増税対象から除外することが困難。

（出所）三菱東京UFJ銀行調査室作成資料より

　しかし、このような円高、デフレを中心とする不況時に、政府が意図するような「増税」が果たして税収増加の効果を上げることになるか、については、各方面から、不況の加速、法人税及び所得税の落ち込み等を通じて、**「却って税収の落ち込みになる」**という懸念の声が上がっている。即ち、「増税」のためには、過去に昭和恐慌時に高橋是清蔵相が行ったように国家の有する「通貨発行権」に基づく「通貨の増刷」、または、「日銀引受の国債発行」によって、景気を立て直し、その結果として、「増税」に耐えうる国民経済の体質が改善されたのちの「増税」が本筋ではないか、という主張が多くの経済人から論じられている。江戸時代の悪代官による年貢米の絞り上げによって、農民は「逃散（ちょうさん）」によって悪代官に対抗している故事からして、企業の海外逃避、国民の海外移住等によって、日本国の貧困が加速する、という悪夢の再現が招来されないことを祈る経済人は多い。

２．第二次補正予算（平成23年７月25日成立）（支出及び財源）

　追加的な復旧策を盛り込んだ第二次補正予算が成立した。総額は、**19,988億**

円であり、その主な支出内容は以下のようなものであった：
① 被災者の「二重ローン」対策及び「生活再建支援制度」の拡充：3,774億円
② 東京電力による損害賠償支援や放射線への不安解消策：2,754億円、など、その財源としては、前年度剰余金受入等である。※

※ この「議案」に対する参議院の投票結果を見ると、賛成227票、反対6票ということであった。「被災者の生活保護案件」に対してまで反対意見を表明する6人の議員の考え方については、同じ人間として極めて慚愧の念に堪えない。

3．第三次補正予算（平成23年11月21日成立）

図表4　2011年度第三次補正予算の東日本大震災関係経費（支出）

費　目　名	金額（億円）
(1)　災害救助等関係経費	941
・災害救助費	301
・生活福祉資金貸付事業費	165
・被災者緊急支援経費	475
(2)　災害廃棄物処理事業費	3,860
(3)　公共事業等の追加	14,734
・災害復旧等事業費	8,706
・一般公共事業関係費	1,990
・施設費等	4,038
(4)　災害融資関係経費	6,716
(5)　地方交付税交付金	16,635
(6)　東日本大震災復興交付金	15,612
(7)　原子力災害復興関係経費	3,558
(8)　全国防災対策費	5,752
(9)　その他の東日本大震災災害関係経費	24,631
(10)　年金臨時財源の補てん	24,897
東日本大震災第三次補正予算合計	117,335

（注）(10)「年金臨時財源補てん」を除外すると復興財源は92,438億円となる。
（出所）財務省「H23年度第三次補正予算等について」より財政金融課作成

以上の、東日本大震災関連の財政需要を賄う歳出の主な特色をみてみると、「日本経済の再生無くして被災地域の新たな復興は無い」(安住淳財務大臣演説)との認識の下、最近の過度な「円高」の影響による産業の空洞化等に対応するための経費も盛り込まれている。内閣府によると、実質的な総生産(GDP)の押上げ効果は1.7％程度、また雇用創出・下支え効果については70万人程度と試算している。

　歳出の編成にあたっては、被災地方自治体の負担をゼロにするとともに、様々な需要に機動的に対応でき、なおかつ多様な復興プランに柔軟に対応できる仕組みが必要とされた。このため、先ず地方交付税交付金の積み増しが行われている。さらに、「東日本大震災復興交付金」を創設し、被災地域主導で作成される復興プランが「杓子定規な国の決まりごと」(野田佳彦首相衆議院本会議録より)に邪魔されずに遂行される仕組みの整備を行っている。これらの措置は、今回の補正予算編成の大きな特徴と言える。

　特に、(6)「東日本大震災復興交付金」においては、「使い勝手の良い基金」として、今回新設された「一括交付金制度」があり、5省40事業(土地区画整理事業、防災集団移転促進事業、漁業集落整備事業、介護基盤復興まちづくり整備事業、幼稚園等の複合化・多機能化推進事業等)にわたる、復興地域づくりに必要な基幹事業のための各種補助金が、内閣府において一括計上されている。

　(9)「その他」の東日本大震災関係経費においては、「円高対策関連経費」として、①中小企業対策、②立地補助金、③資源権益確保関連経費、④節電エコ補助金、⑤住宅関係経費、などを計上している。

① 　中小企業対策では、東日本大震災や円高の影響を受けた中小企業の支援のため、被災中小企業者が設備を再導入する場合の新規のリース料の補助、特定のものづくり基盤技術の高度化に資する中小企業の研究開発などに要する経費が計上されている。

② 　立地補助金は、産業の空洞化を防ぐため、サプライチェーンの中核分野となる代替の効かない部品・素材分野や、高付加価値の成長分野の生産拠点や研究開発拠点に国内立地補助を提供するものである。

③ 　資源権益確保関連経費も、産業空洞化対策として、レアアース等の資源

の安定供給確保を図るものである。
④　節電エコ補助金は、一般家庭や中小企業等における省エネルギー・節電の支援を行うものであり、太陽光パネルや蓄電池の導入促進費が計上されている。
⑤　住宅関係経費では、環境対応住宅普及促進対策費1,446億円や優良住宅取得支援制度に係る金利の引き下げ分159億円が盛り込まれている。

図表5　2011年度第三次補正予算の東日本大震災関係経費（財源）

財　源　項　目	金額（億円）
(1)　復興債	115,500
(2)　税外収入	187
(3)　復興財源となる歳出削減	1,648
・子ども手当の減額	1,155
・自衛隊活動経費等の減額	294
・エネルギー特別会計の見直し	200
東日本大震災関係経費（財源）の合計	117,335

（出典）：財務省「H23年度第三次補正予算等について」より財政金融課作成

　東日本大震災関係経費の財源には、公債費11兆5,500億円のほか、税外収入と歳出削減分を充てている。税外収入として、公共事業負担金と災害等廃棄物処理事業負担金を合わせて187億円が計上されている。これは、事業を国が直轄で行い、直轄事業費を計上することに伴い、地方公共団体等が負担する負担金の受入見込額が計上されたものである。

　歳出削減として、先ず、子ども手当の減額1,155億円が計上されている。これは、「平成23年度における子ども手当等に関する特別措置法」（平成23年法律107号）等により、本年（平成23年）10月以降における子ども手当の支給額を見直すことに伴うものである。また、自衛隊活動経費等の減額294億円は、自衛隊災害派遣部隊の撤収等によるものである。また、エネルギー対策特別会計の見直しによる減額200億円は、原子力関連研究開発予算の見直し等に伴い、エネルギー対策特別会計への繰入額が減額修正されることによる。※

※　このように、各種の有益な諸活動の見直しに伴う「予算の減額修正」は、国民生活の気持ちを萎縮させるだけでなく、将来に対する希望をも奪うものであり、このような政治決断は日本国の将来における経済活動及び希望を奪い去るものであり、自然災害の財源対策としては**「最悪のシナリオ」**と言えるものであり、父親が失業をした家庭における家計費の圧縮・縮減対策を真似したものであり、「通貨発行権」または「国債の日銀引受発動権」等を持つ「国家」と「家計」とを全く同一視して経済対策を考えようとする**「全くの愚策に満ちた経済政策・予算政策」**であると言わざるを得ない。日本はギリシャとは異なり、20兆円程度の負債の増加には十分に耐えうる経済的体力［2011年日銀調査統計局"資金循環統計"（2011年第2四半期速報）の「部門別の金融資産・負債残高」；日本の負債は、家計353兆円、民間非金融法人1,037兆円、一般政府（中央政府・地方・社会保障基金）1,076兆円で合計2,466兆円、対して、日本の資産は、家計1,491兆円、民間非金融法人767兆円、一般政府488兆円で、合計2,746兆円、差し引き280兆円のプラス］を持っていることを為政者は忘れないようにしてもらいたい。後述するように、上記一般政府の1,000兆円を超える負債は、国民経済を適切に成長させることにより、先進諸国並みの水準まで減少させることが十分期待できるのである、というように主張する論者も多数いるという事を、為政者は忘れるべきではない（尚、平成24年3月13日、日銀の「金融政策決定会議」における東日本地区の**復興特需支援**のための「金融貸出枠の拡大」の決定、等を参照されたい）。

4．第四次補正予算（平成24年2月8日成立）

予算総額251.3百億円、大部分は東日本大震災の復興費などを年度内に実行させるための予算確保が主たるものである。

第5節　「復興財源法（案）」に見る震災復興財源のあり方

上述したように、第三次補正予算において、平成23年以降（2011）年度から27（2015）年度までの「集中復興期間」に実施する復興策の財源（約13兆円程度）は、歳出の削減、国有財産売却のほか、特別会計、公務員人件費等の見直

しや更なる税外収入の確保及び時限的な税制措置により確保することとされた。これを受けて今国会に提出された「東日本大震災からの復興のための施策を実施するために必要な財源の確保に関する特別措置法案」（第179回国会閣法第4号。以下、「復興財源法案」）、及び、「東日本大震災からの復興に関し地方公共団体が実施する防災のための施策に必要な財源の確保に係る地方税の臨時特例に関する法律案」（第179回国会閣法第3号。以下、「地方復興財源法案」）は、臨時増税と税外収入の具体的内容、及び、一時的な**「つなぎとしての復興債」**の発行について規定している。

　尚、復興債は、平成23年度第3次補正予算以降、平成27（2015）年度までの復興費用の財源として発行され、平成49（2037）年度までの間に「償還」するものとされている（復興財源法案第69条～第71条）。尚、付記した法案の条番号は、平成23年11月25日時点で判明している修正案による修正後のものである（以下同じ）。※

※　「債務償還」の対象とすべき「支出項目及び当該項目に対しての償還の必要性の有無」については、「設例等」に基づいて後述する。

１．臨時増税

　以下の臨時増税を実施することにより、**10.5兆円**の財源を確保する想定である。

(1)　所得税・個人住民税（復興財源法案第6条～第39条、地方復興財源法案第2条）

　所得税については、現行の所得税額に対して時限的に**2.1％の付加税**が創設される（復興特別所得税）。期間は、平成25（2013）年から平成49（2037）年までの25年間である。これに伴う増収見込み額は、**7.25兆円**である。

　地方税の個人住民税については、均等割の税額が時限的に**1,000円引き上げられ、年額5,000円となる**。期間は、平成26（2014）年度から平成35（2023）年度までの10年間である（給与所得者など特別徴収の適用を受ける者の負担は、平

成26年6月から増えることになる)。これに伴う増収見込額は、**0.6兆円**である。

なお、平成23年度税制改正案には、退職所得に係る個人住民税の10%税額控除の廃止が盛り込まれていたが、政府は今回この改正も成立させて平成25年1月から適用し、その増収見込み額（**0.17兆円**）も復興財源に充てる方針である。

(2) 法人税（復興財源法案第40条～第68条）

法人税については、現行の法人税額に対して時限的に**10%の付加税**が創設される（復興特別法人税）。期間は、平成24（2012）年4月以降に始まる事業年度から3年間である。一方で、平成23年度税制改正案に盛りこまれた課税ベース拡大と税率引き下げも併せて実施する見込みであるため、**実効税率は2.5%程度下がる**ことになる。

以上の改正を全体と見れば税収としては、ほぼ、中立ではあるが、平成23年度改正案に係る部分は所与のものとみなすことになるために、法人税の増収見込み額は付加税による**2.4兆円**となり、これが復興財源に充てられることになる。

2．税外収入

以下の(1)及び(2)の措置により、合計**約1.5兆円**の税外収入が確保される見込みである。

(1) 特別会計積立金の活用

平成24（2012）年度から平成27（2015）年度までの間、予算で定めることにより、財政投融資特別会計の財政融資資金勘定から国債整理基金特別会計に繰り入れることが出来ることにされた（復興財源法案第3条）。当該繰入金相当額は、財政融資資金勘定の積立金から同勘定の歳入に繰り入れることとされているので、復興財源として積立金を取り崩すことになる。

(2) 政府保有株の売却

　政府が保有する日本たばこ産業株式会社（JT）の株式のうち、3分の1を超える部分をできる限り早期に処分することとしている（復興財源法案第4条）。なお、日本たばこ産業株式会社法（昭和59年法律第69号）第2条により、政府は、JT設立時に無償譲渡を受けたJT株の2分の1以上を保有する義務があるとされているため、復興財源法案の附則第5条は、この比率を発行済み株式総数（議決権制限株式を除く）の3分の1超に引き下げることとしている。

　また、東京地下鉄株式会社（東京メトロ）の株式についても、その売却益を復興債の償還に充てることが出来ることとしている（復興財源法案第5条）。

(3) 今後の検討事項

　上記に加えて、今後10年間の復興期間中に2兆円の税外収入を上積みすべく、政府は、JT株の全部売却やエネルギー対策特別会計所属の株式の処分について検討することとしている（復興財源法案附則第14条）。これらの結果、追加の財源確保が見込まれる場合は、臨時増税の負担を軽減するための措置が講じられる（復興財源法案附則第16条）。

3．歳出削減等

　臨時増税以外の増税収入は、現在5兆円と仮置きされている。その一部は、上記2．の通り財源確保法案及び地方財源確保法案に規定されているが、それ以外で政府が想定していると報じられている歳出削減策は、子ども手当の見直し（2.1兆円）、高速道路無料化の中止（0.5兆円）、公務員人件費の見直し（0.6兆円）、エネルギー対策特別会計の見直し（0.1兆円）等である。

第6節　公会計改革に基づいた東日本大震災復旧・復興財源の基本的なあり方

1．「臨時増税」を巡る、各種の議論

　上記で見たように、平成23年度に予定されている震災関連支出は第一次補正予算約4兆円、第二次補正予算約2兆円、第三次補正予算約12兆円、第四次補

正予算約2.5兆円、合計約20.5兆円位になっているが、これからも大幅な増加が予想されており、このような、巨額の復旧・復興財源を歳出削減のみによって短期間に捻出することは極めて困難であることから、国債の発行は不可避であるという認識は共通化されている。問題は、国債発行の具体的な内容についてであり、例えば、国債の具体的な償還方法（期間、税目、など）が大きな争点になっている。この点については後に検討（例示参照）する。

また、復興特別所得税の実施期間が25年に延長されたことは、毎年の国民負担が軽減され、経済への影響は軽微となるものの、「**次の世代に負担を先送りすることなく、現世代全体で連帯し負担を分かち合う**」との「復興構想会議の提言における基本理念」が失われたとの指摘もある。

一方で、これまでの累積債務は措いて復興財源だけを考えれば、課税平準化の観点から、通常の国債と同じく60年で償還する余地もあるとする見解もある。

更に、税目についてみても、たばこ税と消費税が主な論点となった。基幹税の負担を軽減するために、当初たばこ税が増税の対象に加えられたが、葉タバコ農家への影響や特定の消費者にのみ負担を求めることへの反発などから、対象から除外された。

消費税が「**臨時増税**」の対象から除外されたことについては、「社会保障と税の一体改革」との関係はあるものの、より短期で復興財源を調達するためには消費税を活用すべきであったとする見方もある。

以上は「増税」を前提とした議論であるが、そもそも円高・デフレで景気が悪化している中での「増税」に否定的な見解も非常に多い。その中には、国債の日銀による直接引受・日銀及び政府による貨幣の増刷等によって財源を賄うべきである、というリフレーション的「通貨再膨張論」（リフレ派）を主張する見解も多い。

1980年代のアメリカの不況克服策としてレーガン大統領が採った減税・規制緩和政策を参考にすべきである、とする見解もある。この結果、1990年代のアメリカにおいてクリントン大統領はその成果（経済成長、失業率低下、等）を享受することが出来たのである。

しかし、これらの議論の中で決定的な議論を展開する者は見当たらず、これ

らの議論については、改めて、後述するように、別の観点からの見直しが必要である。

2．震災復旧・復興及び不況克服のための「通貨発行論」の妥当性の検討

震災復旧・復興の「特需」を逆に利用して、上述したような細々とした<u>支出削減施策</u>に替えて、<u>大幅な金融緩和政策</u>を打ち出すべきであるという議論がある。

A．その一つの例として、ケインズ理論に先駆けて「昭和恐慌」を見事に乗り切った高橋是清蔵相の手腕に真似るべきであると言う主張がある。即ち、「高橋財政」の下では；

① デフレ下では、先ず国民の「デフレ予想」を払拭して、インフレ予想の形成を促す「金融政策のレジーム転換」が不可欠である、ことを実証した。つまり、予想インフレ率が急上昇するのは、高橋蔵相が**「大量の通貨発行」**、および、**「国債の日銀引受方針」**を発表した段階（1932年３月）で、それを受けて株価も実際に「日銀引受」が始まる32年11月より３か月前の８月には上昇に転じている。即ち、人々の予想がデフレからインフレに急転換することによって、「高橋財政」は昭和恐慌からの脱出に見事に成功したのである。

② また、「日銀の国債引受はインフレにつながった」とする見方が広く流布しているが、これも正しくない。即ち、インフレがひどくなるのは、高橋蔵相の暗殺（1936）後で政府が軍部の圧力に抗しきれなくなってからである。「高橋財政（1932～1936）」は、２％（消費者物価上昇率）の穏やかなインフレの下で、実質経済成長率は7.2％へと昭和恐慌期の10倍にも上昇、株価は70％上昇、地価も下げ止まり１％と抜群の経済パフォーマンスを誇るものだった。

このような「高橋財政」の実証的金融成功を踏まえて、今回の、平成恐慌を阻止して震災財源に寄与するための方策について、岩田規久男学習院大学教授、

衆議院議員の山本幸三氏等から以下の様な提言がなされている。

(1) 先ず、「金融政策」においては、「高橋財政」に匹敵するような、「デフレ予想をインフレ予想へ転換」させる「金融政策のレジーム転換」が必要である。具体的には、「インフレ目標政策＋無制限の長期国債買いオペ」の実行である。将来のハイパーインフレを懸念する人々に対抗するためにも1～3％程度という上下限付の「インフレ**目標**」（白川方明日銀総裁が言っているような「**目途（ゴール）**」（H24.2.14）ではない）を設定することが望ましい。これまでの様に日銀が小出しの政策を幾ら積み上げても、「人々がインフレを予想する」ためには効果が無い。人々に「それならインフレになるかも知れない」と思わせるような大胆な政策レジーム転換、日銀の強固なコミットメントが必要である。（但し、日銀は平成24年3月13日に東北を中心とする特需に基づく経済成長を支援するために金融緩和を図る、という「金融政策決定会合」の決定を表明している。）

(2) 次に、「財政政策」では、「レジーム転換」を目指した大胆な財政出動が必要。

　金利引き下げ余力が極めて小さい状況下（公定歩合：基準割引率＝0.30％：2008年）の景気後退局面では、健全財政はむしろ「**悪**」となる。赤字国債発行も止むを得ないし、それを日銀が間接的に買うという事で消化は可能である。今は、経済成長率を引き上げることに全力を集中すべきで、出来ることは何でもやるというのが良い。その中でも、将来の生産性向上、環境改善等に結びつくようなプログラムが望まれよう。名目経済成長率が3％を超えるくらいになったところで、財政再建を考えていけばよい（このような経済・財政緊急時において、基礎的財政収支（プライマリー・バランス）の黒字化のみを気にしていては、元来、理論的に無理があるため、何も有用な震災対応のための財政出動が出来ない）。

(3) 「為替面」で注意すべきことは、(2)の財政出動だけだと金利上昇圧力が生じ

て「円高」になり、財政出動の効果が失われるという事である（**マンデル・フレミング理論**：変動相場制の下では、財政出動しても景気刺激効果が無く、自国通貨高（→輸出減）を招く）。従って、(1)の金融緩和政策が必ず同時・併行されなければならない。即ち、(1)(2)**両政策（金融緩和＆公共事業等）を同時に発動**して初めて効果が発揮されるのである。

(4) 一方、**アダム・スミス等の主張**によると、「**大量に発行した新発国債**」が意図せずに「（市中資金吸い上げによる）市中金利高騰」を引き起こし、民間の経済活動（震災復興の為の投資または住宅購入、など）に抑制的効果を与えてしまう、という「**クラウディングアウト効果**」が懸念されるが、「デフレ下の日本経済においては、そのような影響はあり得ない」というように主張する論者（京都大学教授藤井聡氏等）もいる。

　岩田規久男氏、山本幸三氏等によるこのような、(1)(2)の金融政策（日銀）・財政出動（政府）が発動されて震災財源も潤沢になるものと思われるが、やはり、その効果は会計的に十分正確に把握されるものであるべきであり、現在の「単式簿記・現金主義会計」では十分な成果の把握は不十分となってしまうことが懸念される。

B．財政収入を増加させる方途についての検討

　上記の「高橋財政」は「国債の日銀引受」による「マネー・ファイナンス」によって、金融緩和政策を大々的に打ち出し、国民の「インフレ政策への政策転換期待」に応えたものであったが、その故事に倣って、今回の震災復興にあたっても、個人の破壊された住宅・自家用車等の新規取得等の有効需要を喚起させ、一方、企業に対しては特需に基づいた新たな設備投資（震災復興設備の回復・移転先土地取得・破壊された道路等のインフラ資産の改善投資、等）に向けての意欲を高揚させるのに大いに寄与する必要がある。

　ところで、この機会に、政府の財政収入を得る手段について整理してみると、(1)租税徴収（「増税」）、(2)国債の発行、(3)通貨発行、の三つが考えられる。

先ず、(1)**「増税」**については、現在の日本の置かれている経済環境である「円高」及び「デフレ」等に基づく経済不況下においては、「増税」は殆ど論外な「最悪のシナリオ」と考えられるが（1997年、橋本内閣による経済不況下での消費税増税（3％→5％）のGDP成長率に与えたマイナス効果を参照。）、財務省にその根を有している政府はこれ（増税）を中心に、この東日本大震災の難事を切り抜けようとしている。平成24年2月14日の日銀による若干の「インフレ政策転換」の発言によって、「円高」とか「株価」等については若干の好転の兆しは見えているものの、思うように進まない「円高是正」、または、先進国中でもかなり上位の「法人税率」などの企業環境の悪化を嫌って主要な企業は海外逃避を図っており、この日本産業の空洞化傾向は中小企業にも及んで、留まるところを知らないありさまである。まさに江戸時代の「悪代官」による年貢米の過酷な徴求から逃れる対抗手段として農民等が行った**「逃散」**がこの平成の現代に行われている、という悲惨な事実が現実に起きている。通常の学問を学んで来た常識人である官僚・政府・一部の国会議員等が、何らの経済学・財政学等の知識も必要なくしても優れた「行政」を行う常識的能力に恵まれている筈であると国民は信じて国政を任せている。ところが、当の国民が日本国から逃げ出すような「平成の悪代官まがいの行政をする筈が無いこと」を、心から期待しているのである。

　何れにしても「財政収入」を「増税」を中心に確保するのは**「極めて愚策」**である、と指摘をせざるを得ないのである。経済を建て直してから「増税」について検討をしても十分間に合う事柄なのである。現在（H24.3.11現在）、東日本大震災において、避難民約34万人、建物全半壊約38万戸の対応を迫られている現状を前にして、恒久的税制である消費税の増税論議を国会で展開している余裕はないのである。経済を十分に建て直してから取り組むべき課題であることを政府及び全国会議員は知るべきである。

　次に、(2)**「国債の発行」**であるが、池田信夫氏（上武大学特任教授）によると、「必ずしも日銀引受による国債の発行」によらなくとも、通常の入札で日銀が国債を購入して、市場に資金を供給すればよいのであって、敢えて新発国債

によらなくとも何ら問題は無い（この理屈の裏には、発行通貨総量は従来と変化はなく、増加する必要はない。）として、「国債の日銀引受」に関して、次のような主張をされている。

池田氏によると、「高橋財政」のような「日銀引受のような国債発行」を実施すると：

(a) 先ず、日銀による「国債の引受」は財政法第5条で禁じられている。
(b) 「国債の日銀引受」を実施すると国債価格が暴落し、その結果としての金利の上昇を通じて経済の発展に悪影響を及ぼす。
(c) 「国債の日銀引受」をすればハイパーインフレーションを引き起こす。
(d) 「国債の日銀引受」は、そもそも［禁じ手］である。

以上のような理由を挙げて、池田信夫氏は「国債の日銀引受」に反対論を唱えておられる。このような議論を展開されるのは財務省を中心とする官僚諸氏、内閣を中心とする政府、一部の国会議員、などであるが、経済人、学者を初め多くの経済評論家はこの考え方に異論を唱えている。

即ち、(a)については、「財政法第5条の但し書き」において、「国会の決議」があれば日銀による「マネー・ファイナンス」は可能であり、元財務省官僚の高橋洋一氏（嘉悦大学）が指摘しているように、事実、この財政法但し書きに基づいて毎年一定額の「国債の日銀引受」が行われている（財務省と日銀はこの事実を国民に知られることを極端に嫌っているようである）。応急的支出に備えての国会議決に基づく「国債の日銀引受」による資金供給は当然必要になることであり、全く隠す必要も無く、民間では至極当たり前の経済行為なのである。

また、(b)については、国債を日銀が引き受ければ民間に対する国債の供給は増加することにはならないので、民間引受の場合に比べてむしろ国債価格は下落するどころか、反対に上昇することさえ期待できるのであり、国債金利は低下するのが当然の帰結となる。

次に、(c)の場合には、発行済み残高が1,000兆円もある国債を復旧・復興財源として20〜30兆円増加させただけで、ハイパーインフレーションを引き起こすという発想は、どう考えても非現実的な「妄想」と言うしかないと指摘せざる

を得ない。

更に、(d)については、「何が禁じ手」であるかの意味不明の表現であり論評は不要としか言いようがない。

平成24年２月14日に日銀白川方明総裁が示した「物価上昇率の**目途（ゴール）**１％、資産買入れ基金増額10兆円：55兆円→65兆円」の「脱デフレ政策」の表明によって、「20年も続いた日本経済低迷の桎梏が取り除かれるかも知れない」、という期待感がマーケットに広まって、為替・株価ともに、このところ、少しではあるが良好な方向に動き出したようである。20年間も続いた日本の景気も少し上向きに展開しているようであると好感されている。

日本景気が回復しない限りにおいては、東日本大震災の復旧・復興においても明るい兆しは望めなく、むしろ、２％前後のインフレこそが今の日本の窮状を打破するものであるという期待を表明する経済関係者が多い。

池田信夫氏（等）、財務官僚、各種政治家、一部国会議員のような「国債の日銀引受」の［禁じ手］論を展開している人々が居る限りにおいては、日銀も本来の景気・物価調整機能を存分に発揮出来ないのではないかとも考えられるが、平成24年２月14日の白川総裁発言以来、日本景気に少しでも灯りが灯りつつある現状を目の前にしては、今後においても日銀の努力を信じて、日本政府は、日銀と相たづさえて国難とも言える今回の大震災に対応してもらいたいと切に望むものである。被災者を含む全国民が幸せになれば良いのであって、いたずらに自説に拘ったり、自己の立場のみを考慮する非国民的行為はお互いに慎むべき時である。

次に、(3)**「通貨発行」**についてであるが、「通貨の単位及び貨幣の発行等に関する法律」（昭和62年６月１日法律第42号）の第４条（貨幣の製造及び発行）第１項において、

「貨幣の製造及び発行の権能は、政府に属する」と規定しており、同第２項において「財務大臣は貨幣の製造に関する事務を、独立行政法人造幣局に行わせる」としている。

一方、日本銀行法第46条においては、次のように日銀の「通貨発行権」を認めている：

第１項：日本銀行は、銀行券を発行する。
　　　第２項：前項の規定により日本銀行が発行する銀行券（以下『日銀券』と
　　　　　　　いう。）は、**法貨**（法的な強制的通用力を有する貨幣）として無制
　　　　　　　限に通用する。

　ところで、丹羽春喜氏（大阪学院大学）によると、「我が国の「通貨」は「政府貨幣」と「日銀券」とよりなっており、この「政府貨幣」には、金属で鋳造されたコインだけではなくて、「政府が発行する紙幣」すなわち「政府紙幣」も含まれる」としている。また、同氏によると、『「日銀券」は発行の都度、「負債」に計上されることになるが、「政府貨幣」については、発行の都度、政府の収益を形成することになり、その「収益（額面金額）」から発行のための原材料費・人件費・その他経費等の「コスト」を控除したものが**「貨幣の造幣益」**（seigniorageシニョリッジ）ということになる』と説明している。更に、同氏によると、『「造幣益」は一種の**「打ち出の小槌」**とも言えるものであり、政府がこの**「通貨発行権」**をやたらに行使すると「ハイパーインフレ」を招来することになるが、現在の日本のようなデフレ・ギャップ（即ち、需要不足に起因する生産能力の過剰な余裕がある経済状況）に悩んでいる経済環境においては、有効需要を創出することにより、経済再生の要石(かなめいし)ともなる』と解説されている。

　以上の、(2)「国債の日銀引受」、及び、(3)「通貨発行権の有効利用」については、いわゆるリフレーション派（通貨再膨張派：金融緩和による緩やかな日本経済の成長を唱える学説：「リフレ派」ともいう）と呼ばれる学者または経済評論家達がその有用性について説いており、「増税」とか「必要投資額の削減」等によって復興財源捻出を意図する現政権等とは、「現政権のような施策は不景気に喘ぐ日本経済を益々萎縮させてしまう」という理由から、対立した見解を表明している。

Ｃ．復旧・復興財源の基本的考え方を検討する場合において、「世代間の受益と
　　負担の衡平」を考慮に入れる「公会計」のあり方について検討が必要であ

る、とする立場。

東日本大震災及びそれに伴って発生した原子力施設崩壊による放射線被害についての復旧・復興財源について検討する場合に、「復興財源」と「当該財源によって賄われる費用及びインフラ等の資産」との対応関係について考慮すべきである、とする考え方がある。

即ち、国債等の借入金によって取得された資産については、その資産のサービス提供期間にわたって国債等の借入金の償還が行われなければ**「受益と負担の衡平」**が保たれているとは言えないことに配慮すべきであるというものである。しかるに、「復興構想会議」等の提案によると、**「当該世代に発生した被害に伴う復興費用等の全ては当該世代で全て負担し、後の世代に一切の負担を負わせるべきではない」**という「基本方針」を打ち出している。このような考え方は債務の負担のみに目を向けた「とんでもない謬見」に基づいた見解の表明であると言える。

例えば、高台移転費用などの土地取得費等は、大部分、後世代のみがその利益を受ける支出であり、その高台移転費用については現役世代が受ける受益は極めて限られた部分のみであり、その支出の大部分は後世代のみが受益者となるべき支出項目なのである。

その支出に伴う受益の大部分が後世代のみである支出について、現世代のみが財源の全てを負担すべきであるという考え方はいかにも不合理な復興論理であり、このような不合理を避けるためには、取得すべき資産とそれの財源たる負債等が対応関係にあることを、支出項目ごとに検証する必要がある。その検証を可能にするためには；

① 先ず、財源としては、一般的財源である「税金」によっていては「資産と負債との対応関係」は不明であり、個別の対応関係の検証は不可能という事になる。従って、サービス提供期間が長期に及ぶ固定資産等の財源としては、一般的な資金需要を賄う「税金」ではなくて、長期にわたって償還される個別資産毎について発行される「国債等」によるべきであり、当該「固定資産によるサービス提供」と「国債等の債務償還」との対応関係が正確に検証出来ることが必要である。

② しかるに、現在の公的部門で採用している**「単式簿記・現金主義会計」**では長期間に及ぶ「資産と負債」の対応関係の検証は、とても無理な要求であって正確な検証の実施は不可能であり、将来に及んで「資産と負債」とを夫々正確に把握できる「貸借対照表」の作成を可能にする**「複式簿記・発生主義会計」**に公的部門の**「会計システム」**そのものを転換することが不可欠な要請となる。

　世界の先進国において、単式簿記・現金主義会計によっている国はドイツ連邦（ドイツの大部分の州（総数は16州）は発生主義会計を採用）と日本のみであり、今回の東日本大震災を契機にして日本においても複式簿記・発生主義会計に改めるタイミングは今を措いて無いことを覚るべきであり、政府及び自治体の公会計改革に対しての一大奮起を望むものである。

　この大きな転換によって、上記において縷々説明したように、今回の震災復旧・復興財源問題に関して、単なる会計技術的側面のみではなくて、「世代間の受益と負担の衡平」という大きな目線に立って、あるべき姿を「構想」することが出来るようになる。

（結論）
　以上の検討によって判明したことは：
(1) 長期的支出目的の財源確保
　先ず、長期的復旧・復興財源は国債等の「長期的財源」によって調達すべきであること（「消費税の増税」等の検討は、大震災復旧・復興の目途がついてからの検討事項とすること）、

(2) 短期的支出目的の財源確保
　次に、がれき処理・仮設住宅・当面の生活維持等の「短期的支出の財源確保」を図るためには、「日銀引受国債の発行」、または、「通貨発行権の活用」によって当面の資金支出に対処すること、

(3) 「世代間の受益と負担の衡平」を図るための「公会計改革」の必要性

　更に、「世代間の受益と負担の衡平」の実現を図るためには、公的部門の会計を「単式簿記・現金主義会計」から「複式簿記・発生主義会計」に改め、かつ、「資産のサービス提供期間（耐用年数等）」と「当該資産取得に充てられる国債等の債務の償還期間」とを合理的に対応させること。

　この場合、土地の嵩上げ・高台移転費用等の固定資産等については、「減価」という事実が考えられなく、一方、このような半永久的インフラ資産等の取得に充てられた財源については、当該債務（国債、等）の償還等は必要が無く、民間企業の「資本金」に準ずるものとしての取扱が必要になる。
などの施策を提唱すべきと考えられる。

〈設例による東日本大震災を契機とした「公会計改革」の活用例〉
（震災復旧・復興のための「"支出"と"その財源"」との一体的把握の必要性）

1．公的部門における「複式簿記・発生主義会計」導入の必要性について

　先に述べたように、「復興構想会議」の提案によると、「震災復旧・復興のための財源については、次の世代に負担を先送りすることなく、今を生きる世代全体で連帯して負担を分かち合うことを基本とする」という「基本方針」を述べているが、この「基本方針」によると負担＝財源のみの議論に終始してしまい、その「資金の使途」についての議論が欠落してしまう。公的部門の長期資金支出について議論する場合には当該支出に関しての「世代間の受益と負担の衡平」についての議論が極めて重要なキーポイントになり、特に現世代が受益のみを享受してその負担（債務等）のみを後世代に負担させるという事を厳しく禁じているが、反対に、現役世代のみが後世代のみの受益のための負担を担うことも衡平性の観点から好ましくない、という事も述べられている（GASB米国政府会計基準審議会・概念意見書第一号）。これは、「受益とその負担は必ず対応」しているべきである、という至極当然の原理を述べているもので、何人と雖も首肯せざるを得ない「自然の法則」とも言えるものである。「復興構想

会議」のように自然災害が発生した時に「たまたま」生存していた人々は、その自然災害に起因する全損害を復旧・復興する義務を負うべきである、という非現実的な環境に貶められてしまう結果になる。これは、「受益と負担の対応」関係を無視した「暴論」である、と指摘せざるをえない。（会計命題の"費用収益対応の原則"参照）。

　公的部門の人々が事象または取引について、「金銭授受：結果」のみに着眼してその授受の原因となっている「事象・取引そのもの：原因」について無視をしてしまう、という「単式簿記・現金主義会計の特性」からもたらされる「取引・事象の二面性の無視」がこのような発想をもたらしている、というように考えられる。この故に、政策策定において「長期的施策・長期的予算編成」等が常に求められる公的部門においてこそ「複式簿記・発生主義会計の導入」が必要である、という事が言えるのであり、このような公的部門における「公会計改革」が長期間に及ぶ予算編成を可能にする「行財政改革」につながるものと言える。

　英国及びニュージーランド等では、1990年代から発生主義に基づく会計及び複数年度・予算編成が行われており、日本においても今回の東日本大震災を契機として、「複式簿記・発生主義会計」に基づく長期・複数年度予算編成を導入すべき絶好のチャンスである事を、政府のみでなく、各省庁、学者、経済評論家等の諸氏は声を大にしてその必要性について提唱すべき機会は今を措いては無いことを認識すべきである。

　つまり、震災財源はその支出内容と対応させて検討をされてこそ生きてくるのであって、単なる、支出とその源泉との「数合わせ」を行っているのでは無いことを知るべきなのである。

2．（複式簿記・発生主義会計によった場合の会計処理の例）
　　――インフラ等固定資産サービス提供期間と（復興）国債等債務償還期間との対応例――

例1．国債発行（「日銀引受」）資金による「岸壁改良」に係る会計処理
（前提条件）：
　①岸壁改良の支出価額　　　　　：12億円
　②改良岸壁のサービス提供期間　：60年（耐用年数）
　③国債の発行価額　　　　　　　：12億円：
　④国債の償還期間　　　　　　　：60年

（仕訳）（複式簿記・発生主義会計による仕訳）
　・岸壁改良後第1年度の減価償却費及び債務償還費の計上
　　（借方）国債2千万円／（貸方）現預金2千万円（国債の償還）
　・岸壁（構築物）の減価償却費の計上
　　（借方）減価償却費2千万円／（貸方）構築物2千万円（岸壁の減価償却）

（1年後の貸借対照表）　　　　　　　　　　　　　　　　　（単位：千万円）

資　産　の　部		資本及び負債の部	
構　築　物	118	国　　債	118
資　産　合　計	118	資本及び負債合計	118

　この例においては、岸壁改良工事による受益は二世代（一世代≒30年）に跨ることになる。

例2．高台（たかだい）移転用土地60億円を（復興）国債（永久債）60億円で取得
（前提条件）：
　・土地は減価しないので、国債は資本金に準ずるものとして償還しないか、または、借換債（地方公営企業法第23条）で償還に充当することにより、当初の元本60億円は不変となる。

(仕訳)
- (借方)土地　600千万円／(貸方)　現預金　600千万円（取得時の仕訳）
- (土地)の減価償却及び債務（国債）の償還は行わないので、(仕訳)は無い。

(1～60年後の貸借対照表)　　　　　　　　　　　　　　　　　　　(単位：千万円)

資　産　の　部		資　本　及　び　負　債　の　部	
土　　地	600	国　　債※	600
資　産　合　計	600	資本及び負債合計	600

(注) 国債の償還については、土地という減価をしない資産に転嫁しているので、償還は不要である。
　※実は、民間の「資本金」に相当する。

　この、例1、例2を通じて、上記のような**「将来の貸借対照表」**を参照することによって、「資産」と「負債」とが将来的にも計数的に合理的に対応していることを理解することが出来、将来的にも**「世代間の負担の衡平」**が保たれていることが実証されていることが分る。

　ところが、この将来の「貸借対照表」において、「資産価額」と「負債価額」の数値にアンバランスが発生すると、「資産」の「耐用年数」または「サービス提供期間」の見積、或いは、「負債」の償還期間の見積に何らかの不合理があったという事が問題になる。例えば、「負債価額」が大幅に「資産価額」を上回っている場合には、「将来世代に対する負担の先送り」を示していることを示すものであり、債務償還期間の短縮を図るための施策を講じることが必要になる。場合によっては「増税」等によって（「負債価額」－「資産価額」）の差額を埋めるための施策を求められることもある。また、逆に、「資産価額」が大幅に「負債価額」を上回っている場合には、当該「資産」の「耐用年数」または「サービス提供期間」の見積を修正する必要性が求められることもある。この、後者のようなケースは、「インフラ資産の耐用年数の過少見積」の場合に、しばしば、見受けられるが、「適正な耐用年数」に改めることによって、当該インフラ資産の「利用料金」等を妥当な金額に改める、という事も必要になる。

このように、「将来の貸借対照表」を検討することによって、当該「経済実体」（日本国、地方公共団体、等）の「財務マネジメント」を正確に遂行ことが可能になる。

　この例によって分るように、経済実体の「財務マネジメント」の成果を数字によって明確に示す事が出来るのが、**「複式簿記・発生主義会計」**の大きなメリットであることを理解されたい。これが、『会計学』は『数学』であると言われている所以でもある。

　この「会計学」のみが有するメリットは、経済学・経営学・財政学・統計学・行政学等の周辺学問によっては如何とも達成しえない「人類最高の知恵」（と、ゲーテは絶賛している。）であることを理解する必要があり、先進諸国の中で最も遅れていると言われる日本国の「公的部門における会計改革」に**本稿の読者**が取り組まれることを切望する。

　日本の公的部門は、一日も早く、他の先進諸国と同様に、従来からの**「単式簿記・現金主義会計」**から**「複式簿記・発生主義会計」**に転換をして、「震災復旧・復興財源の検討」に関して「公会計の活用」を図ることこそ、今回の**東日本大震災**の経験を生かすべき**「最高の知恵」**なのである。

【参考文献】
GASB（米国政府会計基準審議会）概念意見書第一号
岩田規久男（2011）「大震災から立ち上がる経済復興」筑摩書房
榊原英資（2011）「通貨で読み解く世界同時恐慌」アスコム
高橋洋一・三橋貴明（2011）「大震災で日本は金持ちになるか、貧乏になるか」幻冬舎
高橋洋一（2011）「この経済政策が日本を殺す」扶桑社
浜　矩子（2011）「通貨を知れば世界が読める」PHP研究所
佐藤主光・小黒一正（2011）「震災復興——地震災害に強い社会・経済の構築」日本評論社
財務省資料等

索　引

あ

アイデンティティ　86
相乗り　35
IPSAS23　249
アジアゲートウェイ　112
新しい公共宣言（内閣府）　157
天川モデル　191
イナクトメント　86
イノベーション　71
今治タオル　83
SC・クラスター集計表　142
OEM　83
OJT　109
沖縄国際情報特区　101
おきなわSmartHub　112

か

買い物難民　129
革新首長　33
行財政システム改革　212,220,222,223
行政評価　219,221
業績予算　222
協働　162
協働関係　162,163
緊急消防援助隊　281,295
国の消防組織　282
クラウディングアウト効果　342
繰延収益　247,253
グローバルITソリューション　113
経済効果　271
劇場型首長　43
合意形成　177
公営企業会計制度　244
公営企業型地方独立行政法人（地方独法）　244,255
公会計改革　211
工業整備特別地域　10,11
航空消防隊　283
コールセンター　104
国土形成計画法　25
国土総合開発法　3,5,7,25
国土の均衡ある発展　10,20,23
55年体制　23
個人都道府県民税徴税取扱費　231
コモディティ化　70

さ

財政分析　215
財務会計制度　214
財務諸表　216
山陰海岸ジオパーク　167
産業集積　83
三位一体の改革　238
事業　221

資産管理政策　311
資産見返負債　248,255
資産見返負債戻入　257
自社ブランド生産　98
持続可能性指標　182
自治体内分権　189,201
市町村の消防組織　283
実務型首長　35
シニョリッジ　346
社会技術　170
社会的企業家精神　159
集権・分権軸　190,193
集中・分散軸　190,193
収入管理政策　314
循環型まちづくり　144
消防組織法　282
消防の広域化　293
使用目的拘束　250
新産業都市　10,11,12
ステイクホルダー　165
税源移譲　227,238
全国総合開発計画（全総）　6,7,9,15,19,22,23
センスメーキング　86
ソーシャル・エンタープライズ・パートナーシップ　166
ソーシャルイノベーション　158
損益外減価償却　248,257

た

田中角栄　3,14,20
多様性　99
担税力　303
地域協議会　194
地域経営　302
地域公営企業会計制度等研究会報告書（21年研究会報告）　243
地域資源　167,169
地域自治区　189,194
地域自治組織　189
地域分権　189,193,200,203,205
地域防災計画　299
地域マテリアル循環フロー図　142
地方交付税　236
地方税・国税担税力指標　305
地方税制度　303
地方の時代　36
長期前受金　247
長期前受金戻入　247
徴収率　235
徴税コスト　227
デフレ・ギャップ　346
都市内分権　189,192,201
都道府県の消防組織　282
問屋取引　83

な

日本列島改造論（列島改造）　3, 14, 17, 20, 21, 22
ニュー・パブリック・マネジメント　158

は

バイオマス活用基本計画　175
バイオマス活用推進基本計画　142
バイオマス環境会計　139, 175
バイオマス事業化戦略　143, 176
バイオマス情報プラットフォーム　177
バイオマスストック環境会計　178
バイオマスバリューチェーン　184
バイオマスフロー環境会計　179
非交換取引　249
ビジネスモデル　87
費用管理政策　313
負債管理政策　312
付帯条件　250
プライマリー・バランス　341
ブリッジSE　109
ブレイクアウェイ戦略　75
分離・融合軸　190, 191
平成の大合併　234
ホスティリティ（敵対）戦略　75
ポピュリズム的首長　43

ま

マルチメディアアイランド構想　101
マンデル・フレミング理論　342
無党派首長　39
明治百年論　15, 16, 17
メソ会計　137, 138
メソ環境会計　138
メソ管理会計　139

や

予算改革　217

ら

リバーサル戦略　74
リフレーション派　346
連結会計セグメント情報　49, 52

【出版事業委員会（50音順）】

池宮城 秀正　　河野 正男　　小松 陽一
初谷 勇　　　　林 昌彦　　　安田 信之助
　　　　　　　吉田 幸雄

【編集委員会（50音順）】

河野 正男　　小松 陽一　　野田 遊
初谷 勇　　　山田 光矢　　和田 尚久

【執筆者（50音順）】

有馬 晋作　　石田 晴美　　小川 長
金子 邦博　　岸 秀隆　　　小西 秀樹
染谷 好寛　　田中 英式　　永井 真也
畑 正夫　　　初谷 勇　　　林 昌彦
比嘉 正茂　　筆谷 勇　　　丸山 佳久
八木 裕之　　安田 信之助　米田 正巳

地方自治の深化

2014年9月25日　発行

編　者	日本地方自治研究学会 ©
発行者	小泉　定裕
発行所	株式会社 清文社　東京都千代田区内神田1-6-6（MIFビル） 〒101-0047　電話 03(6273)7946　FAX 03(3518)0299 大阪市北区天神橋2丁目北2-6（大和南森町ビル） 〒530-0041　電話 06(6135)4050　FAX 06(6135)4059 URL http://www.skattsei.co.jp/

印刷：㈱廣済堂

■著作権法により無断複写複製は禁止されています。落丁本・乱丁本はお取り替えします。
■本書の内容に関するお問い合わせは編集部までFAX(06-6135-4060)でお願いします。
＊本書の追録情報等は、当社ホームページ（http://www.skattsei.co.jp）をご覧ください。

ISBN978-4-433-40854-1